中国上古史

梁启超 著

The Commercial Press

2016年·北京

图书在版编目(CIP)数据

中国上古史/梁启超著. —北京：商务印书馆，2016
ISBN 978-7-100-08711-7

Ⅰ.①中… Ⅱ.①梁… Ⅲ.①中国历史：上古史－研究 Ⅳ.①K210.7

中国版本图书馆CIP数据核字(2011)第223442号

所有权利保留。

未经许可，不得以任何方式使用。

中国上古史

梁启超 著

商 务 印 书 馆 出 版
(北京王府井大街36号 邮政编码 100710)
商 务 印 书 馆 发 行
三河市尚艺印装有限公司印刷
ISBN 978-7-100-08711-7

2016年7月第1版　　开本 710×1000　1/16
2016年7月北京第1次印刷　印张 24
定价：60.00元

序

我有机会在这里写一些话,首先是要对老友商务印书馆丁波先生表示衷心感谢,是丁波先生不久前将新辑成的梁启超《中国上古史》校稿送给我看。我虽然自少年时就接触过梁启超的著作,可是对这些史稿,特别是已经过剪裁整理,成为相对完整的《中国上古史》,却是相当生疏。只是在读过丁波先生在《博览群书》(2012年3月号)上发表的《梁启超与未完成的〈中国通史〉》之后,才对之有概要的了解。不过,丁波先生于给我书看的同时,更再三叮嘱我写一篇序文,这真是难倒我了。梁任公是我们清华的老前辈,为学精深博大,如我这样的后生末学,怎么能妄下雌黄?加以我近期偶有小恙,做了手术,更是敬谢不遑。然虽反复推托,终难获免,只好在此以向读者推荐的角度,赘言几句,至于论议,则吾岂敢?

梁启超享年仅五十七岁,却对学术诸多方面广为涉猎,说是著作等身,洵非过誉。回忆20世纪50年代初,我在中国科学院历史研究所(今属中国社会科学院)的书库架上,望到排放在那里的《饮冰室合集》,整整齐齐地一大长列,实在感觉惊异。像梁氏这样富于活动历史的人物,怎么能写出如许的著述?而且其工作的品类繁多,领域极广,尤非一般可及。不过仔细观察，梁氏作品虽众，大多数还是属于历史学门类，所以我们想研究梁氏学术，仍当以历史学为中心，而正如丁波先生文章指出的，撰著一部中国的通史，是他自青年时始，终生不变的计划和愿望。

1999年，戴逸先生为河北教育出版社的《二十世纪中国史学名著》系列撰作《总序》，他把20世纪的历史学家分为三代，其第一代历史学家"处于转型时期，他们的使命是促使中国传统史学转向进化史观与理性主义史学"，梁启超正是这一代历史学家的翘楚人物。梁氏倡导的"新史学"对传统的旧学做了尖锐的批评，这一点在他的这部《中国上古史》中也多处有所体现。

还应该说明，在上面所说第一代历史学家里面，梁启超是特别重视历史学的方法和理论的。读者大都熟知他的名著《中国历史研究法》与其《补编》，记得他是怎样畅谈应该重写中国历史的，而这部《中国上古史》就是他自己对理论方法的具体实践。

梁启超的"新史学"影响深远。在这里我想提一个小小的建议，是不是有学者愿意将新辑成的《中国上古史》同夏曾佑的《中国古代史》详细比较一下。梁、夏二位关系很深，表现于古史研究上面，倾向有哪些异同，可能是很有兴味的问题。

如丁波先生文中所强调的，编写中国的通史是梁启超爱国热忱的表现，他有时自称是写"国史"，也意味着这一点。遗憾的是，由于种种主客观原因，他的志愿终于未克完成，现在我们能读到的，只有《中国上古史》辑入的这些部分，但是矩矱犹存，我们还是能够窥见他宏大设想的概要。例如书中讲到国家与文明的起源，说明远古历史与神话传说混存难分，讲法与王国维的名作《古史新证》完全一致，是非常值得注意的。梁氏引用大量古史传说撰成的"太古及三代载记"，可说是有价值的尝试。其后的"纪夏殷王业"，也有不少启人深思的地方，但是非常可惜的是缺少了专门论述西周的篇章，而有关西周的历史文化，我们是很希望了解梁氏的意见的。

《中国上古史》在春秋和战国两篇"载记"之后，还编录了关于古代地理、年代、语言文字、宗教礼制等专论，这让我们猜想梁氏本来的计划是于"载记"之后设有史志性的种种部分，两相补足，其规模的大略，读者还能想见。

梁启超的去世，迄今已近九十年了，可是今天我们读他的遗作《中国上古史》，许多地方并不感到过于陈旧，相反，还有"新"的意念和气息，这也是我乐于在此向大家推荐的原因之一。

李学勤
2016 年 5 月 27 日

整理说明

——梁启超与未完成的《中国通史》

在梁启超一生庞大的著述计划中，撰写一部规制宏大的《中国通史》是其最为在意之事。他在致女儿令娴的信中，谈到了未能完成《中国通史》的遗憾："思永说我的《中国史》诚然是我对于国人欠下的一笔大账，我若不把它做成，真是对国民不住，对自己不住了。也许是最近期间内，因为我在北京不能安居，逼着埋头三两年，专做这种事业，亦未可知，我是无可无不可，随便环境怎么样，都有我的事情做，都可以助长我的兴会和努力。"（丁文江、赵丰田编，欧阳哲生整理：《梁任公先生年谱长编》初稿，以下简称《梁谱长编》，中华书局2010年版，第598页）梁氏这封家书的写作时间是1927年3月10日，事实上，早在1902年，梁氏就有了撰写《中国通史》的计划："顾自审我之才力，及我今日之地位，舍此更无术可以尽国民责任于万一。兹事虽小，亦安得已。一年以来，颇竭绵薄，欲草一《中国通史》以助爱国思想之发达，然荏苒日月，至今犹未能成十之二。"（梁启超：《三十自述》，《饮冰室合集·文集之十一》，第19页）

从 1901 年前后到去世前，因种种原因，梁启超始终未能完成他写一部完整的《中国通史》的心愿。追溯一下这个过程，对于了解其人其学是颇有裨益的。

写国史以救广智书局

1904 年，梁启超的《中国通史》已完成二十多万字，"是岁，先生著《国史稿》成，二十余万言"（《梁谱长编》，第 172 页）。就目前所看到的材料，梁氏此时完成的二十余万言，应该是中国通史清代部分，这在 1909 年 4 月 5 日门人何天柱致梁氏的信中有体现。当时，何天柱为《国史稿》付印之事致书梁启超："《国史》先撰本朝，恐披罗太费力，柱谓不如从上古撰起，既成一册，即可出售，不必俟全书告成也。"（《梁谱长编》，第 254 页）

1907 年到 1909 年间，梁氏的多封通信中提到了《中国通史》。1907 年，何天柱致信梁氏讨论《中国通史》中的插图问题："吾师所著《国史》，柱欲不用图画（再版乃加入），从速印出，可得款以救目前，不知师意如何？"（《梁谱长编》，第 197 页）何天柱信中提到的"得款以救目前"，系指梁氏力救广智书局之事。

广智书局成立于 1902 年，是由梁启超、冯镜如等人集资向海外的华侨、保皇会成员招股，以每股 20 元招 5000 股，集资银元 10 万元创办的。冯镜如为经理，梁启超在海外以文稿参股。广智书局成立以后，成为保皇会的宣传阵地，梁氏在其中倾注了很大的心血，出版了《新民丛报》《广艺舟双楫》《饮冰室文集》《戊戌政变记》等一系列书籍。但是从1903年起，因为种种波折和困难的缘故，营业颇为不振，所以几年来很为海外同志所不满，梁氏不得不四处筹资以渡难关，他甚至把筹资的希望寄托在《中国通史》的出版上。1907年12月24日，梁启超致康有为信中对此有详细的说明："广智之局，擎一辛勤备至，然以无款之故，不能扩充，厌厌无生气，真成一赘疣，实则若弟子之《中国史》编成，此局即可立救，其奈无寸暇何。沪上人来书，痛哭流涕，责弟子以此业，弟子亦欲从来春起，闭户数月以成之，但现在局面既开，百事无一不取决于弟子，何从此得闲暇，言念及此，负疚何似。……然弟子誓必成此作，欲必以来年成之，一以偿夙愿，一以为国民精神教育，一以偿广智债也（弟子负广智债二万余矣）。"（《梁谱长编》，第224页）

梁氏之所以选择著《中国通史》以解广智书局之急，与梁氏在当时图书界的影响有关。对此，梁氏十分自信，他在致友人的信中谈到自己不想写书的原因时说："现今中国内地情形，他种之书彼不能销，惟弟所自著之书，全国依然到处欢迎，特不能禁止翻版耳。弟近数年来，一则因内地国事多端，不能专心著书。二则因每出一书，必被人翻印，无异自绞心血，替他人赚钱，故愤极不欲著书。"（《梁谱长编》，第255页）虽然明知著书出版，容易被别人渔利，但是为了解广智书局的困境，他还是选择编写出版《中国通史》，以其所得来解广智的困局。

为了尽快写出《中国通史》，梁氏计划闭门数月，集中精力毕其功于一役，可能是因为用力过勤，康有为有些担心梁氏劳累伤身，专门致信爱徒："广智事，哗不可言……故虽紧极而无可忍。至汝忙极亦当自爱惜，不必再编《中国史》矣。"（《梁谱长编》，第230—231页）

1907年到1908年间，梁启超集中精力写作了《中国通史》中清朝部分，完成二十余万言，准备以《国史稿》为名出版，但不知何因，该书并未能出版，而梁氏著《中国通史》的计划似乎也暂停了。他把写作的重点放在了"射利之书（中学图文教科）"，"卖文以求自活"。（《梁谱长编》，第257页）

集中写作，规模初具

梁启超再次写作《中国通史》应该是在1918年。这一年，在梁氏与亲友的通信中，谈得最多的是《中国通史》。

他的友人、商务印书馆的陈叔通在1918年3月13日《致梁任公书》中曾提到："十日书悉。南海款已交去，菊翁另函达，想荷察入。《通史》但日以为程，似不可求速，制图自较作表更艰，敬意宜挽人为助。蚕寝诚难得，循是以往。所谓清明在躬，志气如神，于学问事业均极有关系。天苟不亡中国，吾辈未必竟一无施展之日。"（《梁谱长编》，第447页）据信可知，1918年3月之前梁氏已开始写作《中国通史》，为了保证写作进度，他课日为程，每日早睡早起。书稿中需要制图较多，似乎也影响了他的写作进度。

中国上古史

　　4月19日，陈叔通特致信梁启超询问情况："久未接书，静生来询，悉著作太猛，未免稍瘦，甚以为念。"（《梁谱长编》，第448页）5月，梁启超复书陈叔通，介绍《中国通史》写作情况："所著已成十二万言（前稿须复改者颇多），自珍敝帚，每日不知其手足之舞蹈也。体例实无余暇作详书告公，弟自信前无古人耳。宰平曾以半日读四万言之稿两遍，谓不忍释。吾计凡读者或皆如是也。顷颇思'先秦'杀青（约端午前可成），即先付印（《传》、《志略》别行。此惟有《年表》、《载记》、《志略》三种。《先秦》之部独十一卷，冠以总叙一卷，约二十万言也），故愿与公一商印事。鄙意极厌洋装，惟有地图，有金石拓片，华装能否善此？若能之，甚望商务为特装一仿宋铅字印之（如西泠社所有但当加精）。为商务计，若欲复古籍，此固不可少也。"（《梁谱长编》，第448页）由此信可知，梁氏当时已完成了先秦部分的写作，并已考虑交商务印书馆以仿宋铅字印刷出版。

　　5月，在与友人的信中，梁启超详细介绍了他在写作《中国通史》期间的生活情形，他兴奋地说："吾比来有一事，当令公等大惊。吾每日晨六时前必起，十一时前必睡，似此已多旬矣。吾用决心强制，欲克制三十年来恶习，缘此致病数日。就两旬来形势论，似不败矣。每日著书能成二千言以上，三四月后当有以餍公心目也。"（《梁谱长编》，第448页）此封信是写给哪位友人已不可考，从该信写作时间是5月判断，他所谓"有一事"就是指写作《中国通史》。

　　5月7日，梁启超在致蹇季常的信中介绍自己最近日常起居和著述时，再次说："自公之行，吾邈然几与世绝，严戒阍者，毋为客通。客腊犹耽涵墨池，献岁以来，覃思述作，彼玩物之习，亦大减矣。半月前恒彻夜不睡，比出全力矫之，已能十一时就枕，未明而起，午前辄属稿千余言，如是者五日矣。"为了写作《中国通史》，梁氏一度放弃了热衷的社会活动，甚至生活起居也做了调整，足见其对《中国通史》的重视。

经过几个月集中写作，梁氏的《中国通史》初具规模，七八月间，梁启超致信陈叔通，就《中国通史》的出版发行问题进行商讨："顷复思出杂志，专言学问，不涉政论，即以通史稿本分期付印，广求当时评骘（目的在此），其他读书笔记之类，数月来所积亦不少。……惟印刷发行问题，颇难解决，盖《通史》版权必欲自有，故不能与他方面生纠葛，而自行印发，又所不欲，故拟托商务代印发，而定一双方有利之公平条件，望一一代筹，为草一稍详之计划书见复，至盼。"（《梁谱长编》，第449页）值得注意的是，在5月梁氏与陈叔通的通信中，梁氏计划将《中国通史》交商务印书馆以仿宋体铅字印刷出版，而到七八月间，梁氏的计划已有所改变，他打算自办杂志，将《中国通史》中的内容分期登出，将版权保留在自己手中，商务印书馆只是代为印制和发行。陈叔通似乎同意了梁氏的意见。

因病中断，未能继续

令人惋惜的是，梁任公在八九月病间因著述过勤，患呕血甚久。他在致陈叔通、张菊生一书中自述其事云："昨得叔兄与仲策书，今得菊兄书，知以贱恙劳焦念极矣。病初起本不轻，西医言是肋膜炎，且微带肺炎，盖蓄病已旬日，而不自知，每月仍长时间讲演，余晷则搦笔著述，颇觉惫而不肯休息，盖发热殆经旬矣。后忽喀鲜血约半碗许，始仓皇求医，服东医药旬日，病不增而已，而憔悴日甚。老友唐天如自粤急难来相视，服其药五日，病已去八九，贱躯素顽健，必可无虑，再数日当全平复矣。病中饮食如恒（胃始终健），读书亦不少，知念谨闻。"（《梁谱长编》，第450页）

考虑到梁氏的身体状况，陈叔通9月16日致书梁启超，建议其暂停《中国通史》的写作："两得仲策先生书，稍慰驰念，希陶约同诣津一视，志清濒行亦以为言，卒苦于馆务牵率，口腹累人，可恨可恨，今得十一日手简，尤以为慰。自仲策书至，即已传示各友好矣。敬求注意两事：'（一）戒酒，（二）少看书（《通史》切宜停编半年或一年以后再继成之），未知可允否。'"（《梁谱长编》，第451页）

梁启超自此次病愈后，著述工作即暂时停止，乃转而好读佛书。之后，梁启超开始为期一年多的欧游。《梁任公先生年谱长编》曾对梁氏在1918年间的生活写作情况进行概述："自去腊以来，先生治碑刻之学甚勤，故是岁所为金石跋、书跋、书籍跋最多。春夏间先生屏弃百事，专致力于通史之作，数月间成十余万言。至八九月间以著述过勤，致患呕血病甚久，而通史之作也因以搁笔。十月国内和平统一运动起，南北名流有和平促进会之组织。十二月酝酿一年之久欧游计划成功，二十八日先生偕蒋百里方震、刘子楷崇杰、张君劢嘉森、徐振飞新六、杨鼎甫维新等由沪乘日本邮船会社之横滨丸放洋，是为先生此后致力于教育事业的起点。"（《梁谱长编》，第446页）

欧游之后，梁氏致力于教育事业，治学和著述的重点也发生了转移，编纂《中国通史》的计划虽未就此夭折，但因为他治学兴趣的广博、不幸地早逝，最终就有了1927年他在致女儿令娴信中未完成《中国通史》的遗憾，这不只是梁氏个人学术中的一个缺憾，对中国史学也未尝不是一个大的缺憾。

现根据《梁启超年谱长编》梁氏撰写《中国通史》的计划，尽可能恢复梁启超的最初构想，将在《饮冰室合集》中分散的篇目加以归整，裒成此书。

丁波

（原载《博览群书》2012年3月号）

校订说明

本次整理以《饮冰室合集》本为主,《中国史叙论》及《新史学》因流传广泛,版本较多,此次参校《新民丛报》本,略加校勘。

具体校订凡例如下:

1. 底本无误者,参校本有异同,不出校记。

2. 底本及参校本中有明显错字、借字,径改。

3. 参考底本所用标点、句读,转换为现行标点符号;繁体字、异体字改为现行简化字。

4. 梁氏征引前人著作,或转引他书,或仅凭记忆,或檃括大意,与原著字句时有出入,今据通行本略施校改。

目录

中国史叙论（1901年）...... 001

第一节　史之界说 001

第二节　中国史之范围 002

第三节　中国史之命名 003

第四节　地势 004

第五节　人种 006

第六节　纪年 008

第七节　有史以前之时代 010

第八节　时代之区分 013

新史学（1902年）...... 015

中国之旧史 015

史学之界说 022

历史与人种之关系 027

论正统 036

论书法 043

论纪年 047

太古及三代载记 051

古代传疑章第一 056

附 三苗九黎蚩尤考 070

附 洪水考 076

附 古代民百姓释义 088

纪夏殷王业 091

附 论后代河流迁徙 106

附 《禹贡》九州考 114

附 又《禹贡》九州考 124

春秋载记 129

纪晋楚齐秦国势章第一 132

纪鲁卫宋郑陈蔡吴越国势章第二 142

霸政前纪章第三 149

纪齐桓晋文霸业章第四 158

纪晋霸消长章第五 167

霸政余纪章第六 177

附 春秋年表 194

战国载记 …… 218

    纪列国疆域形势章第一 …… 218

    纪六国兴衰梗概章第二 …… 227

    纪秦创业次第章第三 …… 239

    纪纵横策章第四 …… 249

    续纪秦创业章第五 …… 258

    纪秦并六国章第六 …… 275

    附　战国年表 …… 293

地理及年代 …… 313

    第一节　地理 …… 313

    第二节　年代 …… 318

    附　最初可纪之年代 …… 324

志语言文字 …… 328

    附　运用文字之技术 …… 338

志三代宗教礼学 …… 344

    附　原拟中国通史目录 …… 362

中国史叙论
（1901年）

第一节 史之界说

史也者，记述人间过去之事实者也。虽然，自世界学术日进，故近世史家之本分，与前者史家有异。前者史家，不过记载事实；近世史家，必说明其事实之关系，与其原因结果。前者史家，不过记述人间一二有权力者兴亡隆替之事，虽名为史，实不过一人一家之谱牒；近世史家，必探察人间全体之运动进步，即国民全部之经历，及其相互之关系。以此论之，虽谓中国前者未尝有史，殆非为过。

法国名士波留氏，尝著《俄国通志》，其言曰："俄罗斯无历史。非无历史也，盖其历史非国民自作之历史，乃受之自他者也，非自动者而他动者也。其主动力所发，或自外，或自上，或自异国，或自本国。要之，皆由外部之支配，而非由内部之涨生。宛如镜光云影，空过于人民之头上。故只有王公年代记，不有国民发达史，是俄国与西欧诸国所以异也"，云云。今吾中国之前史，正坐此患。吾当讲此史时，不胜惭愤者在于是；吾当著此史时，无限困难者在于是。

德国哲学家埃猛埒济氏曰：人间之发达凡有五种相：一曰智力（理学及智识之进步皆归此门），二曰产业，三曰美术（凡高等技术之进步皆归此门），四曰宗教，五曰政治。凡作史读史者，于此五端，忽一不可焉。今中国前史以一书而备具此五德者，固渺不可见。即专详一端者，亦几无之。所陈陈相因者，惟第五项之政治耳。然所谓政治史，又实为纪一姓之势力圈，不足以为政治之真相。故今者欲著中国史，非惟无成书之可沿袭，即搜求材料于古籍之中，亦复片鳞残甲，大不易易。

第二节　中国史之范围

（甲）中国史与世界史　今世之著世界史者，必以泰西各国为中心点，虽日本、俄罗斯之史家（凡著世界史者，日本、俄罗斯皆摈不录）亦无异议焉。盖以过去、现在之间，能推衍文明之力以左右世界者，实惟泰西民族，而他族莫能与争也。虽然，西人论世界文明最初发生之地有五：一曰小亚细亚之文明，二曰埃及之文明，三曰中国之文明，四曰印度之文明，五曰中亚美利加之文明。而每两文明地之相遇，则其文明力愈发现。今者左右世界之泰西文明，即融洽小亚细亚与埃及之文明而成者也。而自今以往，实为泰西文明与泰东文明（即中国之文明）相会合之时代。而今日乃其初交点也。故中国文明力未必不可以左右世界，即中国史在世界史中，当占一强有力之位置也。虽然，此乃将来所必至，而非过去所已经。故今日中国史之范围，不得不在世界史以外。

（乙）**中国史与泰东史**　泰东史者，日本人所称东洋史也。泰东之主动力全在中国，故泰东史中中国民族之地位，一如世界史中阿利扬民族之地位。日本近来著东洋史者，日增月盛，实则中国史之异名耳。今吾所述，不以泰东史名之者，避广阔之题目，所以免汗漫罣漏，而供简要切实之研究也。至于二千年来亚洲各民族与中国交涉之事最繁赜，自归于中国史之范围，固不待言。

第三节　中国史之命名

吾人所最惭愧者，莫如我国无国名之一事。寻常通称，或曰诸夏，或曰汉人，或曰唐人，皆朝名也。外人所称，或曰震旦，或曰支那，皆非我所自命之名也。以夏、汉、唐等名吾史，则戾尊重国民之宗旨。以震旦、支那等名吾史，则失名从主人之公理。曰中国，曰中华，又未免自尊自大，贻讥旁观。虽然，以一姓之朝代而污我国民，不可也；以外人之假定而诬我国民，犹之不可也。于三者俱失之中，万无得已，仍用吾人口头所习惯者，称之曰中国史。虽稍骄泰，然民族之各自尊其国，今世界之通义耳。我同胞苟深察名实，亦未始非唤起精神之一法门也。

第四节　地势

中国史所辖之地域，可分为五大部：一中国本部，二新疆，三青海、西藏，四蒙古，五满洲。东半球之脊，实为帕米尔高原，亦称葱岭，盖诸大山脉之本干也。葱岭向东，衍为三派，其中部一派，为昆仑山脉，实界新疆与西藏焉。昆仑山脉复分为二，其一向东，其一向东南。向东南者名巴颜喀喇山，界青海与西藏，入中国内地，沿四川省之西鄙，蔓延于云南、两广之北境，所谓南岭者也。其向东者名祁连山，亘青海之北境。其脉复分为二：一向正东，经渭水之上流，蔓延于陕西、河南，所谓北岭者也；一向东北，沿黄河亘长城内外者为贺兰山。更北为阴山，更北为兴安岭，纵断蒙古之东部，而入于西伯利亚。盖中国全部山岭之脉络，为一国之主干者，实昆仑山也。

使我中国在亚洲之中划然自成一大国者，其大界线有二，而皆发自帕米尔高原。其在南者为喜马拉耶山，东行而界西藏与印度之间。其在北者为阿尔泰山，实为中、俄两国天然之界限焉。在昆仑山与阿尔泰山之中，与昆仑为平行线者为天山，横断新疆全土，分为天山南北路，而终于蒙古之西端。

中国之大川，其发源之总地有二：其一在中国本部者，曰黄河，曰扬子江，曰西江，曰金沙江，皆发源于新疆、西藏之间。其二在中国东北部者，曰黑龙江之上流斡难河、克尔伦河，其支流之嫩江，曰色楞格河，曰鄂尔坤河等，皆发源于蒙古之北部。大抵诸大川河中与历史最有关系者为扬子江，其次为黄河，其次为西江、黑龙江。

蒙古及新疆虽为诸大河之发源地，但其内部沙漠相连，戈壁、瀚海、准噶尔之诸沙漠，殆占全土之大半。故河水多吸收于沙漠中，或注泻于盐湖。

地理与历史，最有紧切之关系，是读史者所最当留意也。高原适于牧业，平原适于农业，海滨、河渠适于商业。寒带之民擅长战争，温带之民能生文明。凡此皆地理、历史之公例也。我中国之版图，包有温、寒、热之三带，有绝高之山，有绝长之河，有绝广之平原，有绝多之海岸，有绝大之沙漠。宜于耕，宜于牧，宜于虞，宜于渔，宜于工，宜于商，凡地理上之要件与特质，我中国无不有之。故按察中国地理，而观其历史上之变化，实最有兴味之事也。中国何以能占世界文明五祖之一？则以黄河、扬子江之二大川横于温带，灌于平原故也。中国文明何以不能与小亚细亚之文明、印度之文明相合集而成一繁质之文明？则以西北之阿尔泰山、西南之喜马拉耶山为之大障也。何以数千年常有南北分峙之姿势？则长江为之天堑，而黄河沿岸与扬子江沿岸之民族，各各发生也。自明以前，何以起于北方者其势常日伸，起于南方者其势常日蹙？以寒带之人常悍烈，温带之人常文弱也。东北诸胡种，何以二千余年迭篡中夏？以其长于猎牧之地，常与天气及野兽战，仅得生存。故其性好战狠斗，又惯游牧，逐水草而居，故不喜土著而好侵略。而中国民族之性质适与相反也。彼族一入中国，何以即失其本性，同化于汉人？亦地质使之然也。各省地方自治制度，何以发达甚早？则以幅员太大，中央政府之力常不能及，故各各结为团体，以自整理也。何以数千年蜷伏于君主专制政治之下，而民间曾不能自布国宪？亦以地太大，团体太散，交通不便，联结甚难。故一二枭雄之民贼，常得而操纵之也。何以不能伸权力于国外？则以平原膏腴，足以自给。非如古代之希腊、腓尼西亚，及近代之英吉利，必恃国外之交通以为生活。故冒险远行之性质不起也。近年情形何以与昔者常相反？则往时主动力者常在盘据平原之民族，近时主动力者常在沿居海岸之民族。世界之大势，驱迫使然也。凡此诸端，无不一一与地理有极要之关系。故地理与人民二者常相待，然后文明以起，历史以成。若二者相离，则无文明，无历史。其相关之要，恰如肉体与灵魂相待以成人也。

第五节　人种

种界者，今日万国所断断然以争之者也。西人分世界人种或为五种，或为三种，或为七种。而通称我黄色种人谓为蒙古种。此西人暗于东方情实，谬误之谈也。今考中国史范围中之各人种，不下数十，而最著明有关系者，盖六种焉：

其一苗种　是中国之土族也。犹今日阿美利加之红人、澳大利亚之黑人也。其人在历史以前，曾占重要之地位。自汉族日渐发达，苗种即日就窘迫。由北而南，今犹保残喘于湖南、贵州、云南、广西之间。其在安南、缅甸等地，亦间有焉。

其二汉种　即我辈现时遍布于国中,所谓文明之胄、黄帝之子孙是也。黄帝起于昆仑之墟,即自帕米尔高原东行而入于中国,栖于黄河沿岸,次第蕃殖于四方。数千年来,赫赫有声于世界,所谓亚细亚之文明者,皆我种人自播之而自获之者也。

其三图伯特种　现居西藏及缅甸之地。即殷周时代之氐羌,秦汉之际之月氏,唐时之吐蕃,宋时之西夏,皆属此族。

其四蒙古种　初起于贝加尔湖之东隅一带,次第南下,今日蔓延于内、外蒙古及天山北路一带之地。元朝即自此族起,混一中国,威震全地。印度之谟嘉尔帝国,亦此族所建设也。

其五匈奴种　初蕃殖于内、外蒙古之地,次第西移。今自天山南路以至中亚细亚一带之地,多此族所占据。周以前之猃狁,汉代之匈奴,南北朝之柔然,隋之突厥,唐之回纥,皆属此族。现今欧洲土耳其国,亦此族所建立也。

其六通古斯族　自朝鲜之北部,经满洲而蔓延于黑龙江附近之地者,此种族也。秦汉时代之东胡,汉以后之鲜卑,隋及初唐之靺鞨,晚唐、五代之契丹,宋之女真,皆属此族。今清朝亦自此兴者也。

西教徒所主张,以谓全世界之人类,皆由最初之一男一女而生。但今日世界大通,人种学大明,此论之无稽,殆不足辩。然则各种、各族,各自发生,其数之多,殆不可思议。且也错居既久,婚姻互通,血统相杂,今欲确指某族某种之分界线,其事盖不易易。况游牧民族迁徙无常,立于数千年之后,而指前者发现于历史上之民族,一一求今之民族以实之,非愚则诬。故今日以六种族包括中国史内之人民，诚不免武断罣漏之讥。但民族为历史之主脑，势不可以其难于分析而置之不论。故举其在史上最有关系者，约而论之云尔。

今且勿论他族，即吾汉族，果同出于一祖乎？抑各自发生乎？亦一未能断定之问题也。据寻常百家姓谱，无一不祖黄帝。虽然，江南民族自周初以至战国，常见有特别之发达。其性质、习俗颇与河北民族异其程度。自是黄河沿岸与扬子江沿岸，其文明各自发达，不相承袭。而瓯、闽、两粤之间，当秦汉时，亦既已繁盛，有独立之姿。若其皆自河北移来，则其移住之岁月及其陈迹，既不可考见矣。虽然，种界者本难定者也。于难定之中而强定之，则对于白、棕、红、黑诸种，吾辈划然黄种也。对于苗、图伯特、蒙古、匈奴、满洲诸种，吾辈庞然汉种也。号称四万万同胞，谁曰不宜？

第六节　纪年

纪年者，历史之符号，而于记录考证所最不可缺之具也。以地理定空间之位置，以纪年定时间之位置，二者皆为历史上最重要之事物。凡符号之优劣，有一公例。即其符号能划一，以省人之脑力者为优，反是则为劣是也。故凡野蛮时代之符号，必繁而杂；凡文明时代之符号，必简而整。百端皆然，而纪年其一端也。古代之巴比伦人，以拿玻呐莎王为纪元（在今西历纪元前747年）。希腊人初时，以执政官或大祭司在位之时按年纪之，其后改以和灵比亚之大祭为纪元（当纪元前767年）。罗马人以罗马府初建之年为纪元（当纪元前753年）。回教国民以教祖摩哈默德避难之年为纪元（当纪元前622年）。犹太人以《创世记》所言世界开辟为纪元（当纪元前3761年）。自耶稣立教以后，教会以耶稣流血之年为纪元。至第六世纪，罗马一教士乃改用耶稣降生为纪元，至今世界各国用之者过半。此泰西纪年之符号，逐渐改良，由繁杂而至简便之大略也。吾中国向以帝王称号为纪，一帝王死，辄易其符号。此为最野蛮之法（秦汉以前各国各以其君主分纪之，尤为野蛮之野蛮），于考史者最不便。今试于数千年君主之年号，任举其一以质诸学者，虽最淹博者亦不能具对也。故此法必当废弃，似不待辨。惟废弃之后，当采用何者以代之，是今日著中国史一紧要之问题也。甲说曰：当采世界通行之符号，仍以耶稣降生纪元。此最廓然大公，且从于多数，而与泰西交通利便之法也。虽然，耶稣纪元，虽占地球面积之多数，然通行之之民族亦尚不及全世界人数三分之一。吾冒然用之，未免近于徇众趋势，其不便一。耶稣虽为教主，吾人所当崇敬，而谓其教旨遂能涵盖全世界，恐不能得天下后世人之画诺。贸然用之，于公义亦无所取，其不便二。泰东史与耶稣教关系甚浅，用之种种不合。且以中国民族固守国粹之性质，欲强使改用耶稣纪年，终属空言耳，其不便三。有此三者，此论似可抛置。乙说曰：当用我国民之初祖黄帝为纪元，此唤起国民同胞之思想，增长团结力之一良法也。虽然，自黄帝以后，中经夏、殷，以迄春秋之初年，其史记实在若茫若昧之中，无真确之年代可据。终不能据一书之私言，以武断立定之。是亦美犹有憾者也。其他近来学者，亦有倡以尧纪元，以夏禹纪元，以秦一统纪元者。然皆无大理公益之可援引，不必多辩。于无一完备之中，惟以孔子纪年之一法，为最合于中国。孔子为泰东教主、中国第一之人物，此全国所公认也。而中国史之繁密而可纪者，皆在于孔子以后。故援耶教回教之例，以孔子为纪，似可为至当不易之公典。司马迁作《史记》，既频用之，但皆云孔子卒后若干年。是亦与耶稣教会初以耶稣死年为纪，不谋而合。今法其生不法其死，定以孔子生年为纪，此吾党之微意也。

但取对勘之便，故本书纪年以孔子为正文，而以历代帝王年号及现在通行西历，分注于其下。

第七节　有史以前之时代

史者，记人间世过去之事者也。虽然，人类之起原远在书契以前，其详靡得而稽焉。《春秋纬》称自开辟至于获麟，凡三百二十七万六千岁，分为十纪。其荒诞固不足道。而要之必有悠远之时代，无可疑也。洪水时代，实为全世界公共纪念物。故截称洪水以前为无史时代，洪水以后为有史时代，亦不为过。虽然，洪水之起原及其经过之年代，虽以今世地质学家考据极周密，然犹纷纷莫衷一是。故以洪水平息后，始可为真正之有史时代。中国自古称诸夏，称华夏，夏者以夏禹之朝代而得名者也。中国民族之整然成一社会，成一国家，实自大禹以后。若其以前，则诚有如《列子》所谓三皇之事，若存若亡；五帝之事，若觉若梦者。其确实与否，万难信也。故中国史若起笔于夏禹，最为征信。虽然，中国为全世界文明五种源之一，其所积固自深远。而黄帝为我四万万同胞之初祖，唐、虞、夏、商、周、秦之君统，皆其裔派，颇有信据。计自黄帝至夏禹，其间亦不过数百年，然则黄帝时去洪水之年，亦已不远。司马迁作《史记》，托始黄帝，可谓特识。故今窃取之，定黄帝以后为有史时代。

一千八百四十七年以来，欧洲考古学会专派人发掘地中遗物，于是有史以前之古物学，遂成为一学派。近所订定而公认者，有所谓史前三期：其一石刀期，其二铜刀期，其三铁刀期。而石刀期中，又分为新、旧二期。此进化之一定阶级也。虽其各期之长短久暂，诸地不同，然其次第则一定也。据此种学者之推度，则地球生物之起原在一万万年以前，而人类之遗迹，亦在一万年乃至十万年以前云。中国虽学术未盛，在下之层石未经发现，然物质上之公例，无论何地，皆不可逃者也。故以此学说为比例，以考中国有史前之史，决不为过。据此种学者所称新、旧两石刀期，其所经年代最为绵远。其时无家畜，无陶器，无农产业。中国当黄帝以前，神农已作耒耜，蚩尤已为弓矢，其已经过石器时代，交入铜器时代之证据甚多。然则人类之起，邈哉邈乎！远在洪水时代以前，有断然也。

又以人群学之公例言之，凡各人群，必须经过三种之一定时期，然后能成一庞大固结之团体。第一为各人独立，有事则举酋长之时期。第二为豪族执政，上则选置君主，下则指挥人民之时期。第三为中央集权渐渐巩固，君主一人专裁庶政之时期。斯宾塞尔《群学》云："譬有一未成规律之群族于此，一旦或因国迁，或因国危，涌出一公共之问题，则其商量处置之情形如何？必集其民众于一大会场，而会场之中自然分为二派。其甲派，则老成者，有膂力者，阅历深而有智谋者，为一领袖团体，以任调查事实讨议问题之事。其乙派，则少年者，老羸者，智勇平凡者，为一随属团体，占全种族之大部分。其权利义务，不过傍听甲派之议论，为随声附和之可否而已。又于领袖团体之中，必有一二人有超群拔萃之威德，如老成之狩猎家，或狡狯之妖术家。专在会场决策而任行之，即被举为临事之首领云云。"然则一群之中，自划然分为三种之人物：即其一最多数之随属团体，即将来变成人民之胚胎也。其二则少数之领袖团体，即将来变成豪族之胚胎也。其三则最少数之执行事务委员，即将来变成君主之胚胎也。凡此三种人物，当其在太古野蛮时代，常相集合，距离不甚远。又至今日文明时代，亦相结合，距离不甚远。惟中间所经过之趋势，则三者常日渐分离。其政权由多数而浸归于少数，由少数而浸归于最少数。盖其初时，人人在本群，为自由之竞争，非遇有外敌，则领袖团体殆为无用。其后因外敌数见，于是临时首领渐变而为常任首领，而领袖团体之权力日以大焉。又其后此领袖团体中之有力者，各划分权力范围，成封建割据之形，而兼并力征之势日盛，久乃变成中央集权之君主政体。此历代万国之公例也。我中国当黄帝、尧、舜之时，纯然为豪族执政之时期，而且中央集权君主专裁之制，亦已萌芽发达。亦可见我中国有史以前既经绝远之年代，而文明发达之早，诚足以自豪于世界也。

第八节　时代之区分

　　叙述数千年之陈迹，汗漫逖散，而无一纲领以贯之，此著者、读者之所苦也。故时代之区分起焉。中国《二十四史》，以一朝为一史，即如《通鉴》，号称通史，然其区分时代，以周纪、秦纪、汉纪等名。是由中国前辈之脑识，只见有君主，不见有国民也。西人之著世界史。常分为上世史、中世史、近世史等名。虽然，时代与时代，相续者也，历史者无间断者也。人间社会之事变，必有终始、因果之关系。故于其间若欲划然分一界线，如两国之定界约焉，此实理势之所不许也。故史家惟以权宜之法，就其事变之著大而有影响于社会者，各以己意约举而分之，以便读者。虽曰武断，亦不得已也。

　　第一上世史　自黄帝以迄秦之一统，是为中国之中国，即中国民族自发达、自争竞、自团结之时代也。其最主要者，在战胜土著之蛮族，而有力者及其功臣子弟分据各要地，由酋长而变为封建。复次第兼并，力征无已时。卒乃由夏禹涂山之万国，变为周初孟津之八百诸侯，又变而为春秋初年之五十余国，又变而为战国时代之七雄，卒至于一统。此实汉族自经营其内部之事。当时所交涉者，惟苗种诸族类而已。

　　第二中世史　自秦一统后至清代乾隆之末年，是为亚洲之中国，即中国民族与亚洲各民族交涉繁赜、竞争最烈之时代也。又中央集权之制度，日就完整，君主专制政体全盛之时代也。其内部之主要者，由豪族之帝政，变为崛起之帝政。其外部之主要者，则匈奴种、西藏种、蒙古种、通古斯种次第错杂,与汉种竞争。而自形质上观之,汉种常失败,自精神上观之,汉种常制胜。及此时代之末年,亚洲各种族,渐向于合一之势,为全体一致之运动,以对于外部大别之种族。

或问曰:此中世史之时代,凡亘二千年,不太长乎?曰:中国以地太大、民族太大之故,故其运动进步常甚迟缓。二千年来,未尝受亚洲以外大别种族之刺激,故历久而无大异动也。惟因此时代太长之故,令读者不便,故于其中复分为三小时代焉。俟本篇乃详析之,今不先及。

第三近世史　自乾隆末年以至于今日,是为世界之中国,即中国民族合同全亚洲民族,与西人交涉竞争之时代也。又君主专制政体渐就湮灭,而数千年未经发达之国民立宪政体,将嬗代兴起之时代也。此时代今初萌芽,虽阅时甚短,而其内外之变动,实皆为二千年所未有,故不得不自别为一时代。实则近世史者,不过将来史之楔子而已。

新史学
（1902年）

中国之旧史

　　于今日泰西通行诸学科中，为中国所固有者，惟史学。史学者，学问之最博大而最切要者也，国民之明镜也，爱国心之源泉也。今日欧洲民族主义所以发达，列国所以日进文明，史学之功居其半焉。然则但患其国之无兹学耳，苟其有之，则国民安有不团结，群治安有不进化者？虽然，我国兹学之盛如彼，而其现象如此，则又何也？

　　今请举中国史学之派别，表示之而略论之。（见下页表）

　　试一翻四库之书，其汗牛充栋浩如烟海者，非史学书居十六七乎？上自太史公、班孟坚，下至毕秋帆、赵瓯北，以史家名者不下数百。兹学之发达，二千年于兹矣。然而陈陈相因，一丘之貉，未闻有能为史界辟一新天地，而令兹学之功德普及于国民者，何也？吾推其病源，有四端焉。

　　一曰知有朝廷而不知有国家。吾党常言，《二十四史》非史也，

中国上古史

- 史学
  - 第一　正史
    - （甲）官书　所谓《二十四史》是也。
    - （乙）别史　如华峤《后汉书》、习凿齿《蜀汉春秋》、《十六国春秋》、《华阳国志》、《元秘史》等，其实皆正史体也。
  - 第二　编年　如《资治通鉴》等是也。
  - 第三　纪事本末
    - （甲）通体　如《通鉴纪事本末》、《绎史》等是也。
    - （乙）别体　如平定某某方略、《三案始末》等是也。
  - 第四　政书
    - （甲）通体　如《通典》、《文献通考》等是也。
    - （乙）别体　如《唐开元礼》、《大清会典》、《大清通礼》等是也。
    - （丙）小纪　如《汉官仪》等是也。
  - 第五　杂史
    - （甲）综记　如《国语》、《战国策》等是也。
    - （乙）琐记　如《世说新语》、《唐代丛书》、《明季稗史》等是也。
    - （丙）诏令奏议　四库另列一门，其实杂史耳。
  - 第六　传记
    - （甲）通体　如《满汉名臣传》、《国朝先正事略》等是也。
    - （乙）别体　如某帝实录、某人年谱等是也。
  - 第七　地志
    - （甲）通体　如各省通志、《天下郡国利病书》等是也。
    - （乙）别体　如纪行等书是也。
  - 第八　学史　如《明儒学案》、《国朝汉学师承记》等是也。
  - 第九　史学
    - （甲）理论　如《史通》、《文史通义》等是也。
    - （乙）事论　如《历代史论》、《读通鉴论》等是也。
    - （丙）杂论　如《廿二史劄记》、《十七史商榷》等是也。
  - 第十　附庸
    - （甲）外史　如《西域图考》、《职方外纪》等是也。
    - （乙）考据　如《禹贡图考》等是也。
    - （丙）注释　如裴松之《三国志注》等是也。

都为十种二十二类

二十四姓之家谱而已。其言似稍过当，然按之作史者之精神，其实际固不诬也。吾国史家，以为天下者君主一人之天下。故其为史也，不过叙某朝以何而得之，以何而治之，以何而失之而已，舍此则非所闻也。昔人谓《左传》为"相斫书"。岂惟《左传》，若《二十四史》，真可谓地球上空前绝后之一大相斫书也。虽以司马温公之贤，其作《通鉴》，亦不过以备君王之浏览（其论语无一非忠告君主者）。盖从来作史者，皆为朝廷上之君若臣而作，曾无有一书为国民而作者也。其大敝在不知朝廷与国家之分别，以为舍朝廷外无国家。于是乎有所谓正统闰统之争论，有所谓鼎革前后之笔法。如欧阳之《新五代史》、朱子之《通鉴纲目》等，今日盗贼，明日圣神；甲也天命，乙也僭逆。正如群蛆啄矢，争其甘苦；狙公饲狙，辨其四三，自欺欺人，莫此为甚！吾中国国家思想，至今不能兴起者，数千年之史家，岂能辞其咎耶？

二曰知有个人而不知有群体。历史者，英雄之舞台也，舍英雄几无历史，虽泰西良史，亦岂能不置重于人物哉？虽然，善为史者，以人物为历史之材料，不闻以历史为人物之画像；以人物为时代之代表，不闻以时代人物之附属。中国之史，则本纪、列传，一篇一篇，如海岸之石，乱堆错落。质而言之，则合无数之墓志铭而成者耳。夫所贵乎史者，贵其能叙一群人相交涉相竞争相团结之道，能述一群人所以休养生息同体进化之状，使后之读者爱其群、善其群之心油然生焉。今史家多于鲫鱼，而未闻有一人之眼光有见及此者。此我国民之群力群智群德所以永不发生，而群体终不成立也。

三曰知有陈迹而不知有今务。凡著书贵宗旨，作史者将为若干之陈死人作纪念碑耶？为若干之过去事作歌舞剧耶？殆非也。将使今世之人鉴之裁之，以为经世之用也。故泰西之史，愈近世则记载愈详。中国不然，非鼎革之后，则一朝之史不能出现。又不惟正史而已，即各体莫不皆然。故温公《通鉴》亦起战国而终五代。果如是也，使其朝自今以往，永不易姓，则史不其中绝乎？使如日本之数千年一系，岂不并史之为物而无之乎？太史公作《史记》，直至《今上本纪》，且其记述不少隐讳焉，史家之天职然也。后世专制政体日以进步，民气学风日以腐败，其末流遂极于今日。推病根所从起，实由认历史为朝廷所专有物，舍朝廷外无可记载故也。不然，则虽有忌讳于朝廷，而民间之事，其可纪者不亦多多乎？何并此而无也？今日我辈欲研究二百六十八年以来之事实，竟无一书可凭借，非官牍铺张循例之言，则口碑影响疑似之说耳。时或借外国人之著述，窥其片鳞残甲，然甲国人论乙国之事，例固百不得一，况吾国之向闭关不与人通者耶！于是乎吾辈乃穷。语曰：知古而不知今，谓之陆沉。夫陆沉我国民之罪，史家实尸之矣。

四曰知有事实而不知有理想。人身者，合四十余种原质而成者也，合眼、耳、鼻、舌、手、足、脏腑、皮毛、筋络、骨节、血轮、精管而成者也。然使采集四十余种原质，作为眼、耳、鼻、舌、手、足、脏腑、皮毛、筋络、骨节、血轮、精管，无一不备，若是者可谓之人乎？必不可。何则？无其精神也。史之精神维何？曰理想是已。大群之中有小群，大时代之中有小时代，而群与群之相际，时代与时代之相续，其间有消息焉，有原理焉。作史者苟能勘破之，知其以若彼之因，故生若此之果，鉴既往之大例，示将来之风潮，然后其书乃有益于世界。今中国之史，但呆然曰：某日有甲事，某日有乙事，至其事之何以生，其远因何在，近因何在，莫能言也。其事之影响于他事或他日者若何，当得善果，当得恶果，莫能言也。故汗牛充栋之史书，皆如蜡人院之偶像，毫无生气，读之徒费脑力。是中国之史，非益民智之具，而耗民智之具也。

以上四者，实数千年史家学识之程度也。缘此四蔽，复生二病。

其一，能铺叙而不能别裁。英儒斯宾塞曰："或有告者曰：邻家之猫，昨日产一子。以云事实，诚事实也，然谁不知为无用之事实乎？何也？以其与他事毫无关涉，于吾人生活上之行为，毫无影响也。然历史上之事迹，其类是者正多，能推此例以读书观万物，则思过半矣。"此斯氏教人以作史读史之方也。泰西旧史家，固不免之，而中国殆更甚焉。某日日食也，某日地震也，某日册封皇子也，某日某大臣死也，某日有某诏书也，满纸填塞，皆此等邻猫生子之事实，往往有读尽一卷，而无一语有入脑之价值者。就中如《通鉴》一书，属稿十九年，别择最称精善，然今日以读西史之眼读之，觉其有用者，亦不过十之二三耳（《通鉴》载奏议最多，盖此书专为格君而作也。吾辈今日读之，实嫌其冗），其他更何论焉。至如《新五代史》之类，以别裁自命，实则将大事皆删去，而惟存邻猫生子等语，其可厌不更甚耶？故今日欲治中国史学，真有无从下手之慨。《二十四史》也，《九通》也，《通鉴》、《续通鉴》也，《大清会典》、《大清通礼》也，《十朝实录》、《十朝圣训》也，此等书皆万不可不读，不读其一，则罣漏正多。

然尽此数书而读之，日读十卷，已非三四十年不为功矣。况仅读此数书，而决不能足用，势不可不于前所列十种二十二类者一一涉猎之。（杂史、传志、劄记等所载，常有有用过于正史者，何则？彼等常载民间风俗，不似正史专为帝王作家谱也）人寿几何？何以堪此！故吾中国史学智识之不能普及，皆由无一善别裁之良史故也。

其二，能因袭而不能创作。中国万事皆取述而不作主义，而史学其一端也。细数二千年来史家，其稍有创作之才者惟六人：一曰太史公，诚史界之造物主也。其书亦常有国民思想，如项羽而列诸本纪，孔子、陈涉而列诸世家，儒林、游侠、刺客、货殖而为之列传，皆有深意存焉。其为列传者，大率皆于时代极有关系之人也。而后世之效颦者，则胡为也。二曰杜君卿。《通典》之作，不纪事而纪制度。制度于国民全体之关系，有重于事焉者也，前此所无而杜创之，虽其完备不及《通考》，然创作之功，马何敢望杜耶？三曰郑渔仲。夹漈之史识，卓绝千古，而史才不足以称之。其《通志·二十略》，以论断为主，以记述为辅，实为中国史界放一光明也，惜其为太史公范围所困，以纪传十之七八，填塞全书，支床叠屋，为大体玷。四曰司马温公。《通鉴》亦天地一大文也。其结构之宏伟，其取材之丰赡，使后世有欲著通史者，势不能不据为蓝本，而至今卒未有能逾之者焉。温公亦伟人哉。五曰袁枢。今日西史，大率皆纪事本末之体也。而此体在中国，实惟袁枢创之，其功在史界者亦不少。但其著《通鉴纪事本末》也，非有见于事与事之相联属，而欲求其原因结果也，不过为读《通鉴》之方便法门，著此以代抄录云尔。虽为创作，实则无意识之创作。故其书不过为《通鉴》之一附庸，不能使学者读之有特别之益也。六曰黄梨洲。黄梨洲著《明儒学案》，史家未曾有之盛业也。中国数千年，惟有政治史，而其他一无所闻。梨洲乃创为学史之格，使后人能师其意，则中国文学史可作也，中国种族史可作也，中国财富史可作也，中国宗教史可作也。诸类此者，其数何限？梨洲既成《明儒学案》，复为《宋元学案》，未成而卒。使假以十年，或且有《汉唐学案》、《周秦学案》之宏著，未可料也。梨洲诚我国思想界之雄也。若夫此六君子以外（袁枢实不能在此列），则皆所谓公等碌碌，因人成事。《史记》以后，而二十一部，皆刻画《史记》；《通典》以后，而八部皆摹仿《通典》，何其奴隶性至于此甚耶？若琴瑟之专一，谁能听之！以故每一读辄惟恐卧，而思想所以不进也。

合此之弊，其所贻读者之恶果，厥有三端：一曰难读。浩如烟海，穷年莫殚，前既言之矣。二曰难别择。即使有暇日，有耐性，遍读应读之书，而苟非有极敏之眼光，极高之学识，不能别择其某条有用某条无用，徒枉费时日脑力。三曰无感触。虽尽读全史，而曾无有足以激厉其爱国之心，团结其合群之力，以应今日之时势而立于万国者。然则吾中国史学，外貌虽极发达，而不能如欧美各国民之实受其益也，职此之由。

今日欲提倡民族主义，使我四万万同胞强立于此优胜劣败之世界乎？则本国史学一科，实为无老无幼、无男无女、无智无愚、无贤无不肖所皆当从事，视之如渴饮饥食，一刻不容缓者也。然遍览乙库中数十万卷之著录，其资格可以养吾所欲、给吾所求者，殆无一焉。呜呼！史界革命不起,则吾国遂不可救。悠悠万事,惟此为大。《新史学》之著,吾岂好异哉?吾不得已也。

史学之界说

欲创新史学,不可不先明史学之界说。欲知史学之界说,不可不先明历史之范围。今请析其条理而论述之。

第一,历史者,叙述进化之现象也。现象者何?事物之变化也。宇宙间之现象有二种:一曰为循环之状者,二曰为进化之状者。何谓循环?其进化有一定之时期,及期则周而复始,如四时之变迁、天体之运行是也。何谓进化?其变化有一定之次序,生长焉,发达焉,如生物界及人间世之现象是也。循环者,去而复来者也,止而不进者也。凡学问之属于此类者,谓之天然学。进化者,往而不返者也,进而无极者也。凡学问之属于此类者,谓之历史学。天下万事万物,皆在空间,又在时间。(空间、时间,佛典译语,日本人沿用之。若依中国古义,则空间,宇也;时间,宙也。其语不尽通行,故用译语)而天然界与历史界,实分占两者之范围。天然学者,研究空间之现象者也。历史学者,研究时间之现象者也。就天然界以观察宇宙,则见其一成不变,万古不易,故其体为完全,其象如一圆圈。就历史界以观察宇宙,则见其生长而不已,进步而不知所终,故其体为不完全,且其进步又非为一直线,或尺进而寸退,或大涨而小落,其象如一螺线。明此理者，可以知历史之真相矣。

由此观之，凡属于历史界之学（凡政治学、群学、平准学、宗教学等，皆近历史界之范围），其研究常较难。凡属于天然界之学（凡天文学、地理学、物质学、化学等，皆天然界范围），其研究常较易。何以故？天然界已完全者也，来复频繁，可以推算，状态一定，可以试验。历史学未完全者也，今犹日在生长发达之中，非逮宇宙之末劫，则历史不能终极，吾生有涯，而此学无涯。此所以天然诸科学起源甚古，今已斐然大成，而关于历史之各学，其出现甚后，而其完备难期也。

此界说既定，则知凡百事物，有生长，有发达，有进步者，则属于历史之范围。反是者，则不能属于历史之范围。又如于一定期中，虽有生长发达，而及其期之极点，则又反其始，斯仍不得不以循环目之。如动植物，如人类，虽依一定之次第，以生以成，然或一年，或十年，或百年，而盈其限焉，而反其初焉，一生一死，实循环之现象也。故物理学、生理学等，皆天然科学之范围，非历史学之范围也。

孟子曰："天下之生久矣，一治一乱。"此误会历史真相之言也。苟治乱相嬗无已时，则历史之象当为循环，与天然等，而历史学将不能成立。孟子此言盖为螺线之状所迷，而误以为圆状，未尝综观自有人类以来万数千年之大势，而察其真方向之所在，徒观一小时代之或进或退或涨或落，遂以为历史之实状如是云尔。譬之江河东流以朝宗于海者，其大势也。乃或所见局于一部，偶见其有倒流处，有曲流处，因以为江河之行，一东一西，一北一南，是岂能知江河之性矣乎！（《春秋》家言，有三统，有三世。三统者,循环之象也,所谓三王之道若循环,周而复始是也。三世者,进化之象也,所谓据乱、升平、太平,与世渐进是也。三世则历史之情状也,三统则非历史之情状也。三世之义,既治者,则不能复乱。藉曰有小乱,而必非与前此之乱等也。苟其一治则复一乱,则所谓治者必非真治也。故言史学者,当从孔子之义,不当从孟子之义)吾中国所以数千年无良史者,以其于进化之现象,见之未明也。

  第二,历史者,叙述人群进化之现象也。进化之义既定矣,虽然,进化之大理不独人类为然,即动植物乃至无机世界,亦常有进化者存,而通行历史所纪述,常限于人类者,则何以故?此不徒吾人之自私其类而已。人也者,进化之极则也,其变化千形万状而不穷者也。故言历史之广义,则非包万有而并载之,不能完成。至语其狭义,则惟以人类为之界。虽然,历史之范围,可限于人类,而人类之事实,不能尽纳诸历史。夫人类亦不过一种之动物耳,其一生一死,固不免于循环,即其日用饮食,言论行事,亦不过大略相等,而无进化之可言。故欲求进化之迹,必于人群。使人人析而独立,则进化终不可期,而历史终不可起。盖人类进化云者,一群之进也,非一人之进也。如以一人也,则今人必无以远过于古人。语其体魄,则四肢五官,古犹今也;质点血轮,古犹今也。语其性灵,则古代周、孔、柏(柏拉图)、阿(阿里士多德)之智识能力,必不让于今人,举世所同认矣。然往往有周、孔、柏、阿所不能知之理,不能行之事,而今日乳臭小儿知之、能之者,何也?无他,食群之福,享群之利,藉群力之相接相较、相争相师、相摩相荡、相维相系、相传相嬗,而智慧进焉,而才力进焉,而道德进焉。进也者,人格之群,非寻常之个人也。(人类天性之能力能随文明进化之运而渐次增长与否,此问题颇难决定。试以文明国之一小儿,不许受教育,不许蒙社会之感化,沐文明之恩泽,则其长成,能有以异于野蛮国之小儿乎?恐不能也。盖由动物进而为人,已为生理上进化之极点,由小儿进为成人,已为生理上进化之极点,然则一个人,殆无进化也。进化者,别超于个人之上之一人格而已,即人群是也)然则历史所最当注意者,惟人群之事,苟其事不关系人群者,虽奇言异行,而必不足以入历史之范围也。

畴昔史家,往往视历史如人物传者然。夫人物之关系于历史固也,然所以关系者,亦谓其于一群有影响云尔。所重者在一群,非在一人也。而中国作史者,全反于此目的,动辄以立佳传为其人之光宠,驯至连篇累牍胪列无关世运之人之言论行事,使读者欲卧欲呕,虽尽数千卷,犹不能于本群之大势有所知焉,由不知史之界说限于群故也。

第三,历史者,叙述人群进化之现象而求得其公理公例者也。凡学问必有客观、主观者。客观者,谓所研究之事物也;主观者,谓能研究此事物之心灵也。(亦名所界、能界。能、所二字,佛典译语常用为名词)和合二观,然后学问出焉。史学之客体,则过去现在之事实是也;其主体,则作史读史者心识中所怀之哲理是也。有客观而无主观,则其史有魄无魂,谓之非史焉可也。(偏于主观而略于客观者,则虽有佳书,亦不过为一家言,不得谓之为史)是故善为史者,必研究人群进化之现象,而求其公理公例之所在,于是有所谓历史哲学者出焉。历史与历史哲学虽殊科,要之,苟无哲学之理想者,必不能为良史,有断然也。虽然,求史学之公理公例,固非易易。如彼天然科学者,其材料完全,其范围有涯,故其理例亦易得焉。如天文学，如物质学，如化学，所已求得之公理公例不可磨灭者，既已多端，而政治学、群学、宗教学等，则瞠乎其后，皆由现象之繁赜，而未到终点也。但其事虽难，而治此学者不可不勉。大抵前者史家不能有得于是者，其蔽二端：一曰知有一局部之史，而不知自有人类以来全体之史也。或局于一地，或局于一时代，如中国之史，其地位则仅叙述本国耳，于吾国外之现象，非所知也（前者他国之史亦如是）。其时代则上至书契以来，下至胜朝之末止矣，前乎此，后乎此，非所闻也。夫欲求人群进化之真相，必当合人类全体而比较之，通古今文野之界而观察之，内自乡邑之法团（凡民间之结集而成一人格之团体者，谓之法团，亦谓之法人。法人者，法律上视之与一个人无异也。一州之州会，一市之市会，乃一学校，一会馆，一公司，皆统名为法团），外至五洲之全局，上自穹古之石史（地质学家从地底僵石中考求人物进化之迹，号曰石史），下至昨今之新闻，何一而非客观所当取材者。综是焉以求其公理公例，虽未克完备，而所得必已多矣。问畴昔之史家，有能焉者否也？二曰徒知有史学，而不知史学与他学之关系也，夫地理学也，地质学也，人种学也，人类学也，言语学也，群学也，政治学也，宗教学也，法律学也，平准学也（即日本所谓经济学），皆与史学有直接之关系。其他如哲学范围所属之伦理学、心理学、论理学、文章学及天然科学范围所属之天文、物质学、化学、生理学，其理论亦常与史学有间接之关系，何一而非主观所当凭借者。取诸学之公理公例，而参伍钩距之，虽未尽适用，而所得又必多矣。问畴昔之史家，有能焉者否也？

夫所以必求其公理公例者，非欲以为理论之美观而已，将以施诸实用焉，将以贻诸来者焉。历史者，以过去之进化，导未来之进化者也。吾辈食今日文明之福，是为对于古人已得之权利，而继续此文明，增长此文明，孳殖此文明，又对于后人而不可不尽之义务也。而史家所以尽此义务之道，即求得前此进化之公理公例，而使后人循其理率其例以增幸福于无疆也。史乎！史乎！其责任至重，而其成就至难！中国前此之无真史家也，又何怪焉！而无真史家，亦即吾国进化迟缓之一原因也。吾愿与同胞国民，筚路蓝缕以辟此途也。

（以上说"界说"竟。作者初研究史学，见地极浅，自觉其界说尚有未尽未安者，视吾学他日之进化，乃补正之。著者识）

历史与人种之关系

历史者何？叙人种之发达与其竞争而已。舍人种则无历史。何以故？历史生于人群，而人之所以能群，必其于内焉有所结，于外焉有所排，是即种界之所由起也。故始焉自结其家族以排他家族，继焉自结其乡族以排他乡族，继焉自结其部族以排他部族，终焉自结其国族以排他国族。此实数千年世界历史经过之阶级，而今日则国族相结相排之时代也。夫群与群之互有所排也，非大同太平之象也，而无如排于外者不剧，则结于内者不牢；结于内者不牢，则其群于不可得合，而有能占一名誉之位置于历史上。以故世界日益进步，而种族之论亦日益昌明。呜呼！后乎此者，其有种界尽破万国大同之郅治乎？吾不敢知。若在今日，则虽谓人种问题为全世界独一无二之问题，非过言也。

有"历史的"人种，有"非历史的"人种。等是人种也，而历史的、非历史的何以分焉？曰：能自结者，为历史的；不能自结者，为非历史的。何以故？能自结者则排人，不能自结者则排于人。排人者则能扩张本种以侵蚀他种，骎骎焉垄断世界历史之舞台；排于人者则本种日以陵夷衰微，非惟不能扩张于外，而且澌灭于内，寻至失其历史上本有之地位，而舞台为他人所占。故夫叙述数千年来各种族盛衰兴亡之迹者，是历史之性质也；叙述数千年来各种族所以盛衰兴亡之故者，是历史之精神也。

近世言人种学者，其论不一。或主张一元说，而以为世界只有一人种。或主张多元说，而区分为四种（康德），为五种（布曼伯），为六种（巴科安），为七种（韩特），为八种（亚加智），其多者乃至十一种，十五种，十六种，二十二种，六十种，其最多者分为六十三种（巴喀），甚者以言语之分，而区为一千乃至二千余人种。然今所通行，则五种之说，所谓黄色种、白色种、棕色种、黑色种、红色种是也；或以南洋群岛、太平洋群岛、纽西仑诸土人及中亚美利加之土人，合于黄种，以澳洲、南印度之土人合于黑种，而成为三大种。今勿具论。要之，缘附于此抟抟员舆上之千五百兆生灵，其可以称为历史的人种者，不过黄、白两族而已。今条其派别如下（见下页表）。

同为历史的人种也，而有"世界史的"与"非世界史的"之分。何谓"世界史的"？其文化武力之所及，不仅在本国之境域，不仅传本国之子

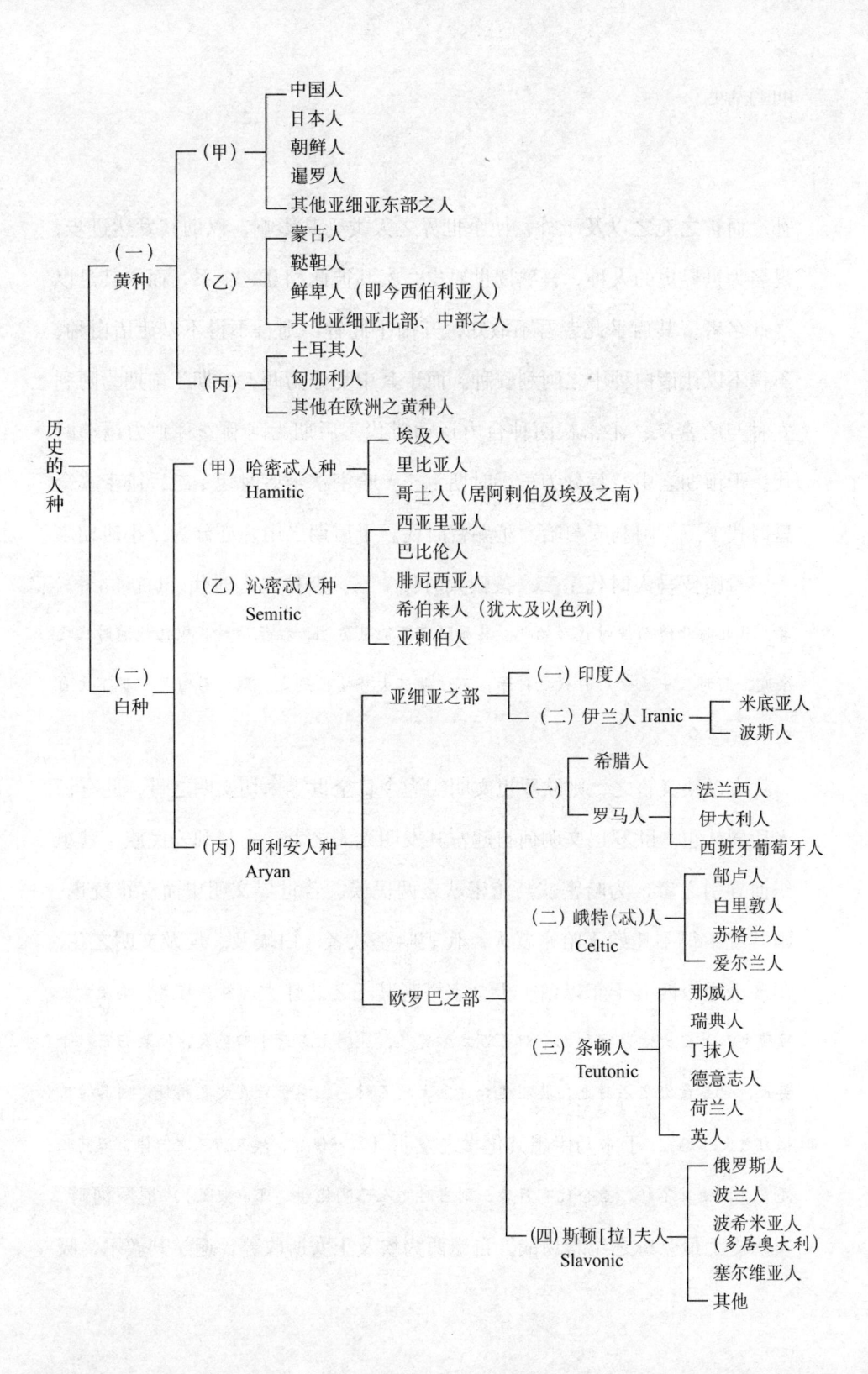

```
历史的人种
├─ (一) 黄种
│   ├─ (甲) ┬ 中国人
│   │      ├ 日本人
│   │      ├ 朝鲜人
│   │      ├ 暹罗人
│   │      └ 其他亚细亚东部之人
│   ├─ (乙) ┬ 蒙古人
│   │      ├ 鞑靼人
│   │      ├ 鲜卑人（即今西伯利亚人）
│   │      └ 其他亚细亚北部、中部之人
│   └─ (丙) ┬ 土耳其人
│          ├ 匈加利人
│          └ 其他在欧洲之黄种人
└─ (二) 白种
    ├─ (甲) 哈密忒人种 Hamitic ┬ 埃及人
    │                         ├ 里比亚人
    │                         └ 哥士人（居阿剌伯及埃及之南）
    ├─ (乙) 沁密忒人种 Semitic ┬ 西亚里亚人
    │                          ├ 巴比伦人
    │                          ├ 腓尼西亚人
    │                          ├ 希伯来人（犹太及以色列）
    │                          └ 亚剌伯人
    └─ (丙) 阿利安人种 Aryan
         ├─ 亚细亚之部
         │    ├─ (一) 印度人
         │    └─ (二) 伊兰人 Iranic ┬ 米底亚人
         │                          └ 波斯人
         └─ 欧罗巴之部
              ├─ (一) ┬ 希腊人
              │      └ 罗马人 ┬ 法兰西人
              │              ├ 伊大利人
              │              └ 西班牙葡萄牙人
              ├─ (二) 峨特(忒)人 Celtic ┬ 郜卢人
              │                         ├ 白里敦人
              │                         ├ 苏格兰人
              │                         └ 爱尔兰人
              ├─ (三) 条顿人 Teutonic ┬ 那威人
              │                       ├ 瑞典人
              │                       ├ 丁抹人
              │                       ├ 德意志人
              │                       ├ 荷兰人
              │                       └ 英人
              └─ (四) 斯顿[拉]夫人 Slavonic ┬ 俄罗斯人
                                             ├ 波兰人
                                             ├ 波希米亚人（多居奥大利）
                                             ├ 塞尔维亚人
                                             └ 其他
```

孙，而扩之充之以及于外，使全世界之人类受其影响，以助其发达进步，是名为世界史的人种。吾熟读世界史，察其彼此相互之关系，而求其足以当此名者，其后乎此者吾不敢知，其前乎此者，则吾不得不以让诸白种，不得不以让诸白种中之阿利安种。而于其中复分为两大时期：前期为阿利安种与哈密忒、沁密忒两种合力运动时代，后期为阿利安种独力运动时代。于前期之中，复分为三小时期：一、哈密忒全盛时代；二、沁密忒全盛时代；三、阿利安与哈、沁融合时代。于后期之中，亦分为三小时期：一、希腊罗马人时代；二、条顿人时代；三、斯拉夫人时代。（所谓各时代者，非此时代终而彼时代乃始也，其界限常不能甚分明，往往后时代中仍抱前时代之余波，前时代中已含后时代之种子，不过就其大势略区别之，取便称呼耳。观下文自明）试略论之。

　　夫以狭义言之，则欧罗巴文明实为今日全世界一切文明之母，此有识者所同认也。欧罗巴文明何自起？其发明光大之者，为阿利安民族；其组织而导引之者，为哈密忒与沁密忒之两民族。若世界文明史而有正统也，则其统不得不托始于哈密忒人。代表哈密忒者，曰埃及。埃及文明之花，实现于距今四五千年以前。于金字塔观其工艺之伟大（金字塔者，埃及古王坟陵也。其最大者，容积七千四百万立方英尺，底阔七百六十四英尺，侧表四百八十英尺，世界最大之石碑也。其能运如许重大之石材，上举于数百丈之高处，则其时工械力之大可想），于木乃伊想其化学之发明（木乃伊者，埃及古王之尸体，以药物浸裹之，使其不朽，至今犹有存者，则当时之人已明化学，可以概见），尼罗河畔，实历史上最荣誉之纪念场哉。自摩西为埃及王女所收养，遍学其教术，吸取其智识，既乃率同族以开犹太（详见《旧约全书·出埃及记》）是沁密忒文明出于埃及之明证也（其余巴比伦、叙利亚文明，亦得力于埃及不少，史家能言其详）。希腊古哲，如德黎 Thales，如毕达哥拉 Pythagoras，如梭伦 Solon，如德谟吉来图 Democritus，如柏拉图 Plato，皆尝受教于埃及僧侣，而德谟吉来图、柏拉图二氏，且躬自游历埃土，而遏狄加人（希腊四大族之一）之宗教及其群治制度，多承埃及之遗迹：是阿利安文明出于埃及之明证也。故今日欧洲文明，以希腊为父，以沁密忒为祖，以哈密忒为祖之所自出。虽然，哈密忒人，能创造之以待人取法者也；沁密忒人，能创造之且能传播之者也；阿利安人，能创造之能传播之且最能取法于人者也。故三族之优劣胜败于此判焉矣。

哈密忒于世界文明，仅有间接之关系，至沁密忒而始有直接之关系。当希腊人文未发达之始，其政治、学术、宗教，卓然有牢笼一世之概者，厥惟亚西里亚（或译叙利亚）、巴比伦、腓尼西亚诸国。沁密忒人，实世界宗教之源泉也，犹太教起于是，基督教起于是，回回教起于是。希腊古代之神话，其神名及祭礼，无一不自亚西里亚、腓尼西亚而来。新旧巴比伦之文学美术，影响于后代，其尤著者也。腓尼西亚之政体，纯然共和政治，为希腊所取法。其商业及航海术亦然。且以贸易之力，传播其文明，直普及于意大利，作罗马民族之先驱。故腓尼西亚国虽小，而关系于世界史者最大。若希伯来人之有摩西、耶稣两教主，其势力浸润全欧人民之脑中者，更不待论矣。故世界史正统之第二段在沁密忒人，而亚里西亚、巴比伦、希伯来为其主脑，腓尼西亚为其枢机。

其在第三段为世界史之主人翁者,则希腊也。希腊代表阿利安种之一部。其民族则土著之"毕拉士治"Pelasgi 人与西迁之阿利安人(阿利安分亚洲之部、欧洲之部,两者已详前表。希腊之阿利安,则自伊兰高原西来者也)混合而成者也。阿利安族之所长,在贵自由,重考验,务进步。惟贵自由,故其于政治也,不甘压制而倡言平等;惟重考验,故其于学问也,不徇现象而探求原理;惟务进步,故其于社会一切事物也,不泥旧例而日事革新。阿利安族所以亘数千年至今常执全世界之牛耳者,皆此之由,而希腊人其最初之登场者也。希腊之代表,惟雅典与斯巴达。雅典右文,斯巴达尚武,两者虽不调和,而皆足以发挥阿利安族之特性。故史家或以今世欧罗巴,为古代希腊之放影,以古代希腊,为今世欧罗巴之缩图,非过言也。然其民族之团结力,只能建设市府政治,不能成就国家政治。故虽握霸权于历史上者七百年,卒服属于他国以致灭亡。

其在第四段为世界之主人翁者,则罗马也。罗马位于古代史与近世史之过渡时代,而为其津梁。其武力既能挥斥八极,建设波斯以来梦想不及之绝大帝国,而其立法的智识,权利的思想,实为古代文明国所莫能及。集无量异种之民族,置之中央集权制度之下,为一定之法律以部勒之。故自罗马建国以后,而前此之旧民族,皆同化于罗马,如螺蠃之与螟蛉。自罗马解纽以后,而后此之新民族,皆赋形于罗马,如大河之播九派。今日欧洲大陆诸国,其言语、文学、宗教、风俗,各不相远,皆由其曾合并于罗马一统之下,浸润于同种之泽使然也。故希腊能吸集哈密忒、沁密忒两族之文明,纳诸阿利安族中,以成一特色。而罗马则承希腊正统,举其所吸集者、所结构者，以兵力而播之于世界。虽谓罗马为希腊之一亢宗子可也。虽然，罗马文明，其传袭希腊者固多，其独自结构者亦不少，如法律之制定，宗教之传播，其尤著也。

自希腊、罗马以后，世界史之主位，既全为阿利安人所占；及于罗马末路，而阿利安族中之新支派，纷纷出现。除拉丁民族（即罗马族）外，则峨特民族、条顿民族、斯拉夫民族其最著者也，峨特民族在阿利安中，以战胜攻取闻。其人为印度阿利安之一派，自西历纪元前四世纪，即已侵入欧洲，发轫于小亚细亚，越今之瑞典、德意志、法兰西、意大利、西班牙诸地，直至爱尔兰之西岸，苏格兰之高原，皆有足迹焉；后乃自中部欧罗巴，蹂躏希腊、马基顿，蔓延全陆，所至竞争斗、恣杀掠，使人战栗。故峨特人在世界史上，其影响所及亦不鲜。虽然，其人能冒险而不能忍耐，故战胜之结果，无一可表见。而其血气之勇，终不足以敌罗马节制之师，卒被征服。及罗马亡后，遂服属于条顿人之轭下。今之苏格兰人、爱尔兰人及法兰西人之一部，实峨特民族性质之代表也。

条顿民族之移住欧洲也，在拉丁、峨特两族之后，而其权力之影响于历史则过之。自中世以后，欧罗巴历史之中心点，实条顿人也。其民族移动之原因及其年代，虽不可确考，要之，自西历纪元二三世纪，始出现于欧罗巴东部，而其中有势力于历史上者，复分四派：其在东欧者曰高特族 Goth；其在西欧者曰福伦喀族 Frank；其在北欧者曰撒逊族 Saxon，亦称日耳曼族；其在南欧者曰阿里曼族 Alemanni。兹将千余年前条顿民族之位置列表如下：

条顿民族之位置沿革表

	西历纪元三世纪	四世纪	五世纪	六世纪以后
高特族之位置		本世纪中叶,西高特族始见于多恼河之下流。其末叶,东高特族自多恼河下流入布加里亚。	西高特族建设王国。东高特族转入意大利建国焉。	本世纪末叶为东罗马帝国所灭,其支派占有北日耳曼之地。
福伦喀族之位置	居莱因河之下流。	本世纪中叶入于加利亚,建设多数之小王国。	本世纪末叶,大败罗马军,使法兰西(指今地)境内不留罗马只骑。复胜高特、阿里曼诸族。	建设查里曼大帝国,成今日欧洲群雄树立之势。
撒逊族之位置	自埃士河越埃尔比河,宅居于今荷斯顿及丁抹诸地。		本世纪中叶,撒逊人分为两派:一派越海与盎格鲁人共征服英国之大部,别成所谓盎格鲁撒逊民族者;其一派蹂躏大陆诸邦。	六世纪以来,屡与福伦喀族争斗;至九世纪,福伦喀王国建立,撒逊人亦全占有北日耳曼之全部。十一世纪,盎格鲁撒逊人全征服英国。
阿里曼族之位置	居多恼、麻因两河间,即日耳曼中部也。势力颇强,屡挫罗马军。		本世纪之末,为福伦喀族所阻,遏其进路。	

由是观之,世界文明史之第五段,实惟阿利安族中罗马人与条顿人争长时代。而罗马人达于全盛,为日中将昃之形;条顿人气象方新,有火然泉达之观;峨特人虽奋血气之勇,偶耸动一世耳目,而其内力不足以敌此两族,昙花一现,遂为天演所淘汰,归于劣败之数。自六世纪以后,而全欧文明之霸权,渐全归条顿人矣。

蹑条顿人之迹而有大势力于历史上者,斯拉夫人也。以冒险之精神,道义之观念论之，条顿人迥非斯拉夫人所能及。若夫坚实耐久，立于千苦万难之中，毅然终始不失其特性者，则斯拉夫人殆冠宇内而无两也。彼等好战之心，不如条顿人之盛，若一旦不得已而跃马执剑，则无论如何之大敌，决不足以慑其前。彼等个人自由之观念，视条顿人虽大有所缺乏，至其注意公益，服从于一定主权之下，听其指麾，全部一致，其为国民的运动，又远非条顿人所能几也。故识者谓世界史之正统，其代条顿人以兴者，将在斯拉夫人，非虚言也。

条顿民族既兴以后，而罗马民族之力尚未衰。中世史之末叶，意大利自由市府勃兴，实为今世国家之嚆矢。而西班牙、葡萄牙、法兰西人，当十四五世纪，国势且蒸蒸日上，西辟美洲，东略印度，南开南洋，阿利安人之势力范围，始磅礴于欧洲以外，其主动者皆罗马人也。虽然，以物竞天择之公例，罗马人之老大，终不敌条顿人之少年。未几而荷兰人起，与之竞争；未几而英吉利人起，一举而代之。近则德意志人，复骎骎然凌厉中原矣。故觇罗马、条顿两族之盛衰，但于其殖民历史之沿革焉足矣。北阿美利加也（初为法人、班人所开，今全属盎格鲁撒逊族矣），南阿美利加也（本为班人、葡人所开，今为德意志势力范围），印度也（初为法人所经营，后卒全归英辖），南洋群岛也（初亦班、葡人航海所觅，今全为英、荷属），皆告我辈以两民族消长之明效也。今日全地球之土地主权，其百分之九十分，属于白种人。而所谓白种人者，则阿利安人而已。所谓阿利安人者，则条顿人而已。条顿人实今世史上独一无二之主人翁也。

论正统

中国史家之谬，未有过于言正统者也。言正统者，以为天下不可一日无君也，于是乎有统。又以为天无二日、民无二王也，于是乎有正统。统之云者，殆谓天所立而民所宗也；正之云者，殆谓一为真而余为伪也。千余年来，陋儒断断于此事，攘臂张目，笔斗舌战，支离蔓衍，不可穷诘。一言蔽之曰：自为奴隶根性所束缚，而复以煽后人之奴隶根性而已。是不可以不辩。

统字之名词何自起乎？殆滥觞于《春秋》。《春秋公羊传》曰："何言乎王正月？大一统也。"此即后儒论正统者所援为依据也。庸讵知《春秋》所谓大一统者，对于三统而言，《春秋》之大义非一，而通三统实为其要端。通三统者，正以明天下为天下人之天下，而非一姓之所得私有，与后儒所谓统者，其本义既适相反对矣。故夫统之云者，始于霸者之私天下，而又惧民之不吾认也，乃为是说以钳制之曰：此天之所以与我者，吾生而有特别之权利，非他人所能几也。因文其说曰："亶聪明，作父母。"曰："辨上下，定民志。"统之既立，然后任其作威作福，恣睢蛮野，而不得谓之不义。而人民之稍强立不挠者，乃得坐之以不忠不敬、大逆无道诸恶名，以锄之摧之。此统之名所由立也。《记》曰："得乎丘民而为天子。"若是乎，无统则已；苟其有统，则创垂之而继续之者，舍斯民而奚属哉？故泰西之良史，皆以叙述一国国民系统之所由来，及其发达进步盛衰兴亡之原因结果为主，诚以民有统而君无统也。借曰君而有统也，则不过一家之谱牒，一人之传记，而非可以冒全史之名，而安劳史家之哓哓争论也。然则以国之统而属诸君，则固已举全国之人民，视同无物，而国民之资格，所以永坠九渊而不克自拔，皆此一义之为误也。故不扫君统之谬见，而欲以作史，史虽充栋，徒为生民毒耳。

统之义已谬，而正与不正，更何足云。虽然，亦既有是说矣，其说且深中于人心矣，则辞而辟之，固非得已。正统之辨，昉于晋而盛于宋。朱子《通鉴纲目》所推定者，则秦也，汉也，东汉也，蜀汉也，晋也，东晋也，宋、齐、梁、陈也，隋也，唐也，后梁、后唐、后汉、后晋、后周也。本朝乾隆间《御批通鉴》从而续之，则宋也，南宋也，元也，明也，清也。所谓正统者，如是如是。而其所据为理论，以衡量夫正不正者，约有六事：

一曰以得地之多寡，而定其正不正也。凡混一宇内者，无论其为何等人，而皆奉之以正，如晋、元等是。

二曰以据位之久暂，而定其正不正也。虽混一宇内，而享之不久者，皆谓之不正，如项羽、王莽等是。

三曰以前代之血胤为正，而其余皆为伪也。如蜀汉、东晋、南宋等是。

四曰以前代之旧都所在为正，而其余皆为伪也。如因汉而正魏，因唐而正后梁、后唐、后晋、后汉、后周等是。

五曰以后代之所承者所自出者为正，而其余为伪也。如因唐而正隋，因宋而正周等是。

六曰以中国种族为正，而其余为伪也。如宋、齐、梁、陈等是。

此六者，互相矛盾，通于此则窒于彼，通于彼则窒于此。而据朱子《纲目》及《通鉴辑览》等所定，则前后互歧，进退失据，无一而可焉。请穷诘之。夫以得地之多寡而定，则混一者固莫与争矣。其不能混一者，自当以最多者为最正，则苻秦盛时，南至邛僰，东抵淮泗，西极西域，北尽大碛，视司马氏版图过之数倍；而宋金交争时代，金之幅员，亦有天下三分之二，而果谁为正而谁为伪也？如以据位之久暂而定，则如汉、唐等之数百年，不必论矣。若夫拓跋氏之祚，迥轶于宋、齐、梁、陈；钱镠、刘隐之系，远过于梁、唐、晋、汉、周；而西夏李氏，乃始唐乾符，终宋宝庆，凡三百五十余年，几与汉、唐埒，地亦广袤万里，又谁为正而谁为伪也？如以前代之血胤而定，则杞、宋当二日并出，而周不可不退处于篡僭。而明李槃以宇文氏所臣属之萧詧为篡贼，萧衍延苟全之性命而使之统陈；以沙陀夷族之朱邪存勖，不知所出之徐知诰冒李唐之宗，而使之统分据之天下者，将为特识矣。而顺治十八年间，故明弘光、隆武、永历，尚存正朔而视同闰位，则何也？而果谁为正而谁为伪也？如以前代旧都所在而定，则刘、石、慕容、苻、姚、赫连、拓跋所得之土，皆五帝三王之故宅也；女真所抚之众，皆汉唐之遗民也，而又谁为正谁为伪也？如以后代所承所自出者为正，则晋既正矣，而晋所自出之魏，何以不正？前既正蜀，而后复正晋，晋自篡魏，岂承汉而兴邪？唐既正矣，且因唐而正隋矣，而隋所自出之宇文，宇文所自出之拓跋，何以不正？前正陈而后正隋，隋岂因灭陈而始有帝号邪？又乌知夫谁为正而谁为伪也！若夫以中国之种族而定，则诚爱国之公理，民族之精神，虽迷于统之义，而犹不悖于正之名也。而惜乎数千年未有持此以为鹄者也。李存勖、石敬瑭、刘智远，以沙陀三小族，窃一掌之地，而靦然奉为共主。自宋至明百年间，黄帝子孙，无尺寸土，而史家所谓正统者，仍不绝如故也。而果谁为正而谁为伪也？于是乎而持正统论者，果无说以自完矣。

大抵正统之说之所以起者，有二原因：其一，则当代君臣，自私本国也。温公所谓"宋魏以降，各有国史，互相排黜。南谓北为索虏，北谓南为岛夷。朱氏代唐，四方幅裂。朱邪入汴，比之穷、新（原注：唐庄宗自以为继唐，比朱梁于有穷篡夏、新室篡汉），运历年纪，弃而不数。此皆私己之偏辞，非大公之通论也"（《资治通鉴》卷六十九），诚知言矣。自古正统之争，莫多于蜀魏问题。主都邑者以魏为真人，主血胤者以蜀为宗子，而其议论之变迁，恒缘当时之境遇。陈寿主魏，习凿齿主蜀，寿生西晋而凿齿东晋也。西晋踞旧都，而上有所受，苟不主都邑说，则晋为僭矣，故寿之正魏，凡以正晋也。凿齿时则晋既南渡，苟不主血胤说，而仍沿都邑，则刘、石、苻、姚正，而晋为僭矣。凿齿之正蜀，凡亦以正晋也。其后温公主魏，而朱子主蜀，温公生北宋，而朱子南宋也。宋之篡周宅汴，与晋之篡魏宅许者同源。温公之主都邑说也，正魏也，凡以正宋也。南渡之宋与江东之晋同病，朱子之主血胤说也，正蜀也，凡亦以正宋也。盖未有非为时君计者也。至如五代之亦靦然目为正统也，更宋人之瞀言也。彼五代抑何足以称代？朱温盗也，李存勖、石敬瑭、刘智远沙陀犬羊之长也。温可代唐，则侯景、李全可代宋也；沙陀三族可代中华之主，则刘聪、石虎可代晋也。郭威非夷非盗，差近正矣；而以黥卒乍起，功业无闻，乘人孤寡，夺其穴以篡立，以视陈霸先之能平寇乱，犹奴隶耳。而况彼五人者，所掠之地，不及禹域二十分之一，所享之祚，合计仅五十二年。而顾可以圣仁神武某祖某皇帝之名奉之乎？其奉之也，则自宋人始也。宋之得天下也不正，推柴氏以为所自受，因而溯之，许朱温以代唐，而五代之名立焉（以上采王船山说）。其正五代也，凡亦以正宋也。至于本朝，以异域龙兴，入主中夏，与辽、金、元前事相类。故顺治二年三月，议历代帝王祀典，礼部上言，谓辽则宋曾纳贡，金则宋尝称侄，帝王庙祀，似不得遗。骎骎乎欲伪宋而正辽、金矣。后虽惮于清议，未敢悍然，然卒增祀辽太祖、太宗、景宗、圣宗、兴宗、道宗，金太祖、太宗、世宗、章宗、宣宗、哀宗。其后复增祀元魏道武帝、明帝、孝武帝、文成帝、献文帝、孝文帝、宣武帝、孝明帝，岂所谓兔死狐悲，恶伤其类者耶？由此言之，凡数千年来哓哓于正不正、伪不伪之辨者，皆当时之霸者与夫霸者之奴隶，缘饰附会，以保其一姓私产之谋耳。而时过境迁之后，作史者犹慷他人之慨，断断焉辩得失于鸡虫，吾不知其何为也。

其二，由于陋儒误解经义，煽扬奴性也。陋儒之说，以为帝王者圣神也；陋儒之意，以为一国之大，不可以一时而无一圣神焉者，又不可以同时而有两圣神焉者。当其无圣神也，则无论为乱臣，为贼子，为大盗，为狗偷，为仇雠，为夷狄，而必取一人一姓焉，偶像而尸祝之曰：此圣神也！此圣神也！当其多圣神也，则于群圣群神之中，而探阄焉，而置棋焉，择取其一人一姓而膜拜之曰：此乃真圣神也！而其余皆乱臣、贼子、大盗、狗偷、仇雠、夷狄也。不宁惟是，同一人也，甲书称之为乱贼、偷盗、仇雠、夷狄，而乙书则称之为圣神焉。甚者同一人也，同一书也，而今日称之为乱贼、偷盗、仇雠、夷狄，明日则称之为神圣焉。夫圣神自圣神，乱贼自乱贼，偷盗自偷盗，夷狄自夷狄，其人格之相去，不可以道里计，一望而知，无能相混者也；亦断未有一人之身，而能兼两途者也。异哉！此至显、至浅、至通行、至平正之方人术，而独不可以施诸帝王也。谚曰："成即为王，败即为寇。"此真持正统论之史家所奉为月旦法门者也，夫众所归往谓之王，窃夺殃民谓之寇。既王矣，无论如何变相，而必不能堕而为寇；既寇矣，无论如何变相，而必不能升而为王，未有能相即焉者也。如美人之抗英而独立也，王也，非寇也，此其成者也。即不成焉，如菲律宾之抗美，波亚之抗英，未闻有能目之为寇者也。元人之侵日本，寇也，非王也，此其败者也。即不败焉，如蒙古蹂躏俄罗斯，握其主权者数百年，未闻有肯认之为王者也。中国不然，兀术也，完颜亮也，在《宋史》则谓之为贼为虏为仇，在《金史》则某祖某皇帝矣。而两皆成于中国人之手，同列正史也。而"诸葛亮入寇"、"丞相出师"等之差异，更无论也。朱温也，燕王棣也，始而曰叛曰盗，忽然而某祖某皇帝矣，而曹丕、司马炎之由名而公，由公而王，由王而帝，更无论也。准此以谈，吾不能不为匈奴冒顿、突厥颉利之徒悲也，吾不能不为汉吴楚七国、淮南王安、晋八王、明宸濠之徒悲也，吾不能不为上官桀、董卓、桓温、苏峻、侯景、安禄山、朱泚、吴三桂之徒悲也，吾不得不为陈涉、吴广、新市、平林、铜马、赤眉、黄巾、窦建德、王世充、黄巢、张士诚、陈友谅、张献忠、李自成、洪秀全之徒悲也。彼其与圣神相去不能以寸耳，使其稍有天幸，能于百尺竿头，进此一步，何患乎千百年后赡才博学、正言谠论、倡天经明地义之史家，不奉以"承天广运、圣德神功、肇纪立极、钦明文思、睿哲显武、端毅弘文、宽裕中和、大成定业、太祖高皇帝"之徽号，而有腹诽者则曰大不敬，有指斥者则曰逆不道也。此非吾过激之言也。试思朱元璋之德，何如窦建德？萧衍之才，何如王莽？赵匡胤之功，何如项羽？李存勖之强，何如冒顿？杨坚传国之久，何如李元昊？朱温略地之广，何如洪秀全？而皆于数千年历史上巍巍然圣矣神矣。吾无以名之，名之曰幸不幸而已。若是乎，史也者，赌博耳！儿戏耳！鬼蜮之府耳！势利之林耳！以是为史，安得不率天下而禽兽也？而陋儒犹嚣嚣然曰：此天之经也！地之义也！人之伦也！国之本也！民之坊也！吾不得不深恶痛绝夫陋儒之毒天下如是其甚也。

然则不论正统则亦已耳，苟论正统，吾取翻数千年之案而昌言曰：自周秦以后，无一朝能当此名者也。第一，夷狄不可以为统，则胡、元及沙陀三小族，在所必摈，而后魏、北齐、北周、契丹、女直，更无论矣。第二，篡夺不可以为统，则魏、晋、宋、齐、梁、陈、北齐、北周、隋、后周、宋，在所必摈，而唐亦不能免矣。第三，盗贼不可以为统，则后梁与明在所必摈，而汉亦如唯之与阿矣。然则正统当于何求之？曰：统也者，在国非在君也，在众人非在一人也；舍国而求诸君，舍众人而求诸一人，必无统之可言，更无正之可言。必不获已者，则如英、德、日本等立宪君主之国，以宪法而定君位继承之律。其即位也，以敬守宪法之语誓于大众，而民亦公认之。若是者，其犹不谬于得邱民为天子之义，而于正统庶乎近矣。虽然，吾中国数千年历史上，何处有此？然犹断断于百步五十步之间，而曰统不统正不正，吾不得不怜其愚，恶其妄也。后有良史乎！盍于我国民系统盛衰、强弱、主奴之间，三致意焉尔。

论书法

新史氏曰：吾壹不解夫中国之史家，何以以书法为独一无二之天职也？吾壹不解夫中国之史家，何以以书法为独一无二之能事也？吾壹不解夫中国之史家，果据何主义以衡量天下古今事物，而敢嚣嚣然以书法自鸣也？史家之言曰：书法者，本《春秋》之义，所以明正邪，别善恶，操斧钺权，褒贬百代者也。书法善，则为良史；反是，则为秽史。嘻！此瞽言也。《春秋》之书法，非所以褒贬也。夫古人往矣，其人与骨皆已朽矣，孔子岂其为惮烦，而一一取而褒贬之？《春秋》之作，孔子所以改制而自发表其政见也，生于言论不自由时代，政见不可以直接发表，故为之符号标识焉以代之。书尹氏卒，非贬尹氏也，借尹氏以讥世卿也。书仲孙忌帅师围运，非贬仲孙忌也，借仲孙忌以识二名也。此等符号标识，后世谓之书法。惟《春秋》可以有书法。《春秋》，经也，非史也，明义也，非记事也。使《春秋》而史也，而记事也，则天下不完全、无条理之史，孰有过于《春秋》者乎？后人初不解《春秋》之为何物，胸中曾无一主义，撅拾一二断烂朝报，而规规然学《春秋》，天下之不自量，孰此甚也！吾敢断言曰：

有《春秋》之志者，可以言书法；无《春秋》之志者，不可以言书法。

问者曰：书法以明功罪，别君子小人，亦使后人有所鉴焉，子何绝之甚？曰：是固然也。虽然，史也者，非纪一人一姓之事也，将以述一民族之运动、变迁、进化、堕落，而明其原因结果也。故善为史者，必无暇断断焉褒贬一二人，亦决不肯断断焉褒贬一二人。何也？褒贬一二人，是专科功罪于此一二人，而为众人卸其责任也。上之启枭雄私天下之心，下之堕齐民尊人格之念，非史家所宜出也。吾以为一民族之进化堕落，其原因决不在一二人。以为可褒则宜俱褒，以为可贬则宜俱贬。而中国史家，只知有一私人之善焉恶焉功焉罪焉，而不知有一团体之善焉恶焉功焉罪焉。以此牖民，此群治所以终不进也。吾非谓书法褒贬之必可厌，吾特厌夫作史者以为舍书法褒贬外，无天职无能事也。

今之谈国事者，辄曰恨其枢臣病国，恨某疆臣殃民。推其意，若以为但能屏逐此一二人，而吾国之治即可与欧美最文明国相等者然，此实为旧史家谬说所迷也。吾见夫今日举国之官吏士民，其见识与彼一二人者相伯仲也，其意气相伯仲也，其道德相伯仲也，其才能相伯仲也。先有无量数病国殃民之人物，而彼一二人乃乘时而出焉，偶为其同类之代表而已。一二人之代表去，而百千万亿之代表者，方且比肩而立，接踵而来，不植其本，不清其源，而惟视进退于一二人，其有济乎？其无济乎？乃举国之人，莫或自讥自贬，而惟讥贬以一二人，吾不能不为一二人呼冤也。史者也，求有益于群治也。以此为天职为能事，问能于群治有丝毫之影响焉否也。

且旧史家所谓功罪善恶，亦何足以为功罪善恶？彼其所纪载，不外君主与其臣妾交涉之事。大率一切行谊，有利于时君者，则谓之功，谓之善；反是者则谓之罪，谓之恶。其最所表彰者，则死节之臣也；其最所痛绝者，则叛逆及事二姓者也。夫君子何尝不贵死节？虽然，古人亦有言，君为社稷死则死之，为社稷亡则亡之，苟为己死而为己亡，非其亲昵，谁敢任之？若是乎，死节之所以可贵者，在死国，非在死君也。试观二十四史所谓忠臣，其能合此资格者几何人也。事二姓者，一奴隶之不足，而再奴隶焉，其无廉耻不待论也。虽然，亦有辩焉：使其有救天下之志，而欲凭借以行其道也，则佛肸召而子欲往矣，公山召而子欲往矣。伊尹且五就汤而五就桀矣，未见其足以为圣人病也。苟不尔者，则持禄保位富贵骄人以终身于一姓之朝，安用此斗量车载之忠臣为也！《纲目》书"莽大夫扬雄死"，后世言书法者所最津津乐道也。吾以为扬雄之为人，自无足取耳，若其人格之价值，固不得以事莽不事莽为优劣也。新莽之治，与季汉之治，则何择焉？等是民贼也，而必大为鸿沟以划之曰：事此贼者忠义也，事彼贼者奸佞也，吾不知其何据也。雄之在汉，未尝得政，未尝立朝，即以旧史家之论理律之，其视魏征之事唐，罪固可末减焉矣。而雄独蒙此大不韪之名，岂有他哉？李世民幸而王莽不幸，故魏征幸而扬雄不幸而已。吾非欲为儇薄卑靡之扬雄讼冤，顾吾见夫操斧钺权之最有名者，其衡量人物之论据，不过如是，吾有以见史家之于人群渺不相涉也。至于叛逆云者，吾不知泗上之亭长，何以异于渔阳之戍卒；晋阳之唐公，何以异于宸濠之亲藩；陈桥之检点，何以异于离石之校尉。乃一则夷三族而复被大憝之名，一则履九五而遂享神圣之号，天下岂有正义哉！惟权力是视而已。其间稍有公论者，则犯颜死谏之臣时或表彰之是已。虽然，其所谓敢谏者，亦大率为一姓私事十之九，而为国民公义者十之一。即有一二，而史家之表彰之者，亦必不能如是其力也。嘻！吾知其故矣。霸者之所最欲者，则臣妾之为之死节也。其次则匡正其子孙之失德而保其祚也；所最恶者，臣妾之背之而事他人也；其尤甚者，则发难而与己为敌也。故其一赏一罚，皆以此为衡。汉高岂有德于雍齿而封之？岂有憾于丁公而杀之？所谓为人妇则欲其和我，为我妇则欲其为我詈人耳。而彼等又知夫人类有尚名誉之性质，仅以及身之赏罚而不足以惩劝也。于是鼎革之后，辄命其臣妾修前代之史，持此衡准以赏罚前代之人，固以示彼群臣群妾曰：尔其效此，尔其毋效彼。此霸者最险最黠之术也。当崇祯、顺治之交，使无一洪承畴，则本朝何以有今日？使多一史可法，则本朝又何以有今日？而洪则为《国史·贰臣传》之首，史则为《明史·忠烈传》之魁矣。夫以此两途判别洪、史之人格，夫谁曰不宜？顾吾独不许夫霸者之利用此以自固而愚民也。问二千年来史家之书法，其有一字非为霸者效死力乎？无有也。霸者固有所为而为之，吾无责焉，独不解乎以名山大业自期者，果何德于彼，而必以全力为之拥护？也故使克林威尔生于中国，吾知其必与赵高、董卓同诟；使梅特涅生于中国，吾知其必与武乡、汾阳齐名。何也？中国史家书法之性质则然也。

　　吾非谓史之可以废书法，顾吾以为书法者，当如布尔特奇之《英雄传》，以悲壮淋漓之笔，写古人之性行事业，使百世之下，闻其风者，赞叹舞蹈，顽廉懦立，刺激其精神血泪，以养成活气之人物。而必不可妄学

《春秋》,侈衮钺于一字二字之间,使之后读者,加注释数千言,犹不能识其命意之所在。吾以为书法者,当如吉朋之《罗马史》,以伟大高尚之理想,褒贬一民族全体之性质,若者为优,若者为劣,某时代以何原因而获强盛,某时代以何原因而致衰亡。使后起之民族读焉,而因以自鉴曰:吾侪宜尔,吾侪宜毋尔。而必不可专奖励一姓之家奴走狗,与夫一二矫情畸行,陷后人于狭隘偏枯的道德之域,而无复发扬蹈厉之气。君不读龙门《史记》乎,史公虽非作史之极轨,至其为中国史家之鼻祖,尽人所同认矣。《史记》之书法也,岂尝有如庐陵之《新五代史》,晦庵之《通鉴纲目》,咬文嚼字,矜愚饰智,斷斷于缌、小功之察而问无齿决者哉!

论纪年

或问新史氏曰:子之驳正统论,辩矣。虽然,昔之史家说正统者,其意非必皆如吾子所云云也。盖凡史必有纪年,而纪年必藉王者之年号,因不得不以一为主,而以余为闰也。司马温公尝自言之矣。(《资治通鉴》卷六十九)新史氏曰:审如是也,则吾将更与子论纪年。(余于丁酉冬曾为《纪年公理》一篇,后登《清议报》中。今演旧说而理发明之)

纪年者何义也?时也者,过而不留者也。立乎今日以指往日,谓之去年,谓之前年,谓之前三年,前十年,再推而上之,则词穷矣。言者既凌乱而难为之名,听者亦瞀惑而莫知所指矣。然人生在世,则已阅数十寒暑，其此年与彼年交涉比较之事，不一而足。而人之愈文明者，其脑筋所容之事物愈多，恒喜取数百年数千年以前之事，而记诵之讨论之。然而年也者，过而不留者也，至无定而无可指者也。无定而无可指，则其所欲记之事，皆无所附丽，故不得不为之立一代数之记号，化无定为有定，然后得以从而指名之，于是乎有纪年。凡天地间事物之名号，其根原莫不出于指代，而纪年亦其一端也。

凡设记号者，皆将使人脑筋省力也。故记号恒欲其简，不欲其繁。当各国之未相遇也，各自纪年，盖记号必不能暗同，无可如何也。及诸国既已相通，交涉之事日多，而所指之年，其代数记号，各参差不相符，则于人之脑筋甚劳，而于事甚不便。故孔子作《春秋》，首据其义曰：诸侯不得改元，惟王者然后改元。所以齐万而为一，去繁而就简，有精意存焉也。（孔子前皆各国各自纪元。详见《纪年公理》）

既明纪年之性质及其公例矣，然则一地之中，而并时有数种纪年，固为不便，百年之内，而纪年之号屡易，其不便亦相等，明矣。何也？一则横繁，一则竖繁也。是故欲去繁而就简者，必不可不合横竖而皆一之。今吾国史家之必以帝王纪年也，岂不以帝王为一国之最巨物乎哉！然而帝王在位之久，无过六十年者（康熙六十一年，在中国数千年中实独一无二也）。其短者，或五年，或三年，或二年一年乃至半年。加以古代一帝之祚，改元十数，瞀乱繁杂，不可穷诘。故以齐氏《纪元编》所载年号，合正统僭伪计之，不下千余。即专以史家所谓正统者论，计自汉孝武建元（以前无年号），以迄今光绪，二千年间，而为年号者，三百十有六。今试于此三百十六之中，任举其一以质诸学者，虽极淹博者，吾知其不能具对也。于是乎强记纪元，遂为谈史学者一重要之学科，其糜脑筋于无用亦甚矣。试读西史，观其言几千几百年，或言第几世纪，吾一望而知其距今若干年矣。或有译本以中国符号易之，而曰唐某号某年，宋某号某年，则莽然不知其何指矣。（译西书而易以中国年号，最为无理。非惟淆乱难记，亦乖名从主人之义。若言中国事而用西历，其谬更不待辨矣）夫中国人与中国符号相习，宜过于习他国矣，然难易若天渊焉者何也？一极简，一极繁也。苟通此义，则帝王纪年之法，其必不可以久行于今日文明繁备之世，复何待言！

西人之用耶稣纪元，亦自千四百年以来耳。古代之巴比伦人，以拿玻纳莎王为纪元（在今西历纪元前747年），希腊人初时，以执政官或大祭司在位之年纪之，其后改以和灵比亚之大祭为纪元（当纪元前767年）。罗马人以罗马府初建之年为纪元（当纪元前753年）。回教国民以教祖摩哈默德避难之年为纪元（当纪元前622年）。犹太人以《旧约·创世记》所言世界开辟为纪元（当纪元前3761年），自耶稣立教以后，教会以耶稣流血之年为纪元。至第六世纪，罗马一教士，倡议改用耶稣降生为纪元，至今世界用之者过半。此泰西纪年之符号逐渐改良，由繁杂而趋于简便之大略也。要之，苟非在极野蛮时代，断无以一帝一号为纪元者，有之，其惟亚洲中之中国、朝鲜、日本诸国而已（日本近亦以神武天皇开国为纪元）。

曰：然则中国当以何纪？曰：昔上海强学会之初开也，大书孔子卒后二千四百七十三年。当时会中一二俗士，闻之舌挢汗下色变，曰：是不奉今王正朔也，是学耶稣也。而不知此实太史之例也。《史记》于《老子列传》大书孔子卒后二百七十五年，而其余各国世家，皆书孔子卒，此史公开万世纪元之定法也。近经学者讨论，谓当法其生，不法其死，以孔子卒纪，不如以孔子生纪。至今各报馆用之者既数家，达人著书，亦往往采用。此号殆将易天下矣。用此为纪，厥有四善：符号简，记忆易，一也。不必依附民贼，纷争正闰，二也。孔子为我国至圣，纪之使人起尊崇教主之念，爱国思想亦油然而生，三也。国史之繁密而可纪者，皆在孔子以后，故用之甚便，其在孔子前者，则用西历纪元前之例，逆而数之，其事不多，不足为病，四也。有此四者，则孔子纪元，殆可以俟诸百世而不惑矣。或以黄族鼻祖之故，欲以黄帝纪；或以孔子大同托始故，欲以帝尧纪；或以中国开辟于夏后故，欲以大禹纪；或以中国一统于秦故，欲以秦纪。要皆以事理有所窒，于公义无所取，故皆不足置辩；然则以孔子生纪元，殆后之作史者所宜同认矣。

纪元之必当变也，非以正统闰统之辩而始然也。然纪元既不以帝号，则史家之争正统者，其更无说以自文矣。不然，以新莽之昏虐，武后之淫暴，而作史者势不能不以其始建国、天凤、地皇、光宅、垂拱、永昌、天授、长寿、延载、天册、登封、神功、圣历、久视、长安等年号厕之于建元之下、光绪之上，其为我国史污点也，不亦甚乎！况污点国史者，又岂直新莽、武后乎哉！

太古及三代载记

中国史宜托始于何时耶？宋司马光作《资治通鉴》起周烈王二十三年；孔子作《春秋》起鲁隐公元年；而左丘明为之传，所记事往往追溯前数十年；《尚书》独载尧以来；《史记》及《竹书纪年》皆始黄帝；《世本》则上及伏羲；蜀谯周《古史考》、晋皇甫谧《帝王世纪》皆言三皇；宋罗泌《路史》更说盘古。夫史也者，人类发展之记录也，以严格绳之，必有其正确之年代粲然著之竹帛，乃得谓之史。则我国有史，最古不过溯及虞夏之交，前乎此者，实无史时代。无史时代，非作史者所当拟议也。虽然，欲察进化轨迹，必探其原，若于初民群聚之情状不加研求，则后此世运变迁之由来，未从考见。故吾作载记，虽托始三代，而太古亦未敢尽从盖阙，考证推稽，期弗近诬而已。

编史最以史材阙逸为病，古代尤甚。孔子于夏商二代，已叹文献无征，况立乎今日以指唐虞以上者哉？近世西方，有所谓历史哲学之一派，推求进化之源，往往溯及各国神话，谓其言虽什九荒诞，然各民族最初之心理，恒于此表征焉，其宗教思想、文学思想多自兹导发，故不可废也。我国为文化最古之国，故神话传说，必极丰富，其中若言华胥、言昆仑等，殊不能谓其于史迹绝无系属。(若《楚辞》之《离骚》、《天问》等篇，其半史的事实尤多) 然神话与史实，界限不明 (此各国言古史者所同病，匪独我国也)，一切舍旃，既自灭文明之迹，稍涉博采，又动贻芜秽之讥，此一难也。有史以还，取材宜富，然聿稽先典，奇厄实多。考商周之间，史官持重，大史、小史、内史、外史、左史、右史、瞽史诸职，粲见经记。上自王朝，下遍侯国，咸设专司，其所纪载，谅堪征信。然东迁以降，诸侯去籍，典章所寄，强半散遗。及秦燔祸起，凡非秦记，悉付摧烧。夫史籍与诸书百家语不同，秘府孤藏，别无口授及传钞副本，一经荡尽，无复孑遗，此二难也。考古之业，载籍法物，两皆可珍，我国古代，器铭壁刻，不乏鸿制，其著见于经记者，若夏之九鼎，周之天球河图，郑之刑书，晋之刑鼎 (二者皆刻法律条文，若罗马之十二铜表矣)，皆金铸也。楚庙则有古事画壁 (见《楚辞·天问》)，秦宫则具六国之形 (见《史记·秦本纪》)，皆石华也。倘其获存，资证宁少。(近出土之钟鼎款识小品及山东嘉祥汉画像、六朝诸造象，存于今日者多足为考史及研究美术之助，若先秦巨制古刻犹存，所裨更当何若) 乃秦项虔刘，累代摧坏 (项羽焚咸阳，火三月不绝，为古代宫室一大厄，自后每经丧乱，古建筑无一能存焉。秦始皇尽取天下之兵及器铸为金人，此铜器一厄。董卓悉取洛阳长安内府所藏古器铸小钱，此铜器二厄。隋开皇九年、十一年两次毁平陈所得三代秦汉古器，此铜器三厄。周显德二年敕除朝廷法物外，凡各地官私所藏铜器限五十日内毁废送官，此铜器四厄。金海陵正隆三年诏废平辽宋所得古器，此铜器五厄。

宋绍兴六年敛民间铜器，二十八年出御府铜器千五百斤，付泉司，大索民间铜器，得铜二百余万斤，此铜器六厄。靖康北徙，器亦并迁，金汴季年钟鼎为祟，宫殿之玩毁弃无遗，此铜器七厄。故今兹所遗存皆小品，其裨益史料甚微也），先民手泽，千不一存。欲求如埃及、巴比伦籍古刻以考遗制，且不可得，此三难也。战国之际，学术勃兴，而皆好依附古圣以为重，故老庄言黄帝，许行称神农，墨翟宗大禹，医家说岐伯，兵家道太公，方士侈述九皇，儒生聚讼五帝；或寓言之迹显而易明，或托事之文淆而难辨，后史杂采，遂以乱真，此四难也。太史公称载籍极博，考信六艺，壹宗经记，宜若谨严，不知经训本与史籍殊科，经以明义，非以记事。(近儒或倡六经皆史之说，实偏见也) 故史实足藉以明义者采之，否则置之，此孔子删定《诗》、《书》，笔削《春秋》，所以为大业也。若以记事为职志也，则《书》千篇何以仅存百篇（或有以《今文尚书》二十八篇即孔子删定原本别无所谓逸篇者，其言亦近真），《诗》三千何以仅存三百？《春秋》曷为不纪周而纪鲁，曷为必始元而终麟？湮灭史迹，孔子不且为万世罪人耶？惟其本非记事之书，故去取可别具权衡，殊弗以武断为病。不宁惟是，义之所寄，虽附益文辞可也（《尚书·皋陶谟》有蛮夷猾夏一语，夏为大禹有天下之号，后世称我民族为诸夏，犹刘汉以后称汉人，李唐以后称唐人也，舜时安得有此称？），改变事实可也（《尚书》记尧、益、伊尹等，事有与他书绝异者，孰为事实殊难断言。春秋二百四十二年中鲁三弑其君，《春秋》皆讳之。其他为尊讳、为亲讳、为贤讳者不下数十事，此自经义应尔，若作史读，岂不成曲笔耶？）。故群经中记载涉及史事者，诚不失为较确之史材。然必欲混经史以同其范围，则其道反为两失，此五难也。

求先秦史料，周柱下史及列国史记若晋《乘》、楚《梼杌》之类既不可见，其纯以记事为职志完书传于今者，惟《左传》与《国语》。（次则《战国策》已为纵横家言，非绝纪事）次近古者，则史迁之《史记》，今述古代史，则《尚书》、《春秋》以外，惟当信据此三书，夫人而知之矣。顾尤有数书最当商榷者：其一，《逸周书》（俗或称《汲冢周书》，盖据隋唐《艺文志》言，然晋代汲冢所得书目具载《束皙传》，并无此书。而《汉书·艺文志》有《周书》七十一篇，与今本篇数正合。两汉人所引《周书》文亦多见今本，故知今所传者即《汉志》旧本也。后人以其所记有文王受命称王，武王、周公私计东伐，俘馘殷遗，暴殄原兽，辇括宝玉等事，谓圣人所必无，指为战国后人所依托）。其二，《竹书纪年》（《晋书·束皙传》：晋太康二年汲县人发魏襄王冢，得古书七十五篇，中有《竹书纪年》十三篇，今所传本篇数正同。其书起黄帝元年，历唐、虞、夏、商、周皆有年次，入春秋则特详晋事，入战国则特详魏事，讫于魏安釐王二十年，盖魏史官所记也。晋卫恒、束皙、王接、荀勖续成皆有校释，见各本传，宋沈约有注见《隋书·经籍志》。清乾隆间编《四库书目提要》举六朝唐宋人所引与今本不同者二十余事，断定今本为元明人所伪托，其最为世诟病者，则所记有益干启位，启杀益，文丁杀季历，太甲杀伊尹等事。然此诸事，今本所载亦多有异同）。其三，《穆天子传》（与《竹书纪年》同出汲冢，《束皙传》云五篇，今所传者六卷，前五卷皆纪穆王西巡事，后一卷纪美人盛姬事。《束皙传》称同时尚得杂书十九篇，此殆其一。而后人合之也。晋郭璞有注并传于今，其中言穆王西巡事，皆有日月，并详纪所行里数。旧史以列起居注《四库书目》，以其多夸诞不经语改列小说类）。其四，《山海经》（见《汉书·艺文志》有刘秀校上奏称为伯益所作，《史记·大宛传》亦云《山海经》所有怪物，余不敢言。是此书确为先秦旧籍无疑。《列子》称大禹行而见之，伯益知而名之，夷坚闻而志之。刘秀谓伯益作，殆本于是。其书所纪人名有夏后启、周文王等，所纪地名有秦汉郡县，可证其决非禹益时书，殆战国人所纪，秦汉人复有附益也。前代著录者多以为地理书之冠，《四库总目》亦归诸小说类）。其五，《世本》（司马迁作《史记》，其世家、年表多采《世本》。刘向云《世本》，古史官明于古事者，所记录黄帝以来至春秋时王侯诸国世卿大夫系谥名号。《汉书·艺文志》著录十五篇，《隋书·经籍志》、新旧唐《艺文志》皆著录四卷，唐以后佚。据群书所引，则其书有作篇，记创作诸器物之人；有居篇，记历代王侯世卿所宅都；有姓氏篇；有帝系篇；有王侯大夫谱；有谥法篇。近人有搜辑成书，略还旧观者）。

  正经正史以外，此五书者，其最古之记录矣。《世本》史家共推无异辞，顾既残佚，余四书具存，而稽古者不甚乐道之，惮其与正经正史相迕也。夫吾岂敢谓诸书所纪，悉为实录？虽然，以后世人记并世事，其失实者且多矣，矧于古代，至若经记所述古代圣君贤相成一理想的神圣人格，更无疵颣，其社会则郅治之极，全率由最高道德之轨范，此自圣贤垂世立教，悬一至善之鹄以示方来，揆以进化轨阶，恐反有非其真者耳。若因其与经记间有出入，据指为伪托，则彼伪托者生汉晋以后，全国思想界久为经说所支配，何敢故作叛经之言以撄众怒？故吾以为正以其有骇人之记载，不足以明其伪，反足以明其真也。故吾于《逸周书》、《竹书纪年》，不敢采其异说以入史文，然终谓其书之不容废也。《穆天子传》、《山海经》，其最滋疑议者，谓所载地名于今无征也。然最近绩学之士，以今图证《穆传》地名，其可指者盖得八九（仁和丁谦著《〈穆天子传〉地理考证》，以西图案其地望，言甚博辩，略可征信），以《水经注》证《山经》域内地名，亦什得其六（镇洋毕沅《〈山海经〉校注考证》最翔实，力言《山经》实古地理书）其非凿空志怪之作，较然甚明，其间涉夸诞，则古代神话之常，殆无足怪。而既认此诸书有几分历史上之价值，则古代与西方交通之迹，遂渐成一大公案，此似治史者所宜毋忽也。吾故于载笔之先，略发其凡如上。

古代传疑章第一

中国者，华夏民族所创建也。中国史者，华夏民族发展之记录也。然此民族非一旦所成，历万数千年抟挽磨炼，乃渐凝为颠扑不破之一体。此民族又非孤根特达，实苞罗无数种姓，次第同化混合，始庞然确立其中坚。此民族是否即为此国最初之土著，抑徙自他方，虽不可确考，第自既宅此国以来，与异族之斗争，未始或息，恒赖民族之公共业力与夫大哲奇英个性之发挥，故不惟能抵抗敌患，不失旧物，且常能吸纳外来之力以自光大，此数千年国史所由成立也。邃古邈矣，百家所述古皇名号杂多，不可殚纪，其稍足征信者，则上古穴居野处，既乃有教民结巢而居者，号曰大巢氏（亦称有巢氏）；上古未有火化，食草木之实、鸟兽之肉，饮其血，茹其毛，既乃有教民以火食者，号曰燧人氏（祝融氏亦古代所尊祀，为司火之神皇，其与燧人是一是二不可考）；上古不知蓄聚，饥则求食，饱则弃余，既乃有教民以驯畜禽兽而蕃息之者，号曰庖牺氏（亦作包牺，亦作伏羲、虙牺等）；上古不解粒食，既乃有尝百草而辨其性、教民以树艺五谷者，号曰神农氏；上古未有工艺，既乃有教民范金合土、刳木弦木者，号曰共工氏。此诸氏者，皆起于黄帝之先，其种族盖非同一，其世次相距久暂，不可深考，不称帝皇而以氏名，本未成为国家，以是识别其种姓云尔。故古代之氏，见于百家者，名称至夥，固非必尽信，亦必非尽诞，其人盖散处各方，山居谷汲，为一团焦帐落之小酋，未可以后世之帝王侪拟也。（天）

三皇五帝之称，始见于《周官》"外史掌三皇五帝之书"。《列子·杨朱篇》亦言三皇之事若存若亡，五帝之事若觉若梦，然帝与皇之名未列举也。《吕览》（十二月纪）以黄帝、炎帝、太皞、少昊、颛顼为五帝，盖本之《左传》。而《月令》因之（《左传》昭十七年郯子述纪官列次，黄帝、炎帝、共工、太皞、少昊、颛顼；《吕览》删共工而以余五帝分配五行，《礼记·月令》则采《吕览》之文也），《大戴记》（《五帝德》、《帝系姓》两篇）以黄帝、颛顼、帝喾、尧、舜为五帝，盖本之《国语》，而《史记》因之（《国语·鲁语》臧文仲论祀典以黄、颛、喾、尧、舜五帝相连并举，与《大戴记》合，《史记·五帝本纪》则明言采宰我问五帝德、帝系姓之文也，然《国语》于黄帝前尚举烈山、共工二氏，于舜后尚举鲧、禹、契、冥、稷诸人，亦并非谓帝必限以五也）。《世本》及《竹书纪年》于黄帝之后、颛顼之前皆有少昊，而《史记》无之。刘歆《三统历》则以包羲、神农、黄帝、尧、舜为五帝，宋以后述古史者多从之，此五帝异说之大概也。《史记·秦本纪》有天皇、地皇、泰皇之名，郑康成据《春秋纬》以女娲配羲农为三皇，皇甫谧采之作《帝王世纪》，司马贞采之作《补三皇本纪》，而谯周《古史考》易女娲以燧人，宋均《世本注》又易以祝融，徐整《三五历》则本《秦本纪》为说，而易泰皇为人皇，晚出之伪《三坟》又糅合之，而以伏羲即天皇，黄帝即地皇，神农即人皇，此三皇异说之大概也。(《左传》楚左史倚相能读《三坟》、《五典》、《八索》、《九邱》，杜预注云古书名，而晚出《古文尚书》伪孔序附会之云：伏羲、神农、黄帝之书谓之《三坟》，少昊、颛顼、高辛、唐、虞之书谓之《五典》，故其后遂有伪造《三坟》书者）而《文子》称九皇之制，《管子》亦称九皇六十四民。(《汉旧仪》称圣王祭三皇五帝、九皇六十四氏，盖本于《管子》，民字或氏字之讹也）又言古封泰山者七十二家，《春秋纬·命历序》则谓自开辟至获麟凡三百二十七万六千岁，分为十纪（一九头纪，二五龙纪，三摄提纪，四合雒纪，五连通纪，六序命纪，七修飞纪，八回提纪，九禅通纪，十流讫纪，而流讫实当黄帝时云），罗泌《路史》复于十纪之前冠以盘古氏焉。其古皇氏名见于周秦诸子各种纬书及《世本》、《山海经》者不下百数，孔子所不道，太史公所不采，而魏晋以后作史者，乃累累罗列以为博，而不知其自陷于芜秽也。降及近世，欧洲学者盛倡中国人种西来之论，好奇之士，诧为新异，从而和之，乃遍索百家所记名号，刺取其与巴比伦、迦勒底古史所述彼中王名译音相近者数四，辄附会为彼我同祖之征，斯益凿矣。然必以孔子所未道、史公所未采之故，而径指为臆造虚称，则亦失之武断。盖有史以前，先以神话，实各国之所同。我国古代，种族夥繁，十口相传，各侈其祖。春秋战国以还，好事者最而录之，其名称复杂，固宜然也。然必欲强排次其年代，且以后世帝王盛德大业拟议之，则大不可。盖其人仅一团瓢之主，稍进亦一游牧族之酋耳，曰皇曰帝，则皆史以后崇报之名，非固有也。若夫三五之数，则全由春秋战国以下哲学家喜言三才五行；凡百事物，动相比附，实则古代非有帝皇之名，后人皇之帝之，数虽百十可也；谓皇必三而帝必五，夫既拘墟，更聚讼于其名氏世系，益无谓也。

前列诸氏，固皆为华夏民族之祖，然其时民族之体系犹未成也。其成之则自黄帝以后。夫无论若何文明之民族必由野蛮阶级进化而来，此公例也。然非谓举凡一切民族，皆可由野蛮而进于文明。今全世界见存民族不下数百，其有文明史可纪者十数而已，或自始未有，或昔有之而今已中断也。我国自肇辟以来，各民族之土著于是间及自外侵入者不知凡几，而惟华夏民族能始终为之宗主，其在古代，种族部落，星罗棋布，殆以千计（参观本卷附录古代国名表），或淘汰，或混化，至今惟有华夏民族者存，不见其他也。亦有其族虽存，而遂不能以文明自见，历四五千年仍为无史民族者，若苗族是也。是故进化虽为恒规，能进化实在自力，大抵凡无史民族，恒为其所遭值之境遇所宰制，对于外界而为被动者；凡有史民族，恒以自我宰制所遭值之境遇，对于外界为能动者，此其机键也。今弗泛论，请举黄帝迄尧舜史迹见于故书雅记略可征信者分别论次之，其伏羲神农事，以类追述焉。

一、世系及年代。伏羲或谓即太皞，因风而生，风姓，蛇身人首，兴于燧人氏之季（据皇甫谧《帝王世纪》），以龙纪官（据《左传》）。继其后者或有女娲氏，亦风姓，蛇身人首（据《世纪》）；时有洪水，女娲氏止之（据《淮南子》及《列子》）。伏羲、女娲后，传数十世乃至神农云（宋均《世本注》言女娲至神农七十二姓，谯周《古史考》言女娲后五十姓至神农）。神农或谓即炎帝,姜姓(据《世本》),母曰任姒,有蟜氏女,感神龙生帝,人面龙颜(据《春秋元命苞》及《命历序》)。或云传八世五百二十岁(据《春秋命历序》),或云传七十世(据《尸子》)。黄帝者,少典之子,姓公孙,名曰轩辕,兴于神农氏世衰之时,代炎帝为天子(据《史记》),在位百年(据《竹书纪年》),有子二十五人,其得姓者十四(据《国语》及《史记》)。或云帝崩后其孙立,是为帝颛顼(据《史记》);或云嗣黄帝者为少昊(据《竹书纪年》);或曰黄帝传十世千五百二十岁(据《春秋命历序》)。其裔有帝鸿、帝魁等名(据《山海经》及郑玄所引《尚书纬》)。少昊氏名挚(据《左传》),或云黄帝之臣(据《逸周书》),或云黄帝之孙(据《汉书·律历志》),或不以列诸帝皇(据《史记》),或云继少昊者即帝颛顼(据《竹书纪年》),或云少昊传八世五百岁(据《春秋命历序》)。帝颛顼高阳氏,或云黄帝之孙而昌意之子也(据《史记》),母蜀山氏之女(据《山海经》),感瑶光之星而生帝(据《宋书·符瑞志》),有子曰穷蝉,或云即虞舜所自出(据《史记》),或云伯鲧实颛顼子,为夏禹所自出(据《大戴记》及《山海经》),或云颛顼有子曰老童,为春秋世楚国所自出(据《世本》)。帝喾高辛氏,黄帝之曾孙也(据《大戴记》及《史记》),生挚及尧,挚立九年而废;或云其元妃有邰氏之女曰姜嫄,感大人足迹而生稷,实周所自出;其次妃有娀氏之女曰简狄,吞鸟卵而生契,实商所自出(据《诗经》、《大戴记》、《世本》及《史记》)。帝尧陶唐氏,帝喾之子(据《史记》),黄帝之玄孙(据《世本》),母娵訾氏之女(据《世本》),曰庆都,感赤龙而生帝(据《汉尧庙碑》),在位七十年,举舜摄政,百年而崩(据《尚书》、《孟子》、《竹书纪年》及《史记》)。帝舜有虞氏,黄帝八世孙(据《大戴记》、《世本》

及《史记》),母曰握登,感大虹而生帝(据《宋书·符瑞志》),受尧禅即天子位,摄政二十八年,在位五十年,禅于禹,崩(据《尚书》、《孟子》及《竹书纪年》)。

此百家言古帝王世系年代诸说之大概也,其当疏证者数事:第一,诸帝年代相距之久远,异说实繁,惟伏羲神农,与唐虞之世相距极远,盖可推见。伏羲事见于正经者,惟画卦及以龙纪官二事,纬书称其人首蛇身,亦与龙有连,易卦亦首取龙象(《易乾》为龙,其象皆取诸龙。《说文》:易,蜥易也,象形。是易之本义为蜥蜴龙,古文作"��",与易字相类,或言易字即龙字,说虽稍凿,亦足备一解),我国人以龙为神圣,其思想盖传自伏羲以来,然据地质学家言,则龙之为物,绝迹于新石器时代,约距今五六万年前,伏羲时龙族尚繁,则其邈远可想。又女娲洪水传说必有所承,考各国古史,皆有洪水神话,当为古代一大事实(详下文),而其年代之极远,亦可比推也。第二,近世学者,考社会进化之迹,皆言父系之前,先有母系,盖古代婚姻之礼不备,男女之别未严,人皆知有母不知有父也。故诸帝系姓,皆详纪母氏,而于父反多传疑。又好说圣人无父,感天而生(许慎《五经异义》引《诗》齐鲁韩、《春秋》公羊说皆云然),此虽为宗教家言(各国宗教家皆以此立义,耶教其最著明也。孔教言孔子祷尼丘而生亦同此义。凡以明教主为超人之神圣而已),亦母系先于父系之一左证也。故姓字从女生,言女所生也;最古之姓,姚、姒、姬、姜、嬉、姞、嬛、妫、嬴字率从女,以女辨系也。第三,据《大戴记》及《史记》,则黄帝、颛顼、帝喾、尧、舜,一脉相承。而后世帝王之家,悉黄帝所自出。然即证群籍,抵牾实多,少昊确为一名王，安容削其位号，据昭十七年《左传》，则炎帝、太皞皆在黄帝之后，其与羲农宜非一人，而黄帝与少昊、颛顼之间，相去数代，各有制作，不相沿袭。则谓颛顼为黄帝孙，帝喾为黄帝曾孙，实可滋疑。《左传》又称高阳、高辛才子，世济其美，以至于尧，则颛喾之与尧，世次亦似非衔接。又谓尧为黄帝玄孙，舜为黄帝八世孙，则釐降二女，舜乃以侄曾孙而娶曾祖姑，毋乃可骇。鲧为颛顼子，据《竹书》纪其生年，则逮尧忧洪水时，鲧寿应及二百，而自颛至禹，祖孙相距，垂四百年，宁有是理，舜于尧为四世从孙，禹于舜为四世从祖，悬隔相嗣，事太不经。周诗但颂姜嫄（《诗·大雅》："厥初生民，时维姜嫄"，但言姜嫄生后稷，不言姜嫄为帝喾元妃），商诗惟歌玄鸟（《诗·商颂》："天命玄鸟，降而生商"，并未言简狄，更未言简狄为帝喾次妃），稷契为帝喾子，于经无征。若其然也，则尧有圣兄而不之知，待舜乃举，已为异闻，且稷契既尧诸昆，则舜受禅时，当逾百岁，耄期登仕，情理实乖。又由契至成汤四百余年而十四传，由稷至文王九百余年而十五传，谱系相印，何其悬绝。凡此诸端，二千年来学者纷纭聚讼，书可汗牛，迁就附缘，终无是处。原其受蔽，皆由以后世之大一统政象，推诸古而强求其合，故帝皇号次之争辩兴焉。实则古代群落并立，地丑德齐，率土一王，绝无其事；太皞、少昊、高阳、高辛之辈，与彼祝融、共工、蚩尤、烈山之俦，文言之可俱称诸后，质言之，可俱称诸酋。正统闰位之辨，在后世犹为词费，况乃远古？诚能熟察部落政治之状态，则观载籍中所传古酋种姓之繁多，推见初民万芽齐茁之象，观其递兴迭仆，可想见诸落交通竞争之迹。因其异说之纷挐，益知其年代之绵远，如是则古史之印象，既已略具矣。欲更进于此而有所考证，则愈考证而愈失其实也。至于唐虞三代同祖黄帝之说，或出于人种一元之理想，或由后代帝王，喜自托于华胄。（如汉高祖自称出于豢龙氏，因远祖唐尧，王莽自称出于黄帝，汉昭烈自称中山靖王后，刘渊自称汉甥）而其谱系之龃龉不可通，既已若是，则宜侪诸神话，不能视同史实，其理甚明。窃意有熊、高阳、高辛、陶唐、有虞、有夏、有商、有邰，皆古来固有种姓之名，黄、颛、喾、尧、舜、禹、契、稷，皆其种中大长之俊英，威德独盛，后世从而宗之。此数大种姓者，有无血统之联属，尚不可深考。必取千数百年之圣哲，强指为父子兄弟祖孙，非惟凿枘隘矣。

二、宅都及经历地。伏羲或云生于成纪（据《帝王世纪》，今甘肃秦州），或云生于雷泽（据《诗纬》，今山东定陶），都于陈（据《世纪》，今河南陈州），曾封泰山（据《管子》），冢在山阳（据《世纪》，今山东金乡），其后嗣在春秋时，有任、宿、须句、颛臾等国（据《史记》，国皆在今山东）。神农生于华阳（今陕西华县），长于姜水（据《国语》），都于陈，徙于鲁（并据《世纪》），曾封泰山（据《管子》），夙沙氏之民，自攻其君来归（据《逸周书》、《吕氏春秋》及《说文》，夙沙盖海滨之国），冢在长沙（据《世纪》）。黄帝生于寿丘（据《世纪》，地失考），长于姬水（据《国语》，地失考），初居有熊（据《纪年》，今河南新郑），与炎帝战于阪泉（据《史记》，今直隶怀来），与蚩尤战于涿鹿（据《史记》，直隶今县），遂邑于涿鹿之阿，迁徙往来无常处。东至于海，登丸山及岱宗（即泰山）；西至于空同，登鸡头（今甘肃平凉西北，或云岷县西北）；南至于江，登熊湘（当在今湖南）；北逐荤粥，合符釜山（当在今直隶京兆北。并据《史记》);济积石（今青海之噶达苏齐老山），涉流沙（今大戈壁），登于昆仑（今和阗南之喀喇昆仑山脉。并据贾谊《新书》），昆仑之丘有帝宫焉（据陆贾《新语》及《竹书纪年》）。或口曾与西王母会于王屋（据《抱朴子》引《内经》），曾使伶伦至大夏西昆仑之阴取嶰谷之竹（据《汉书·律历志》。大夏古国名在今喀什噶尔地）。其子玄嚣降居江水（或云即今嘉陵江），昌意降居若水（今四川犍为宜宾间），陵在桥山（今山西北境。并据《史记》）。少昊国于穷桑（杜预云在鲁北），迁于曲阜（山东今县。据《左传》）。颛顼生于若水（见前。据《竹书纪年》），都于帝丘（据《左传》。今直隶滑县），徙于高阳（据《史记》。或云今河南杞县，或云今直隶任邱，或云今直隶清苑），北至于幽陵（当指今口北等地），南至于交阯（今安南），西至于流沙（今戈壁），北至于蟠木（当指今吉林省内之大森林。据《史记》），陵在顿丘（据《世纪》。今直隶清丰）。帝喾初封于辛（据《竹书纪年》。今河南省城），都于亳（据《纪年》。今河南商丘）。尧生于丹陵（今直隶完县），初封陶（今山东定陶），改封唐（今直隶唐县。并据《竹书纪年》），都冀之平阳（今山西临汾。据《竹书纪年》），涉流沙（今戈壁），封独山（或云即《穆天子传》所谓群玉之山，亦《山海经》所谓崟山也，今称密尔岱山，在叶尔羌西），西见王母，训及大夏渠搜（并见贾谊《新书》），崩于陶（据《纪年》），陵在济阴（今山东定陶。据《帝王世纪》）。舜之先出于虞（今山西平陆），生于诸冯（或云今山东诸城。据《孟子》），或云生于姚虚（今山东濮县。据《纪年》），耕于历山，渔于雷泽，陶于河滨，作什器于寿丘，就时于负夏（据《史记》。注家言诸地皆在今山东境）。尧妻以二女，釐降于妫汭（据《尚书》。《水经注》谓河东郡南妫汭，汭水出焉，则地在今山西），受禅都蒲坂（今山西永济），崩于鸣条（据《孟子》。今山西安邑），或云崩于苍梧（据《史记》。今湖南衡阳）。

吾今将据此诸地以考我华夏民族发育光大之迹，惟有二事宜注意者：其一，古代本未脱游牧之习，黄帝以前特甚（《史记》称黄帝迁徙往来无常处是也），所谓宅都某处者，不过如后世诸胡部落之幕庭，非必确有定居，尤不能与后世之帝京同视。其二，所记诸地，未必可信，有时出于夸张（如颛顼之幽陵、交阯、流沙、蟠木，当是夸大颂祷之词，观《史记》原文尚有"日月所照，莫不砥属"等语可见），有时杂以神话。其三，所释今地，不过据前贤考证，求其近是，良不敢尽谓正确。今以此三义为范围，详慎研索：则第一，知中国文明发轫，实在黄河下游，今河南之开封、河北两道，山东之东临、济南两道，直隶之大名、保定两道，实为文物诞育之区。伏羲、神农、少昊、颛顼、帝喾之都，不出沿河上下数百里间，盖我国之有黄河，犹埃及之有尼罗，中亚古国之有幼发拉底也。而三省之中，又似山东发育最早，伏羲虽无都山东之传说，然其裔之传于后者，任、宿、须句、颛臾，皆依泰山而居；金乡鱼台传有伏羲陵，当有所自；神农、少昊，则皆都鲁焉。（鲁公伯禽受封于少昊之墟，见《左传》最可信）夙沙氏之归，声教益东渐于海矣。（夙沙氏来归当为古代一大事，故古书言之者极多，《说文》称夙沙始煮海为盐，则其地滨海而极富饶，可知应为泰山以东之大部落，与吾华夏民族并雄者。近人务申民族西来说，乃至附会夙沙为迦勒底都城之苏盐，欲将我古代史迹悉移赠中亚细亚，甚无取也）惟黄帝邑于涿鹿，距河殊远，或为控制獯鬻计不得不尔耶？要之自太行山脉以东，桐柏山脉以北，泰山以西，长城以南，实吾国最大之平原，大河贯注滋沃乎其间，于文化之孕育最适焉，民族发育斯域，固其宜矣。第二，炎黄以来，既宅此平原，唐虞之际，忽逾太行趋西北，作都于山西之高原，在历史上实为一奇象。盖去难就易，初民恒情；舍沃趋瘠，于性殊拂，河岸平原地力未尽，曷为舍旃以崎岖于山谷？或疑尧舜所属之部落本在其地，如春秋之晋，发祥攸自，斯亦不然，尧之封国，曰陶，曰唐，实在燕齐。舜东夷之人，见于《孟子》，早年历迹，咸在山东。谓二帝兴于北陲，左证乃适得其反。然则西迈之由，不得不归诸洪水，盖洪水之祸，殆地球与他界之关系使然。（说详下）全地之水，吸而上浮，时非高原，莫可栖止（山西高原拔海自千迈当至二千迈当，黄河下游平原拔海皆在二百五十迈当以下），尧舜禹所为迁宅冀域，殆必由是。而前此文明之破坏于兹役者，亦可推见矣。第三，则湖南一地，在古代似与中原极有系属，黄帝南渡江，登熊湘，见于迁史。神农葬长沙，舜崩苍梧，虽涉荒唐，然传说谅非无自。夫以春秋之盛，沅湘犹未内属（顾栋高《春秋大事表》有楚地不及湖湘论），而谓数千年前，反为哲王圣绩之所被。宜若近诬，惟考当时吾族劲敌，厥惟三苗，而湖湘之间，实苗窟宅（说详下），诸帝徂征，当为事实。苗既远窜，遂成荒徼，此如两汉西域之道，通塞不常，正不必以后之莽梗，疑古之沟通也。第四，则古代西北诸地与中原交涉之迹，详慎钩稽，兴趣良富。彼持极端华族西来之论者，吾虽不敢附和，而西域通道，由来甚古，事略足征。昆仑县圃，《楚辞》盛称，其他故记，杂见非一。昔人以为文家冥想，事等寓言，然汲冢《穆传》，地名里数，一一具详，按今图记，吻合什九（《穆天子传》卷四有"里西土之数"一段，最为翔实。说详本卷第三章），其非虚造，已可断言。则昆仑流沙王母之往来，岂得指为悠谬（西王母，国名，非人名，尤非神仙。并详第三章）？又古代以玉为宝，祀典瘗埋，朝聘赘执，燕居垂佩，用之极繁，种类名称，博见载籍，古玉之富，略堪悬想。然产玉之域，必推于阗（今新疆之喀什噶尔道和阗、于阗一带），雍州之贡璆琳，昆冈之出玉石，实皆其地。假非交通夙密，曷由输运滋繁。又伏羲之生成纪，黄帝之登鸡头，渠搜大夏，受训来宾，玄嚣青阳，降居二水，稽其地望，皆在西荒。然则凿空非始张骞，定羌宁俟充国，今万有余里之新疆，实五千年前之旧属，参稽故实，似非诞辞。第五，我族既发迹于黄河下游沿岸，炎黄之际，缔造方始，曷为能遂勤远略，西涉万里以外之荒碛？则我族文化，其毋乃非由东西渐，而实由西东徂，此人种西来论所由起也。挽近西士，盛倡此说，其尤著者二家，拉克伯里谓巴比伦为我宗邦，里德和芬谓和阗为我旧壤。拉氏之说，傅会音译，谓黄帝即奈亨台，谓百姓之名，本于巴克，牵强媒合，殊类滑稽。[巴比伦古有名王库达奈亨台 Kudur Nakhunte，其年代与我古籍所记黄帝时略相当。拉氏谓黄帝称有熊氏，熊古音读"奈"Nai，黄帝之音为 Huang-ti，因将熊黄帝三字连读之造一名曰 Nak-Huaugti，谓即巴比伦王奈亨台，其实有熊国名。末笔四点字，自音雄，与鲧化黄熊之熊字末笔三点读如奈之平声者，形音俱别，安得合而为一？且去有留熊，以熊黄帝三字连属成名，古来安有此称帝为爵号？岂容名译？凡此矫诬，不值一笑。拉氏又将百姓之百字以粤音读之，译为巴克 Pak，谓姓为种族，百姓者，巴克种族也，因今小亚细亚有地名巴克，遂指为古代中国与巴比伦种族之公称。实则百姓二字不能作如此解，五尺之童皆知之矣。拉氏既立此为论据，乃益刺取两国古史所纪文物有相类似者悉为牵合，如谓八卦出于楔形文字，谓太阴历传自迦勒底，诸如此类，不一而足。若如其说，则吾国古代无一文明，一切皆从幼发拉底河畔移植而来，宁有是理？拉氏，欧洲人，习见欧洲之民族及文明皆自他土移植，因谓中国亦当尔尔，不知欧洲自为文明传播化合之地，中国、巴比伦、埃及、印度自为文明发源胎育之地，地势使然，安可强附也？此说本无深辨之价值，惟拉氏学博而言辩，亦著《中国古代文明西来考》(Western Origin of the Early Chinese Civilization)，彪然巨帙，风靡欧美，日本学界、我国学者亦得翕然信从，甚至盘古即巴克、凤沙即苏萨等说推波助澜，不可究诘，吾故略辨之如上]

里氏之说，根据中国史传，不如拉氏之武断，然后起孤证，依凭亦薄。（里氏据《魏书·于阗传》云，自高昌以西诸国深目高鼻，惟此一国貌不甚类胡，颇类华夏，以此为中国与于阗同种之证，其他若玉出于阗而中国古代多玉，亦其一证。实则魏收《魏书》成于隋唐之交，安可据以论数千年前古事？魏类华夏一语，亦岂足为同种之确证？然于阗与内地古代实早交通，游牧时代吾族或有迁宅斯土者，亦意中事也）窃以为欲论此事，则人种一元多元之辩，是所宜先。谓一元耶，则凡今含生之俦，宜皆同祖，宁独中国与巴比伦？果尔，则葱岭西帕米尔高原实为大地脊，或为全界人类共同之祖国；其裔姓随环岭河流所向，或东宅我华，或南开印度，或西辟西亚，或西南趋埃及。果尔，亦不过同源分布，断无中国文明为巴比伦再传之理。况一元之说，自达尔文种源论既昌以后，盖不复能自完。若宗信多元，则以我国山河两戒之奥区，自能有多数民族函奄卵育于其间，岂其必由外铄？是故华族西来之说，求诸中外史乘，既无确证，揆诸群象蕃变情形，亦非吻合，宜从盖阙，无取凿陈也。然则古代西通频繁，其故安在？窃疑炎黄以前，今新疆中央之大戈壁白龙堆（白龙堆或本一湖泊亦未可知），实为多数文明都邑之所宅。（今地志统称为塔木里河溢地，其地不过拔海五百迈当至一千迈当，与山西、四川之高原略齐）塔木里河两岸，不减中原陈、卫、宋、郑之郊，自玉门西抵昆仑，井邑相属，其开化或更先于中原，我华夏民族或曾宅此间，以次转徙而东，或本在东方，而与西土常相接触。故西域故实，至今犹往往见古籍中也。至此道后来中梗之由，则因洪水以还，绣壤奥区，沦为沙漠。（洪水与沙漠之关系，说详下）前劫文物，湮荡无余，此非惟中国史家之遗恨，抑亦全世界文明史一大厄运也。吾之此说，于载籍绝无稽验，惟从地文学上试为悬断，然今沙漠中有已沦之古国，则中西学者，皆有先我言之者矣。（《汉西域图考》云，汉时鄯善、精绝等国，今已沦入瀚海，欧人黑丹士达因为中亚细亚地学专家言汉和阗及其邻近地今已埋于沙漠，尝试发掘，得有西历纪元前三百年间由印度输入文物之迹。云此皆沙漠已成之后赓续沦没者，则未有沙漠前更可想耳）他日若科学益昌明，能拨沙漠中古迹而出之，则中国古史，其或尽改旧观也。

三、与苗族之竞争。华夏民族，非一族所成。太古以来，诸族错居，接触交通，各去小异而大同，渐化合以成一族之形，后世所谓诸夏是也。就中有二族焉不能与诸夏化合者，则从而攘逐之剿绝之，一曰獯鬻，二曰三苗。獯鬻盖欧人所谓芬种 Hun，后世狎狁、匈奴，皆其异名，此族当炎黄之世，曾肆扰东北，黄帝攘之，其焰遂衰，史称帝北逐獯鬻合符釜山是也。（自此役以后，唐、虞、夏、商千余年间史籍无獯鬻侵暴之迹）其后战国秦汉间，颇极猖獗，其遗种今有立国于欧洲者，兹不具论。（别详两汉载记卷）三苗亦称九黎，其族盖起于湖湘之间，浸以盛大，与诸夏争雄，其酋之最强武者曰蚩尤，或曰共工氏亦其族也。蚩尤与黄帝争为帝，战于涿鹿之野，帝擒蚩尤，斩之于中冀。苗族之不竞于我，盖自兹始，然余众犹倔强。少昊、颛顼之时，屡烦征讨，尧、舜、禹三圣，益膺惩之，分窜之于三边，于是其族之驯良者，渐同化于我，其凶顽者则远窜南服，历数千年至今尚有存者，其一部分且滋殖于安南缅甸诸地及南洋群岛云。要之华苗二族之消长，为古代史第一大事，而我族自黄帝以降数百年间，恒汲汲以对苗之举重劳焦虑，则苗族在古代之势力，亦可推见矣。

附　三苗九黎蚩尤考

三苗与九黎同族，其酋之最著者曰蚩尤，在古代与华夏民族勍敌，故古籍多言其事。惟年代湮远，异说丛杂，非参稽会通之，莫能得其真也。今先罗列经传之说，次乃分别疏证之。

《尚书·尧典》：窜三苗于三危。（马融注：三苗，国名也，缙云氏之后为诸侯，盖饕餮也）

《尚书·尧典》：分北三苗。（郑玄注：三苗为西裔诸侯，犹为恶，乃复分背流之）

《尚书·皋陶谟》：何迁乎有苗？（又：苗顽，弗即功，帝其念哉！）

《尚书·禹贡》：三危既宅，三苗丕叙。（郑玄注：三危在鸟鼠西南）

《尚书·吕刑》：蚩尤惟始作乱，延及于平民。（马融注：蚩尤，少昊之末九黎君名。郑玄注：蚩尤霸天下，黄帝所伐者）苗民弗用灵，制以刑惟作五虐之刑，曰法，杀戮无辜。（郑玄注：苗民，谓九黎之君也。九黎之君于少昊氏衰而弃善道，上效蚩尤重刑，必变九黎。言苗民者，有苗九黎之后，颛顼代少昊，诛九黎，分流其子孙，居于西裔者为三苗；至高辛之衰，又复九黎之恶；尧兴，又诛之；尧末，又在朝。舜臣尧，又窜之；禹摄位，又在洞庭逆命，禹又诛之；穆王深恶此族三生凶恶，故著其氏而谓之民。民者，冥也，言未见仁道）爰始淫为劓、刵、椓、黥（夏侯说苗民大为此四刑），皇帝哀矜庶戮之不辜，报虐以威，遏绝苗民，无世在下。乃命重黎，绝地天通，罔有降格。皇帝清问下民，鳏寡有辞于苗。惟时苗民匪察于狱之丽。上帝不蠲，降咎于苗，苗民无辞于罚，乃绝厥世。

《国语·楚语》：少皞之衰，九黎乱德（韦昭注：九黎，黎氏九人，蚩尤之徒也），民神杂糅，不可方物，夫人作享（韦昭注：夫人，人人也；享，祀也），家为巫史，烝享无度，民神同位，民渎齐盟，无有严威，神狎民则不蠲其为，颛顼受之，乃命南正重司天以属神，命火正黎司地以属民，使复旧常，无相侵渎。是谓绝地天通，其后三苗复九黎之德（韦昭注：三苗，九黎之后，又《书》疏引韦昭别注：三苗，炎帝之后，诸侯共工也），尧复育重黎之后，使复典之。

《左传·文十八年》：缙云氏有不才子，贪于饮食，冒于货贿，天下之人谓之饕餮。（《书》疏引郑玄云：饕餮即三苗）

《逸周书·尝麦解》：蚩尤乃逐帝，争于涿鹿之阿，九隅无遗，赤帝大慑，乃说于黄帝，执蚩尤，杀之于中冀。

《史记·五帝本纪》：神农氏世衰，诸侯相侵伐，而蚩尤最为暴。（应劭曰：蚩尤，古天子。瓒曰：《孔子三朝记》曰，蚩尤，庶人之贪者）蚩尤作乱，黄帝乃征师诸侯，与蚩尤战于涿鹿之野，遂禽杀蚩尤。(《正义》引《龙鱼河图》云：黄帝时有蚩尤兄弟八十一人，并兽身人语，铜头铁额，食砂造立兵丈刀戟大弩，威振天下，黄帝不能禁)

《山海经》：蚩尤作兵伐黄帝，黄帝乃令应龙攻之冀州之野。(《帝王世纪》：应龙杀蚩尤于凶黎之丘)

《战国策·秦策》：黄帝伐涿鹿而禽蚩尤。(高诱注：蚩尤，九黎民之君) 舜伐三苗，禹伐共工。(高诱注：共工霸于水火之间)

《战国策·魏策》：昔者三苗之居，左彭蠡之波，右洞庭之水，文山在其南，(按：文为汶字之省，古书岷山多作汶山) 衡山在其北，恃此险也，而禹放逐之。

《史记·五帝本纪》：三苗在江淮荆州，数为乱，于是舜迁三苗于三危，以变西戎。(《正义》：今江州、鄂州、岳州，皆古三苗地)

《韩诗外传》：当舜之时，有苗不服，其不服者，衡山在南，岐山在北，左洞庭之陂，右彭泽之水，禹请伐之，而舜不许，曰："吾喻教犹未竭也。"久喻教而苗民请服。(《韩非子》、《淮南子》、《说苑》、《盐铁论》略同)

《吕览·召数篇》：舜却有苗，更易其俗。

《淮南子·修务训》：舜南征三苗，道死苍梧。(《礼记·檀弓》：舜葬于苍梧之野。郑注：舜征有苗而死，因葬焉)

《墨子·兼爱篇下》：禹誓曰："蠢兹有苗，用天之罚，若予既率尔群对诸群以征有苗。"禹之征有苗也，以求兴天下之利，除天下之害。

《墨子·尚同篇中》：昔者先王制为五刑以治天下，逮至有苗之制五刑以乱天下。

《管子·乘马篇》：葛卢之山，发而出水，金从之，蚩尤受而制之，以为剑铠矛戟，是岁诸侯相兼者九。

《拾遗记》：轩辕去蚩尤之凶，迁其民善者于邹屠之地，迁恶者于有北之乡。

综诸书所记，则其史实略可征信者得十事：其一，三苗九黎，一族两名，其部落最初之大酋为缙云氏；吾族因其贪残，谓之饕餮，因其冥昧，亦谓之民。(民之本义为奴虏，吾别有考) 其二，彼族根据地在江以南，最初起于湖湘之间，渐侵及江淮之间，既乃渡河而北，致与吾族接触冲突。其三，彼族盖为多神教，迷信甚深，而所信仰者早下狎渎，与吾族之一神教不相容。(参观上引《国语》) 其四，彼族已有刑法，可见其国家经制，亦既粗具。(参观上引《吕刑》、《墨子》) 其五，冶金铸兵之术，盖为彼族所先发明，其所以骤强者以此。(参观上所引《管子》、《山海经》及《史记正义》，近人夏曾佑谓《史记正义》言蚩尤铜头铁额指其甲胄，亦足备一解) 其六，彼族当全盛时，其杰出之酋曰蚩尤者几征服吾族，吾族有袭用彼族之传说者，故或谓之古天子；以其当炎黄时自君一国，故或谓之古诸侯；以其为诸侯也，故或谓之黄帝之臣；以其强也，故或谓之霸天下；以其为贱族也，故或谓之庶人之贪者。其七，黄帝既禽杀蚩尤，我族以兴，彼族以替，然彼族非遂一蹶不振，盖赓续数百年与我对抗，故颛顼伐之，尧代之，舜伐之，禹又伐之，而舜或且疑死于苗难焉。其八，吾族对待彼族之方略凡数变，初极严峻，意虽剿绝其种 (《吕刑》所云："遏绝苗民，无世在下"，又云："乃绝厥世")，其法则俘其一部分以为奴民。(郑玄注"苗民弗用灵"云：著其恶而谓之民。古民字与奴字通）其余则离隔而分窜之（《尧典》所谓分背），此黄帝、颛顼以来所用法也。然此法未能竟全功，故又欲怀柔之使之同化（《韩诗外传》所谓喻教，《禹贡》所谓丕叙），此尧舜所用法也。然奏效亦有限，卒更穷讨而膺惩之，此禹所用法也（《皋陶谟》述禹对舜之言谓"苗顽，弗即功，帝其念哉！"禹盖疑舜之怀柔策将招败也，舜旋以征苗野死，故禹嗣位即宣誓大举致讨也）。其九，经此诸帝数百年剿抚兼用，至舜禹时，苗势已大衰，大约其时苗族略分三部：其一部在山东河北者，略已同化（所谓"其善者，迁之邹屠之乡"）；其一部在陕西、四川、甘肃之间，即窜于三危者也（郑康成引《地记》云，三危之山在鸟鼠之西南，当岷山。《山海经》云，三危在敦煌南，与岷山相接，则其地当在长江发源处），其裔与后代三氏羌及今川藏间之土司或有关系；其一部即苗之本部在湖湘间者，即舜所欲喻教而禹卒亲征之者也。三苗之名所由兴，盖原于是。其十，自禹大举讨伐之后，苗之受创必甚深，故三代以还，不复以苗为患，然其人性极顽蔽，以我华夏同化力之强，终不能使之混化于我，而彼又无自发展之力，故虽数千年保延残喘，遂不能进为有史民族，今行将淘汰以尽矣，交阯日南之间及南洋群岛，皆有彼族孳育之迹。（近人数学专家考亚来由，人种之头骨，盖与黔桂之苗族同系。又苗族唯一法物曰铜鼓，我国史上常见之亚来由，族亦有之，其体制花纹皆相近，亦足为同族之一证，欧儒或名之为铜鼓民族也）然其不能自振，亦与内地之苗同，徒附蚩尤神话之末，供考古者之凭吊而已。

四、洪水。上古有一大事曰洪水，古籍所记，与洪水有系属者凡三：其一，在伏羲神农间，所谓女娲氏积芦灰以止淫水是也。（《淮南子·览冥训》：往古之时，四极废，九州裂，天不兼覆，地不周载，火爁炎而不灭，水浩洋而不息。猛兽食颛民，鸷鸟攫老弱。于是女娲炼五色石以补苍天，断鳌足以立四极，杀黑龙以济冀州，积芦灰以止淫水……淫水涸，冀州平，狡虫死，颛民生）其二，在少昊颛顼间，所谓共工氏触不周之山是也。（《列子·汤问篇》：共工氏与颛顼争为帝，怒而触不周之山，折天柱绝地维。《淮南子·本经训》：共工振滔洪水以薄空桑。《楚辞·天问》：康回冯怒，地何故以东南倾？王逸注：康回，共工名也。《国语·周语》：共工壅防百川，堕高堙庳，以害天下，皇天弗福，共工用灭）其三，在尧舜时，即《尚书》、《史记》所载而鲧禹所治也。（《尚书·尧典》云：帝曰：咨，四岳！汤汤洪水方割，荡荡怀山襄陵，浩浩滔天，下民其咨，有能俾乂？佥曰：於，鲧哉！帝曰：吁，咈哉！方命圮族！岳曰：异哉！试可，乃已！帝曰：往，钦哉！九载，绩用弗成。《尚书·洪范》曰：我闻在昔，鲧堙洪水，汩陈其五行。《山海经》云：洪水滔天，鲧窃帝之息壤以堙洪水。《国语·周语》曰：崇伯鲧播其淫心，称遂共工之过，尧用殛之于羽山。《孟子》云：当尧之时，天下犹未平，洪水横流，泛滥于中国；草木畅茂，禽兽繁殖，五谷不生，禽兽逼人，兽蹄鸟迹之道交于中国。《淮南子·本经训》云：舜之时龙门未开，吕梁未发，江淮通流，四海溟滓；民皆上邱陵，赴树木，舜乃使禹平通沟陆，流注东海，鸿水漏，九州干，万民皆宁其居）据以上群籍所记，似洪水曾有三度，相距各数百年，每度祸皆甚烈，实则只有尧舜时之一度。前乎此者，不过神话传说之歧出，此次水祸，其历年或甚长久，逮舜禹登庸，其祸始息。禹之前治水者有鲧，鲧之前有共工，皆务堙塞之，而效卒不睹。至禹则以疏通之而获成功焉。洪水经过之情状，大略如是，兹事虽出天变，而影响于古代人民思想及社会组织者盖至大，实史家所最宜注意也。

附　洪水考

　　古代洪水，非我国之偏灾，而世界之公患也。其最著者为犹太人之洪水神话，见基督教所传《旧约全书》之《创世记》中，其大指谓人类罪恶贯盈，上帝震怒，降水以溺灭之，惟挪亚夫妇，为帝所眷，予筏使浮，历百五十日，水退得活，是为开辟后第二次人类之初祖。此神话为欧美宗教家所信仰，迄今未替。而印度古典，亦言洪水，谓劫余孑遗者，惟摩奴一人。希腊古史，则言有两度洪水，其前度为阿齐基亚洪水，起原甚古，且其历时甚久云。其次度曰托迦里安洪水，则时短而祸烈，其原因亦由人类罪恶所致，得免者惟一男子托迦里安，一女子比尔拉，实由电神婆罗米特教之造船，乘船九日，得栖泊于巴诺梭山，后此二人遂为夫妇，为希腊人之祖云。北欧日耳曼神话，亦言洪水，谓有巨人伊弥尔，得罪于大神布耳，布耳杀之，所流血为洪水，尽淹覆其族姓，独卑尔克弥尔夫妇获免云。其他中亚美利加及南太平洋群岛，其口碑咸有洪水，而太平洋岛夷，则言水患历四十日云。(惟埃及、波斯、巴比伦古传记不见有洪水之迹) 此诸地者，散在五洲，血统不同，交通无路，而异喙同声，战栗斯祸，其为全地球共罹之灾劫，殆无可疑。(欧人犹有以为传说同出《创世记》，各地互相袭者，果尔则所传发水之原因、历时之久暂、劫后之人名等皆当同一，而今不尔，可见其神话实各自发生，而水祸确有其事，非宗教家虚构也) 其发水原因，则西方所称述，皆教宗寓言，与我国所传康回触山、崇伯窃壤，同一荒诞，不必深辩。以科学推论之，大抵当为地球与他行星或彗星躔道偶尔偭错，忽相接近，致全球之水见吸而涨也。初民蒙昧，不能明斯理，则以其原因归诸神秘，固所当然。惟就其神话剖析比较之，亦可见彼我民族思想之渊源，从古即有差别，彼中类皆言末俗堕落，婴帝之怒，降罚以剿绝人类，我先民亦知畏天，然谓天威自有分际，一怒而尽歼含生之族，我国古来教宗，无此理想也。故不言干天怒而水发，乃言得天佑而水平。（《尚书·洪范》言：帝乃震怒，不畀洪范九畴……禹乃嗣兴，天乃锡之。盖以禹治水为得天助也）彼中纯视此等巨劫为出于一种不可抗力，绝非人事所能挽救，获全者惟归诸天幸。我则反是，其在邃古，所谓炼石补天，积灰止水，言诚夸诞，然隐然示人类万能之理想焉；唐虞之朝，君臣孳孳，以治水为业，共工鲧禹，相继从事，前蹶后起，务底厥成。盖不甘屈服于自然，而常欲以人力抗制自然，我先民之特性，盖如是也。（比较神话学可以察各民族思想之源泉，此类是也。凡读先秦古书，今所见为荒唐悠谬之言者，皆不可忽视，举其例于此）洪水发生年代及历时久暂，求诸外纪，无足以资参考。盖犹太希腊诸族，其文化萌芽，远在洪水以后。视洪水时代，等于开辟，所言百五十日、四十日、九日等，纯属悬拟，无复价值。我国则水消之时可以略推，而其水起之时末由确指；据最可征信之经传者，则综计鲧禹两代，至少已应历十七年。（《书·尧典》言鲧九载绩用不成，《孟子》言禹八年于外）据汲冢《竹书》，共工衔命治水，又在鲧前四十余年，则尧时水工，前后历岁，殆逾六十。（《竹书纪年》于尧十九年记命共工治河，于六十一年记命崇伯鲧治河，于六十九年记殛崇伯鲧，于七十五年记命司空禹治河，于八十六年记司空入觐贽用玄圭，前后相距凡六十六年）要之，斯役必稽时甚久，故种种诞说，缘会而生，试参稽以求其近是。大抵水祸初兴,负责救治者厥惟共工,而数十年不惟无效,灾情反增。于是人民咸怨,以当时冥昧之心理,或反疑水祸实治水者所招致,此头触不周之说所由起也。既已代远年湮,重以丧荒孑遗之后,传说益复庞杂,故群情集矢之共工,事实愈传而愈诞。考共工两见《尧典》,其为尧臣甚明,而百家多载与颛顼争帝之说,甚则女娲所止之水,其祸源亦蔽罪共工。为之说者,谓共工乃古大族之名酋,建号始于羲、农、颛、尧之时,袭号者乃其苗裔。然夷考凡言共工史迹者,虽互有出入,而大致相同,无一不与洪水有系属(《管子》言共工氏之王水处十之七,陆处十之三,亦与水有关系),则为同一传说而讹歧年代甚明。故知女娲时颛顼时原非有水,实则皆尧时之水也,共工既不能举绩,次乃鲧,鲧被四岳公荐,则为当时人望所集可知,而复以无功,致罹罪殛。故后人往往冤之,而彼身之神话亦多。(《楚辞·离骚》云:鲧婞直以亡身兮,终然夭乎羽之野。又《天问》云:鸱龟曳衔,鲧何听焉?顺欲成功,帝何刑焉?永遏在羽山,夫何三年不施,伯禹愎鲧,夫何以变化?)当时共工及鲧之政策,在修堤防。(故《周语》谓共工壅防百川,堕高堙庳,又谓鲧遂共工之过,《山海经》谓鲧窃帝之息壤以堙洪水)禹则反之,务浚河道,后人以为成败所攸判,斯固然矣。实则地球与他星之关系,岂人所能为力?鲧禹父子,易时则成败亦当相若耳。禹之功绩,别详下章,兹弗具论。尤有数事,可推寻者:其一,为洪水与前此文明之关系。吾窃疑炎黄时代之文物,已颇可观,百家所纪,非尽铺张,特经兹劫,荡然无遗,致虞夏以还,重劳缔造。其二,以避水故,四方诸族,咸集高原,其于华夏民族之完成,社会组织之变化,不无影响。此二事亦于次节续论之。其三，则洪水与沙漠之关系及与后此河患之关系也。今东半球有三大沙漠，其一在蒙古，其一在新疆，其一在阿非利加洲之萨哈剌；此等沙漠，宜非与地球有生以俱来，盖沙漠为积水沉淀所成，此既地文学之公言。然积水何由而来？吾以为必自唐虞时之洪水。盖洪水初兴，举全球之水，骤吸以上腾，历百数十年间，冲刷岩石，中含泥沙之量日多，及其消也则以渐。愈近末期，其流愈缓，流愈缓而其沉淀之量愈增，其在河流通海之地，则淤积下游河岸，岁岁与新流相荡，驯成沃原，其不通海之地，末浊所潴，遂成沙漠。我国西北部形势，自天山山系以南，昆仑山系、阴山山系以北，西界葱岭，东障兴安，略如椭形仰盂，而数千里之沙漠，蜿蜒东驰，若随山势，于全国地相，为一大缺憾焉，而实自洪水以后始然。盖当游慧出躔、溢水归壑之际，而天山一带南流之河，昆仑阴山一带北流之河，葱岭东流、兴安西流之河，无海可泄，其浊屑潴此仰盂，盂底之广原，则沙漠所由起也。其在蒙古者且勿论，其在新疆者，今戈壁与白龙堆两大漠，古代盖为多数之大湖泊，而湖泊四周，盖有多数国土。（湖泊为初民发育最适之地，近世学者已有定论）今载籍虽阙，然稽诸《山经》、《穆传》等，其故墟尚可想像一二也。[《山海经》第六篇之《西次山经》及第八篇之《北山经》所记，皆今新疆省内地理，其中言湖泽者甚多，曰泑泽，则泚水、邱时之水、逢水、杠水、匠韩之水、敦薨之水注焉；曰稷泽，则丹水、桃水注焉；曰蕃泽，则浊浴之水注焉；曰汤谷，则英水注焉；曰苑湖，则彭水注焉；曰栎泽，则边水注焉；曰岳之泽，不言所受水。其中尤有称勃海者。《海内西经》谓河水入勃海，又出海外西北入禹所导积石山也。今新疆境内稍大之湖泊惟三，皆在东偏，与白龙堆相当：曰巴格喇赤湖，在堆之北；曰喀喇布朗湖，曰罗布泊，在堆之南。罗布泊，即《史记》之盐泽，亦即《汉书》之蒲昌海。而郭璞注《山海经》谓勃海即蒲昌海，郦道元注《水经》谓泑泽即勃海，亦即蒲昌海，姑从其说，则泑泽之所在略可指矣。然《山海经》又言泑泽之水广袤三百里（《水经注》引作广轮四百里），今之罗布泊犹未能及其十之一二，然则罗布泊在作《山海经》时必甚广阔，故能受多数之河。而洪水前更不必论，或今之白龙堆全部皆泑泽，未可知也。盐泽、蕃泽、栎泽等似不甚大，或今之巴格、喀喇两湖有足以当之者，惟稷泽实为巨浸，且地在西偏，《西次三经》言丹水出崟山注于稷泽，其下又云自崟山至于钟山四百六十里，其间尽泽也，则稷泽之更大于泑泽可知。或谓稷泽即《穆天子传》之珠泽，亦即今之伊斯库里泊，其地望固相近，然大小悬绝，恐不足以当之也。若容我武断，窃欲谓今之两片大漠即万数千年前二泽之废墟，白龙堆即泑泽之遗，大戈壁即稷泽之旧，虽求诸载籍，杳无左证，然以理度之，则今之天山南路所谓塔木里河盆地者，广袤万里，为昆仑山下一大旷原；而距海极远，四山之水所潴，其间自不容无大湖泊，既有湖泊则洪水消息时水势就下湖泊，自然为重浊泥屑所先淤积，而更无他方尾闾以为之宣泄，则变成沙漠，固其所也。初成漠之时，非遽若今之干燥，盖水相与沙木并存，犹常湿性回环流注，故古籍谓之流沙也。《禹贡》云导弱水至于合黎，余波入于流沙，注家谓弱水不可以乘舟楫。曷为不可以乘舟楫？弱水者，流沙之未成者也，水多于沙，故虽弱而名之为水；流沙者，又沙漠之未成者也。故虽沙而仍字之曰流。及其为今日之戈壁龙堆，又数千岁变迁之所积矣］使吾所拟议不大刺谬，则古代此地形势，俨为东方之小地中海（稷泽为小地中海，则泑泽可称小红海），或遂为我国文化最初发荣之地，此古籍所以恒乐道西方，若有余慕也（《水经注》言泑泽旁有龙城，故姜赖之虚，大国也，城基尚存而至大，晨发西门，暮达东门，此恐是太古故国，盖秦汉以来此地为游牧族所栖息，不应有尔许大城也）。沙漠初成，面积犹不甚广，故三代以来，西方交通未全断，后此则碛日险艰而道日堙塞矣。我国当海通以前，与西方国交久梗，此亦其一原因也。又沙漠之与河患，亦有关系，古籍皆言河出昆仑，又言河有伏流。苟不明沙漠之由来，则此二事几疑为夸诞。盖河自昆仑至积石间，本有故道，沙漠既生，遂成湮没，沙质疏松，故故道虽没，犹得伏行于下，然坐是之故，河水含沙量益富，故其色深黄，其质重浊，出伏流后，其势湍急，此数千年来河患所由不绝也。（河源之说自汉迄今，久成聚讼。《禹贡》导河始于积石，为今之巴颜喀喇山，山非崇峻，不足为此大川之发彻甚明，故《山海经》、《尔雅》、《穆天子传》、《史记·禹本纪》皆言河出昆仑，必有所受矣。汉武帝发使穷河源，定为出于于阗，即所谓昆仑之墟也。然昆仑积石之间，曷为不见有河道？据《山海经》云，河水出昆仑东北隅，以行其北，西南又入勃海，又出海外，入禹所导积石山，故有径以今之塔木里河为黄河塞外之上游者。虽亦足备一解，然塔木里河所受者为喀什噶尔河、叶尔羌河等，非于阗河也。于阗河即今之和阗河，实注入戈壁而止，未尝入蒲昌海也。《水经》言河有二源：其一源从葱岭出入蒲昌海，此则塔木里河足以当之；其一源出于阗国南山，北流与葱岭所出河合，又东淀蒲昌海，此当指于阗河。然据今地图，则于阗河并未尝与葱岭河合也。法显《西域记》云，阿耨达山西北有大水，北流注牢兰海。阿耨达即昆仑，其大水即于阗河，牢兰即蒲昌。郦道元《水经注》引申之谓于阗河，经扜弥、精绝、且末、鄯善等国入蒲昌海，然则当晋六朝时，于阗河入蒲昌海之故道，尚历历可见，故汉使得循之以穷其源也。今则此诸国者与河道同沦漠中矣，益知沙漠之区古狭而今广矣。《水经注》又引高诱云，河出昆山，伏流地中万三千里，此自不免夸张，然河有伏流，且其伏流不自罗布泊之东南始，盖可信也）以上为吾对于洪水所感想，虽嫌词费，然于古代史实之蜕变所关颇大，故著之如上。(《山海经》所载地名，其在《禹贡》九州内者，证以今地，虽名称多殊，然地望十得八九，惟西北地理，则荒诞不可究诘，故后人疑焉。若吾说稍有可采，则因洪水沙漠之故，陵谷变迁不知凡几，不能执今以疑古也）

　　五、制作及发明。古代文化浚发至若何程度，载籍所纪，颇相悬殊。或谓炎黄时代，文物既已烂然，夫以经传所纪，夏殷犹多僿野之风，谓远古反极绚华，殊与进化原则相戾。然凡一事物之发明，皆或为之先，或为之后，古今相续，通力合作以竟厥功，苟无所创，安得有因？崇德报功，远溯其朔，殆非为过。考《世本》有《作篇》(《作篇》、《居篇》皆以一宗为篇名)，专记事物之起原，原书虽亡，群籍征引，尚见崖略。《世本·作篇》佚文见于各书者胪举如下：伏羲制俪皮嫁娶之礼（《礼记·月令》疏引），伏羲作琴（《山海经注》引），伏羲作瑟（《初学记》、《通志》引），神农作琴（《风俗通》、《初学记》引），神农作瑟（《山海经注》引），女娲作笙簧（《文选注》、《太平御览》引），随作笙作竽（《风俗通》、《文选注》、《太平御览》引，宋衷注：随，女娲氏之臣），颛顼命飞龙氏铸洪钟，声振而远（《太平御览》引），祝融作市（《初学记》、《玉篇》引），伏羲臣句芒作罗（《玉海》引），芒作网（《御览》引），黄帝使羲和作占日、常仪作占月、臾区占星气、伶伦造律吕（《史记索隐》、《玉海》引），大挠作甲子（《春秋序正义》、《史记索隐》引），隶首作算数（《文选注》、《史记索隐》引），容成作调历（《太平御览》、《史记索隐》引），黄帝左右史沮诵、仓颉作书（《唐六典》、《太平御览》、《广韵》引），史皇作图（《文选注》、《艺文类聚》引），黄帝作旃（《尔雅》、《释文》引），黄帝作冕旒（《仪礼疏》引），黄帝臣伯余作衣裳（《太平御览》引），夷作鼓（《通典》、《艺文类聚》引），伶伦作磬（《广韵》引），黄帝见百物始穿井（《初学记》引），黄帝臣尹寿作镜（《事物原始》引），於则作扉履（《初学记》、《御览》引），蚩尤以金作兵器（《初学记》、《御览》引），巫咸作筮（《周礼疏》引），巫彭作医（《山海经注》、《初学记》引），巫咸作铜鼓（《通典》引），共鼓、货狄作舟（《御览》、《初学记》、《广韵》引），垂作钟（《风俗通》、《广韵》引），作规矩准绳（《玉篇》引），作铫（《诗疏》引），作耒耜（《路史》引），作耨（《左传疏》引），黄帝臣挥作弓（《初学记》、《御览》引），黄帝臣牟夷作矢（《山海经注》、《艺文类聚》引），雍父作杵臼（《广韵》、《御览》引），胲作服牛（《初学记》、《御览》引），相土作乘马（《周礼注》、《荀子注》引），奚仲作车（《山海经注》、《后从出注》引），宿沙作煮盐（《御览》、《北堂书钞》引），尧作围棋（《北堂书钞》引），鲧作城郭（《礼记疏》、《水经注》引），舜作箫（《通典》引），敤首作画（《御览》引），后益作占岁（《御览》、《玉海》引）。

自余传记，言器物创作之主名者尚多，不可悉举，然胤之舞衣，兑之戈，和之弓，垂之竹矢，列在周廷（见《尚书·顾命》）；垂之和钟，叔之离磬，女娲之笙簧，陈于鲁庙（见《礼记·明堂位》）。此皆唐虞前法物，流传有绪，而宝藏逮西周春秋之世者，则起原甚古，殆不诬也。大抵古代发明之最有价值者，一曰文字。盖起于伏羲之画八卦，而黄帝时仓颉、沮诵实创立义例，后此代有增益，遂成为中国特有之一种象形、指事、会意、谐声之文字。华夏民族所以能团结光大，而其文明所以能赓续传播者，实赖乎是。二曰图画。《世本》称史皇作图，即仓颉也。盖书画共贯，实吾国美术之特征，仓史作书，画理随辟，至虞舜垂诰，遂有作绘施采之文（《尚书·益稷》：吾欲观古人之象，日月星辰，山龙华虫，作绘……以五采章施于五色），绘画之重，由来旧矣。三曰历算。《史记·五帝本纪》于黄帝颛顼，皆首纪其推筴之功。尧之初政，命羲和历象授时，舜之摄位，先正璇玑玉衡以齐七政（并见《尚书·尧典》），盖以此为帝者第一大事焉。而岁差置闰之理，尧时已明，则其已能应归纳法，发明原理以御对象，可推见矣。四曰音乐。律吕肇兴，其旨微妙，伶伦作始，信否难征。要之逮唐虞之世，乐学盖已臻全盛，垂制其器，夔调其律，舜阐其理，典谟所纪，粲然竟备，而箫韶之奏，孔子犹及闻之，知其教之神而其传之远也。五曰医药。今所传《本草》，谓出神农，《素问》、《灵枢》，谓出黄帝，斯诚依托，匪云足征。而斯学之兴，必由上古，岐伯、俞拊，盖有其人，故口碑相传，引以为重也。六曰蚕织。旧史谓黄帝娶于西陵，厥号嫘祖，实教蚕事。信否虽无确征，然轩辕垂裳，实见《易·系》。至尧舜时，黼黻絺绣，绚烂明备，必利用颇久，而奏技乃精也。又古代西方之民，号我曰丝国（古代波斯人称我国名为 Silk，罗马人因之译言丝国，盖彼中之有丝实传自我，因以丝名吾国。犹今欧人号我为 China，彼中之有陶瓷实传自我，因以陶瓷名吾国也），相传甚古，斯亦旁证。七曰冶铸。冶金之术，盖起蚩尤。蚩尤虽戮，其艺转昌，初则兵器所资，继则祭器斯重，虞之宗彝，禹之九鼎，经传所纪，鸿宝共闻，商周彝器，传今尤夥。精纹良质，焜耀古今，而推原作始，宜在轩辕得宝鼎以推策（见《史记·五帝本纪》），铸铜鼎于荆山（见《史记·封禅书》）。虽涉传疑，宁尽虚构。盖绝艺虽出天才，进化要须历纪也。以上数端，实古代发明之菁英，而智力之伟，可见其概。我族所以能独秀于神州，盖以此也。（其详别见《先秦文物制度志略》篇）至于自余庶物之制作，则与社会状态之蜕变相缘，由渔猎以入游牧，由游牧以入耕稼，由耕稼以入工商。而制器前民，自能与之相应，此世界所大同，我国固亦宜尔。炎黄至唐虞，盖在游牧耕稼两期之间者也。（我国文字最能表示社会之状态及理想，试取《说文》之会意字，一一加以研索，可以察古代文明进化之迹也）

古籍记事物之创作，归诸黄帝时者十而七八，虽或多出比附，要非绝无根据。考《史记·五帝本纪》称黄帝时播百谷草木，淳化鸟兽虫蛾，旁罗日月星辰水波土石金玉，勤劳心力耳目，节用水火材物（《史记》此语本《大戴记·五帝德篇》），黄帝之大功德，盖实在是。其道则发挥人类最高之良能，宰制自然界事物使为我利用，所谓能尽其性，则能尽人之性、尽物之性也。黄帝之人格及事业必有大过人者，故能为我民族数千年崇仰之所集，其无正确之遗迹传于后世者，恐亦罹洪水之荡堙耳。

六、国家组织之进化。我国政治上最高之理想，治国之上，更有平天下，以今语言之，则我国所尊者，非国家主义而世界主义也。此理想盖发自远古，历数千年进行不息，而华夏民族所以大成而永存，则亦以此。黄帝以前，群族并立，地丑德齐，部落战争，盖甚惨烈。（《史记·五帝本纪》云：轩辕之时，诸侯相侵伐，暴虐百姓，轩辕乃习用干戈，以征不享，诸侯咸来宾从，而蚩尤最为暴，莫能伐）黄帝以其威望与实力，能联合诸部落以战胜蚩尤，遂为诸部落之盟主（《五帝本纪》云：乃征师诸侯，与蚩尤战于涿鹿之野，遂禽杀蚩尤，而诸侯咸尊轩辕为天子），当时从黄帝之诸部落，即后世所谓诸夏也。华夏民族之相互团结，实始于是，其有不加入此团结者，则以兵力强制之。虽山谷僻远之部落，务开辟之使从同于我，此黄帝毕生致力之大业也。（《五帝本纪》云：诸侯有不顺者，黄帝从而征之，平者去之，披山通道，未尝宁居）然当时无所谓中央政府之组织也，乃至首都亦无定所（《五帝本纪》云：迁徙往来无常处，以师兵为营卫），其纯属群落之法，则由盟主选群落中之雄强者，指定二人使为己副，以分领其附近之诸落，此后世方伯制度之滥觞也。（《五帝本纪》云：置左右大监，监于万国，万国和）经黄帝时代提挈抟抱之后，至尧舜时，华夏民族，体系渐具，而阶级制度、宗法制度、联邦制度乃至中央政府制度，皆相随而起，于是有平民贵族之别，平民曰民，贵族曰百姓。（详本条末所附《古代民百姓释义》）其统属诸部落之法，则天子曰元后，诸侯曰群后。（《尧典》：班瑞于群后，又肆觐东后。群后即诸部落之长，东后东方部落之长也，南西北同）虽各君其国，各子其民，而名分权限别焉，殆颇类德意志之联邦也。其介于元后群后之间者则有四岳。四岳者，四方群后之代表也（东岳代表东后，南西北同），权力至重，元后之用人、行政恒咨焉，乃至帝位继承，亦参谟议，故尧将禅位，先让四岳，岳咸举舜，舜乃登庸（俱见《尧典》）。舜摄政时，岳犹在位（《舜典》：舜受终于文祖，乃日觐四岳群牧），及其末年，则无闻焉（《尧典》记舜即位命官后有咨汝二十有二人之语，注家算其数，谓无四岳也），而更分天下为十二州，州置一牧，所谓十有二牧也。岳牧对于群后，其权力若何，古籍无考，以理推之，当为所在地部落中最强者之酋长，本为一方一州之盟主，元后因而承仞焉。质言之，可谓两重之联邦政治也。中央与地方之联络，则天子五年一巡守，群后四朝。其中央政府，则舜时有九官：禹为司空，平水土；弃为后稷，播百谷；契为司徒，敷五教；皋陶作士，明五刑；益为虞，掌山林、草木、鸟兽；垂作共工，掌百工；伯夷作秩宗，典三礼；夔作典乐，教胄子；龙作纳言，出纳王命。后世分部设官自兹始。每三年考百官之成绩，经三考则汇校而进退之。后世官吏考成自兹始。此皆禹治水功成后之制也。虽规模草创，未足与后此王朝法制同其完备，然视尧以前则既大进矣。要之华夏民族政治统一机关之建设，实滥觞于舜禹，而舜禹所以能肇建此大业者，固由进化自然之运，而洪水与三苗，实亦促而助其成。三苗自黄帝、颛顼以来，虽屡受膺惩，其焰迄未戢，吾族为自卫计，不得不力谋团结以捍其敌，若洪水尤人类全体之公患也。其灾害既巨且久，绝非各部落专恃自力所能抗圉，人人皆深有感于共同防御之万不容已。故部落战争渐以衰息，而统一之基树焉。夫群治由分争而趋统一，诚大势所不得不然，然其致之也，厥有二途：一曰征服，二曰联合。征服者，以一强兼并众弱。其在西方，有若罗马；其在我国，若秦始皇。联合者，众弱相结而为一强。其在西方，有若今世德美之联邦；求诸我国，则古舜禹时代，殆略近之。凡以联合成国者，必利害之共通者深切，而联合之程度乃固。洪水与三苗，皆以外界侵压之力，使华夏民族益同其利害者也。（因洪水之故，濒河下游平原不可居，诸部落共徙集冀州高原，此亦促进华夏民族统一之动机也。四岳本为四方群酋之长，而当时咸集尧廷，盖亦因避水故。部落悉散而今聚，愈接近则共同利害愈发生，故统一之运骤开也）

附　古代民百姓释义

　　后世民与百姓通训，古代不然。《书·尧典》："九族既睦，平章百姓，百姓昭明，协和万邦，黎民于变时雍，明有亲疏先后之别。"《国语》屡以百姓与兆民对举（《周语》、《晋语》、《楚语》皆有）：百姓贵族也，民则异族或贱者也。《楚语》昭王问观射父曰："百姓者何也？"对曰："王公之子弟之所能言能听彻其官者，而物赐之姓以监其官，是为百姓。"郑玄注《尧典》"平章百姓"，谓百姓者，群臣之父子兄弟也。又《礼记·郊特牲》"戒百姓也"。郑注：王之亲也。又《曲礼》"纳女于天子曰备百姓"。此皆百姓为贵族专称之证。《书·禹贡》：锡土姓。《左传·桓二年》：天子建德，因生以赐姓，盖姓非天子特赐则不能有，且并有虽出帝系而仍不能得姓者。故黄帝子二十五人，其得姓者十四而已。（见《国语·晋语》）大约当尧舜时，有姓者不过一百内外，此百姓之名所由起也。民之为义，《说文》云："民，众氓也。"贾谊《新书·大政篇》："民之为言萌也，萌之为言盲也。"《春秋繁露·深察名号篇》："民者，瞑也。"《书·吕刑》："苗民勿用灵。"郑注："此族三生凶恶，故著其氏而谓之民，民者，冥也，言未见仁道。"《论语》："民可使由之。"郑注："民，冥也，其见人道远。"《孝经·援神契》："民者，冥也。"《荀子·礼论篇》杨注："民，泯无知者。"《周礼》："以兴锄利萌。"郑注："萌犹懵，懵无知貌也。"此皆民字所以得声之由，亦即其所以取义之由。又氓字从民、从亡会意，亡亦声，盖谓民之流亡而来归者，民氓转注，《诗》："氓之蚩蚩"，义亦与萌、盲、泯同，盖贱蔑之不以齿于贵族也。《尧典》于百姓言平章，于黎民言于变，其待遇之不同亦可见。（《尧典·皋陶谟》凡言民皆黎民二字连称，或谓指九黎之民，即苗族也。黎民于变犹三苗丕叙，亦足备一解）

其后民之界说渐宽，虽贵族亦同此称。盖一则无制限昏姻之禁，种族渐淆；一则贵族之人日多，其无采地无官者，耕田凿井，与民无异，因即以民之名加之，于是举社会中，惟有君主与民之两阶。此则三代后进化之结果也。

唐虞禅让，古今美谈。据经传所纪载，则尧在位七十年时，将逊位让于四岳，岳共举舜，舜登庸三年，尧老而舜摄，于是舜相尧二十八年，尧百岁乃崩。舜避尧之子于南河之南，天下诸侯朝觐者，不之尧之子而之舜；讼狱者，不之尧之子而之舜；讴歌者，不讴歌尧之子而讴歌舜。舜不得已，然后之中国践天子位焉。禹之于舜也亦然：禹相舜摄政十七年，舜崩禹避，朝觐、讴歌、讼狱咸归禹，一如舜时，此皆故书雅记所纪之事实也。而野史传说，或谓舜南面而立，尧率诸侯北面而朝，甚则谓尧幽囚，舜野死，其为荒诞，前贤辨之详矣。虽然，禅让云者，亦只能心知其意，而其陈迹殊有不必深求者。（例如舜禹受禅形式、程序事事相同，乃至尧舜寿皆百岁不增不减，此皆不必强求其故也）当知古代帝位非如后世之尊严，帝权非如后世之强大。元后与群后，各自长其部落，势位并非悬绝，诸部落大长中，有一焉德望优越于侪辈者，朝觐、讼狱相与归之，遂称为天子，其人云亡，朝觐、讼狱别有所归，帝号亦随而他属。（所谓讼狱者，盖部落与部落相争而请两造共信仰之第三部落为判其曲直。《诗》称周文王时"虞芮质厥成"，即其例也。现代北美联邦其中央政府即有裁判各邦争议之权）舜未受禅，其先既世守虞疆。（《国语·鲁语》云：幕能帅颛顼者也，有虞氏报焉。《左传·昭八年》云：自幕至于瞽瞍无违命，舜重之以明德。盖有虞氏之一部落，当颛顼时有名幕者，实始创建，历传至瞽瞍及舜，世为其长故。《孟子》述舜弟象之言亦称舜为都君，故知舜未受禅，本为群后之一受禅，则为元后耳）尧虽崩殂，其胤仍久君唐国（陶唐氏至夏仲康时始亡，见《左传·哀六年》引《夏书》。故知舜禹为元后时，尧之子孙仍为群后之一也。《山海经》有帝丹朱台，然则尧子丹朱且袭帝号矣），尧舜之递嬗帝号，正如桓文之狎主夏盟，事势当然，非关盛德之不可跂及也。

纪夏殷王业

王天下自大禹始。（皇，从自从王，则先有王字而后有皇字可知。《说文》训大帝从上。《孟氏易章句》云：帝，天称。故知皇帝本非有天下之号，三皇五帝后人追称耳。《说文》王字下云："天下所归往也。董仲舒曰：古之造文者三画而连其中谓之王。三者，天、地、人也，而参通之者，王也。孔子曰：一贯三为王。"据此知王实为始有天下之称，以一贯三赋其形，以归往取其声，合形声而义著焉，此古代造字最含精意者。王之称始自夏，王字当亦其时所造。《史记·殷本纪》云后世贬帝号为王。索隐谓以德不及五帝，故贬号，失之矣）华夏民族之统一，开之者黄帝，而成之者大禹也。禹号夏后，后世遂以夏为我族对外之名，《说文》夏字下云，中国之人也。（《尚书》：蛮夷猾夏。《左传》：裔不谋夏，夷不乱华。《论语》：夷狄之有君，不如诸夏之亡也。称我族为夏，盖以朝代名为种族名，犹之对满、蒙、回而自称汉也。海外华侨自称唐人亦同此例）而外国之有文物者，我亦或称之为夏焉。[《汉书·律历志》黄帝使伶伦取大夏嶰谷之竹以为箫。贾谊《新书》亦言帝尧教化，训及大夏渠搜。《山海经》言白玉山在大夏东。《逸周书·王会篇》亦载其国名。《汉书·西域传》称大月氏击大夏而臣之,盖古波斯国也。(说详《两汉载记》)古代称波斯为大夏,犹汉世称罗马为大秦,皆以其文明类我,故锡以嘉名]自夏以还,政治组织之异于前代者有四:其一,定九州贡献之制。《禹贡》一篇,言之綦详。前此群后之于元后,则朝觐、讼狱而已,其有馈献,盖自由致敬,弗以为常。及禹则第其等差,列其名物,着之令甲,普使卒从,九州正赋,泐为九等。(冀州,厥赋惟上上错;兖州,厥赋贞,作十有三载乃同;青州,厥赋中上;徐州,厥赋中中;扬州,厥赋下上,上错;荆州,厥赋上下;豫州,厥赋错上中;梁州,厥赋下中三错;雍州,厥赋中下)仍因物宜,各有常贡(冀州无贡,惟岛夷贡皮服。兖州厥贡漆、丝,厥篚织文。青州厥贡盐、絺,海物惟错;岱畎丝、枲、铅、松、怪石,莱夷作牧,厥篚檿丝。徐州厥贡惟土五色,羽畎夏翟,峄阳孤桐,泗滨浮磬,淮夷滨珠暨鱼,厥篚玄纤、缟。扬州厥贡惟金三品,瑶、琨、筱、簜、齿、革、羽、毛、惟木,岛夷卉服,厥篚织贝,厥包橘、柚,锡贡。荆州厥贡羽、毛、齿、革、惟金三品,杶、干、栝、柏,砺、砥、砮、丹,惟箘、簵、楛,三邦底贡,厥名。包,匦菁、茅,厥篚玄纁、玑组,九江纳锡大龟。豫州厥贡漆、枲、絺、纻,厥篚纤纩,锡贡磬错。梁州厥贡璆、铁、银、镂、砮、磬,熊、罴、狐、狸,织皮。雍州厥贡惟球、琳、琅、玕、织皮、昆仑、析支、渠搜),近畿之地,不贡庶物,而田赋之制特详密,所谓成赋中邦,《孟子》亦谓之夏后氏五十而贡也。(《禹贡》篇末称,成赋中邦五百里甸服:百里赋纳总,二百里纳铚,三百里纳秸服,四百里粟,五百里米。此近畿赋税之制,故冀州无贡而厥赋上上也)其二,封建制度,实始萌芽。唐虞以前诸国,皆太古固有之部落。传记中间有言受封者(如《竹书纪年》言帝喾时封尧于唐,《孟子》言舜封弟象于有庳之类),实不足深信。惟禹治定功成,爰锡土姓(《禹贡》文)，其时之国，有斟灌、斟䩵、有鬲、有缗等，皆夏同姓，实佐中兴，见于雅记。(见《左传·哀元年》) 故知封建滥觞，实自夏时也。其三，定畿甸与各州相维之制。前此元后之于群后，权力所能及者甚微。(传记所述羲农黄颛时代，威德远播之迹多属后人推想铺颂) 至禹则画全国为甸、侯、绥、要、荒之五服(环王畿四周方五百里内为甸服，环甸服外四方各五百里为侯服，绥服则环侯服外五百里，要服又环绥服外五百里，荒服环要服外五百里，荒服则谓之蛮夷矣。此夏代五服之制也)，中央驾御之宽严疏密，以其地之近远为差。所谓弼成五服，至于五千，外薄四海，咸建五长也。(《皋陶谟》文) 其四，传子之局，孔子称大道之行，天下为公；大道既隐，天下为家。(见《礼记·礼运》) 故万章问孟子，疑至禹而德衰，乃不传贤而传子，孟子以天与贤则与贤、天与子则与子解之。(见《孟子·万章篇》) 此自儒家立宗明义之言。若按诸社会进化之实情，则君位传贤，实初民自然之势，变而传子，反乃国家体制始具之征。(古代部落结集初无君长，惟其族之长老数辈各董率其子弟、奴仆，其有全族利害所关之事或族中各派有讼阋，则聚而议焉，此贵族政制之起原也。其后遇有与他部落战争之事不能不推一人为主帅，于战争期内，全部落之人皆受其宰制，此为有首长之始。然此种首长不过临时建置，事过辄即解职。其后与外族竞争日剧，战事往往连年不息，则临时首长变为久任首长，甚则变为终身首长，其威权亦日益扩大，俨成君主之形矣。然其人年老不堪任事者，恒自退让，别选贤能，即或功德甚高，众情感戴，亦至及身而止，身后必择贤而别立矣。有非常之豪杰出，捍灾患，廓土宇，功莫与京。虽没之后，国人畏威怀德不衰，而国土日大，非有尊严之君主不能统治，而举朝皆其旧臣，莫敢当大任，于是乃共戴其子，至是则世袭君主之局成，而国家之体制亦具矣。此种进化阶级无论何族何国之古代史同所经历。读欧洲史及我国诸史中之四夷传可证也。我国虽神明之胄，岂能独外此轨？则明乎此，则知尧舜倦勤禅让，在当时亦本为庸德，非甚琦异，而禹之传子，则我华夏民族缔造国家之成功也）尧舜时代，犹未脱部落之旧，君位承继之制未确定，恒藉四岳，参预定策。（尧举舜，舜举禹，皆先咨于四岳）自禹崩启嗣，传数百年，君主制成，国基奠矣。（禹以后经传即不复见四岳之名，亦中央权力渐扩之一征）凡此诸端，皆虞夏之际社会变迁灼然可见者。故唐虞以前，仅能谓之有民族史，夏以后始可谓之有国史矣。

  大禹所以能创此大业，固由社会进化自然之运，而实则大禹之人格有以铸成之。凡社会之能进化，固其本性，而使之进化者则人也。社会进化者，全社会之人同进之谓，而导率社会多数以进者，又恒在一二人。古今中外能进化之社会，皆其历代圣哲豪杰人格之化成也，明此义则可与语禹业矣。洪水之平，是否全由人力所能致，禹当鲧时，是否遂能抑洪水，且勿深论。要之当彼巨浸滔天、万民昏垫之际，此大圣出而治之，治之而效，则事实也。以此事实故，能使吾民族知自然界之威虐，可畏而终非甚可畏也。以数十年之奇灾巨患，常人咸束手受其痛毒，归诸天运之无可奈何，此大圣者毅然与抗，虽备历艰苦，而积患卒以消除，于是共知人类精力所注，无不可制服之天然，此人定胜天之理想所由生也。吾民族固夙信人类之上，尚有最高之主宰，然经此事实以后，知主宰我者实为仁爱，常顺人力之所及而助之（《书·洪范》：鲧堙洪水，帝乃震怒，不畀洪范九畴，彝伦攸斁，鲧则殛死，禹乃嗣兴，天乃锡禹洪范九畴，彝伦攸叙），此天从民欲之理想所由主也。禹绩之伟，共称治水，然水平之后，为事正多，禹之言曰：予乘四载，随山刊木。暨益，奏庶鲜食，予决九川，距四海；浚畎、浍，距川。暨稷播，奏庶艰食鲜食。懋迁有无化居，烝民乃粒。(《书·益稷》文) 孔子称禹尽力乎沟洫，又称禹稷躬稼。(俱《论语》文)《禹贡》又称庶土交正，咸则三壤。(三壤者，据郑玄说谓上、中、下三等之土壤，而每等又各分为三也。上文九州分叙，冀州厥土惟白壤，兖州厥土黑坟，青州厥土白坟，徐州厥土赤埴坟，扬州、荆州皆厥土惟涂泥，豫州厥土惟壤，下土坟垆，梁州厥土青黎，雍州厥土惟黄壤。此皆治水后察勘所得，所谓正庶土则三壤也) 盖神农以来，虽有穑事，然民人大食耕稼之利，实自禹平水土后而始然。所以者何？前此纯任天然，可耕之地盖甚少。(埃及立国于尼罗河畔，每年春涨，至全境泛溢，水退留淤成膏腴，农即播种。及下期涨之未至，已获矣。我国古代农业全在黄河下游濒岸，殆亦同一情状) 禹之治水，既以浚凿疏通为主，不得不多开支流，缕析之精，极于沟浍，其始以泄一时之患，其后遂成万世之规；民人于是知自然界一切物象，放任之能为巨患者，驾驭之可旋使为大利，而乐天之观念滋长焉。前此未辨壤性，艺植之种类亦希，故弃地弃材，两皆盈望。禹既正土则壤，益稷更广播艰鲜。(《史记》引《皋陶谟》文云：与益予众庶稻鲜食，又云：令益与众庶稻可种卑湿，盖谓鲜食为稻。《诗·思文篇》：贻我来牟。《汉书·楚元王传》引作厘辫，释云麦也，始自天降。《说文》来字下云："瑞麦，天所来也。"是必前此未解种麦，至是后稷始发明焉，故珍重之谓为天所来。《诗》又云："诞降嘉种，惟秬惟秠。"亦此意也。窃意我国耕稼始自神农，然神农时所发明谷之种类，盖不多，若稻若麦，殆禹稷时始艺植，盖由能察壤性，则土之不宜于此者可宜于彼，则农业乃骤蕃变矣。故禹自言烝民乃粒。孟子称后稷树艺五谷，五谷熟而人民育也）人民于是知自然界之利赖无穷，比例于人类心思材力之精进，而利用之范围，可以愈扩而愈大，此向上心所由激发也。前此各人各部落，傫然自营而已，水患既兴，始渐觉自然界之暴威，非独力所能抵御。共工与鲧，专事堤障，枝节图功，终归败衄。禹反其道，通盘规划，合全国人通力趋事，乃克有功。（《益稷》记禹言曰：惟荒度土功，外薄四海，咸建五长，各迪有功，苗顽弗即工。故知当时工事实由禹督率全国人分任，除顽苗之外，诸族咸有劳绩，以今语释之，可谓为国家总动员也）不宁惟是，畎浍沟洫之利，诸部落各自为政，则不能理也。不宁惟是，各地物产异宜，阙焉则资生之具不周，必自为而后用之，非惟劳而少功，且势有所必不能致。及禹通贡道，而商运之业兴焉，故曰懋迁有无化居也。（禹之任土作贡，非徒使各地与中央关系日密而已，实将使各地特产不滞积一隅，彼我运输以羡补不足，故《禹贡》详纪贡道：冀州则夹石碣石，入于河；兖州则浮于济漯，达于河；青州则浮于汶，达于济；徐州则浮于淮泗，达于河；扬州则沿于江海，达于淮泗；荆州则浮于江、沱、潜、汉，逾于洛，至于南河；豫州则浮于洛，达于河；梁州则西倾因桓是来，浮于潜，逾于沔，入于渭，乱于河；雍州则浮于积石，至于龙门、西河，会于渭汭。盖大奖水运之利，懋迁化居之业骤兴，实由是也）凡此诸端，皆以显著之事效，使人民知欲抵抗天然利用天然，其道莫如合群协力，知群体愈扩，则利用厚生之资愈饶，知豰薄相争，不如交通互利，由部落观念，以进于国家观念，此其动机也。夫禹之事业，其影响于世运人心者则既若是矣，而其事业所以克就，则其性行品格实为之原。禹之言曰："予何言？予思日孜孜？"又曰："予乘四载，随山刊木。"（《史记》释四载之义，谓陆行乘车，水行乘舟，泥行乘橇，山行乘樏）又曰："予创若时，娶于涂山，辛壬癸甲。（《史记》释义谓娶后在家，仅辛、壬、癸、甲四日也）启呱呱而泣，予弗子，惟荒度土功。"（俱《益稷》文）故孟子称之曰："禹八年于外，三过其门而不入。"孔子称之曰："禹菲饮食，而致孝乎鬼神，恶衣服，而致美乎黻冕，卑宫室，而尽力乎沟洫，禹吾无间然矣。"墨子称之曰："河而通四夷九州也，名山三百，支川三千，小者无数。禹亲自操橐耜而九杂天下之川，腓无胈，胫无毛，沐甚雨，栉疾风，置万国。禹，大圣也，而形劳天下也如此。"（《庄子·天下篇》）又曰："禹治水，身执虆臿，以为民先，当此之时，烧不暇撌，濡不给扢，死陵者葬陵，死泽者葬泽。"（《淮南子·要略》）综禹行谊，其示人以至道者三焉：其一，使人知民生在勤之义。睹禹终身焦劳之迹，则知凡受生于天地间者，无一人而可以自逸；而欲成就一事业，必须全集注其心力体力，无一日而可以息息。禹以此为天下倡率，孔子所谓先之劳之也，墨子宗之以立教，则曰日夜不休以自苦为极，不能如此，非禹之道。（《庄子·天下篇》）虽衍之不无太过，然人道所以能自强，斯其大本也。（欧西格言云 Labour is sacred：劳动者，神圣也，此禹墨之教也）其二，使人知俭为共德之义。禹之啬于自奉，非直八年在外时而已，治定功成，循而不改。虽御衮冕，仍恶衣菲食，孔子所以称为无间也。禹之为教，殆以为非有坚苦卓绝之操，不足以固肌肤而养神明。故务制耆欲，崇淡薄，既自葆其天年，亦为天地惜物力，广厚生正德之用也。三曰使人知博施济众之义。凡人之自爱自利与爱他利他，两者皆受性之良能。而文化愈深之民，则其爱他利他之良能发育愈增其度，度之高下，又群力结合强弱之所由判也。禹之行谊，实举此良能发挥至于极致，其过门不入，启泣弗子，示人以忠于职务、公尔忘私之绝高模范。故孟子曰："禹思天下有溺者，犹己溺之也。"是以如是其急也。此三义者，列举则分条，会观则共贯。盖非勤劳刻苦，无以爱他利他，然必先有不自私自利之心，而后勤劳刻苦，乃能安而行之也。盖禹也者，最能克制己身粗下之情欲，而发挥人类合群之良能者也。禹之大业在征服自然，而所以能尔者，先在宰制自己之私欲。禹之神功在利用百物，而所以能尔者，在发挥人类之本能。以此立人格之模范，则使人自觉其所以贵于万物者何在矣。夫尧舜之圣，万世同仰，固已。然孔子之称尧也，曰："荡荡乎民无能名焉。"其称舜也，曰："无为而治，恭己正南面而已。"此非空言，盖尧诚无名也，舜之所以为圣者即在其能举禹，故禹之功德即尧舜之功德也。（孟子曰："尧以不得舜为己忧，舜以不得禹、皋陶为己忧。"又曰："大舜有大焉，善与人同，舍己从人，乐取诸人以为善，自耕稼、陶、渔以至为帝，无非取诸人者。"）若禹者，以一身拯百数十年之巨患，劳其心思，苦其形骸，摩顶放踵，以利天下，劳而不伐，有功而不德。（《伪古文尚书·大禹谟》云，帝曰："来禹克勤于邦，克俭于家，不自满假。惟汝贤，汝惟不矜，天下莫与汝争能；汝惟不伐，天下莫与汝争功。"此虽伪书，然亦有所本，襄二十九年《左传》记季札观乐，见舞《大夏》者，曰："美哉！勤而不德，非禹其谁能修之？"则禹不自伐其功德可见矣）禹既以身为天下先，其同僚若稷、契、皋陶、益、伯夷诸贤，咸仪则之，协力分劳，定兹大业。而当时全国人民，除苗族外，大率皆追随禹后，受其部勒，各效其能。夫以吾侪生数千年后，寻诗书之陈迹，睹禹功于万一，闻者犹且兴起，而况于亲炙之者乎？是故禹以其崇峻无极伟大无垠神圣无垢之人格，日日与全国民相接，民日受其陶冶感化而不自知，于以养成其深远坚实博大之国民性以诏诸方来。夫我国后世，虽屡经丧乱，民德淳漓，升降不恒，而农工商贾所谓国之石民者，其勤俭耐劳苦有恒心，常为世界各国之冠。而历世大哲，自孔墨以下，无不以此为立身垂教之鹄。数千年来学派虽至繁赜，其主旨大抵皆务克治重实行，常以自我为中心，以求尽人合天之道；其政治上之理想，则世界主义、统一主义、平等主义、博爱主义等，发达最早，此皆大禹人格之化成，在当时感受甚深，故历久而其风不替也。故大禹之事功，为中国物质上统一之基础；大禹之德性，为中国精神上统一之基础也。故其德合帝，惟禹与舜称大；其功迈皇，惟禹与农称神，有以也夫。（欧人于其古代明王大哲诵其功德，或于其名之上冠以大字Great，如大腓力特列、大彼得、大拿破仑等，或冠以神圣Saint之字，如圣彼得·保罗等，我国称大者有大舜、大禹，称神者有神农、神禹，与彼不谋而同，而兼大与神之名者，惟禹焉，亦可见吾民信仰崇敬之深也）

禹之治绩，见于古《尚书》者，尚有《汩作》一篇，《九共》九篇，《槁饫》一篇，今皆亡佚，所传者惟《禹贡》而已。（《书序》云：帝釐下土，方设居方，别生分类，作《汩作》、《九共》九篇、《槁饫》。伏生《尚书大传》云：《九共》以诸侯来朝，各述其土地所生美恶，人民好恶，为之贡赋政教。据此则《九共》九篇必九州各自为篇，其鸿博当过《禹贡》，实我国最古之地志也。《尧典》疏引郑康成云：《汩作》逸，《九共》九篇逸，《槁饫》亡，然则《汩作》、《九共》实在汉代中秘所传逸《古文尚书》十六篇之内，至晋永嘉时始亡耳。惜哉！《九共》逸文惟大传引"予辨下土，使民平平，使民无敖"十二字今传于世，盖禹自述之言也）《禹贡》所纪辨壤制赋诸大政，前文具详，今惟就经文考九州疆理，释以今地，因以求治水浚浍之迹焉。

《禹贡》所纪疆域，纯以高山大川标明地望，实地理书中体例最精审者。但川流通淤，代有迁移，即山川之名，今亦不能尽同于古。（《吕刑》称禹平水土，主名山川，然则山川之名殆多为禹所命定。但古书既不能普及于众，且代有散佚，故后之山川各以其地俗名名之，此古今名所由异也）且三代疆域，建置屡更。（以《尔雅·释地》之九州校《禹贡》，有幽营而无青梁，以《周礼·职方》之九州校《禹贡》，有并幽而无徐梁，其所举地望亦多异同）故指目今名，尚劳辨证。今采近儒所考订较可信据者，简括述之，求禹迹之所淹，庶论后世版图之式廓，得从其朔也。

《禹贡》发端之文曰："禹敷土，随山刊木，奠高山大川。"《吕刑》曰："禹平水土，主名山川。盖禹治水奏绩首在审全国地势，及其以审察所得勒为成书，则不独为我国地理学开山之祖，且使人知我族所栖之国土如此其弘大而优美，则感怀天赐，不敢自暴弃也。又知夫山脉水络，互相联属，知国土之不可分，而统一观念油然生也，此《禹贡》之书所以可尊也。其书上半列叙九州疆域，下半则纪禹施功之迹。而复分为导山导水两章，其导山章分四节：第一，导岍（今甘肃陇县山）及岐（今甘肃岐山县山），至于荆山（今陕西富平朝邑县一带连山），逾于河（今陕西省与山西分界之河）、壶口（今山西吉县山）、雷首（今山西永济县山），至于大岳（今山西霍县山，汉时名霍太山）、底柱（今山西平陆县河岸之小山）、析城（今山西阳城县山），至于王屋（今河南济源县山）、大行（今河南河内修武等县直西北绵亘山西冀宁道千余里之连山)、恒山(今山西浑源县一带连山),至于碣石(今直隶昌黎县东北小山,南北朝时已沦于海),入于海。此导北条北列之诸山也。第二,西倾(今甘肃洮县一带南趋之连山)、朱圉(今甘肃伏羌县山)、鸟鼠(即鸟鼠同穴也,今甘肃渭源县山),至于大华(即华山也,今陕西华县华阴一带连山)、熊耳(今河南卢氏县山)、外方(即嵩山,今河南登封县一带山)、桐柏(今河南桐柏县山),至于陪尾(今山东泗水县山)。此导北条南列之诸山也。第三,导嶓冢(今陕西沔县山),至于荆山(今湖北南漳县山,与第一节荆山异)、内方(今湖北钟祥县山),至于大别(今湖北汉阳县山)。此导南条北列之诸山也。第四,岷山之阳(岷山山脉起四川松潘县徼外,延袤千余里东南趋。云岷山之阳,盖历鹿头山山脉一带由重庆入湖南境矣),至于衡山(今湖南跨湘江、衡阳两道之连山),过九江(今鄱阳湖),至于敷浅原(今江西庐山东南麓)。此导南条南列之诸山也。(分两条四列者,用郑康成说,今地从胡渭《禹贡锥指》所释,间有订正)禹盖以山为河流之所自出,欲治水必先察山势,所举四列,中原诸山之干脉具焉。(除南境五岭山脉及北境阴山山脉,盖禹迹所未及也)山系之称,今世稍治舆地学者类能言之,而禹乃发明之于四千年以前,其导一山必通东西数千里得其脉络起伏,此真有系统之科学也已。

导山凡所以导水也,其导水章分九节:首二节,导西北徼外之水;中五节,导入海四渎,所谓江、河、淮、济是也(四渎名本《尔雅》);末二节,导上游入河巨川。盖禹之施功以四渎为重,而治河尤其主力所集,绎经文而可识也:第一,导弱水(源出今甘肃山丹县),至于合黎(今甘肃酒泉县),余波入于流沙(今甘肃敦煌以西诸沙漠地)。第二,导黑水,至于三危,入于南海。(经言黑水有三：其一华阳黑水,惟梁州。其二黑水西河,惟雍州。其三即此文也。雍州黑水与西河对举,定雍界宜在雍西。梁州黑水与华阳对举,定梁界宜在梁南。今考西南徼外实无如此绵长之巨川足当此三文之黑水而皆吻合者。故后儒或谓黑水有三而各为之说,然此文云至于三危入于南海,三危为今敦煌县附近地,明属雍州南海以南名,必属梁州可知。然则《禹贡》黑水宜掠敦煌以西雍州西境,南流至蜀滇之交,折而东流,以尽梁州南境乃更南流以入于海也。然今世实不见有此水。自汉唐以来亦不闻有之,殆三代时已湮变耶？既无确证,阙疑可耳。梁州黑水则应为泸江,盖古黑水之下游。说详下)此记导徼外二水也。第三,导河积石（积石山即今巴颜喀喇山,在甘肃兰山道导河县）,至于龙门（山名在今陕西韩城县）；南至于华阴（陕西今县）,东至于底柱（见前）,又东至于孟津（河南今县）；东过洛汭（洛水之内也,据《水经注》指今河南巩县）,至于大伾（今河南浚县）,北过洚水（即漳水）,至于大陆（即大陆泽,跨今直隶巨鹿、平乡、隆平三县）；又北播为九河（九河故道久湮,据《汉书·沟洫志》引许商说谓古九河之名,有徒骇、胡苏、鬲津,今见在成平、东光、鬲界中。成平为今直隶交河县,东光为直隶今县,鬲为山东德县。《尔雅》九河之次徒骇最北,鬲津最南故知,今交河以南、德县以北皆九河故道所在也）；同为逆河,入于海（《汉志》谓河至章武县入海。章武为今直隶沧县,即禹河入海故道逆迎也,以一迎八纳之于海也。逆河盖在今直隶之天津静海、沧县、盐山及山东之无棣、沾化等县之间）。此记导河也。第四,嶓冢（见前）导漾,东流为汉,又东为沧浪之水（即夏水,在今湖北均县）；过三澨（今湖北宜城县）,至于大别（见前）,南入于江,东汇泽为彭蠡（即鄱阳湖）,东为北江,入于海。第五,岷山（见前）导江,东别为沱（沱水由今四川郫县、彭县之交，与江别流，东南行至泸县，复与江合）；又东至于沣（此非今醴陵县之沣水，盖指今湖北近城与湖南临湘之间），过九江（见前），至于东陵（在今江西浔阳之东），东迆北会于汇（即前文所谓汇泽为彭蠡），东为中江，入于海。此记导江汉也。第六，导沇水（沇水出今山西垣曲县及河南济源县），东流为济（据《水经注》沇水东至温县为济水，即河南今县也），入于河（据《汉志》济水东南至武德县入河，今河南武陟县也）；溢为荥（今河南荥泽县），东出于陶邱北（今山东定陶县），又东至于菏（泽名在定陶县北），又北会于汶（据《水经》汶水自寿张县东北来注济水。寿张今山东东平县也），又北东入于海（据《汉志》济水东至琅槐县入海。琅槐今山东东安县也）。此记导济也。第七，导淮自桐柏（见前），东会于泗沂，东入于海（今泗沂皆入运河，禹时则入淮也）。此记导淮也。第八，导渭自鸟鼠同穴（见前），东会于沣（源出陕西鄠县），又东会于泾（源出今甘肃平凉县东，南至陕西咸阳县入渭），又东过漆沮（今陕西中部县），入于河。第九，导洛自熊耳（见前），东北会于涧瀍（今河南洛阳县西北），又东会于伊（今洛阳县西南），又东北入于河。此记导入河二巨川也。梁启超曰：吾纪禹绩而具列《禹贡》导山导水之文，盖以明地理为史家第一义；《禹贡》为地志之祖，非先疏通之，则后此言地理沿革将无所丽；而《禹贡》以山川标地望，非知山川脉络所在，则释地之功，盖无由施。故不避繁重，略为今释如上。而古今变迁之迹及禹功之勤，亦可得而言也。古称江、河、淮、济为四渎，渎也者，独流入海也，故《禹贡》以之界九州之域焉，今济渎久湮矣，小清河实其故道，与上游不相属，不复成为巨川也，则四渎仅余其三。自金章宗明昌五年至清文宗咸丰五年，凡六百九十六年间，河淮合流，而四渎仅余其二。（自咸丰五年，河决北岸铜瓦箱，复东汉以来故道，河淮始分流入海，今复得三渎矣）此实数千年来川渎变迁之大事，而于政治上盖有甚深之因果关系焉。考禹治水之功，其十九在治河，洪水为地球与他星之相互关系，或非禹所能治也；河患为禹域一隅之关系，此则禹所能治者也。禹治河之大业，其一在凿龙门，其二在疏九河，其三在瀹济漯。当河之历河套而趋阴山之麓也，其势宜循长城蜿蜒东下以入海，然而不能者，则太行山脉遮断之。我国山势皆东西趋，独太行则南北走，此黄河所由不能不折而南也。今山西、陕西、河南三省交界河曲之处，正当太行山脉之极南端（指太行支脉之霍山），其南则华山山脉横焉，河自此折而东，亦势所不得不然也。而今山西吉县与陕西韩城之间，有龙门山焉，梗其中流（西岸为龙门，在韩城，东岸为台口，在吉县），河不得南下，荡决四溢，则山陕两省无平土矣（《尸子》曰：古者龙门未开，吕梁未凿，河出于孟门之上，大溢逆流，无有丘阜、高陵，尽皆灭之。《淮南子》曰：舜之时，共工振滔洪水，以薄空桑。龙门未开，吕梁未发，江淮通流，四海溟涬；民皆上丘陵，赴树木）。禹首凿而通之，河乃得安流，此其为功，颇有类于近世欧美之间凿苏彝士、巴拿马两地峡，此禹施功最先而亦最艰者也。循是东下，则底柱、伊阙，亦其疏凿所有事焉（底柱当河南陕县与山西平陆县之东，伊阙在河南巩县地。《墨子》云：禹凿龙门，洒底柱。《淮南子》云：禹凿龙门，辟伊阙。《水经注》云：禹治洪水，山陵当水者凿之，故破山以通河，三穿既决，水流疏分。盖龙门以外底柱、伊阙皆经禹凿矣），此黄河上游之禹绩也。自兹以往，雍冀之郊，数千年迄今，无复河患；下游河患，则自汉以来，实为全国一最艰巨之业。而河之北流与南徙，盖古今得失之林矣。禹河与今河之异道，歧于阳武（今河南河北道属县），今河由阳武直趋而东，禹河由阳武斜趋而北，此虽因故道地势之自然，而禹又未尝不大施以人力，盖禹导河之干流北，而泄其支派于南，一以免南部泛滥之虞，一以增北部灌溉之利。(《史记·河渠书》云，导河至于大伾，于是禹以为河所从东来者，高水湍悍难以行，平地数为败，乃厮二渠以引其河，北载之高地，过洚水，至于大陆，播为九河，同为逆河入于勃海。所谓厮二渠北载之高地，禹之劳苦功高盖在此）是故禹河干线之下游，自阳武与今河歧趋后，东径延津县北，又东径胙城县北（其北岸则新乡汲县），又东北至浚县西南（其南岸则滑县），所谓至于大伾也；更折而北，与漳河合，历内黄（直隶大名道）、汤阴、安阳、临漳（并河南河北道）、成安、肥乡、曲周、平乡、广宗以至巨鹿（并直隶大名道），所谓北过洚水至于大陆也。自是疏为九派，分溉今交河以南、德县以北诸地；而同为逆河，于天津沧县之间入海焉。其必导之使北者，盖以淮济之间，水量太多，再注以湍悍之河流，则无所容而必至泛溢。(《史记》言"载之高地"，恐是后人揣度之辞，实则禹河所经故道之地，并不视今河所经为高也）故引之与漳水合。（所谓厮二渠者，非本无此渠而新浚之，其北渠即漳水耳）更播为九以杀其势，至将入海时必复合为一逆河者，厚其冲水刷沙之力，使河口毋致以淀淤为忧也。此□河北干流之禹迹也。禹以此为未足，复开南支流通济渎以入海，谓之漯水，即今黄河所行道是也。（漯水即大清河，亦即今河也。济渎即小清河，禹当时盖引河之支流为漯，以通于济。《史记》厮二渠下《正义》云：二渠，其一出贝丘西南，其一则漯川）禹之治黄河下游，其工程大略如是，而要旨全在疏瀹，略如近世美国人之治密士瑟必河也。吾侪生今日，习见今河所行之道，则谓为固然，则于禹之必导使北，或且疑其拂水之性。（汉贾让《治河策》引难者之说，谓禹凿龙门，辟伊阙，析厎柱，破碣石，堕断天地之性，此乃人工所造云云，是汉时固有此种疑议矣）然孟子不云乎，禹之治水，水之道也。又曰：禹之行水，行其所无事。则河之北渎，必非禹所创凿，禹不过因其经流而益浚之，为事甚明。而自禹锡圭告成后，直至周定王五年河徙之时，河循斯道以行，凡一千六百六十余岁不变，益可证禹之能善导水性而其功不虚矣。故刘定公临洛汭而叹曰：禹之明德远矣，微禹，吾其鱼乎？（见《左传·昭元年》）盖目睹形势竭诚感诵之言也。然非通全国之利害以为利害，则其业之所就，亦乌克臻此。故禹之治河，实中国最初之国家事业也。而其所以能成功者，尤必赖甚深之科学以为之用，盖非几何测算，法甚精密，无以审地势之高下，而顺水性之所趋。故周髀言算，推本于禹焉（《周髀算经》云：故禹之所以治天下者，此数之所由生也。汉赵君卿注云：禹治洪水，望山川之形，定高下之势，乃句股之所由生也），此又科学致用之实效也。

附 论后代河流迁徙

有史以来，河患不绝于书，盖河水湍悍淤浊（《汉书·沟洫志》载张戎言，河水重浊，号为一石水而六斗泥），出伊阙后而东方数千里之平原，皆可流注。故历代皆以河工为非常艰巨之业。欧人某尝谓黄河与北狄，为中国文明两大魔障,非过言也。禹前无可征矣。禹以后,河之安流,殆千六百余年,中间殷都屡迁,史家多谓为困于河患,然当非甚剧,观于河道之未改足以证也。巨患之兴,始于周定王五年河之东徙。(当春秋鲁宣公七年也,《春秋》不记此,所据者《汉书·沟洫志》述王横引《周谱》之言也) 推原河徙之故:其一,由天灾之骤发。(《汉志》载王横言,又云:往者天尝连雨,东北风,海水溢西南,出浸数百里,九河之地已为海所渐矣。颜注云:渐,浸也,言九河故道为海水湮没也。此事在何年,王横未明言,他书亦无考。窃意当是一度大海啸,海水虽退而河道遂湮乱,九河本所以杀上游水势,九河湮而河流遂无所受而四泛矣) 其二,由工事之失修。(河工本以每岁浚修为要义。今欧洲之苏彝士河、美洲之密士瑟必河,皆岁有常费,国有常工,不尔者亦数岁而壅,数十岁而湮矣。禹之功本在浚凿,后代每至衰季,则百度废弛,工事自不能广续,殷周中叶以后渐有河患,盖皆由此) 其三,由列国之曲防。(《孟子》记齐桓公葵丘五命曰无曲防。孙奭疏云:言不得曲防其水以专利也。是知齐桓之时,曲防之弊已极著,故桓公特据为厉禁也) 而曲防之弊为最甚,盖列国分立,各欲专水利于己国,而嫁水害于其邻,不复顾川渎自然之形势,而相率堙郭芬乱之,此水患所由日滋也。(《汉志》载贾让奏云:堤防之作近起战国,壅防百川各以自利,齐与赵魏以河为境,赵魏濒山,齐地卑下,作堤过水使西泛赵魏,赵魏亦作堤以防之。此言当时曲防之弊,可谓深切著明。孟子责白圭以邻国为壑正谓是也。秦灭魏时,王贲引河灌大梁城,假河道为用兵之具,又河流紊坏之一原因也) 定王时河所徙之地,今不可确指。(河,徙事惟王横引《周谱》为一孤证,横未言徙何处,而蔡沈《尚书传》谓徙砱砾,不知何据,胡渭为蔡氏误读《汉书》颜注,殆然) 要之,河自季周以后,已徙而南,此共见也。而其最有力之近因，则鸿沟之开凿是已。鸿沟盖起于战国以前（鸿沟之著名自刘项画界始，然苏秦说魏襄王已云大王之地南有鸿沟，故知起自战国前矣），以人力凿南北通运之渠，此后世运河之原起也。（《史记·河渠书》云：自是以后，荥阳之东南为鸿沟，以通宋、郑、陈、蔡、曹、卫，与济、汝、淮、泗会于楚，东方则通鸿沟江淮之间，据此则史公时之鸿沟，其延袤殆与今之南运河等，但未有北段耳）中国河流皆东西向，南北交通滋弗便，鸿沟运河等之浚置，诚非得已。然缘此而川泽之变化乃迭起。其第一步则荥泽之涸竭是已。（《禹贡》屡言荥泽，察其形势，当为巨浸，不让彭蠡，今则荥阳、荥泽两县附近一带久成平陆矣。胡氏渭考证荥竭实自东汉，但前此已渐涸渐小，特至东汉而全堙耳，其原因则自开荥渎始，即《河渠书》所谓自荥阳下引之道也）荥竭而济随以枯。（济水溢为荥，会汶入海，荥竭后水无所潴泄，黄河乱流则水随河所至而衍溢，济不复能敌受，故枯也）盖前此河、济、淮、江，四渎并流以入海，自九河既湮后，河在北地无所宣泄，适荥泽既引为渠以趋东南，河遂以全量入泽挟之以缘渠而下，河之淤淀，能使泽涸，泽涸而河愈悍决，驯至以禹所厮支流之㵺水，受全河水量，莫能两大，而济遂枯焉，此东汉以后之形势也。当西汉武帝元光中，河决瓠子，东南注巨野，通于淮泗，实为河流夺淮之渐。当时竭全国之力，经二十余年之久，仅乃塞之，稍复禹迹。（以上俱据《河渠书》原文，云道河北行，二渠复禹旧迹，而梁楚之地复宁无水灾。然此所复者恐未必遂为禹迹，当多是周定王五年所徙者也）然宣、成、哀、平以还，河复屡决，数集群臣议所以救治，《汉书·沟洫志》所载许商、平当、贾让、关并、张戎、王横诸人奏议，言各成理。而王莽僭政，但尚空言，无复实施。莽始建国三年，河决魏郡，泛清河以东数郡，莽废不治，河随势南泛，而北渎遂空，上距周定王五年，盖六百七十二岁。然当西汉之末，河尚由章武入海，在今天津县南境，河身所经，虽有变迁，然入海之道，去禹河固未远也，莽复废河不治。垂六十年，明帝永平十二年，王景治之，筑河堤自荥阳东至千乘海口千余里，今河汴分流，而济隧亦通，此实禹后一大业。盖其河即清咸丰五年以后迄今之河道也，夫河既以种种原因，迫而南徙，欲全复其故，在势既不可能，景因当时形势以导之，厥功亦云茂美，但梁齐之野，水害固稍纾，而燕赵之郊，水利亦日觳耳。然自此历六朝隋唐五代，河行此道不为大患者，盖九百七十七年（自汉明帝永平十三年迄宋仁宗庆历八年），至宋真、仁、神三代，河决岁告，河流四溢无定者且百余年。至金章宗明昌五年，河决阳武，南北分流，一合北清河入海，一合南清河入淮，河之夺淮实始于是，然北流犹未绝也。是时南北分立，金地处河上流受害加剧，恒欲嫁之于宋，日障河使南。及元之统一，定都燕京，漕运悉仰诸南，元世祖至元二十六年，开会通河成，自是以一淮受全河之水，四渎亡其二。而东南淮海之间，无宁岁矣。明清两代，承元之敝，治河治运，并为一谈。河屡决欲北，徒以保运故，不得不障之使南，前明以防河空帑藏，实为招致亡乱之一因。前清乾嘉之间，河工岁费二千余万两，而河迄不治，盖以一运河全汇北于诸山西来之水，而以一淮纳之，其量云胡能容，而河之入运南趋，乃须逾越泰峄山脉，拂逆水性，莫斯为甚。清代学者睹其极敝，咸谓但能复王景故道，导河复入渤海，患庶稍苏。（孙嘉淦、嵇璜曾抗疏言之。胡渭、钱大昕、孙星衍、魏源等著书极言之）然终以妨运故，莫之敢行。至咸丰五年，河决铜瓦箱北流，泛溢数十州县，时值洪杨之乱,海内鼎沸,未之能塞,河自觅道,从大清河入海,两岸居民私筑堤埝,以约水势,而今河之道成焉。同治十二三年间,天下复定,会有郑州之决,河南山东抚臣,盛倡复咸丰前故道之议,盖犹是以邻为壑之意焉。幸翁同龢、潘祖荫持之于内,李鸿章、曾国荃持之于外,决口卒塞,而河之安流于今道者,盖六十年矣。虽小决偏灾,时所不免,然视前此数百年间倾全国之力以从事一河,而滔天之祸,且岁告者,盖不可同年而语矣。何也?今之河盖禹河故道之一(禹疏二渠,此其一焉,元明以来二渠并湮,今则北渠虽未复而南渠全复矣),其所趋者自然之势也。虽然,河安矣而运则芜矣,非今日海舶汽车之利大开,则河与运亦交敝以终古耳。(同治十三年,李鸿章驳淮黄合一议之折,力言海运已通,南漕可折,运河虽淤不为害,无庸改河以保运)通观数千年大势,大抵河患皆酝酿于分裂之时与衰乱之世,盖全国利害关系之事业,而以地方畛域之念应之。贤者不免枝节图功,不肖者且壑邻乐祸,此分裂之为病也,战国与宋金之际是也。国家事业,端赖赓续,叔季之世,百度废弛,则隳前绩而贻后忧,此衰乱之为病也,商、周、汉、唐、宋之末叶皆是也。又事物有条理,利害有轻重,顾一时之小利,常酿数世之大害,元、明、清之以漕运病河流是也。非夫以国家全局永久之利害为职志者,其孰能与于斯?故曰禹之明德远矣。(河工为数千年来大政,因述禹绩,叙其变迁梗概如此,以后即不复分代纪述也)

地方区域之分划,莫古于《禹贡》九州(舜时十二州之名不见于经),今钩稽经文,释以今地如下:

冀州(《禹贡》九州,皆举山川为地望,独冀州不尔者;以帝都所在,特异其文,且以雍、兖、豫之界,可互见也),州包今山西、直隶两省(京兆在内),东、西、南皆以河为界,东河界兖,西河界雍,南河界豫。明禹时河道所经,则冀之疆域可得而指也。西河数千年无变迁,故今日山陕之界,即禹时冀雍之界,南河变迁不剧,故今河南之河北道,宜为冀属,惟禹河自阳武以东,即折而趋北,经浚县、汲县以入直隶境,故浚汲之东南为兖,其西北乃冀也。禹河又经今直隶之巨鹿趋天津沧县之间入海,故此一带沿线之南为兖,其北乃冀也。故冀虽全有今山西,不能全有今直隶,而今河南之隶冀者,反几及一道焉,东北尽碣石,为今昌黎县附近,故知未及奉天界也。冀所属有岛夷,当为渤海中群岛之族,或言已及朝鲜,恐未然也。其北境旧说谓抵塞外阴山下,其西北境,旧说谓抵东受降城(今绥远之归化城),殆可信。

济河惟兖州,州跨今山东、直隶、河南三省,西北距河,南界济水,黄河故道既明,则知自阳武东经汲县、巨鹿以抵沧县,其南皆兖界矣。济水久枯,所可考者,济源县(河南河北道)为其发源,上游入河合流,东南历荥泽(河南开封道)、定陶(山东济宁道),会汶河,由今小清河口出海。故知兖州所属,其在今山东者,为东临道全境,济南、济宁两道之西境;其在今河南者,为河北道东南一小分及开封道东北一小分;其在今直隶者,为大名道南部之半,津海道南部一小分也。

海岱惟青州,州在今山东,西南倚泰山山脉,东尽登莱半岛,北临渤海,其所属者,今胶东道全境,济南道之半(历城、章邱、邹平、长山、桓台、淄川、长青等县,又至肥城、莱芜之北境,与徐为界),而嵎夷亦为所辖,旧说谓在辽之东西,盖奄有今辽阳半岛矣(《后汉书》曰:《王制》东方曰夷,夷有九种,尧命羲仲宅嵎夷;今在辽海间矣。《说文》云:崵山在辽西,一曰嵎夷崵谷也。按:"嵎"与"崵"通,"崵"与"旸"通)。

海岱及淮惟徐州,州跨今山东、安徽、江苏三省,东临黄海,北倚泰山,南界长淮。其在山东者,有济宁道之大半(除曹县、菏泽、定陶、郓城诸县属兖外),且错入胶东、济南两道之境(胶东之诸城南境,济南之新泰、莱芜南境);其在安徽者,有淮泗道之小分(怀远、灵璧、泗县、五河等县);其在江苏者,有徐海道全境,而淮扬道亦错入焉(淮阳之泗阳、涟水两县)。

淮海惟扬州,州北据淮,东南襟海,稽其地望,则今江西、浙江、福建、广东四省全境属焉,广西除田南、镇南两道外皆属焉,江苏则金陵、沪海、苏常三道全境属焉,淮扬道之大半属焉(江都、仪征、东台、兴化、泰县、高邮、宝应、淮安、盐城等县),安徽之安庆、芜湖两道全境属焉,淮泗道之小半属焉(凤阳、定远、寿县、盱眙、天长、霍邱等县),河南汝阳道之小分属焉(光山、固始二县)。或谓《禹贡》物产贡赋,职方山薮川浸,皆不及五岭外,则两广疑非禹域。然古代交阯,且有已通上国之迹,似不必以纪载之详略致疑也。州所属有岛夷,近当为舟山,远当为琼涯也。

荆及衡阳惟荆州,州北据荆山,南及衡山之阳,其所有者,则今湖南全省也,湖北之荆南、江汉两道全境也,襄阳道之小分也(南漳县),四川川东道之小分也(夔万东南一带)。

荆河惟豫州,州在今河南,而兼跨湖北、安徽、直隶、山东四省,北距河,西南至荆山。其在河南者,有开封、河洛、汝阳三道全境(除开封之荥泽与兖错界及汝阳之光山、固始属扬州外）；其在湖北者，有襄阳道之大半（襄阳、宜城、枣阳、光化、谷城、均县、郧县、保康等县，自郧西县之东境与梁为界），有江汉道之小分（随县北境）；其在安徽者，有淮泗道之小分（亳县、太和、蒙城、颍上等县）；其在山东者，有济宁道之小分（定陶、城武、曹县、单县等县）；其在直隶者，有大名道之小分（东明、长垣二县）。

华阳黑水惟梁州，州东据华山之南，西南距黑水，惟黑水所在颇难确指，故梁州西南所极，亦多异辞。今稽梁州黑水之地望，宜为金沙江。（《禹贡》三言黑水，难并为一谈，此专就梁州言）金沙缘川边东南趋入蜀境，亦名泸江，即此黑水也（卢，黑色也，加水为泸。金沙亦称丽江，番名木鲁乌苏。"丽"同"骊"，亦黑也，番语乌苏，译义亦黑也）。由此以推，则梁州所有者今四川全省也（除夔万以东属荆州外），陕西汉中道全境也，甘肃渭川道全境也，兰山道一小分也（陇西漳县、岷县等），湖北襄阳道一小分也（房县、竹山、溪县等自郧西县之东境与豫为界），云南腾越道一小分也（中甸、永北、华坪等县）。

黑水西河惟雍州，州东据河与冀为界，西距黑水，黑水今已湮变，故西界靡得而指（雍州黑水与梁州黑水决非同一水，因中隔积石，山脉不容有此南北流之巨川也。《禹贡》一篇中荆山有二，衡山有二，不必以同名并举为疑矣。经既以黑水定界，其为雍西巨川甚明，但此地密迩沙漠，河流湮变最剧，今遗迹全无可考，后儒纷纭聚讼，都无确据，今皆不征引）就经文错综参稽，则其所有者，今陕西关中、榆林两道全境，甘肃兰山、泾原、宁夏、西宁、甘凉五道全境也。（除兰山道之陇西、漳、岷三县属梁州外）而析支、渠搜、昆仑之名，附见州末，则越新疆沙漠通葱岭矣。

附 《禹贡》九州考

据上所释，除云南、贵州二省外，今之各行省，殆皆为禹迹所淹。(两广、福建当在存疑之列) 夫以吴楚在春秋犹称夷狄，巴蜀至战国尚属蛮荒，而谓当禹时，版图式廓，乃反如彼，为事似不可信。不知《禹贡》九州，可称为地方区域，不可称为行政区域，非必虞夏政令所及，始入记载也。且当时中央政令所得施于地方者，其程度本自有限，朝觐、讼狱以外，群后自治其部落，元后殊不加以干涉(直至清代，其待藩属尚如此，古代可推见)，所谓贡献，亦不过与互市相类(汉唐元明清各时代之远夷来贡，率有赏犒，赏品必远过所贡之值，故来者络绎不绝，清道光前欧洲各国之来，尚多用此形式，来者多非衔国家使命也。窃意古代外夷入贡者亦当如此，其在远古，各部落之朝贡天子亦含此性质)。则当时海东之岛夷、莱夷、嵎夷，海西之昆仑、析支、渠搜，其早通上国，亦非足深异。若必以后世之隔绝，疑古代之沟通，则西域之道，先通而后梗，交阯之郡，昔有而今无。汉唐以来，斯例非一，读古籍者，观其会通可耳。

大禹制作，流传最久者，一曰九鼎，二曰夏时。鼎之起原及形状，略见于《左传》，盖禹平水土后，类聚方物，铸鼎凡九，殆如后世之置博物馆焉。(《左传·宣三年》：昔夏之方有德也，远方图物，贡金九牧，铸鼎象物，百物而为之备，使民知神奸，故民入川泽山林，不逢不若) 今所传《山海经》，备载异物，或谓即九鼎所铸也。其器历传商周，垂二千年，以为国宝，秦灭周移鼎而亡其一，及汉则无复存，盖毁于项羽焚咸阳时矣。读古籍所纪，则其时美术工艺之发达，犹可悬想矣。夏时殆古代最精密适用之历谱，孔子曰："行夏之时。"（《论语》文）又曰："我欲观夏道。是故之杞而不足征也，吾得夏时焉。"（《礼记·礼运篇》）其历以建寅之月为岁首，即今日民间通行之旧太阴历是也。其书存者曰《夏小正》，在《大戴礼记》中。《禹贡》为最古之方志，《夏小正》则最古之历谱也。

　　神禹功德，治水而外，厥惟征苗。舜崩苍梧，疑死苗难，禹张挞伐，雪耻上酬。自是南人不复反焉，其后禹遂会诸侯于涂山，执玉帛者万国，防风氏后至，戮之以徇，统一之局大进。史家颂之曰：东渐于海，西被于流沙，朔南暨，声教讫于四海也。寻东巡，崩于会稽，其地今传有禹穴云。

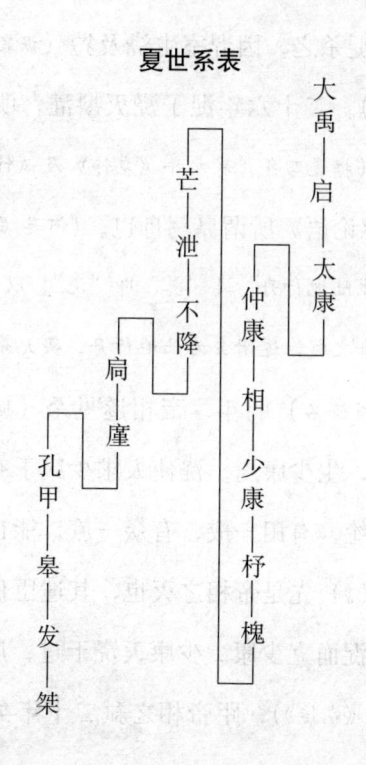

夏世系表

```
大禹―启―太康
         仲康―相―少康―杼―槐―芒―泄―不降―扃―廑―孔甲―皋―发―桀
```

夏代大事，莫如有穷后羿之祸。此事不载《史记·夏本纪》，然参稽群籍，其略可得而言也。禹再传而至太康，太康娱以自从（据《楚辞·离骚》），畋于洛表（据《竹书纪年》）；有穷氏之后羿者，以善射闻（据《论语》），至是自鉏迁于穷石，因夏民以代夏政（据《左传·襄四年》），称帝夷羿（据《左传》引《虞箴》）。太康失国，昆弟五人，须于洛汭，作《五子之歌》焉（据《史记·夏本纪》），遂迁都于斟鄩（据《纪年》、《汉书》。薛瓒注云斟鄩在河南。《括地志》云故鄩。启超以为禹启两代皆都河北之安邑，太康初即位，无缘忽迁河南，殆为后羿所距，不得归故都，乃南迁，《纪年》误记耳），四年崩，弟仲康立，仍居斟鄩。七年崩，世子相立，迁于商邱。（据《纪年》）羿既篡位，亦淫于原兽，其臣寒浞杀之，因羿室生浇及豷（据襄四年《左传》），实帝相之八年也（据《纪年》）。二十六年浞子浇灭斟灌，明年，遂伐斟鄩。大战于潍，覆其舟灭之。（据襄四年、哀元年《左传》及《竹书纪年》）我国舟师见于史者，自是役始，《论语》所谓奡荡舟也。（何晏《集解》引孔安国曰：寒浞因羿室生奡，奡多力，能陆地行舟，是"奡"即"浇"，以音近故别称耳。汉时《竹书》未出，孔氏不得荡舟之解，遂附会为陆地行舟，实无是理也。《淮南子》云：潍水出覆舟山，山盖缘是役得名）明年，帝相遂见杀（据《纪年》），其后方娠，逃出自窦，归于有仍，生少康焉。浇使人求少康于有仍，少康奔有虞，虞思妻之以二姚，邑诸纶，有田一成，有众一旅，能布其德而兆其谋，以收夏众。（据襄四年《左传》）先是帝相之灭也，其遗臣伯靡奔有鬲氏，至是伯靡收二斟之烬，以灭浞而立少康。少康灭浇于过，后杼灭豷于戈，有穷遂亡（据襄四年、哀元年《左传》），距帝相之弑二十年矣。自太康失国至少康光复，都凡五十五年（据《竹书纪年》），中国篡弑僭窃之祸始见于史者，自羿、浞也。

其他大事可考者，则帝启时，伐有扈，灭之。（《尚书》有《费誓》）仲康时，使胤侯征羲和（《逸书》有《胤征》，见《夏本纪》），锡昆吾命作伯（见《纪年》）。帝相时征畎夷（见《后汉书·东夷传》），征淮夷、风夷、黄夷，于夷来宾。少康时迁都于原，方夷来宾。帝芬时，迁都于老邱，九夷来御，洛伯用与河伯冯夷斗。（河洛国名，用与冯夷人名也）帝泄时，殷侯微以河伯之师伐有易，杀其君。帝廑时，迁都西河。帝孔甲时，废豕韦氏，帝皋时复之。帝桀时，复迁斟鄩，畎夷入于岐以叛，灭有缗，伐岷山（《楚辞·天问》作蒙山），复迁河南（以上俱据《竹书纪年》），卒为商汤所灭云。自大禹受命迄桀之亡，凡四百七十一年，或谓不止此数，疑莫能明也。（此据今本《竹书纪年》也，《晋书·束皙传》称《竹书》所纪夏年多殷，据此则殷年仍多于夏，知今本有改窜，与束皙所见本异矣）

代夏有天下者惟商，亦称殷，其先出于契，实为舜司徒，旧史谓帝喾次妃简狄感玄鸟卵所生也。（契为帝喾子不可信，辨见第一章论帝皇世系条）契封于商，十四传而及成汤，自契至汤，八迁其都。（八迁之地，《尚书正义》仅举其三。近人王国维曰：《世本·居篇》称契居蕃，契本居亳，由亳迁蕃，一迁也；又称昭明居砥石，二迁也；《荀子·成相篇》称昭明由砥石迁商，三迁也；《左传·定九年》称相土之东都，其地在泰山下，襄九年称相土居商丘，疑相土曾由商丘迁东都，旋复归商丘，四迁、五迁也；《竹书纪年》记帝芬时商侯迁于殷，六迁也；又记孔甲时殷侯复归于商，七迁也；至汤始居亳，八迁也）汤始居亳，仅有地七十里，今山东济宁道曹县境也。（古书载地名亳者不下十处，此采《汉书·地理志》薛瓒注说）汤闻伊尹贤，三聘而师事之，任以国政，商浸强，为方伯，征诸侯，初征葛（据《孟子》），次征有洛（据《逸周书》及《竹书纪年》），次征荆（据《诗·周颂》及《竹书纪年》），次征温（据《竹书纪年》），次征豕韦，征顾，征昆吾（据《诗·商颂》及《竹书纪年》）。时夏桀虐益甚，民不堪命，汤遂誓师伐桀，战于鸣条，夏师败绩，桀出奔三朡（据《竹书纪年》）。汤遂伐三朡，俘厥宝玉（据《尚书序》），获桀于焦门（据《淮南子》），放之于南巢（据《竹书纪年》），或云放之于大沙（据《墨子》）。汤于是朝诸侯称天子焉，论者谓前此得天下者以禅让，征诛之局，实自汤始。臣弑其君，于义非可（公孙丑问孟子语）。又谓汤有惭德，恐来世以为口实（《伪古文尚书·仲虺之诰》语），为之解者，则谓闻诛一夫，未闻弑君（《孟子》语）；谓汤武革命，顺乎天而应乎人（孔子《易·象传》文），实则君位传贤，本初民社会通习，且尧舜之世，迫于天灾人患，则选贤与能，更为事势所不得不然。迨境宇日恢，民伪日繁，力征经营，自随而起，《易》曰：武人为于大君（大君即元后），有固然矣。古者天子诸侯，俱南面而治，有不纯臣之义（《公羊传》文），议为弑君，盖义乖论世矣。然遂以顺天应人为颂，亦不过后圣垂警立教之微旨，学者当心知其意也。

商传世三十，贤圣之君六七作，自成汤而外，太甲、太戊、祖乙、盘庚、武丁、祖甲皆贤。而太甲称太宗，太戊称中宗，武丁称高宗焉。其名臣则有伊尹（成汤、太甲时）、仲虺（成汤时）、伊陟、巫咸、臣扈（太戊时）、巫贤（祖乙时）、甘盘、傅说（武丁时）、微子、比干、箕子、胶鬲（帝乙、纣时），故中间虽频更衰乱，而故家遗俗、流风善政，往往多存，用能屡替屡兴，享祀久长。及其既亡，而遗民之服其先德者，尚数世焉，此殷商一代史乘之特色。夏与周，皆莫能逮也。

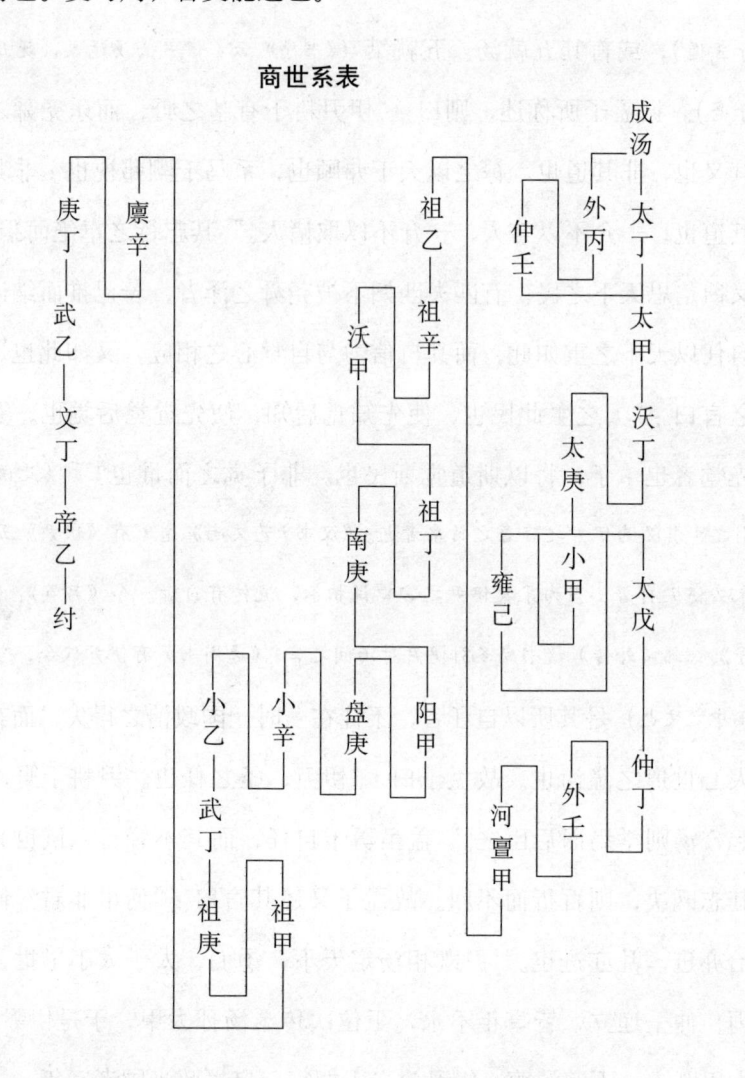

商世系表

成汤—太丁
　　　—外丙
　　　—仲壬
太丁—太甲—沃丁
　　　　　—太庚—小甲
　　　　　　　　—雍己
　　　　　　　　—太戊—仲丁
　　　　　　　　　　　—外壬
　　　　　　　　　　　—河亶甲—祖乙—祖辛—祖丁—阳甲
　　　　　　　　　　　　　　　　　　　　　　　—盘庚
　　　　　　　　　　　　　　　　　　　　　　　—小辛
　　　　　　　　　　　　　　　　　　　　　　　—小乙—武丁—祖庚
　　　　　　　　　　　　　　　　　　　　　　　　　　　　　—祖甲
　　　　　　　　　　　　　　　　　　　—沃甲—南庚
武乙—文丁—帝乙—纣
庚丁—廩辛

商代创业垂统，伊尹之功最高，前此圣君贤相，皆产自贵族，起平民而总国政，实自伊尹始。故后世记其遇合，传说异辞，或言其以割烹要汤（《史记·殷本纪》云：伊尹欲干汤而无由，乃为有莘氏媵臣，负鼎俎，以滋味说汤致于王道），或言其五就汤、五就桀（《书序》云：伊尹去汤适夏，既丑有夏，复归于亳）。据孟子所称述，则曰："伊尹耕于有莘之野，而乐尧舜之道焉。非其义也，非其道也，禄之以天下弗顾也，系马千驷弗视也；非其义也，非其道也，一介不以与人，一介不以取诸人。"其志行之卓绝而狷介如此也。又曰：思天下之民，有匹夫匹妇不被尧舜之泽者，若己推而纳诸沟中。其自任以天下之重如此，而其自信力与自觉心之相应，又如此也。又述伊尹之言曰："天之生此民也，使先知觉后知，使先觉觉后觉也。予，天民之先觉者也；予，将以斯道觉斯民也。非予觉之而谁也？"（此语《孟子》两引之，其必为伊尹之言著之竹帛者也。《汉书·艺文志》道家有《伊尹》五十一篇，虽未必伊尹自著，当为采集伊尹之言口说相承，流传有自者。今《吕览》、《说苑》、《尸子》、《韩诗外传》诸书尚多引伊尹对汤问之言，《逸周书》有伊尹献令，当并是五十一篇中之文也）是其所以自任者，不徒在一时一国政治之得失，而在天下万世人心世道之隆污也。故孟子曰："伊尹，圣之任也。尹耕于野，汤三聘乃起，汤则学焉而后臣之。"盖虽勇于自任，而其不轻身以试也又如此，及其志既决，则百折而不回。故孟子又述其言曰："何事非君？何使非民？治亦进，乱亦进也。"尹既相汤定天下，汤崩，太子太丁早世，未立，外丙、仲壬递立，皆享年不永，王位次传至汤孙太甲，于是伊尹相四君矣。太甲既立，不遵汤德，伊尹放之于桐宫，自摄政当国者三年。太甲怨艾悔过,伊尹迎归,复授以政。太甲尊之以保衡,敬礼始终焉。《诗·商颂》所谓"实惟阿衡,实左右商王"也。(今本《竹书纪年》于太甲元年记云:伊尹放太甲于桐,乃自立;于七年记云:王潜出自桐,杀伊尹。《竹书》为世诟病者以此事为最。考当时与《纪年》诸书同出汲冢者,尚有《琐语》一书,今亡。宋王应麟谓刘知几《史通》引汲冢书,记舜放尧于平阳,益为启所诛,太甲杀伊尹,文丁杀季历,皆《琐语》中事,非《纪年》本文,其说是也。杜预《左传集解后序》记汲冢事,谓发冢者不以为意,往往散乱推寻不能尽通,然则殆当时校释者以《琐语》文误入《纪年》中也,其事虽不可信,然不容以此废《纪年》也)放幽嗣君,为非常之举,伊尹坦然行之,无所嫌疑,太甲亦顺受之无所怨,此可见伊尹自信力之强,而信于人者自深也。

商人屡迁其都,自契至汤既八迁矣。仲丁则自亳迁于嚣(《史记》作隞,今河南荥泽县),河亶甲迁相(今河南内黄县),祖乙迁邢(《书序》及《竹书纪年》作耿,今河南温县,旧说谓在河东皮氏,误也),复迁庇(今直隶巨鹿县),南庚迁奄(今山东曲阜县):自汤至是,又五迁矣,盘庚所谓于今五邦也(庇、奄两迁惟见《竹书纪年》,他书不载)。至盘庚复欲迁于殷,民安土重迁,啧有浮言,盘庚严恳告谕之,卒定都焉,今《尚书》中《盘庚》三篇是也。自是商亦以殷名。(旧说皆以今河南偃师为殷,又谓殷即汤所居之亳,此两误也。亳在曹县,不在偃师,而殷尤非亳。《盘庚》上篇明言于今五邦,今不承于古,若返汤旧都,何云不承于古乎?然则殷地究何在?十余年前河南安阳县西五里洹水之南一小屯有极多之龟甲兽骨出土,皆鐫有文字,上虞罗振玉据以考定其地即殷墟,证以《史记·项羽本纪》集解、《殷本纪》集解、《竹书纪年》、《水经注》,皆合。详所著《殷虚出契考释第一篇》，故知盘庚所迁即其地矣，地今在河北，当彼时则河南也。殷亦称亳者，犹春秋晋屡迁而皆称绛，战国楚屡迁而皆称郢也）其所以屡徙之故，昔人多以为避河患，是或然，抑亦无乃未尽脱游牧之习耶？而不然者，若后世城郭宫室既备，且各国各有疆域，迁岂易言，即迁亦安所得地者？（汤以前既屡迁，而据《竹年纪年》则夏都亦屡迁，又据《史记》周自不窋、公刘、太王、文王、武王亦屡迁，知是当时通习也）至盘庚奠都后，七世不迁。武乙三年，自殷迁河北（不详其地），十五年自河北迁沬（即朝歌，今河南汲县），纣于此亡焉。自契初封以迄纣亡，盖十五迁也。

商代王位继承，兄弟相及，此其制度之独异者也。（周时宋国仍沿此制，微子复断以微仲，宣公之传穆公，子鱼之让襄公，皆沿祖制耳）故其嗣君多尝降居民间，知稼穑之艰难与民之情伪，其多中兴令辟，盖亦由此。武丁之旧劳于外，祖甲之旧为小人是也。（《尚书·无逸》云：其在高宗，时旧劳于外，爰暨小人；其在祖甲，不义惟王，旧为小人，作其即位，爰知小人之依）自商以后，此罕闻矣。

商代王灵所及，无可考信，据伊尹四方献令所记（见《逸周书·王会解》），四方远夷奉朔纳贡者盖不少。要之仍是旧部落错居，天子以元后而为群后之长，以朝诸侯为有天下之徽帜焉。（孟子称武丁朝诸侯有天下犹运诸掌也，然则武丁以前诸侯不朝，即殷为不有天下也，古代所谓有天下者皆如此）其武功见于经记者，则《易》称高宗伐鬼方，三年克之，此北伐也。（鬼方考证详下）《诗·殷武》为祀高宗之乐曰："挞彼殷武，奋伐荆楚，深入其阻，裒荆之旅。"此南征也。自汤以降，盖武丁尤武矣。最近出土之殷虚书契，其记征伐者数十事，惜其用兵之地不能确释焉矣。（上虞罗氏《殷虚书契考释》释卜辞中卜征伐者三十有五，其所征伐之地得六，但地名未由识别）

夏商两代，以方伯著闻者，在夏有昆吾，在商有大彭豕韦，后人以合诸周之齐桓、晋文，称五霸焉。方伯职制，颇类唐虞四岳，盖群后中之强有力而为其邻近诸落之所宗者，故汤灭昆吾，遂革夏命；而周末代殷，先为西伯也；然此与春秋之霸政，故自异耳。

殷诰誓之文，见于《尚书·序》者凡三十七篇（一《帝告》，二《釐沃》，三《汤征》，四《汝鸠》，五《汝方》，六《夏社》，七《疑至》，八《臣扈》，九《汤誓》，十《典宝》，十一《仲虺之诰》，十二《汤诰》，十三《咸有一德》，十四《明居》，十五《伊训》，十六《肆命》，十七《徂后》，十八、十九、二十《太甲》三篇，二十一《沃丁》，二十二《咸乂》，二十三《伊陟》，二十四《原命》，二十五《仲丁》，二十六《河亶甲》，二十七《祖乙》，二十八、二十九、三十《盘庚》三篇，三十一、三十二、三十三《说命》三篇，三十四《高宗肜日》，三十五《高宗之训》，三十六《西伯戡黎》，三十七《微子之诰》），今所存者七篇而已（一《汤誓》，二、三、四《盘庚》三篇，五《高宗肜日》，六《西伯戡黎》，七《微子》。今本《尚书》有《仲虺之诰》、《汤诰》、《咸有一德》、《伊训》、《太甲》三篇、《说命》三篇，皆伪古文也）。《诗》有《商颂》五篇，皆周时宋人祀祖乐章，盖非商文，《礼记》、《大学》则引汤之盘铭三语焉。其他鼎彝之文于近数百年出土者，亦得百数十器。最近得殷虚贞卜文锲于骨甲者逾万，然皆单词片语，其裨于史实者盖寡。《尚书》中七篇，穆然见敬天畏鬼之诚，孔子所谓率民以事神欤？此可以略察商代之政教也。

商之末主曰纣，据群籍所记则人主昏暴之恶德，几尽集于一身。纣诚无道，而传说亦不免铺张。故孔子曰：纣之不善，不如是之甚也；君子恶居下流，天下之恶皆归焉。尤可异者，所传桀纣二王之恶德，皆两两相当，若合符契。（如桀作酒池，纣作肉林；桀作瑶台，纣作玉床；桀宠妹喜，纣宠妲己；桀杀龙逄剖其心，纣杀比干亦剖其心；桀囚汤于夏台，纣囚文王于羑里：诸类此者尚多）此可见皆出后圣垂戒之言，非尽实录也。纣之将亡，微子去之，箕子为之奴，比干谏而死，孔子叹之曰：殷有三仁焉！其后周封微子于宋，续殷祀，而箕子应周武王之访，陈洪范九畴，其义具在《尚书》，为后世言阴阳五行者之祖，成周末秦汉哲学之一派焉。箕子卒逊于朝鲜，武王因而封之，华夏文明之东渐，自兹始也。自成汤受命迄纣之亡，都凡六百二十九年。（此据《三统历》也，《竹书纪年》作四百九十六年，然宣三年《左传》记王孙满之言称商祀六百，似可信。要之远古年代记终难求精确也）

附　又《禹贡》九州考

（此又一稿收入乙丑编文集卷五十二，兹附本篇后）

夏代九州境域，以今地确指之颇非易，古今学者聚讼不一。今以武陵杨氏丕复（道光间人）《舆地沿革表》所考订为蓝本，略正其误。

冀州　帝都所在，《禹贡》不言其境域，盖起自塞外东受降城，至山西大同府废东胜州界折而南，经平鲁县，及太原府之河曲、保德、兴县，汾州府之临县、永宁、宁乡、石楼，平阳府之永和、大宁、吉州、乡宁，蒲州府之荥河、临晋、永济，过雷首山折而东，经解州之芮城、平陆，绛州之垣曲，及河南怀庆府之济源、孟县、温县、武陟，卫辉府之获嘉、新乡、汲县，彰德府之汤阴、安阳、临漳，直隶广平府之成安、肥乡、曲周，顺德府之平乡、广宗、巨鹿，冀州之南宫、新河、衡水，深州之武邑、武强，河间府之阜城、献县、交河，天津府之青县、静海、沧州、天津，北历顺天府之宝坻，东至遵化州之丰润，永平府之滦州、乐亭、卢龙、昌黎、抚宁，又东历山海关，南及锦州府之宁远、广宁，此西南东三面之界也。北界则不可考矣。

兖州 盖起自河南卫辉府故胙城县，东历浚县及彰德府之内黄，直隶大名府之大名、元城，山东东昌府之冠县、馆陶、临清、邱县、武城，济南府之德州，直隶河间府之吴桥、东光，天津府之南皮，折而南，历山东武定府之滨州、惠民、商河，济南府之济阳、临邑、齐河，东昌府之茌平，泰安府之东阿，兖州府之阳谷、寿张，曹州府之郓城、荷泽，直隶大名府之清丰、开州，此其四周之界也。

青州 北界则山东泰安府之平阴，济南府之长清、历城、齐东，武定府之青城、蒲台、利津，青州府之高苑，南界则泰安府之肥城、泰安、莱芜之北境，青州府之诸城，由是入海尽登、莱二府境，更越海至朝鲜，讫辽东之地，皆青州也。或谓朝鲜不在青域者误，盖嵎夷即朝鲜也。

徐州 起山东泰安府之东平、新泰，沂州府之蒙阴、沂水、莒州、日照，江南海州之赣榆，并海而南，至淮安府之安东、清河，及泗州、五河，凤阳府之怀远、宿州，徐州府之砀山，山东兖州府之金乡、汶上，曹州府之巨野，即其四周之界也。

扬州 盖自河南之光山、光州、固始，历江南颍州府之阜阳、霍邱、颍上，凤阳府之寿州，泗州之盱眙，淮安府之山阳、盐城，扬州府之兴化及如皋、通州、太仓，松江府之上海，浙江宁波府之镇海、象山，台州府之宁海、黄岩、太平，温州府之乐清、瑞安、平阳，福建福宁府之霞浦，福州府之罗源、连江、长乐、福清，兴化府之蒲田，泉州府之惠安、同安，漳州府之海澄、漳浦、诏安，广东潮州府之潮阳、惠来、揭阳、普宁、大埔，嘉应州之镇平、平远，江西赣州府之定南、龙南，南安府之大庾、崇义，吉安府之龙泉、永宁、永新，袁州府之萍乡、万载，瑞州府之新昌，南昌府之宁州、武宁，九江府之德安、瑞昌，湖北武昌府之兴国，黄州府之蕲水、广济、蕲州、罗田，即其四周之界也。

荆州 盖自湖北宜昌府之兴山，郧阳府之房县、竹山，襄阳府之南漳，历荆门州及安陆府之钟祥、京山，德安府之随州、应山，黄州府之黄安、麻城、黄冈，武昌府之武昌、通山、咸宁、崇阳、通城，湖南长沙府之浏阳、醴陵、攸县、茶陵，郴州之兴宁、桂东、桂阳、宜章，由是逾岭而南，包广东之南韶、连广、惠肇、罗高、廉雷诸府州，又包广西全省及贵州之黎平、都匀、镇远、铜仁、石阡、思州、思南诸府，遂及四川之酉阳、彭水，湖北施南府之宣恩、利川、建始，宜昌府之巴东，是荆州之界也。或谓岭南之地，其时未辟，不当属于荆域，然《禹贡》五服原有要荒，五服之外，薄及四海，咸建五长，岭南岂不在要荒、五长之内？又如今之浙江、江西、福建，其时亦尚未辟，而得列于扬州之域，何两广不可入荆州之域乎？至欲连两广交阯皆为扬域，此又史家之谬也。

豫州 盖自华山而东，历河南陕州之阌乡、灵宝，河南府之渑池、新安、洛阳、孟津、巩县，开封府之汜水、河阴、荥阳、荥泽、阳武，卫辉府之延津、封邱、考城，直隶大名府之长垣、东明，山东曹州府之定陶、曹县、武城、单县，河南归德府之夏邑、永城，江南颍州府之亳州、阜阳、蒙城，河南光州之商城、息县，汝宁府之真阳、罗山、信阳，湖北德安府随州之北境，襄阳府之枣阳、宜城、光化，郧阳府之郧西东境，及陕西商州之商南、山阳、洛南，是其四周之界也。

梁州 盖自西倾山历甘肃阶州之成县，秦州之徽县、两当，陕西汉中府之凤县、褒城、城固、洋县，及商州镇南，湖北郧阳府之郧西、保康、郧县、竹溪，四川夔州府之巫山，此其北东之界也。其西南界以黑水，不可考，故其界未可指实。但经所言黑水有三，皆同一黑水，其言导黑水至于三危入于南海，是黑水自雍州之西北起，直抵于南海而止，故雍梁二州，其西皆以黑水为界。至于三危以下，中间有黄河隔断，似不能越之而过。然西北之水多伏流，即黄河星宿海之源，亦盐泽伏流所发，安知黑水不伏而仍出乎？考入南海之水，惟澜沧江源远而大，直界云南西境，先儒指此为黑水下流，其说盖亦可信。梁州既以此为界，则今云南全省及贵州兴义、安顺、贵阳、平越、遵义、大定诸府境皆为梁域，而四川不待言矣。乃《禹贡锥指》必谓梁雍之界不同一黑水，而以泸、若、绳等水合为梁州西南界之黑水，是诚杜撰不经之说，其于黑水入于南海之文将何解乎？

雍州 盖自甘肃兰州府之河州、靖远，宁夏府之灵州绕出塞外，循河套而东至榆林府之府谷、神木、葭州，绥德州之吴堡、清涧，延安府之延川、延长、宜川，同州府之韩城、郃阳、澄城、华阴、华州，西安府之渭南、蓝田、鄠县、盩厔，凤翔府之郿县、宝鸡，秦州之清水、礼县，巩昌府之西和、岷州，此其北东南之界也。其西之黑水湮汨，故其界亦难指实。

春秋载记

梁启超曰：世运尊大同，治法贵统一。此言夫其究竟也，大同统一之治，则未有不以宗法封建为之阶者。人类有通性，有特性，人人发挥其特性之所长而以会归于通性，则通性之量自日加博厚而其质自日加高明，世运所为蒸蒸向上，恒必由是也。人之积而为群也则亦有然，合全世界人类可命为最大群有其通性焉，所以示别于不群之禽兽者也。其间则有多数之次大群，字之曰国，各有其特性，彼最大群之通性即此诸次大群特性和合而成也。然此诸次大群之特性，非突如其获成，其下恒有无数小群，各各有其特性各发挥之而和合之，则高级之新特性于以强立也。夫今世所称国家主义者，自达道之君子视之，则其陈义至粗而褊也。然而不能废者，各国民之聪明才力尺有所短，寸有所长，各据国力以胥谋发育继长增高，而皆有所靖献于世界，国家主义在人类进化史上，有莫大之价值，由此而已。虽缘此主义而有争夺相杀之事，生民一时蒙其患苦，然综数十年、数百年各自所耗伤与其所增进乘除以求其总和，则其对全世界人类犹功逾于罪,此国家主义之公谳也。明乎此者,则可以与言春秋之国故矣。古昔大地未沟通,国人称禹域曰天下,我累代先民,盖常怀抱一至高之理想焉,曰以天下为一家,中国为一人,其粗迹之表见于政论者,则曰大一统。繄古以来,明王哲士经世之业,皆向此鹄而迈进者也。直至秦汉,而此理想乃现于实。秦汉以降,政权发施之所自出,虽常有迁移分裂,而所谓中国人者,则已成为永不可分之一体,他族入焉非久必与之俱化,我国所以能岿然独立而与天地长久,盖恃此也。而其酵酿之而字育之者,实在春秋之世。春秋分立百数十国,其盛强者尚十数,日寻干戈,二百余年,宜若与大一统之义绝相反也,殊不知非经此阶段,则后此一统之象决无自而成。夫我国在今日虽仅为世界百数十国中之一国,然其地尚数倍于全欧洲也,其在古代,则非国而天下也。各种姓之孳育,错处其间者,其类别不知凡几,言语文字宗教习俗至庞杂不可究诘也。周初封建以本族文化为根干而条布之于四方,然周所建国,校诸固有之部落曾不能什之一也。(观前卷附表所列国名百余,其周所封者不过三之一,然所遗有限矣,周初千余国则旧部落之甚多可推见)经数百年以逮春秋,则旧部落陵夷略尽,惟余十数文化较盛之国,相与竞雄长,遂为霸政之局。夫周初封建,虽大国不过百里,取精寡而用物啬,势不能大有所发舒。及兼并稍行,其大国皆廓境至数百里,尤大者逾千里,以千数百里之国;而建政府,设法制,备官守,其经纬擘画,易以纤悉周备;其治理之资,亦不甚觳薄,其政大抵自世族出。执政之德慧术智本优越于齐民,民服其教而弗疑畔,于是各因其土宜,民俗浚发,其物力而淬厉，其人文缉熙向上，而各国之特性以成。故吴季札听乐而能办政俗之殊异，盖特性成熟发越之表征也。此进化之第一步也。霸政既起，朝聘会盟征伐无虚岁，其劳费诚为各国所共患苦；然而交通之利坐是大开，其君其卿相得频相酬酢，其士大夫交错结纳，相与上下其议论而互濡染，其术学其军旅习于共同之行动，增长其节制而磨淬其材力，其道路衔接修治，奔走其商旅而通输其物材，而其国与国之相交际也。无论在平时、在战时皆有共循之轨则，或出自相沿之礼制，或根于新定之盟约，各信守之，罔敢越也。故争斗虽频数，而生民之被祸不甚烈。霸政全盛之代，尤以仗义执言、摧暴扶微为职志，各国不敢恣相侵伐，民愈得休养生息，以孳殖其文物；而以并立竞存之故，各国恒争自濯磨不敢暇豫，惧一衰落而无以自全也。于是前此已成熟之特性，益发扬充实，而以交际频繁之故，彼此之特性日相互有所感受，徐徐蒸变化合而不自知。于是在各种特性基础之上，别构成一种通性，此即所谓中国之国民性，传二千年颠扑不破者也；而其大成，实在春秋之季。此进化之第二段也。由此观之，春秋时代国史之价值，岂有比哉？（读泰西史观希腊时代文化所以极盛，及十字军后文治所以复兴，与夫现代各国并立交际竞进之迹，则可以识春秋史价值之崇贵矣）今特详为纪载，先分述数大国国势梗概，次总述霸业消长，与各国交互错综之关系，次述文物制度之迹象，各分节目而时缀以论列，藉以揽知大势云尔。其宜专纪者，则归诸列传也。

纪晋楚齐秦国势章第一

晋、楚、齐、秦,分峙朔、南、东、西四徼,实春秋之骨干,而晋楚尤其脊柱也。此四国者,惟齐自始封即为大侯,余皆微弱不足齿数。晋几中绝而乃别兴,秦始建仅食采为附庸耳,楚曾受封与否且不可深考。而其后乃皆浡焉以兴,迭为霸长。虽曰人谋之臧,毋亦以越在边远,环其周遭者多未开化之蛮族,非刻意振拔不能自存,及其既已强立,次第蚕食群落以自广,剪灭虽众,而天下不以为贪。蓄力既厚,乘时内向以争中原,则弱小者固莫与抗矣。此四国所以独为重于彼之世,读史者首当察所凭藉也。

晋之始封国曰唐,成王封幼弟叔虞邑于河汾东之太原(今山西太原府),盖尧故都云。其时北地未辟,群狄错居,周宣王之诗曰:"薄伐猃狁,至于太原",是也。其后晋大夫籍谈有言:晋处深山之中,戎狄之与居,而远于王室,王灵弗及,拜戎不暇。(见昭公十五年《左传》)初晋形势殆实如是。盖晋受封较晚,畿甸附近,锡王已尽,不得不胙诸远方,亦庶以镇抚西北焉。而晋人自是养成勤朴武健之风,卒以霸天下。以周初诸国分地论,晋所沐天然之赐最毂薄,民非勤啬,不能自给,国非戒惧,不能自完。故吴季札闻歌《唐风》,叹其忧深思远,有陶唐氏之遗。梁启超曰:嘻!何其与百年前欧洲之普鲁士酷相似也!其后晋谋迁都,诸大夫多欲徙郇瑕(今河东解县),以其沃饶而近盐,韩厥谓国饶则民骄佚,乃徙新田(见成六年《左传》)。观此则晋立国之元气可概见,其特以雄强著称,则亦由此。当周穆王时，晋为狄所逼，南徙平阳。宣王时，晋有穆侯者，生二子，曰太子仇，曰少子成师，封成师于曲沃，号曲沃桓叔。时晋都在翼（即平阳），而曲沃之大与翼埒。晋殆分为二，迭相攻。而曲沃日强，翼侯见弑者二，见逐者一。入春秋之初，翼之君则鄂侯，而曲沃则庄伯，周平王使虢公、芮伯、梁伯、荀侯、贾伯讨曲沃，两兴师无功，自桓叔分封后六十七岁而曲沃武公灭翼。天子受赂，策命武公为晋侯，始复合一。实鲁庄公之十六年，齐桓始霸盟诸侯于幽之年也。自曲沃桓叔、庄伯、武公及子献公四世皆枭雄，浸蚕食诸国。沈、姒、蓐、黄皆河汾间古部落，春秋前已入于晋，自是虢、芮、荀、贾次第见灭，修怨也；复灭焦，灭杨，灭霍，灭耿，灭魏，灭虞，又伐东山皋落氏，伐骊戎，伐耿蒲与屈，皆狄地，取而城之，以为大邑。逮献公之末，而晋极强，西有河西与秦接境，北边狄，东至河内，盖奄有今山西全境且兼跨直隶、河南、陕西之三省矣。献公有太子曰申生，有庶长之子曰重耳，曰夷吾，后有所爱骊姬生奚齐，其娣生卓子。献公嬖骊姬，以谗杀太子申生，而重耳、夷吾皆出亡。献公卒，以奚齐卓子托大夫荀息，荀息迭立之，而里克迭杀之，荀息死焉。里克欲迎重耳，而夷吾赂秦，秦先纳之，是为惠公。惠公背秦盟，靳其赂，与秦战于韩原，败绩见获，既而归之，语在秦晋交兵章。惠公卒，子怀公立。惠怀失政，内外恶之。是重耳出亡在外已十九年。历狄、卫、齐、曹、宋、郑、秦、楚诸国，秦穆卒纳之，是为文公，年六十二矣，实齐桓公卒后之七年也。文公既入，修德政，饬军旅，任贤才，教民三年然后用之。属王室有子带之难，乃勤王以求诸侯，纳襄王于成周，王赐以河内阳樊之地。晋于是乎始启南阳，盖自灭虢后，据崤函之固，自启南阳，扼孟门太行之险，天下之重，尽在晋矣。其明年，楚伐宋，文公伐曹卫以救宋，遂与楚战于城濮，大败之。天下诸侯翕然归晋，乃会盟于践土，周王莅焉，复盟温，盟翟泉。城濮一役，春秋第一大战，亦后此百余年大势所攸判也。语在晋文霸业章。自文公拔用贤才，其臣郤縠、先轸、狐偃、赵衰、胥臣、栾枝等皆崇礼让；其后晋卿十一族，赵、魏、韩、狐、胥、原、栾、郤、范、知、中行更迭执政；代有贤良，若赵盾、士会、士燮、荀罃、韩厥、魏绛辈，皆一时名卿，忠于谋国。故历襄、灵、成、景、厉、悼六公垂百年，虽有汰虐之主，而晋霸不衰，诸卿之力也。然自晋献公尽杀庄桓之族（曲沃桓叔，庄伯子孙也），惠公又诅无畜群公子，虽以文公之明德，有子三人，一继立（襄公）而三在外（公子雍、公子乐及成公）。故襄公之卒，议立长君，迎公子雍于秦，既而拒之，坐是与秦构怨益深。及灵公见弑，成公嗣统，其后厉公见弑，悼公嗣统，皆迎之于周者也。晋以不畜群公子故，故当时周、鲁、卫、齐、楚、宋、郑，皆频以兄弟争国召乱，晋独无有，其臣亦无攀援公族以分朋党者，故较能辑和，晋之久霸，颇亦赖此。然公族益微，卿族益侈，卒乃成六卿瓜分之局，斯又利害得失之相倚伏也。语并在晋诸臣传。自襄灵之世，累岁与秦构兵，殽函、彭衙、令狐、河曲四役其最著也，秦是以不能得志于东方。景公之世，楚庄王贤明，楚益强，北向与晋争霸，于是有邲之役，晋师熸焉。（景公三年）晋君臣恐惧修政，晋以不衰，未几灭赤狄（七年），战齐于鞍，败之（八年）。至厉公六年遂败楚于鄢陵。鄢陵之役，诸卿皆主战，曰不可以当吾世而失诸侯，独范文子（士燮）不欲战，曰："吾先君之亟战也有故，秦、狄、齐、楚皆强，不尽力，子孙将弱，今三强服矣，敌，楚而已，惟圣人能外内无患，自非圣人。外宁必有内忧，盍释楚以为惧乎？"盖忧晋之将乱而为是言，然晋百年来外竞之大势，亦具于是矣。厉公胜楚而骄，遂杀郤至、郤锜、郤犨，灭郤氏，且欲尽去群大夫，栾书、中行偃遂弑之，迎立悼公。悼公立年仅十四，能修旧功，施德惠，振纪纲，逐不臣者七人；任韩厥、知䓨、魏绛，和诸戎，合诸侯，号称复霸。及悼公之卒，群卿之贤者亦先后凋谢，卿族侈汰益甚。自盟宋弭兵之后，晋霸遂衰，不复振。历平、昭、顷、定、出、哀、幽、烈、孝、静十公，拥虚号而已，诸卿族迭相阋噬。至顷公时，余赵、韩、魏、知、范、中行六氏，共分晋地，而知氏最强。出公时知伯瑶灭范氏、中行氏，晋余四卿。哀公时赵、韩、魏共灭知氏。烈公时，周王策命韩、赵、魏为诸侯，及静公遂迁为家人，晋绝不祀焉。语在晋诸臣传及战国载记。晋当武献之世，灭国极多，拓境最广；文公以后，世为盟主，以仗义禁暴自命，义不能复侵夺群小。然北狄部落，若潞氏，若甲氏，若留吁，若铎辰，若肥，若鼓，以次囊括之，辟地亦千数百里。惠公迁陆浑之戎于伊雒，越百年至顷公时遂灭陆浑有伊雒地。襄灵间屡与秦战，亦颇略其城邑，而中原诸国要害之地，若郑之虎牢，卫之朝歌、河内、邯郸，皆自春秋中叶折入于晋。其取之于何年，得之于何道，不可考也。故晋尽得中原地势形便。至战国时，而三晋犹雄于天下。

楚自称出自帝颛顼，而唐虞时之祝融氏，夏时之昆吾氏，殷时之彭祖氏，皆其所祖，第弗可深考。要之与中原族姓派系别也。入周之初祖曰熊绎，史称其先有鬻熊者，曾为文王师。故成王封绎以子男之田居丹阳云（今湖北宜昌府）。当周夷王时，有熊渠者，兴兵伐庸扬粤，自称王，且立其子康为句亶王，红为鄂王，执疵为越章王。周厉王时，熊渠畏周来伐，去其王号。入春秋之初，有若敖、蚡冒二君，筚路蓝缕以启山林。蚡冒弟熊通，复僭王号，是为武王，其子称文王。文王时，齐桓公始霸，楚亦始大。自春秋以前，中国文物，沿河展发，极淮汉而止，不及江浒，《禹贡》扬州，实淮域也。周文王时，肇辟汉阳，诸姬受封其间者十数国。而下游淮以南、江以北，古部落盖无算，春秋时可考其存灭者亦尚十数国。而楚之始建国，在今荆宜间，襟带江汉，雄据上游。既南役群蛮百濮，乃北向以规中原，武文两代，剪灭汉阳诸姬略尽。乃至侵及周疆，灭申吕，扼南阳门户，中原诸国，始惧楚矣。当齐桓之世，楚地已千里，陈蔡皆役属之，齐桓以诸侯之师伐楚，不能克，盟于召陵而还。顾楚威亦自此暂戢。语在齐桓霸业章。齐桓卒，宋襄欲图霸，与楚战，败于泓。溯兹以前，诸侯盖未有能胜楚者。及晋文公勤王创霸，而楚围宋甚急。其时曹、卫、陈、蔡，皆楚与国。晋以齐秦之师救宋，遂与楚战城濮，楚师败绩，晋霸始定，而楚遂久不得志于中原。语在晋文霸业章。召陵、泓、城濮诸役，皆楚成王时事也。成王享国最久，盖四十六年，乃为子商臣所弒。商臣称穆王，继之者曰庄王，曰共王，曰康王，曰灵王，曰平王，曰昭王，曰惠王，皆雄鸷能善用其国，而庄王最贤。晋国代有名卿，而楚国代有名王。世卿专政，为中原诸国通患，楚独无之，此其所以久雄强而最后亡也。而父子兄弟篡弒之祸亦烈于他国，穆庄承城濮挠败之后，北向之势稍杀，而全力以恢廓南服，东灭江、黄、蓼、六、英、舒，奄有淮颍之野，西灭庸夔，控扼巴蜀。（楚前后灭国数十，此不具列，其详在霸政详纪章）晋之攘楚，亦楚之所以滋大也。庄王立三年而灭庸，自尔以后，无日不申儆国人曰："吁！民生之不易，祸至之无日，戒惧之不可以息！"在军则申儆曰：吁！胜之不可保，纣之百克，而卒无后。训之以若敖、蚡冒筚路蓝缕以启山林，告之曰：民生在勤，勤则不匮。楚内政之修明，民业之昌阜，于兹称最焉。其后遂伐宋，获五百乘（六年），伐陆浑戎，过周郊问鼎（八年），伐陈，县之（十六年），卒乃伐郑而与晋战于邲，大败晋师（十七年）。史家以庄王列诸五霸，自兹役也。共王时，与晋战鄢陵，败绩，楚稍衰。语在晋楚交兵章。未几与晋弭兵为宋之盟，共王旋卒，灵平两代，皆拥兵居外，以阴谋篡弑得国。（康王时灵王为令尹，主兵事，康王疾，自郑驰归弑之。及其子灵王时，平王将兵伐陈蔡，为陈蔡公后弑王，及公子比自立）虽皆骁雄，益为楚廓境，然侈汰荒淫，民不见德，楚自此衰矣。初共王之世，申公巫臣得罪奔晋，为晋谋通吴以病楚，是时吴始强。康灵之间，吴屡侵楚边，楚于是乎一岁七奔命。灵王既灭陈蔡，承宋盟之后，晋楚之从交相见，乃大会诸侯于申，骄盈无度，大陈于乾溪，将围徐以惧吴，平王乘其在外，入国而夺其位。而平王亦以谗言杀太子傅伍奢，奢子子胥奔吴。至昭王时，遂以吴师大伐楚，入郢，挞平王之墓，楚国几覆，幸获秦救。且吴有内乱，引兵退，昭王仅得复国焉。语在楚吴交兵章及子胥传。昭惠之世，吴正强，楚不能与争。惠王时，楚复有白公之难。既而越灭吴，而不能正江淮以北，楚因东侵，广地至泗上，至是春秋终焉。入战国而楚犹常雄于诸侯。梁启超曰：读《春秋》者鲜不疾楚，谓其以夷猾夏，灭国最多也。然当时江淮间古部落棋布，其俗盖在半文半野之间，文化远在楚下，江以南则群蛮百濮所窟宅，狉獉如鹿豕，使其孳孳浸大，则为害于诸夏者岂有量？夫此非中原诸国之力所能及也。楚自武文成庄以来，以锐意北向争中原故，力革蛮俗，求自侪于上国，春秋中叶，既甚彬彬矣。然后出其所新获之文明，被诸所灭之国，广纳而冶化之，缘地运民情之异宜，卒乃孕育一新文明统系，与北方旧系相对峙相淬厉，而益骈进于高明，微楚之力，何以及此？楚子囊颂共王之言曰：赫赫楚国，而君临之，抚有蛮夷，奄征南海，以属诸夏。（见宣十三年《左传》）言举蛮夷以属诸夏也，楚于是乎有大功于中国矣。

齐太公佐周克殷，武王封建功臣而齐为首，国于营丘（今山东青州临淄县），甫就封而莱夷与之争国（莱夷在今登州、莱州）。盖齐亦在边徼，非忧勤自树立，不能与蛮族争存，与晋楚同也。然其地东至海，饶鱼盐之利，西至河，凭襟带之固，南至穆陵，扼大岘之险，北至无棣，拊广漠之野，其势易以强。故春秋之世，最先兴焉。太公传十二世至僖公，入春秋，僖公之子，曰襄公，曰子纠，而桓公小白最幼。襄公继世立，荒淫不道，群臣群弟惧祸及，故管仲、召忽奉子纠奔鲁，鲍叔牙奉小白奔莒。既而襄公为母弟夷仲年之子无知所弑，无知旋见弑于徯者，齐大乱。鲁伐齐，将纳子纠。桓公自莒先入，遂相管仲，为五霸首。语在齐桓霸业章及管仲传。桓公卒，其五子曰无诡，曰孝公，曰昭公，曰懿公，曰惠公，争立，次第相屠杀，惠以少传统，其嗣曰顷，曰灵，曰庄。庄公为崔杼所弑，弟景公立，景公三传至简公，为陈恒所弑，更历平、宣、康三公而灭于陈氏。齐自桓公以后，不复能管大局之中枢，常为晋与国。入春秋二百二十余年，除鞌之战外，齐晋未尝交兵。鞌之役（鲁成公二年，齐顷公、晋景公也），虽曰起于妇人之笑辱，然实由齐之凭陵鲁卫（晋宣战之辞曰：晋与鲁卫兄弟也，来告曰：大国朝夕释憾于敝邑之地，寡君不忍，使群臣请诸大国）。时晋新丧师于邲，楚会十三国盟于蜀，齐、鲁、卫皆与焉，倘微此役，晋将遂失诸侯也。及春秋末叶，晋霸益衰，齐景公新立，晏婴辅之，颇思修桓管之业，其与晋侯投壶也，举矢祝曰：寡人中此，与君代兴。（见昭十二年《左传》）隐然有争长之志，属当平邱会后，晋已不复能宗诸侯。（见晋楚争霸章）楚新挫于吴，无复北向之志，而吴亦未遽争衡于中国，齐乘此收召列辟，得郑，得卫，得鲁，得宋。十余年间，盟会六七，而与晋交兵者再焉。然其伐晋也，助臣以叛君（助范氏、中行氏）；其伐卫也，助子以拒父（助出公辄拒蒯聩）。不以义动，而轻弃盟主，齐之所以与晋俱敝也。初桓公时，有陈敬仲完者奔齐，桓公命为大夫，更姓田，以羁旅之臣，保世滋大，卒移齐国。及陈恒弑简公，而姜氏之齐，遂为田氏矣。语在霸政余纪及齐诸臣传。齐霸祚短，既不竞于晋楚，而惟思弱鲁，终春秋之世，齐鲁交兵凡三十一见焉。[（一）桓十一年十二月，齐、卫、郑来战于郎；（二）桓十三年二月，公会纪郑，与齐、宋、卫战；（三）桓十七年五月，及齐师战于奚；（四）庄九年夏，公伐齐纳纠；（五）庄九年八月，及齐师战于乾，时我师败绩；（六）庄十年正月，公败齐于长勺；（七）庄十九年，齐、宋、陈伐我西鄙；（八）僖二十六年春，齐侵我西鄙，公追齐师，自酅，弗及；（九）其年夏，齐伐我北鄙；（十）其年冬，公以楚师伐齐，取谷；（十一）文十五年秋，齐侵我西鄙；（十二）其年冬十二月，齐侵我西鄙,遂伐曹;(十三)文十七年四月,齐伐我西鄙;(十四)成二年春,齐伐我北鄙;(十五)其年六月,鲁会晋、卫、曹,败齐师于鞍;(十六)襄十五年夏,齐伐我北鄙,围成;(十七)襄十六年三月,齐伐我北鄙;(十八)其年秋,齐伐我北鄙,围成;(十九)襄十七年秋,齐伐我北鄙,围桃,又围防;(二十)襄十八年秋,齐伐我北鄙;(二十一)其年冬十月,鲁会晋侯及诸侯围齐;(二十二)襄二十四年春,鲁侵齐;(二十三)襄二十五年,齐伐我北鄙;(二十四)定七年秋,齐伐我西鄙;(二十五)定八年正月,公侵齐;(二十六)其年二月,公侵齐;(二十七)其年夏,齐伐我西鄙;(二十八)哀十年春二月,公会吴伐齐;(二十九)哀十一年春,齐伐我;(三十)其年夏五月,公会吴伐齐,败齐师于艾陵;(三十一)哀二十四年,会晋师伐齐,取廪邱]大抵晋霸盛则齐虐稍戢,晋偶有间,或新君初立,则齐必思逞于鲁,而纪、莒、曹、卫,亦数被齐无名之师,甚矣。齐之不务德,而桓公之志久荒也!然以地势形便,故田氏窃国后,雄于战国者犹数百年。

秦兴于周故地,历数百年,卒移周祚,甚矣,形胜之不可以假人也。然秦以厄于晋故,终春秋之世,不能得志于中原。秦自称颛顼苗裔而祖伯益,入周有非子者,以善畜马事周孝王,孝王分土为附庸,邑之秦。周宣王时,命秦仲为西陲大夫,使伐西戎。自秦仲、庄公、世父、襄公、文公五世,岁岁与戎战,而死戎难者三君焉。(秦仲、世父、文公)盖秦戎之争,自始建国迄春秋中叶(穆公时),历四百余年而始略定。而秦人强武不挠之德,实经此磨练以得之。诵《秦风·小戎》、《驷驖》诸篇,虽妇人犹以武健相矜尚。梁启超曰:求诸外史,则古代希腊之斯巴达似之矣。周避戎东徙,襄公以兵送平王,王封为诸侯,赐之岐以西之地,与誓曰:能攻逐戎，即有其地。秦自是始与诸侯通。后文公屡伐戎，戎败走，周日积弱，不克西归，而酆鄗故京，遂永为秦有。秦入春秋，初为宁公，中更争乱，历六君而至穆公，穆公始见于《春秋》经传。自穆公前已灭荡，灭亳，灭邦冀戎，灭小虢，穆公初年复灭梁，灭芮，秦始大。秦在战国时，议取三川与伐蜀孰先，卒先伐蜀，谓利尽西海而天下不以为贪，秦所以能遂并天下者以此。春秋之初，秦之浸大，事势亦相类，盖剪灭诸戎以自广，非中原诸国所能与争也，而秦之所以有裨益于进化之运者则亦在是。与晋灭群狄，楚灭群蛮、群濮、群舒，齐灭莱夷山戎同功也。秦穆与晋为婚姻，值晋之乱，两次纳置其君（惠公、文公），将乘是东向以规中原，而晋常厄之。故终春秋之世，两国交欢时甚暂，而交争时甚长，晋不衰，秦终不能以得志。语在晋霸消长章。春秋诸异姓大国，多尊用客卿、拔擢微贱以得其力，而秦特甚。秦穆三名臣：曰百里奚，虞之逋臣也；曰蹇叔，齐之寒门，而百里所荐也；曰由余，晋人而仕于戎者也。穆公皆罗致而宠任之，秦用以昌。盖诸姬之国，其公族皆受特别教育，多贤才，其民亦宗而归之，非是莫莅也。如秦者，僻在群戎间，僿野无士大夫，有雄主起，舍借材异地，无以善治，故求之独勤，而任之独重，穆公以此诒谋，世世子孙袭之，以区区之秦，兴于附庸以并天下，皆客卿之力也。秦既不得志于中原，益西收诸戎，穆公享国久（三十九年），能恢其业，益国十二，开地千里焉。春秋中叶以后，秦楚之交，亲于秦晋，然秦终胚胚自立，不甚依附东诸侯。故论春秋史者，秦之重不逮齐，益不逮晋楚也。及晋裂为三，春秋终焉，天下之大势始在秦矣。

纪鲁卫宋郑陈蔡吴越国势章第二

　　春秋之局,晋楚对峙,宋郑为之楔,宋稍畸于晋而郑稍偏于楚,亦若齐与秦之异趋也。而鲁卫则常宗晋,陈蔡则常役楚。此八国者,左萦右拂,相对相当,以纬成春秋事迹。吴越其兴也浡,其亡亦忽,苍头特起,而全局几为之一变,其犹躔象之有彗星也。今次述诸国位置形势,不复能详,其尚有他小国宜附纪者,则益略也。

　　论春秋大势,鲁卫之重,不逮宋郑;论中国文明,则鲁卫其最渊浩之源泉也。鲁受周公之泽,笃生孔子,为百世师,孔子游居,多在鲁卫,而作《春秋》亦因鲁史,故鲁尤重焉。鲁卫始封之君(周公、康叔),皆文王之子,武王之弟,于周室最为懿亲。鲁邑于太昊之墟(曲阜),而卫邑于殷墟(朝歌),并先王故都,夙为中原文物之府,经数百年涵养滋长,益以盛大,故称君子国焉。然亦以晏处中原之故,疆场稀警,其俗右文而不武,逮兼并盛行,大国崛起而环逼,动见陵轹,殆无宁岁,霸政既兴,恭事盟主,仅乃自保,然甚哉惫矣。鲁在春秋,历隐、桓、庄、闵、僖、文、宣、成、襄、昭、定、哀十二公,孔子作《春秋》,托始于隐公元年,绝笔于哀公十四年,凡二百四十二年,而其君公及其嗣子不得良死者七焉。[(一)隐公为弟桓公所弑;(二)桓公以夫人姜氏通于齐侯,适齐遇害;(三)庄公子般为公子庆父所弑;(四)闵公为庆父所弑;(五)文公子恶及视为襄仲所弑;(六)襄公子野为季孙宿所弑;(七)昭公为季孙意如所逐,死于乾侯]鲁称守礼之国,犹且若是,则其时篡乱之祸烈可推见。[《春秋》书弑君三十六,其实绝不止此数。

（一）□大恶讳不书，故鲁之弑君，经无明文；（二）未成君者不书，故晋奚齐、齐之无诡等不在三十六数之内；（三）不赴告者不书，故楚郏敖、子比等皆不见。当时与鲁通赴告之国不过十数耳。以此比例，则当时篡弑何止百计！其他因外患奔走不保社稷者亦称是。呜呼，惨哉！］故孔子作《春秋》，以笔诛乱贼，盖深痛之也。鲁代有贤大夫臧文仲、公子友、季文子之徒，故虽乱而不亡。然中叶以还，政在三桓，驯至阳虎以陪臣执国命，周公其衰矣。初鲁公伯禽与齐太公同受封就国，太公五月报政，伯禽三年焉。周公问之，伯禽曰："变其俗，革其礼，故迟。"太公曰："吾简其君臣，礼从其俗，故速。"周公叹曰："鲁后世其北面事齐矣，政简易近民，民乃归之。"（见《史记·鲁世家》）鲁之缛其文礼，或亦其致弱之一因耶？然亦由其地平衍四达，无高山大川为之限，无鱼盐之利为之饶；以守则不足以固，以攻则不足以克。故终春秋之世，常畏齐逼，而托庇于晋。晋稍衰则齐患遂亟，晋霸未兴，鲁至联楚伐齐（僖公二十六年），晋霸既替，鲁至联吴伐齐（哀公十一年）。吁！可伤也！然鲁究以周公明德，为世所宗，在诸姬中，称后亡焉。

卫始封全有殷武庚故地，在周初最称大国。然西界晋，东界齐，东北与齐、晋、宋、鲁错，南与曹宋错，兼并虽行，绝无廓境余地。入春秋未久重罹狄难，渡河而南，迁于楚邱（今河南卫辉府滑县），旋迁帝丘（今直隶大名府开州）。河北故墟，委于狄手。及晋灭狄，而朝歌河南诸地，皆折入晋，卫益削弱矣。晋文城濮之役，楚始得曹而新昏于卫，盖欲远交近攻，结卫以折晋左臂。晋欲服郑，则不得不先服卫，盖卫据大河南北，当齐、晋、郑、楚孔道，卫服，斯东诸侯从风而靡矣。兹役以后，卫几同晋之鄙邑，然亦赖以自全。直至秦二世时始废君绝祀，其亡又在鲁后也。孔子居卫久，称其多君子，而孔门弟子，亦卫人最多，故与鲁同为春秋文化中坚云。

宋郑同为四战之区，自古迄今，凡用兵必争焉。故必熟知兹二国形势，然后春秋赌棋争劫之局可批隙而导窾也。宋微子始封商邱（今河南归德府商邱县），其后兼并宿、杞、曹、戴、偪阳五国及古大彭国之彭城（今江苏徐州府治），实奄有今河南归德府及开封府、卫辉府、陈州府之一部，又跨有江苏徐州、颍州，山东兖州、泰安、曹州之各一部。周公之改封殷后于宋也，盖惩前此武庚国于纣都，有孟门太行之险，其民易煽，其地易震，而商邱四望平坦，又近东都，虽子孙或作不靖，无能据险为患，匪特制驭，亦善全先代之裔，宜尔也。入春秋时，宋乃有彭城，彭城俗劲悍，又当南北之冲，故终春秋之世，宋最喜事。齐兴则首附齐，晋兴则首附晋，悼公之再霸也，用吴以掎楚，先用宋以通吴，实于彭城取道；楚之拔彭城以封鱼石也（见成十八年《左传》），非以助乱，实欲塞夷，庚使吴晋梗不得通也；晋之灭偪阳以畀宋也（见襄十年《左传》），非以德宋也，欲宋为地主，通吴宋往来之道也。盖彭城虽为宋有，而祖为楚地，偪阳为楚与国，皆在今沛县境。如物在喉，宋有偪阳，而吴晋相援如左右手矣，故当日楚最仇宋，常合郑以龁之。迨晋悼已服郑，不复恃吴。吴阖闾之世，力足制楚，不复恃晋。而宋乃晏然无事，从可知彭城系于南北之故者至大，而宋之常为天下重，盖以此也。（今虽有海道及铁路之变迁，而徐州犹极为要害地，则古代益可知耳）其后吴欲伐宋，太宰嚭曰："可胜也，而弗能居。"（见哀十三年《左传》）盖宋宜于为通衢，不宜于为安宅。此宋形势之大凡也。

宋之重以彭城，而郑之重以虎牢（今河南开封府汜水县。西汉高祖与项羽相持于荥阳、成皋之间，即其地也）。郑初封虢桧之地，北有延津，西有虎牢，南据汝颍，自谓扼此天险，可以左右天下，诚哉然也。故春秋之初，郑庄独倔强于东诸侯间。（语在霸业前纪章）然既处可以左右天下之地，自为经营天下者所必争，故齐晋迭霸，与楚争郑者二百余年，南北有事，郑首被兵，迄无宁岁。及晋得虎牢，且城之以逼郑（见襄二年《左传》），自是晋三驾而楚不能与争。其后三家分晋，韩得成皋，卒以灭郑，秦亦灭韩而帝业乃成，刘项相持荥阳、成皋间，亦一晋楚争郑之局，其为重于天下若是其要且久也。此郑形势之大凡也。

宋人喜事而狂，郑人谙世故而黠，殆其血统所遗传与地势所薰冶相合使然。抑亦史迹之异观也。三代之民，惟殷商为浮动，过于夏周。殷人毗刚，而周人毗柔。盘庚迁殷，胥动浮言，致劳三诰，殷顽入周，倔强不改，周公病之，诰誓频繁。宋人受此遗性，加以彭城所居，地四冲而俗剽急，故其人常如中酒，躁叫狂掷。春秋之初，殇公立十年而十一战（见桓二年《左传》），狂态既不可向迩。齐桓创霸，首与于北杏之会者，宋也。（庄十三年）明年遂背之，见伐乃行成焉。（庄十四年）齐桓始卒，宋襄即汲汲欲与代兴，乘丧两伐齐（僖十八年正月、五月），旋执滕子婴齐（僖十九年三月），用鄫子于次睢之社（僖十九年六月）；遂不量力，横挑强楚。以齐桓养威积虑二十年，召陵之役，犹不敢轻敌，而宋襄乃视若无物，卒乃执于盂（僖二十一年秋，宋公、楚子、陈侯、蔡侯、郑伯、许男、曹伯会于盂，执宋公以伐宋），伤于泓（僖二十一年十一月，宋公及楚人战于泓，宋师败绩，襄公伤股，明年遂卒），身殒国削,为天下笑。历古可诧之战事,莫过兹役也。及晋文之兴,其首推戴以致楚师者,则亦宋也。自尔忠服于晋,曾无躁扰者垂百年,在宋实为异数。然华元以楚不假道之故,杀其使者以激楚怒,致析骸易子之惨(见宣十四年《左传》),其举措之卤莽,亦可惊绝。及晋霸既衰,宋向戌忽首倡弭兵之论,遂为宋之盟,会晋楚之从交相见,而春秋之局一大变。宋果何求,亦好事而已!其后晋楚两皆不竞,宋景遂又嚣然思动,会洮叛晋(定十四年),伐郑(哀七年),执小邾子(哀四年),连岁伐曹(哀三年、六年、七年),执曹伯(哀八年),狂焰四出,似乃祖襄公故态也。直至战国时,宋之末主曰康王偃者,犹以发狂图霸,得桀宋之名以取灭(王偃图霸,灭滕,伐薛;东败齐,取五城;南败楚,取地三百里;西败魏军,与齐魏为敌国)。其虚愒躁妄,盖成为国性矣。虽然宋当春秋之世,左右世变之力,抑不可谓不巨矣。

郑之左右世变,其力不让宋,而操术乃相反。宋勇于趋利,而郑巧于避害,宋浮刚而郑阴沉,楚人称郑昭宋聋。(见宣十四年《左传》)可云善譬,郑之得国,本以术取,阴险相尚,盖自桓武已然。(《史记·郑世家》:周幽王时,郑桓公问太史伯曰:"王室多故,予安逃死乎?"对曰:"独雒之东土,河济之南可居,其地近虢郐,虢郐之君,贪而好利,百姓不附。"桓公于是言王东徙其民于雒东,而虢郐果献十邑,后武公克取以为国命曰新郑)入春秋初,郑庄有操纵一世之概,然其狙诈亦世所共见,突忽仪亹(庄公诸子),兄弟争立,亦各以术相轧。及晋楚争霸,郑当其冲,其君臣皆明事势,识利害,常首鼠两大之间,视其强弱以为向背,贪利若鹜,弃信如土,故当天下无伯则先叛,天下有伯则后服。其先叛也,惧楚也。齐桓以僖十七年十二月卒,郑文明年正月即朝楚。邲之战，郑首叛晋，坚事楚者十二年，中间以与许讼不胜，改而从晋。至成九年，贪楚重赂复从楚。未三年复从晋。至成十六年，贪汝阴之田复从楚。投骨于地，就而食之，摇尾乞怜者，郑之谓也。其后服也，欲以诸侯之力毙楚，使楚不敢与争也。庄十六年，与齐桓同盟于幽，明年即不朝。历十三年，始复同盟于幽，至僖五年首止之盟，复逃而从楚。晋文之兴，践土甫盟，而明年翟泉复不至，烛之武复间晋事秦，旋召杞子之谋，不得不从晋，未五六年，复与陈蔡偕会楚于厥貉矣。每间伯主之有事，则侵伐小国以自益，昼伏夜行，窃食盆盎，常惧人觉者，郑之谓也。其卿士大夫，顾以此为最良之政策，昌言之曾不少讳，子良之言曰："晋楚与其来者可也。晋楚无信，我焉得有信？"子驷之言曰："牺牲玉帛，待于二竟，以待强者而庇民焉。"子展之言曰："吾伐宋，晋师必至，使晋师致死于我，楚弗敢敌，而后可固与晋。"其揣量两国情势至审而于其间求所以自处之道，因此得保其社稷，常倔强于诸侯间。虽处四战之冲而国威不挫，民力不疲，其国性则风斯下矣。梁启超曰：鸣呼！凡民久生息虐政之下与夫久颠顿于兵燹之中者，非养成顽钝狡黠之性，不能自存，有如郑矣，可不痛念哉？可不痛念哉？春秋之季，晋楚弭兵，郑鲜侵伐之虞，惟有征赋之扰，子产执政，因应两大，善其辞令不刚不柔，有君子之道焉，抑亦袭累代遗策而善用之云尔。春秋大事，十九皆与郑有连，使郑易其形改其度，则春秋作何局势，非所敢言也。宋郑同为春秋机轴，而两国之自相争阋，亦较他国为尤剧烈。二百四十二年之中，宋郑交兵见于经传者，盖四十九役云，其为楚晋伥者半，其自逐利互报怨者亦半，具在年表，此弗论次也。

陈蔡始终役属于楚，而蔡尤为楚重，楚北向以争中原，首灭申，灭吕，灭息，其未灭而为楚用者，惟此二国为最有力。陈今之河南陈州，蔡则今汝宁府之上蔡县也。中叶以后，陈于楚尚间有服叛，惟蔡则无役不从。而欲攘楚者必先有事于蔡。僖四年，齐桓为召陵之师，《春秋》书之曰："齐侯以诸侯之师侵蔡，蔡溃，遂伐楚。"盖齐不伐蔡，则不能长驱以压楚境也。蔡在淮汝间，为楚北屏蔽，其俗自古称强悍，服楚最早，从楚最坚，受楚祸最深，其卒也为楚祸亦最烈。盖陈蔡皆自始以楚为可恃，甘服属焉，其后供亿已不堪命，及楚灵狂汰，竟灭陈蔡而县之。后虽复续，而怨毒已深，陈弱则饮恨，蔡悍则思报。定四年，吴楚柏举之役，《春秋》书之曰：蔡侯以吴子及楚人战于柏举，楚师败绩。庚辰，吴入郢，以主兵予蔡，蔡导吴故也，是役也，楚几已。然则蔡之去就系楚之利害者，岂有细哉？自哀三年吴迁蔡于州来，汝宁之地，全为楚有，蔡与陈亦再灭于楚，而春秋之局已将终矣。

读《春秋》者，语及晋楚，辄联想南北，在当时诚然。实则楚地东南至昭关，在今安徽和州含山县北，仍江北也。盖当时楚地西南不逾湖（顾栋高有《春秋楚地不到湖南论》），东南不逾江，其筚路蓝缕以开辟东南者，则吴越也。吴自周太王时，泰伯虞仲让国南逃，断发文身以从其俗，遂为之酋长，号曰句吴（今江苏常州府）。后始迁苏（今苏州府治），传十九世至寿梦，吴始大称王，实鲁成公四年，晋霸中衰之际也。越自称大禹之后，夏少康世初封，国于会稽（今浙江绍兴县），其俗亦断发文身，开国已千余岁云，不必深考。至王句践始闻于中国，实鲁昭公时，霸政全堕后也。春秋初叶，晋、楚、齐、秦，各征略四裔蛮落以恢廓土宇，旋内向以争中原，吴越乃于其间大辟众所不争之地以自广，然于大局若风马牛不相及也。及晋通吴以痡楚（成八年），吴始渐为重于天下，继是与楚大小十余战，楚大创。及黄池之会（哀十三年），吴乃执诸夏牛耳焉，未几见灭于越。越亦遂倔强于齐鲁间。盖中原诸国，自霸政衰熄后，其大国各骛于国内政权之争夺，其小国或自相噬啮，而吴越以方新之气乘之，故所向披靡。此春秋之尾声，亦变调也。然植基不厚，故兴骤而亡亦速焉。语并在霸政余纪章。吴灭于越，越灭于楚，文化以次被于江左，而东越、闽越、扬越皆句践子孙，广殖海疆，传祀至汉，为今瓯闽粤开化之祖焉，则禹之明德远矣。

以上十二国，为春秋干枝，故先述其形势如上。司马迁表十二诸侯有燕曹而无越，燕虽名国，至战国始显，故于次卷叙论之。曹未足为轻重，不复论也。

霸政前纪章第三

梁启超曰：霸政为中国春秋时特产，求诸他国史迹无有也（希腊颇有相类者，然精神不同），即中国前乎此后乎此亦无有也。然春秋二百四十年中，霸政全盛，亦不过百年耳。观于前乎此与后乎此者，然后知当时之中国，不可以一日而无霸也。今自周室东迁迄齐桓定霸，命之曰霸政前纪，就史传可考见之事实而排比之，得数大端焉。

其一，列国篡弑攻伐之祸也。当时存者尚百数十国，史迹皆不可考，其最称名国者，若鲁、若卫、若宋、若郑、若齐、若晋，皆叠有篡弑之祸。鲁隐公，贤者也，以长庶子摄位，将传之其弟，弟桓公急不能待，且中谗构，遂弑隐也（隐十一年）；无天子之诛，无方伯之讨也。宋宣公、穆公皆贤者也，宣公舍其子而立弟穆公，穆公亦舍其子而立兄之子殇公（隐三年），越十年而其太宰华督卒弑殇公而迎立穆公子庄公也（桓二年），而庄公子闵公亦为南宫万所弑（庄十二年），于是宋三世两弑君矣；天子不能诛，方伯不能讨也。卫州吁弑其兄桓公而自立（隐四年），天子不能诛，方伯不能讨也。夫岂惟不能诛讨而已？诸弑君之主且互相比周，而群侯亦从而党之。故鲁、齐、陈、郑皆受宋赂，会于稷以成宋乱（桓二年），宋、陈、蔡与州吁相结以伐郑（隐四年），当时非无会盟战伐，十九则奖篡修怨之资也。于是此数国者，几无岁无战事。时则郑庄公最称雄鸷，内为周卿士，外号召东诸侯，纵横捭阖，以求逞志，两伐卫（隐二年、四年），两伐宋（隐五年、十年），侵陈（隐六年），取戴（隐十年），入郕（隐十年），入许（隐十一年），战鲁于郎（桓十年），其出师动联合数国，且会盟亦频数，俨然有霸者之规焉。但郑地本非图霸之资，郑庄所操，又非霸术（霸术须奉正大之名义，且能为公众捍患，说见次章），徒见其滋乱也。卒乃黩武以陵天子，射中王肩（桓五年），天子恶之矣。及其既死，而诸子忽突亹仪争立，迭相残弑二十余年（自桓十一年至庄十四年），祸更烈于鲁、宋、卫也。时鲁则以文姜之难，桓公为齐所戕（桓十八年），鲁不能报，诸侯亦未闻仗义执言者；卫则以宣姜之难，惠公朔阴贼两公自立（桓十二年），王命讨之，而鲁、齐、宋、陈、蔡乃联军以纳之也（庄六年）。齐亦以篡弑致乱，僖公为近臣所弑，立公孙无知，无知旋被杀（庄八年、九年），及桓公立乃定；晋时僻处西北，不与于东诸侯之役，而曲沃争国，祸更惨酷，桓叔弑昭侯，庄伯弑孝侯、鄂侯，武公弑哀侯、缗侯、小子侯（自春秋前鲁惠公三十年至春秋庄八年），五十年间，六弑其君焉，天子虽尝致讨（庄九年），然旋且受赂，奖而立之也（庄十六年）。其间鲁、邾、莒、齐、杞、宋、卫、邢、郑、许诸国，岁寻干戈，民不堪命。此则春秋初中原诸国之情状也。

其二，戎狄之猖獗也。《春秋》书法，吴楚在初期皆书同夷狄，渐近乃与中国齐视，嘉其能同化也。后儒以齐晋之遏楚，颂为攘夷，非能深知圣人之意也。春秋之真可称为夷狄者，在东曰戎州己氏之戎，亦单称戎，曰莱夷，曰淮夷；在东北曰山戎，亦称北戎，曰无终；在北曰狄，其种有赤狄、白狄、长狄，赤狄最强，其部落曰东山皋落氏，曰廧咎如，曰潞氏，曰甲氏，曰留吁，曰铎辰，白狄部落，曰鲜虞，曰肥，曰鼓；在西北曰犬戎，曰骊戎，曰茅戎，曰允姓之戎，亦称陆浑之戎，亦称小戎，亦称姜戎，亦称阴戎，亦称九州之戎；在腹地曰扬拒、泉皋之戎，曰伊雒之戎；在西曰西戎；在西南曰巴；在南曰百濮，曰群蛮，曰卢戎；在东南曰群舒。西戎病秦，巴濮蛮舒病楚，莱夷病齐，淮夷病杞，其祸皆不中于中原，且较弱，非久已驯服自余诸戎狄，则皆凶悍飘忽，蹂躏大河以北数千里，为诸夏巨患者百余年。而春秋之初，其焰最炽，宗周之灭，实由犬戎，此前事矣。入春秋后，其祸见于经传者，戎州己氏之戎凡八〔（一）隐二年春，公会戎于潜；（二）秋八月，公及戎盟于唐；（三）隐七年，天王使凡伯来聘，戎伐凡伯于楚丘以归；（四）桓二年，公及戎盟于唐；（五）庄十八年，公追戎于济西；（六）庄二十年冬，齐人伐戎；（七）庄二十四年，戎侵曹，曹世子羁出奔；（八）庄二十六年春，公伐戎，夏，公至自伐戎）]，北戎凡四 [（一）隐九年，北戎侵郑；（二）桓六年，北戎伐齐；（三）庄三十年，齐人伐山戎，以其病燕故；（四）僖十年，齐侯、许男伐北戎]，扬拒、泉皋、伊雒之戎凡四 [（一）僖十一年，王子带召戎伐京师；（二）僖十三年，为戎难故，诸侯会于咸，以谋王室；（三）僖十六年，王以戎难告于齐，齐征诸侯戍周；（四）文八年，鲁公子遂从晋赵盾会伊雒之戎，盟于暴]，茅戎凡二 [（一）文十七年，周甘歜败戎于邥垂；（二）成元年，王师败绩于茅戎]，犬戎凡二 [（一）闵二年，虢公败犬戎于渭汭；（二）僖二年，虢公败戎于桑田]，群狄凡三十三 [（一）庄三十二年冬，狄伐邢，其明年春，齐人救邢；（二）闵二年冬，狄入卫；（三）僖元年夏，邢避狄迁于夷仪；（四）僖二年，狄灭卫，诸侯城楚邱以封卫；（五）僖八年夏，狄伐晋；（六）僖十年春，狄灭温，温子奔卫；（七）僖十二年春，卫有狄难，诸侯城卫楚邱之郭；（八）僖十三年春，狄侵卫；（九）僖十四年秋，狄侵郑；（十）僖十六年秋，狄侵晋；（十一）僖十八年五月，宋伐齐纳孝公，狄救齐；（十二）其年冬，邢人、狄人伐卫；（十三）僖二十年秋，齐人、狄人盟于邢；（十四）僖二十一年春，狄侵卫；（十五）僖二十四年夏，狄伐郑；（十六）其年冬，狄入成周，天王出居于郑；（十七）僖三十年夏，狄侵齐；（十八）僖三十一年冬，狄围卫，卫迁于帝丘；（十九）僖三十二年夏，卫人侵狄，秋，卫人及狄盟；（二十）僖三十三年夏，狄侵齐；（二十一）其年秋，狄伐晋，晋人败狄于箕；（二十二）文四年夏，狄侵齐；（二十三）文七年夏，狄侵鲁西鄙；（二十四）文九年夏，狄侵齐；（二十五）文十年冬，狄侵宋；（二十六）文十一年秋，狄侵齐；（二十七）其年冬，狄侵鲁，鲁败之于咸；（二十八）文十三年冬，狄侵卫；（二十九）宣三年秋，赤狄侵齐；(三十) 宣四年夏，赤狄侵齐；(三十一) 宣六年秋，赤狄伐晋；(三十二) 成九年冬，秦人、白狄伐晋；(三十三) 成十二年秋，晋人败狄于交刚]。其被诸戎狄之难者，周凡七度，王至出奔焉；鲁凡四度，而以会盟纾难者亦三见；郑凡三度；宋曹各一度；虢凡二度；邢温各一度，温遂亡，邢则亡而他迁也；卫凡九度，而数濒于亡，两迁其都以避；齐凡八度；晋凡七度，而皆屡胜之（晋卒灭群狄别见次章）。诸戎最胜于隐桓之际，群狄最胜于闵僖文之际，此其大较也。孔子曰："微管仲，吾其被发左衽矣。"此言悦望霸者之出，犹解倒县也。齐晋蚕食四邻以自广，而因以役属群小侯，虽不可谓能遵王度，然亦思当时王室微弱如彼，京师为戎马蹂躏者一再焉，温、邢、卫等不能当其一蹴，其余亦惴惴不自保，苟非有一二大国当其冲而挫其焰，则五胡之祸，宁更俟千年以后，恐羲轩以来之文明，当孔子前既埽地尽矣，则中国之为中国更何若者？嘻！此霸政之所以系人怀思也。

其三，兼并之盛行也。霸政以后，非无兼并也，然远不如前此之烈，盖霸者以禁兼并为职志也。然非兼并则何以为霸资？故禁兼并者，其始皆自兼并来也。兼并最盛者齐、晋、秦、楚，尤盛者实晋、楚。齐在春秋兼十国，其灭于霸政以前及创霸之际者，曰纪，曰郕，曰谭，曰遂，曰鄣，曰阳，曰牟，其灭于霸政以后者，曰莱，曰介，曰介根。秦所灭国，大率在霸政后，西戎十二国，史不能举其名。(《史记》有冀戎、邽或彭戏氏，殆在十二国内耶) 其所灭诸夏之国，曰小虢，曰芮，曰梁，曰滑，曰郜，然滑旋入晋，郜旋入楚，秦不能终有也。晋自创霸以后，不复兼并诸夏，其所灭潞氏、甲氏、留吁、铎辰、廧咎如、肥、鼓、陆浑诸部落，不能以兼并目之，其霸政前灭国，年代可考者，则闵元年之灭耿（今山西平阳府河津县），灭霍（今山西平阳府霍州），灭魏（今山西解州芮城县北），僖五年之灭虢（今河南府陕州东南），灭虞也（今解州平陆县东北）。然旧国确为晋所灭而史传失其年代者尚极多，曰沈，曰姒，曰蓐，曰黄，皆颛顼时古国，邑于汾河两岸（《左传·昭元年》），晋得之是以能控制群狄；曰韩（今陕西同州府韩城县，本武王子封地，春秋为晋大夫韩万食邑），曰贾（今同州府蒲城县，本姬姓国，春秋为晋大夫狐氏邑），曰毕（今陕西西安府咸阳县北，本文王子封地，春秋为晋大夫毕万邑），皆河西国也，与秦所灭梁芮二国错壤，晋得之是以能制秦；曰荀，曰冀（皆在今山西绛州界，荀为文王子封地，冀失考。春秋荀为晋大夫原氏食邑，冀为郤氏食邑），与耿魏俱滨河东而处，晋制秦之第二门户也；曰杨（今平阳府洪洞县，东姬姓国，春秋为晋大夫羊舌氏食邑），与霍同处北鄙；曰蒲（今山西蒲州府蒲城县，晋献公时为公子重耳食邑。《国语·郑语》云，当成周者北有徐蒲，则蒲亦古国名也），晋制狄之第二门户也；曰焦（今河南府陕州南亦姬姓国），与虢比疆，晋经略中原之要地也。凡此诸国，皆在成周之西，晋武献两代所兼并也。（或有更在前者亦未可知）而其关系最大者莫如灭虢，晋自是扼殽函之险，周所以不能西归者以此，秦所以不能东略者亦以此。其为他国所灭转入于晋者，曰滑（今河南府偃师县南。僖三十三年为秦所灭）；取之于秦，曰邢（今直隶顺德府邢台县，后为晋申巫臣邑），曰黎（今山西潞安府黎城县，《诗》序称黎侯失国而寓于卫，盖早为狄所灭，晋当复封之，后复赤狄潞子所灭，晋灭潞，地遂入晋）；取之于狄，其旧国封地，为周所特赐者，曰温（今河南怀庆温县），曰原（今河南怀庆府济原县西，本文王子封地），曰樊（亦在今济原县西，本仲山甫封地)。盖春秋之晋,兼二十三国之地,而戎狄不与焉,其霸政前所吞灭者则十七国也。然晋之大启土宇,实由剪灭群狄。春秋之初,狄所蹂躏数千里,其吞噬之国及古部落史失其名者,当不知凡几,后乃尽入于晋。故晋极盛时,其地跨及今直隶之大名、广平、顺德四府*,山东之东昌、曹州二府,大抵皆取之于狄也。晋人之言曰:狄之广莫,于晋为都,晋之启土,不亦宜乎?(《左传·庄二十八年》)信矣,春秋为楚所灭之国见于经传者凡四十二,实则犹不止此数。(城濮战时,晋栾枝曰:"汉阳诸姬,楚实尽之。"今考楚所灭国见于经传者,惟随、毛、聃、蒋、顿、蔡六国为姬姓。随至春秋末尚存,毛至昭二十六年尚存,顿至定十四年乃灭,蔡则当时方在战役;惟蒋不知亡于何时,然其国非在汉阳,惟聃或可强指为姬国,亦仅一国耳,不应云诸姬实尽。且观下文眂楚所灭国,在今襄阳府属境者七,在德安府属境者六,在汝宁府属境者九,由此可推知,现今一府总包含当时六七国以上。而下文所列诸灭国,荆州、黄州属仅各一,汉阳属绝无,安有是理,殆春秋前已灭,后人亦无征引及之者,遂永不可考耳。苟非栾枝一语,谁亦复知汉阳有若干姬姓国耶?他可推故知必尚有多国为楚所灭,史失其名也)齐晋霸后,浸食未已,然其虐诸夏也,以武文成三主为最悍,皆在霸政前也。《春秋》于桓二年书蔡侯郑伯会于邓,《传》曰:始惧楚也。时实楚武王之三十一年,越六年,楚合诸侯于沈鹿,随黄不会,遂伐随,楚会盟攻伐见于传者始此,当时楚氛既甚恶矣。考楚北规中原之路有二,其西路由荆襄平原出新野趋南阳,当其冲之国,在今湖北境者,曰聃,曰权(聃

---

* 编者按:大名、广平、顺德为三府,疑有误。

为文王子聃季封国；权，古国。两国皆在今荆门州当阳县之间，灭于楚最早），曰罗（今襄阳府宣城县西，桓十年楚伐罗，其灭年失考），曰卢戎（今襄阳府南漳县东，桓十年尝攻楚，其灭年失考），曰邓，曰鄾（皆今襄阳府治襄阳县东，邓以庄十六年灭，鄾灭年失考），曰谷（今襄阳府谷城县西，灭年失考），曰唐（今德安府随州东南，服楚最早，故定五年始见灭）；在今河南境者，曰蓼（此与下文所举文五年灭之蓼同名异国，此在河南南阳府唐县南，灭年失考），曰吕，曰申（并在今南阳府南阳县，吕为穆王时作吕邢之吕侯故国，申为导犬戎攻周之申侯故国，庄六年传纪楚文王伐申过邓，两国灭年皆失考）。其东路循汉水东下至汉阳，经德安，北渡淮，经汝宁，趋开封，当其冲之国，在湖北境者，曰州（今荆州府监利县，灭年失考），曰汉阳诸姬（当有数国，史失其名），曰随（今德安府随州，楚最先伐之而最后灭之，其灭年失考），曰郧（今德安府安隆县，灭年失考），曰贰（今德安府应山县，灭年失考），曰轸（今德安府应城县，灭年失考），曰绞（旧说皆称绞，在郧阳府郧县西北。启超按：桓十一年《左传》：楚屈瑕将盟贰、轸，郧人军于蒲骚，将与随、绞、州、蓼伐楚师。蒲骚在今德安府应城县，贰、轸、随、郧皆在德安境，州在荆州境，蓼在南阳境，皆与德安接壤。绞若在郧阳，安能越宜昌襄阳数百里来会师？故知绞亦当在德安境内也。前人所以误者，因郧人召之，故附诸郧阳之郧县，殊不知春秋之郧本有两地，彼乃哀十二年会于郧，与此不相涉也。绞灭年失考），曰弦（今黄州府蕲水县，僖五年灭）；在今河南境者，曰赖（亦称厉，今汝宁府光州息县东北，昭四年灭），曰息（今汝宁府光州息县，庄十四年灭），曰黄（今汝宁府光州西，僖十二年灭），曰江（今汝宁府真阳县东，文四年灭），曰道（今汝宁府确山县，灭年失考），曰柏（今汝宁府西平县，灭年失考），曰房（今汝宁府遂平县，灭年失考），曰沈（今汝宁府沈阳县，灭年失考），曰蒋（今开封府尉氏县西，灭年失考），曰顿（今陈州府商水县，定十四年灭），曰蔡（今汝宁府上蔡，昭十一年灭，后复兴，旋再灭），曰陈（今陈州府淮宁县，昭十三年灭，后复兴，旋再灭）。以上所举西东两路诸国，皆从与楚接境之国叙起，次第北趋，当霸政未兴以前，楚兼并之力所及，西路至于申，东路至于息，自申息以南，其灭年失考者，大抵皆霸政前灭也。故城濮之败，楚子曰：其若申息之父老何？（见僖二十八年《左传》）灭庸之役，史称申息之北门不启。（见文十六年《左传》）盖至是，而申息为楚北门也久矣，申本王畿，南阳称天下之膂，自申灭而天下大势几尽折而入于楚。霸政以后，西路不复能进取（更进则灭周矣），东路则晋政稍衰，楚势辄张，驯至灭陈蔡而止焉。此楚人经略中原并吞诸国之大势也。自余所灭不甚关大局者，在西曰麇（今陕西兴安州白河县），曰鄀（今湖北襄阳府宜城县南，本秦所灭，楚取之于秦），曰庸（今湖北郧阳府南境，文十六年灭），庸常为楚患，自灭之无复西顾之忧焉；在东曰六，曰蓼，曰英氏，曰舒蓼，曰舒庸，曰舒鸠（皆在今安徽六安州、庐州、颍州之间），则与吴争衡之要害地也，其灭皆在霸政后。楚所灭国可考见者，具于是矣。（《荀子·仲尼篇》云：齐桓公并国三十五。《韩非子·有度篇》云：楚庄王并国三十六，齐桓公并国三十。《难二篇》云：晋献公兼国十七，服国三十八。《吕氏春秋·贵直篇》云：晋献公兼国十九。《直谏篇》云：楚文王兼国三十九。《文选》李斯《上秦始皇书》云：秦穆公并国三十。虽不能一一指其名，然其数当不远）梁启超曰：吾为霸政前纪而论列兼并之迹，及于霸政之后，从行文之便云尔，然兼并之祸，实以霸政前为最烈，过此以往，一小结束矣。夫无兼并则无霸政，兼并盛而霸政不得不起。兼并者封建之极敝，而霸政者大一统之前驱也。

纪齐桓晋文霸业章第四

春秋霸政，实一种畸形之政体，中外古今，无伦比焉。古希腊雅典、斯巴达德巴之迭主希盟，似近之矣。然彼甲乙丙代兴，此则常有两势力抗衡，其不同一也；彼各同盟国之上，别无共主，此则有之而常奉以为名义，其不同二也；彼绝不干涉各国内政，此则时或有之，其不同三也。至若欧洲中世之神圣罗马帝国，颇有捭阖争盟之事，德意志数十国，戴一盟主以成联邦，其迹盖间有相类者，而差异之点则益多矣。凡各国家各时代各有其历史之酝酿与时势之摩荡，然后一种之政制应运而生，未有能从同者。春秋霸政，吾知其为我国彼时应运之政制，而影响于全国进化者至巨云尔，正不必与异代异国之史实求相比附也。

天下大势，恒趋统一，其犹万流之不舍昼夜以朝宗于海耶。然其间往往潴汇而为湖，湖之为状若渟滞以遏逝水之势。虽然，苟无湖焉，则水或相搏而失其性，岂惟为民祸害？甚或倒流以益远于所宗者有焉矣，有湖为之一顿滀而更宣泄之，则水之泽愈溥，而其流愈引而弥长。春秋霸政，譬则湖欤，倘无霸政，则秦汉统一之局，或遂早见数百年。何也？以当时兼并之势之锐，苟无以遏之，则弱小之国必悉不能自存，非为一二国所囊括焉不止也。霸政者务维持现状以逆制此大势，毋令猛进也。夫统一者进化之象征也，而霸政逆之，毋乃为进化之梗？是又不然。霸政以前，我统一之国民性未熟，强揉而一之，则未一之前，疾痛惨怛，将不可状；既一之后，支离灭裂，旋不能免，欲求如两汉数百年之治而犹不可得也。霸政骤起，兼并之锋为之一顿。小国既稍得苏息，大国亦有所严惮于外，而惕厉以修治于内。在此均势小康机局之下，各国人民，各本其良能，顺应所遇，徐徐为内部之发育，而复有会盟聘享征发征伐诸役，使各国互生繁复之系属频数之交际，以扩其聪智而融其情感。其间且常有公约之规律，公守之礼俗，以整齐其国纪而画一其民志。夫是以行之数百年，而文化之锐进，乃为前此数千年，后此数千年所莫能拟也。故曰：霸政犹湖焉。夫湖也者，上承下注而润千里者也。

霸政中坚曰齐晋，齐晋霸功，莫大攘楚。攘楚曷为而可称也？曰为中国正统之文明争也。楚非不有功于中国，春秋以降，其文化亦殊不劣弱，然当齐晋攘之之时，则一切固远在中原诸国下也。使楚竟以其时宰制诸夏，则中国之为中国，果将何若，未可知也。而楚兼并之锐烈，实足使诸国民无复喘息之余地，如是则匪特固有之文明不能增进，即新系之文明，亦曷由诞育也？楚见攘乃益退而浚发其内部之文明，以求与诸夏竞，则攘楚岂惟有功于诸复，抑又有功于楚也，吾今所语，则多齐晋与楚之事矣。

五霸之名，始于春秋，章于战国，旧说所指不一。（或以夏之昆吾、殷之大彭、豕韦，合齐桓、晋文为五，或以齐桓、晋文、宋襄、秦穆、楚庄为五，然齐国佐称五霸之伯也勤而抚之，以役王命语，见宣十八年《左传》，不应指并时之楚庄、秦穆，则前说或较有据）然以吾所言霸政之界说，惟齐晋足以当之耳。齐桓公以鲁庄九年反国，实《春秋》纪元后之三十七年，周平王东迁后之八十五年也，在位凡四十三年，在春秋名诸侯中，称老寿焉，故功名亦最盛。即位之初，用鲍叔教，委政管仲，崇礼义廉耻以固国难，尊宪明法，信赏必罚，为后世法治之祖；立乡国都鄙之制，导民以自治，官山府海，利用天产，通鱼盐材木之饶，劝女红，奖制器，务尽人巧，使齐衣带冠履天下；作内政，寄军令，故兵强而民弗病焉，邻弗猜焉。齐之所以霸，实基于内治，皆管仲功也。语在《管仲传》。当桓公即位之前三年，而楚文王伐申，即位之后一年，而楚入蔡，俘蔡侯以归。又四年，灭息，又二年灭邓，至是而申息为楚北门。诸夏惴惴，殆不相保。桓公即位之五年，内政既修，始勤诸侯，欲障公敌，而先合与国。庄十三年（齐桓五年也，本篇以孔子所作《春秋》纪元，故用鲁历而注齐历于下，下仿此），合宋、陈、蔡、邾会于北杏（衣裳之会一），实霸业之发轫。先是齐鲁交恶久，齐桓之入也，鲁人纳子纠不克，寻更有长勺之战，至是桓公欲释怨于鲁，其年冬，与鲁盟于柯，返其侵地，鲁始服而齐霸以固。北杏会后，宋旋背盟。庄十四年（六年）春，合陈曹伐宋，宋请成，其年冬，合宋公、卫侯、郑伯会于鄄，周之单伯亦与会焉（衣裳之会二）。宋卒服而郑卫亦至，霸略定矣。然楚怒蔡之从齐也，以其年秋七月入蔡，齐力未盛，弗能救也。自是蔡一折而入于楚，终齐桓之世不能得蔡焉。庄十五年（七年）春，合宋公、陈侯、卫侯、郑伯会于鄄（衣裳之会三），然其年郑私伐宋。故翌庄十六年（八年）夏，齐以诸侯伐郑，郑请成。楚又怒郑之从齐也，其年秋，伐郑，郑为霸战交争之鹄，自兹始也。然郑遂不敢贰于齐，其年冬十二月，会鲁侯、宋公、陈侯、卫侯、郑伯、许男、滑伯、滕子同盟于幽。（衣裳之会四）于是东诸侯尽即齐（除蔡外），齐霸以成。前此诸侯恒有特相盟者，自兹以往，惟从盟主，霸政轨范立矣。楚既惮齐，重以有巴之难，文王殂殒。（庄十八年，巴人叛，伐楚。十九年春，楚子御之，大败于津，还，及湫，有疾，六月卒）故十年间无北扰之师，诸夏小康，齐亦不复数为会盟。至庄二十七年（十九年），始合鲁、宋、陈、郑同寻盟于幽（衣裳之会五）。其时戎狄方猖獗于北方，山戎病燕，而狄残邢卫。庄三十一年（二十三年），桓公伐山戎大捷，因告燕修召公之政焉。明年冬，狄伐邢（桓公二十四年，鲁庄三十一年），桓公救之（桓二十五年，鲁闵元年春），邢迁于夷仪，桓公会宋曹之师，为之城守（桓二十七年，鲁僖元年夏）。狄灭卫（桓二十五年，鲁闵元年冬），桓公率诸侯城楚丘而封卫（桓二十八年，鲁僖二年春）。鲁有庆父之难（弑子般及闵公），桓公为落姑之盟，纳季友以宁鲁国（僖元年），所谓存三亡国以属诸侯也。于是诸侯益宗齐。而楚成王即位已十余年，北窥之志渐亟，比年四加兵于郑〔（一）庄二十八年秋，（二）僖元年秋，（三）僖二年冬，（四）僖三年冬〕。齐苟无以遏楚，郑且折入于楚，而中原不复可问。齐将图楚，先结江黄。僖元年八月（二十七年），合鲁、宋、郑、曹、邾会于柽（衣裳之会六），僖二年九月（二十八年），合宋人、江人、黄人盟于贯（衣裳之会七），僖三年（二十九年）秋，复合宋、江、黄会于阳谷（衣裳之会八）。江、黄为楚与国，江、黄服而齐无左顾之忧矣。僖四年（三十年）春正月，乃合鲁、宋、陈、卫、郑、许、曹八国之师侵蔡，蔡久昵楚，为楚屏蔽，非先有事于蔡，则师不能压楚境也。蔡溃，遂伐楚。楚子使与师言曰："君处北海，寡人处南海，唯是风马牛不相及也。不虞君之涉吾地也，何故？"管仲对曰："昔召康公命我先君大公曰：五侯九伯，女实征之，以夹辅周室。赐我先君履，东至于海，西至于河，南至于穆陵，北至于无棣。尔贡包茅不入，王祭不共，无以缩酒，寡人是征。昭王南征而不复，寡人是问。"对曰："贡之不入，寡君之罪也，敢不共给？昭王南征而不复，君其问诸水滨。"师进，次于陉。夏，楚子使屈完如师，师退，次于召陵。齐侯陈诸侯之师与屈完乘而观之，齐侯曰："岂不榖是为？先君之好是继，与不榖同好何如？"对曰："君惠徼福于敝邑之社稷，辱收寡君，寡君之愿也。"齐侯曰："以此众战，谁能御之？以此攻城，何城不克？"对曰："君若以德绥诸侯，谁敢不服？君若以力，楚国方城以为城，汉水以为池，虽众无所用之。"于是屈完与诸侯成盟，师乃退焉。梁启超曰：桓公、管仲处心蓄锐以谋楚者，垂三十年，今一伐之，不战而退，论者或犹有憾焉。夫楚之不可灭，甚章章也。非惟不可灭，岂遂必可克，若其不克，祸焉可测！霸政职志，在保均势，威楚使无敢悍然破均势，斯亦足矣。召陵之役，所谓不战而屈人，善审势而善养勇也。然逾年而楚人灭弦（僖五年），又六年而楚人灭黄（僖十年）。齐皆不能救，君子亦以知齐霸之将衰也。僖五年（三十一年，即召陵后一年）夏，合鲁、宋、陈、卫、郑、许、曹会王世子于首止（衣裳之会九）。其年秋八月，盟于首止，郑伯逃归不盟，郑始贰矣，于是连年两伐郑（僖六年夏，七年春）。僖七年（三十三年），秋七月始会鲁侯、宋公、陈世子款、郑世子华盟于宁母（衣裳之会十）。僖八年（三十四年）正月，复会王人鲁侯、宋公、卫侯、许男、曹伯、陈世子款会于洮，郑伯乞盟（兵车之会一）。是役也是为兵车之会，自是终齐桓之世（九年间），楚不敢复加兵于郑。僖九年（三十五年），会周公、鲁侯、宋子、卫侯、郑伯、许男、曹伯于葵丘，秋九月，诸侯盟于葵丘（衣裳之会十一）。齐霸至是而极盛。是盟也，束牲载书，而不歃血，示大信也，以五事命于诸侯：初命曰：诛不孝，无易树子，无以妾为妻；再命曰：尊贤育才，以章有德；三命曰：敬老慈幼，无忘宾旅；四命曰：士无世官，官事无摄，取士必得，无专杀大夫；五命曰：无曲防，无遏籴，无有封而不告。盖属于各国内治者四事，而属于同盟国公益者一事焉。僖十三年（三十九年），合鲁、齐、宋、陈、卫、郑、许、曹会于咸（兵车之会二），为淮夷病杞，谋拯之，且周方有戎难，谋王室也。僖十五年（四十一年）春，楚人伐徐，三月合鲁、宋、陈、卫、郑、许、曹盟于牡丘（兵车之会三），遂以诸侯之师救徐。僖十六年（四十二年），合鲁、宋、陈、卫、郑、许、邢、曹会于淮（兵车之会四），为淮夷病鄫，欲城鄫也，不果城而还。东徼益骚然多事。桓公亦耄荒，齐霸衰矣。其年管仲卒，明年桓公卒，齐国乱，齐霸终焉。齐霸四十年中，北膺狄，南惩楚，东慴淮夷，中抚宁诸夏，字小兴灭，布信义，明约束。衣裳之会十一，而不事歃誓，兵车之会四，而未尝有大战。东诸侯庇以安焉，文治骤隆，而齐亦富庶甲天下，后世遵其政，盛强数百年。故孔子曰："管仲相桓公，霸诸侯，一匡天下，民到于今受其赐。"又曰："如其仁，如其仁！"盖深美之也。桓公卒后，宋襄公不量力，欲继其业，强合诸侯，战楚于泓，败绩身殒。是时楚成悍骛，令尹子文为之相，楚益强。桓公卒后七年而晋文公归有晋国，晋霸代兴。

晋文公遭骊姬之难，出亡十九年，以僖二十四年归于晋，年既六十有四矣。其年冬，而王室有叔带之难。带，襄王母弟也，召狄入周，王出居郑地氾，使告难于晋鲁秦诸国。明年春，秦穆公次于河上，将纳王，晋大夫狐偃言于文公曰："求诸侯莫如勤王，诸侯信之，且大义也。"文公遂辞秦师而下。三月，次于阳樊，右师围温，左师逆王。四月，王入于王城，文公朝王，王赐以阳樊、温原、欑茅之田，晋于是始启南阳。是役也，殆天将启晋，故文公甫入，而值王室之难，既得此名义以号召诸侯，复得赏邑控南阳，为制楚之具焉。其辞秦师而自专其功，亦所以遏秦之东渐也。然是时值齐乱宋熸之余，楚氛甚恶，东诸侯与于齐桓之盟会者，蔡无论矣。若鲁、若陈、若郑、若曹、若卫、若许皆党于楚，惟齐宋不附，鲁至导楚师以伐之（僖二十六年），楚遂以四国之师围宋，复合七国之诸侯盟于宋（僖二十七年，七国鲁、卫、陈、蔡、曹、郑、许也）。天下大势，几尽在楚矣。文公始入而教其民，三年而后用之，赋职任功，弃责薄敛，施舍分寡，救乏振滞，匡困资无，轻关易道，通商宽农，茂穑劝分，省用足财，利器明德，以厚民性。昭旧族，爱亲戚，明贤良，尊贵宠，赏功劳，事耆老，礼宾旅；诸姬之良，掌其中官，异姓之能，掌其远官；于是搜于被庐，作三军，谋元帅，赵衰举郤谷，从亡诸勋臣咸让长让贤而自为之佐，少长有礼，上下大和。楚则令尹子文既老，传政于子玉，楚之识者，谓子玉帅师过三百乘，将不能以入也。夫以久乱新奠之晋，当积威方张之楚，其险艰盖可想见。然观其臣下之一骄一惧，则胜负之数既可知耳。文公即位之五年，而有城濮之役。僖二十七年冬，楚合陈、蔡、郑之师围宋。其明年春，晋侵曹伐魏以救宋，楚人救卫。三月，宋人使门尹般如晋师告急，文公曰："宋人告急，舍之则绝，告楚不许，我欲战矣，齐秦未可，若之何？"中军将先轸曰："使宋舍我而赂齐秦，藉之告楚，我执曹君而分曹卫之田，以赐宋人，楚爱曹卫，必不许也。喜赂怒顽，能无战乎？"公说，执曹伯，分曹卫之田，以畀宋人。梁启超曰：当时楚之与国，偏于中原，晋仅得一宋，而救亡不给，晋非得齐秦，不能战楚，慎之至也。楚成王入居于申，使申叔去谷（两年前鲁以楚师伐齐取谷，楚申公叔侯驻师戍谷），使子玉去宋，曰："无从晋师。晋侯在外十九年矣，而果得晋国，险阻艰难，备尝之矣。民之情伪，尽知之矣。天假之年，而除其害，天之所置，其可废乎？《军志》曰：允当则归。又曰：知难而退。又曰：有德不可敌。此三志者，晋之谓矣。"子玉固请战，成王怒，少与之师。子玉乃使告晋师曰："请复卫侯而封曹，臣亦释宋之围。"晋大夫子犯曰："子玉无礼哉！君取一，臣取二。不可失矣。"先轸曰："子与之，定人之谓礼，楚一言而定三国，我一言而亡之，我则无礼，何以战乎？不许楚言，是弃宋也，救而弃之，谓诸侯何？不如私许复曹卫以携之，执楚使者以怒楚，既战而后图之。"文公说，乃拘楚使者于卫，且私许复曹卫，曹卫告绝于楚。子玉怒，从晋师。梁启超曰：今世文明国之战争，必欲以先开衅之罪责归诸其敌，盖非是无以作我士气而收天下之望也。当时晋楚处不能不战之势，其始晋未敢战，得齐秦则晋战志决矣。而楚子则不欲战，晋惧楚之逸而不欲战也，而又必欲以罪责嫁诸楚也，故其君臣密勿谋议，如此其周详而审慎也。先是文公出亡历各国，楚待之有加礼，成王问返国何以为报，文公曰："晋楚治兵遇于中原，其辟君三舍！"至是楚师进，晋师退。军吏曰："以君辟臣，辱也，且楚师老矣，何故退？"子犯曰："师直为壮，曲为老，岂在久乎？微楚之惠不及此，退三舍避之，所以报也。我退而楚还,我将何求?若其不还,君退臣犯,曲在彼矣!"退三舍,楚众欲止,子玉不可。夏四月,戊辰,晋师、宋师、齐师、秦师次于城濮。文公犹有疑惧,子犯曰:"战也!战而捷,必得诸侯。若其不捷,表里山河,必无害也。"公又曰:"若楚惠何?"栾枝曰:"汉阳诸姬,楚实尽之,思小惠而忘大耻,不如战也。"子玉使斗勃请战,曰:"请与君之士戏,君凭轼而观之,得臣与寓目焉。"(得臣,子玉名)文公使栾枝对曰:"寡君闻命矣,楚君之惠,未之敢忘,是以在此,为大夫退,其敢当君乎?既不获命矣,敢烦大夫,谓二三子,戒尔车乘,敬尔君事,诘朝相见。"文公登有莘之墟以观师,曰:"少长有礼,其可用也。"已巳,晋师陈于莘北,胥臣以下军之佐当陈蔡。楚子玉以若敖之六卒当中军,曰:"今日必无晋矣。"子西将左,子上将右,胥臣蒙马以虎皮先犯陈蔡,陈蔡奔,楚右师溃。狐毛设二旆而退之,栾枝使舆曳柴而伪遁,楚师驰之。原轸、郤溱以中军公族横击之,狐毛、狐偃以上军夹攻子西,楚左师溃。楚师败绩,子玉收其卒而止,故不败。晋师三日馆谷,及癸酉而还。梁启超曰:城濮一役,为霸政最大关键。吾故全移录《春秋左氏传》之文如上,其最足令我辈生异感者,则以如此有名之大战,不过一日而毕,则古代战术之简单,与所蒙损失之微眇,可以想见。(《春秋》所谓五大战皆不过尔尔)以较战国诸战役,既若天渊矣。然决战之时虽甚短,备战之日则甚长。晋之君臣,盖以五年之力为可战之预备,以三月之力为临战之预备,史实斑斑可考也。其胜败之机,一言蔽之曰:晋惧而楚骄。《军志》曰:两军相对,哀者胜矣,晋之谓也。召陵之役,齐楚皆惧,城濮之役,晋惧而楚骄,邲之役,晋骄而楚惧，此得失之林矣。孔子谓齐桓正，而晋文谲，以召陵、城濮两役较之，斯盖然也。然非可以定霸功之优劣。齐桓经营三十年，会盟以十数，仅能合鲁、卫、宋、陈、郑、许，最后乃得江黄。而召陵陈师，楚威不能挫也。城濮之役，在晋文即位之第五年春，实则四年耳，其时中原诸侯尽即楚，晋盖孤立于北方，苦心结齐秦以奏此肤功。而天下靡然从风，鲁、卫、郑、陈、蔡皆震于一战之威，去楚即晋，故《春秋》大之，书曰：五月癸丑，公会晋侯、齐侯、宋公、蔡侯、郑伯、卫子、莒子盟于践土，陈侯如会。又书曰：冬，公会晋侯、齐侯、宋公、蔡侯、郑伯、陈子、莒子、邾子、秦人于温。其明年（僖二十九年）又书曰：夏六月，公会王人、晋人、宋人、齐人、陈人、蔡人、秦人盟于翟泉。楚于是忽反成孤立。而霸局始定，中原食其赐者垂百年，则晋文之功，视齐桓为烈也。

纪晋霸消长章第五

晋文返国，年已垂暮，定霸三年而卒，然遗烈不沫。传襄公、灵公、成公、景公、厉公、悼公六世七十年，虽有兴替，然常不失为齐盟长，逮盟宋弭兵，而霸运渐告终矣。今以此七十年间大势著之此章。

此七十年实可称晋楚争盟时代。其晋秦、晋齐、晋吴之关系，亦多所变化，而晋楚势力之消长恒随之，请先言晋秦。晋之与楚，显敌也，然终春秋之世，三战而已。晋之与秦，世婚也，然六十九年间十五战，晋伐秦者七，秦伐晋者八，而韩原之役尚不与焉。秦穆之世与晋襄交兵者五[（一）僖三十三年夏，殽函之役，秦潜师袭郑，晋逆击败之；（二）文二年，彭衙之役，秦伐晋报殽之怨，晋败之；（三）其年冬，晋会宋陈郑伐秦，报彭衙之怨，取汪及彭衙；（四）文三年夏，秦伐晋取王官及郊，晋人不出；（五）文四年秋，晋伐秦围邧及新城，报王官之怨]；秦康之世，与晋灵交兵者四[（一）文七年夏，令狐之役，时晋襄公卒，晋遣人往秦迎立公子雍，秦以重师送之，既而晋改立灵公，拒秦败其师；（二）文十年春，晋伐秦，取少梁；（三）其年夏，秦伐晋，取北征；（四）文十二年冬，河曲之役，秦修令狐之怨，伐晋取羁马，晋御之于河曲，秦师夜遁，复侵晋入瑕]；秦共之世，与晋灵交兵者一（宣二年春，秦师伐晋，盖由去年晋人侵崇。崇，秦与国也，故伐晋以报之，遂围焦）；秦桓之世，与晋成交兵者一（宣八年夏，晋师白狄伐秦）；与晋景交兵者二[（一）宣十五年七月，秦伐晋，乘晋略狄土，窥其虚也，晋败之于辅氏；（二）成九年冬，秦人白狄伐晋]；与晋厉交兵者一（成十三年夏，晋率八国之师伐秦，盖两年前秦晋为成，秦旋背盟也）；秦景之世，与晋悼交兵者三[（一）襄十一年冬，秦伐晋，战于栎，晋师败绩；（二）襄十二年冬，秦人伐宋以报晋；（三）襄十四年夏，晋侯率十二国之师伐秦，报栎之怨，栾黡违命，晋师乃还，晋人谓之迁延之役]。秦所亟欲得者殽函也（贾生《过秦论》谓秦孝公据殽函之固以窥周室，后此秦所以能一统，其最要一著在此），而又晋之所必争也。秦晋之所以兵连祸结者以此。夫秦穆公当世之雄主也，与为婚媾（秦穆夫人为晋献女，其女怀嬴既事怀公，复事文公），十四年中，三置晋君，岂真有所爱于晋，欲因以为利也（秦穆既纳晋惠，与公孙语谓晋惠忌而多怨，又焉能克？是吾利也。见《左传·僖公九年》）？晋惠之入也，赂秦以河外列城五，东尽虢略，南及华山，盖自华阴以及河南府之嵩县，南至邓州，凡六百里，皆古虢略地。崤函桃林之塞在焉，赂秦则晋之地险尽，而晋遂永为秦役矣。晋之赂，亦诳秦已耳。故惠既入而遽背之，烛之武所谓许君焦、瑕，朝济而夕设版也。(见《左传·僖三十年》)秦不堪其侮，是以有韩之役，晋师熸，惠公俘焉，于是秦始征河东置官司(当时秦晋以河为界，然河西尚有晋地，河东则无秦地)，然不能久有也；越二年而归之，盖晋民不服使然。秦知晋之未易与，乃更纳文公以徼好。城濮以后，三年之中，秦之于晋，无役不从，晋之霸，秦与有力焉。然其间有两事，已伏衅瑕。文公初入之年，周有戎难，秦穆次于河上将纳王，晋文辞之而独专其功；秦以纳王为东向争霸之一良机，晋亦知之而突起抑之，秦之隐恨可知也。僖三十年，晋秦同围郑，郑使烛之武说穆公，穆公私与郑盟，使杞子等三人戍郑，潜退师焉；是役也，秦实负晋，晋虽念旧好，未忍击之，然其隐恨又可知也。未几遂有殽之役，秦穆郁雄心，屡不得志，及是则既耄矣，日暮途远，冒险逆施，乘晋文新丧，谓晋不足畏，信杞子等之言，潜师越周晋境千里以袭郑，郑人有备，灭滑而还。晋中军将先轸曰："秦不哀吾丧，而伐吾同姓，一日纵敌，数世之患也。"遂率姜戎逆击之于殽函，秦师匹马只轮无返者。秦晋之交自此绝，而秦亦终春秋之世，不能得志于东方。虽然，秦穆固一一时之杰也，善用人，善补过，卒霸西戎，为数百年后帝业之资焉。殽以后之数十役，大率修怨负气相报复，其曲直不必深问。两军互渡河东西，夺取城邑，不甚为大局轻重，顾秦虽绌而晋亦疲，楚之日张，亦未始不坐是。秦桓景以降，折而昵楚，晋益病矣。

晋楚争霸，春秋史之骨干也。其间可略分数期：城濮战后，为晋极盛时代；越十六年有厥貉之会，楚渐复兴；更二十年有邲之战，为楚极盛时代；邲战后二十三年，有鄢陵之战，晋复兴；更十四年有萧鱼之会，为晋再盛时代；萧鱼后十六年，盟宋弭兵，则晋楚不复争，而晋楚亦皆自此衰矣。城濮战后五年而晋文公卒，子襄公立，襄公立之明年，而楚太子商臣弑其父成王，自立，是为穆王。两国同时易新君，外竞之势，自然停顿。楚穆本以凶狠之姿，岂不思凭陵以逞？然晋襄才器，能负荷先业，文公佐命诸贤，原、胥、狐、赵、栾、郤之徒咸在，败秦败狄，国威方张。楚不敢撄其锋也，然已稍稍蚕食附近诸小国。文四年（楚穆三年）灭江，明年灭六，灭蓼，晋方岁岁与秦构难，弗能救也。又明年（文六年），晋襄公卒，灵公立，诸元老凋落已尽，而赵盾执政，灵公既不君，盾亦无远图，晋始替矣。梁启超曰：国之兴衰，天运与有焉，文、襄皆享祚不长，晋之不幸也。文九年，楚范山言于楚子曰："晋君少，不在诸侯，北方可图也。"三月，楚伐郑，晋以诸侯之师救郑，不及。其夏，楚侵陈，陈请平。明年（楚穆九年，晋灵四年），陈侯、郑伯会楚子于息，遂及蔡侯次于厥貉，将以伐宋，宋公逆楚子劳焉，且听命。二十年来从晋之宋、郑、陈、蔡，至是皆贰于楚，楚连年伐麇围巢，中州骚然矣。然郑陈犹以其明年同朝于晋，未遽叛也。凶穆旋殒，庄实继世。（文十四年）夫庄王，楚之贤王，世所称五霸之一也，其在位二十二年中，楚称全盛。庄王即位三年，不出号令，有讽谏者，王曰："三年不蜚，蜚则冲天；三年不鸣，鸣则惊人。"其年（文十六年）秋，遂联秦人、巴人之师灭庸，此亦春秋一大事也。城濮之役，秦附晋攘楚，至是秦楚合而晋益孤矣。巴庸世为楚病，巴服而庸灭，楚自兹更无内顾忧，得以全力争中原。先是，文十四年（即楚庄即位之年），晋赵盾合鲁、宋、陈、卫、许、曹同盟于新城，于是诸侯之从楚者皆至，惟蔡未服。明年夏伐蔡，冬复盟于扈，蔡亦与。盖楚新丧而晋有忧危之心，故晋霸稍振。然陈蔡实已昵楚，而郑亦首鼠于其间，既而晋讨宋弑，为鲁讨齐，皆取赂而还。（宋弑昭公，晋会诸侯讨之。齐屡侵鲁，鲁诉于晋，晋拟合诸侯于扈，将讨之，皆受赂而罢，此文十七年事也）郑穆公会于扈而归，曰："晋不足与也！"遂受盟于楚，实楚庄王之六年也，自兹遂成晋楚争郑之局。向后十二年间，郑无岁不被兵，见伐于晋者五〔（一）宣元年秋，郑从楚侵陈，遂侵宋，晋救陈，遂会宋、陈、卫、曹之师于棐林，伐郑，楚芬贾救郑，晋师还；（二）其年冬，晋宋伐郑；（三）宣二年春，郑受命于楚，伐宋；夏，晋、宋、卫、陈会师侵郑，楚斗椒救郑，晋师还；（四）宣三年春，晋伐郑，郑请成；（五）宣十年六月，晋、宋、卫伐郑，郑请成〕，见伐于楚者八〔（一）宣三年夏，楚人侵郑。（二）宣四年冬，楚子伐郑。（三）宣五年冬，楚伐郑陈及楚平，晋荀林父救郑，伐陈。（四）宣六年冬，楚人伐郑，取成而还。（五）宣九年冬，楚子伐郑，晋郤缺救郑，郑伯败，楚师于柳棼，国人皆喜，惟子良忧曰：是国之灾也。（六）宣十年六月，郑及楚平，诸侯之师伐郑，取成而还；冬，楚子伐郑，晋士会救郑，诸侯遂戍郑。（七）宣十一年春，楚子伐郑；夏，郑与楚盟于辰陵；冬，郑又徼事于晋。（八）宣十二年春，楚子围郑，郑降，遂有邲之战〕；郑盖三即晋〔（一）宣三年夏，（二）宣七年春，（三）宣十一年冬〕，而四即楚〔（一）宣六年冬，（二）宣十年夏，（三）宣十一年夏，（四）宣十二年春〕。其间不被兵者两年而已。（宣七年、八年）晋复有内难（宣二年，赵盾弑灵公），是以益不竞，至宣十二年而有邲之役，实城濮战后之三十六年也（楚庄十七年，晋景三年）。其年春，楚子围郑，涉数月而晋弗能救，郑伯肉袒牵羊以降，楚人退三十里而许之平。楚潘尪入盟，郑子良出质，楚郑之交既固矣。夏六月，晋师始救郑，荀林父主军，六卿皆行，及河，闻郑既及楚平，林父欲还，曰："无及于郑而剿民，焉用之？楚归而动不后。"诸卿士会、栾书、韩厥等皆同林父，惟中军佐先縠不用命，率所部先济，全从之。楚庄王及其令尹孙叔敖犹不欲战，使求成于晋。晋人许之，盟有日矣。而两军军士之乐战者，迭互相挑致，前伍频有小斗。晋恃盟成不严备，楚突起薄晋军，林父不知所为，鼓于军中，曰："先济者有赏！"晋师大溃。是役也，晋卿不和，先縠骄而群帅惰，是以败。梁启超曰：晋楚之战，与晋秦异。晋秦屡战，一胜一败，疆场之事耳。晋楚不轻战，战则为大局所关，故城濮一战而天下靡然从晋，邲一战而天下靡然从楚。楚至是既得陈、蔡、郑、许，而更有事于宋。宣十三年（邲战之明年）夏，伐宋，十四年秋，复围宋，十五年夏，宋遂及楚平。成二年（邲战后九年），楚为蜀之盟，齐、秦、鲁、宋、陈、卫、郑、曹、邾、鄫十国会焉，晋文践土之会，不是过也，霸权殆移于楚。先是齐自晋文卒后，即不复与于晋之会盟，及晋霸中衰，齐辄肆虐于鲁卫。晋郤克执政，欲树威以复霸业，而首务服齐，于是乎有鞍之役，即楚盟蜀之岁也，亦春秋一大战也。齐既败于鞍，坚从晋者二十余年。于时楚庄既殂，楚共嗣立，楚锋稍戢。而晋亦于邲战后专力北方，剪灭赤狄，尽收潞氏、甲氏、留吁、铎辰之地，拓境千里，史或称晋景为再霸焉。成五年（晋景十三年），晋合诸侯同盟于虫牢，鲁、齐、宋、卫、郑、曹、邾、杞会焉。成七年，同盟于马陵，寻虫牢之盟，八国之外复加以莒。成九年，同盟于蒲，谋通吴也，吴人未至。盖终晋景之世，五合诸侯同盟云，先是楚申公巫臣，与子重、子反有怨，奔晋，晋以为邢大夫。（事在楚盟蜀之年）楚诛其族人，巫臣自晋遗二子书曰："余必使尔疲于奔命以死。"巫臣乃为晋通好于吴，教以车战骑射，使叛楚。吴乃伐楚，伐巢，伐徐，子重奔命，马陵之会，吴入州来，子重自郑奔命，子重、子反于是乎一岁七奔命，蛮夷属楚者吴尽取之，自是大为楚病。晋独力不能制楚，而资援于吴，殆事势不得不然。然自吴通上国后，春秋之局又一变矣。成十一年，晋景公卒，厉公立，时则弭兵息争之论骤起，然与时势相反，事同滑稽。是年，秦晋为成，将盟于令狐，晋侯先至，秦伯不肯涉河，使史颗盟晋侯于河东，晋郤犨盟秦伯于河西。秦伯归而背晋成。越二年而晋使吕相绝秦。当秦晋之将盟也，宋华元又谋合晋楚之成。明年（成十二年）夏五月，晋楚之大夫盟于宋西门之外。晋郤至聘于楚，楚公子罢聘于晋。乃越三年而楚复伐郑，子囊谓新与晋盟不可背，子反曰："敌利则进，何盟之有？"于是晋、齐、宋、鲁、卫、郑、邾七国之大夫会吴于钟离，谋共敌楚。明年（成十六年），遂有晋楚鄢陵之役，实邲战后二十三年也（晋厉六年，楚共十六年），其机仍起于争郑。自邲战后，郑服楚者十二年，晋两伐之（宣十四年、成三年），至虫牢之盟（成五年），而郑更服晋者四年，楚亦两伐之（成六年、七年）；盟蒲以后（成九年），郑复即楚，晋又两伐之（成九年、十年）；越四年而晋楚为成，又三年，楚背盟伐郑，郑复服楚。故鄢陵之役，楚郑实合师焉。晋中军将栾书曰："不可以当吾世而失诸侯，必伐郑！"遂兴师，厉公及诸卿皆主战，惟范燮不欲，曰："惟圣人能外内无患，自非圣人，外宁必有内忧。盍释楚以为外惧乎？"燮之不欲战，非谓楚之不可克也，知其且必克，而克之适以速晋内乱也。是时楚既外疲于吴，而子重、子反复偷以汰，故未交绥而溃遁，晋师大捷。然晋犹终未能得志于郑。而厉公归自鄢陵，益骄侈，一朝而杀三卿，卒为栾书、中行偃所弑，范燮外宁内忧之言验焉。及悼公立而晋霸复大昌。晋悼霸业，不类晋文而类齐桓。终悼之世，未尝与楚一战，而楚遂不敢逞，诸夏庇而安焉，故史称其三驾而楚不能与之争。吁！盛矣！悼在位十五年，韩厥、知䓨继为正卿，魏绛、荀偃、士匄、赵武佐之，皆晋之彦也。史称美其政曰：举不失职，官不易方，爵不逾德，师不陵正，旅不逼师，民无谤言。盖内政之修明，文襄以降，未尝有也。其对外之政略有四：曰和戎，曰用吴，曰伐郑，曰弃陈。戎狄之在河北者，赤狄最悍，晋已灭之，其余诸戎，种落尚繁，魏绛乃陈和戎有五利，悼公采之，乃盟诸戎，修民事，田以时（《左传》纪和戎之效而特详四事，考魏绛和戎五利：其第一利曰戎狄荐居，贵货易土，土可贾焉；其第二利曰边鄙不耸，民狎其野，穑人成功。当时殆以廉价收诸戎之地而垦辟之，又既无戎扰边境，穑事大安，其影响于晋之农业必甚大也），其后公赐绛以金石之乐，曰："子教寡人和诸戎狄，以正诸华。八年之中，九合诸侯。"又曰："微子，寡人无以待戎，不能济河！"则和戎所关之重。可以推见，用吴制楚之策，肇于景而成于悼，终悼之世会吴凡五：其一，襄三年（即晋悼三年，下推）夏，鸡泽之盟，逆吴子淮上而吴子不至，吴未易役也；其二，襄五年夏，善道之会，吴谢不会鸡泽之咎，且请听命，故使鲁卫先会之；其三，是年秋，戚之会，合十三国而吴在末次（仅附庸之鄫为吴下），且命戍陈焉，晋令遂行于吴；其四，襄十年春，柤之会，柤实楚地，会于此，示得吴以威楚也；其五，襄十四年春，向之会，吴伐楚丧而告败，晋数吴之不德而退之，然仍为吴谋楚，以霸者之威德，临吴而怀之也。晋悼盖善用吴而不为用也。晋得吴则楚之右臂断而不敢扰郑，惧吴之议其后也，而诸夏则坐是小康矣。晋楚争郑之局，至晋悼之世而止，而其争亦最烈。晋虽胜楚于鄢陵而不能有郑也，故夏告捷而秋伐郑。厉公末叶，盖三伐而不有功。[（一）成十六年秋，即鄢陵后一月也；（二）成十七年夏；（三）其年冬]悼公即位之始，楚间晋难，而崛起争宋，纳宋叛臣鱼石于彭城，郑实导之，晋于是率诸侯城虎牢以逼郑，东争彭城，西争虎牢。据两天险，郑南面以待楚之敝，此晋君臣之长计也。终悼之世，郑亦再服晋而再叛，再叛之后，卒乃坚服。襄二年冬，城虎牢；三年六月，郑乃与于鸡泽之盟，此初服也，于是郑从楚已七年矣。及襄八年之冬，楚公子贞伐郑，郑及楚平，此初叛也，距初服盖五年。襄九年冬，晋以诸侯伐郑，十一月，同盟于戏，此再服也。晋师还而楚复来伐，复与楚平，此再叛也，相去旬日间耳。当是时也，晋知非敝楚不能服郑（襄九年《左传》云：冬，诸侯围郑，郑人恐，乃行成。荀偃曰：遂围之，以待楚人之救也，而与之战，不然无成。知䓨曰：许之盟而还师，以敝楚人，吾三分四军与诸侯之锐以逆来者，于我未病，楚不能矣，犹愈于战，乃许郑成。此晋对楚之大方针也。不战楚乃所以敝楚也），郑亦知非怒晋不能拒楚（襄十一年《左传》云：郑人患晋楚之故，诸大夫曰：不从晋，国几亡，楚弱于晋，晋不吾疾也，晋疾楚将辟我。何为而使晋。师致死于我，楚弗敢敌，而后可固与也。子展曰：与宋为恶，诸侯必至，吾从之盟，楚师至，吾又从之。则晋怒甚矣，晋能骤来，楚将不能，吾乃固与晋。诸大夫说，乃侵宋。此郑对楚之大方针也，其从楚正所以谋绝楚也），晋郑之间若有默契焉。郑以判服不常故，终悼之世，四从楚伐宋[（一）成十八年夏；（二）襄二年春；（三）襄十年秋；（四）襄十一年秋]，五见伐于晋[（一）襄元年夏；（二）襄九年冬；（三）襄十年秋；（四）襄十一年夏；（五）襄十一年秋]，而三见伐于楚[（一）襄五年冬；（二）襄七年冬；（三）襄九年冬]。至襄十一年，郑与于萧鱼之会，郑自是从晋不贰者二十四年，晋楚争郑之局，亦告终焉。其后楚虽三伐郑[（一）襄十六年冬；（二）襄二十四年冬；（三）襄二十六年冬]，不能得志，亦不关于大局也。都凡晋楚争郑六十年，郑被兵三十有四度，而晋楚恰各半，及虎牢城戍之功就，楚遂不复能为郑患。故虽至战国，郑犹灭于韩而不灭于楚也。先是鸡泽之会（襄三年），陈侯使其大夫袁侨来乞盟。陈之不宾，既三十四年矣。（宣五年冬，陈及楚平，自是役属于楚）至是忽弃楚即晋，越二年，楚子襄为令尹，晋人知其必争陈也，捐力与之，然后专力与争宋郑。（襄五年《左传》云：楚子襄为令尹。范宣子曰：我丧陈矣，子襄必疾讨陈，陈近楚，民朝夕急，能无从乎？有陈非吾事也，无之而后可）故虽尝以诸侯之师戍陈，后乃更以之戍郑。夫霸政之指归，在均势，在维持现状，残民逞欲，在名义上实所不许。晋之攘楚，非欲铲除楚固有之势力，使楚之势力毋更横溢以扰中原已耳。故与楚密迩之陈，不复强以所不堪，以还其均势之旧，有力而用之不尽，亦晋之所以善自全也。悼公之卒，年仅三十，倘其永年，晋之兴且未艾，而春秋之局，亦不至遽蜕变为战国。惜哉！自悼之卒，平昭继位，席其余烈，犹能为诸夏宗主者二十余年。平公之世，合诸侯十三[（一）襄十六年三月，溴梁之盟；（二）襄十九年正月，祝柯之盟；（三）襄二十年六月，澶渊之盟；（四）襄二十一年十月，商任之会；（五）襄二十二年冬，沙随之会；（六）襄二十四年八月，夷仪之会；（七）襄二十五年，第二次夷仪之会；（八）其年八月，重丘之盟；（九）襄二十六年，第二次澶渊之会；（十）襄二十七年夏，宋之盟；（十一）襄二十九年五月，城杞之会；（十二）襄三十年，第三次澶渊之会；（十三）昭元年，虢之盟］，盟公之世二焉 [（一）昭十一年秋，厥慭之会；（二）昭十三年秋，平丘之会］。然宋盟以后，晋日以不竞，霸政行熄矣。语在霸政余纪章。晋霸起践土之盟，迄平丘之会，都凡一百有四年。

霸政余纪章第六

　　自宋盟以后，迄于获麟为霸政余纪。其间大事，则晋楚之中衰，一也；吴越之忽兴忽亡，二也；各国大夫之专政，三也；小国之乱亡，四也。余纪云者，谓无霸也。盟宋之时，晋霸形未坠也，其后尚数合诸侯，曷为谓之无霸？霸具不存焉尔。楚亦尝合诸侯，吴齐亦争盟，曷为谓之无霸？彼之所持非霸者之职志也。故盟宋以后，无霸之天下也。

　　初，晋厉初立，宋华元合晋楚之成，未几楚背盟，伐郑，以有鄢陵之役。越三十年而宋向戌复以合晋楚弭兵倡于天下。襄之二十五年，晋范匄老，传政于赵武，而楚屈建（即子木），亦新为令尹。向戌与二人者皆相善也，欲弭诸侯之兵以为名，如晋告赵武，赵武谋于诸大夫，韩起曰："兵，民之残也，财用之蠹，小国之大灾也。将或弭之，虽曰不可，必将许之。弗许，楚将许之，以召诸侯，则我失为盟主矣。"晋人许之。如楚，楚亦许之。齐秦无异辞。向戌乃遍告小国，以襄二十七年七月会盟于宋，与会者晋、楚、齐、秦、鲁、卫、陈、蔡、郑、许、曹、邾、滕，并宋为十四国。屈建请晋楚之从交相见，赵武曰："晋、楚、齐、秦匹也，晋之不能于齐，犹楚之不能于秦。"乃释齐秦，既而齐人请邾，宋人请滕，以为私属，皆不与盟。盟者十国焉。将盟，楚人衷甲，楚伯州犁以为不信，固请释甲。屈建曰："晋楚无信久矣，事利而已。苟得志焉，焉用有信？"及盟，晋楚争先，晋人曰："晋固为诸侯盟主，未有先晋者也。"楚人曰："子言晋楚匹也，昔晋常先，是楚弱也，且晋楚狎主诸侯之盟也久矣，岂专在晋？"晋人不欲复与竞，卒先楚人，盟成。向戌求邑于宋公以为赏。司城子罕曰："凡诸侯小国，晋楚以兵威之，畏而后上下慈和，慈和而后能安靖其国家以事大国，所以存也。无威则骄，骄则乱生，所以亡也。天生五材，民并用之，废一不可，谁能去兵？子求去之，不亦诬乎？以诬道蔽诸侯，纵无大讨，而又求赏，无厌之甚也。"梁启超曰：子罕之言谅哉！岂惟小国，即彼大国者，惟常有敌国外患临乎其前，其君臣日相戒惧，内之惧失其民，外之惧失与国；而因以整纲饬纪，礼贤让能，兴事趋功，招携怀远，其人民亦常觉民生之不易，祸至之无日，相辑和以事其长上，壹其心志，齐其步伐，以争俄顷之生死于其敌。夫如是然后其国能有朝气，有朝气然后国有所以与立于天地而日进于高明。国国皆如是焉，则含生之类所由进善而多福也。无敌国则骄，无外患则逸，骄且逸则汰，汰则偷，执政者汰偷于上，民汰偷于下，则充国中皆暮气也，此而不衰亡，未之闻也。呜呼！自盟宋以后，诸侯之气皆暮矣。故晋臣争权黩货以失诸侯，卒自分裂，楚主骄盈恣戾，迭相篡弑，以召入郢之祸。自余诸小国，外则时相踶啮，逐尺寸之利；内则自相挤轧，世卿移国者项背相望也，遂以成春秋之季。呜呼！以匹夫口舌之力而狎弄列强，迁转世运，未有如宋向戌者也；不有所废，其何以兴？天其或将开战国之局而假手于戌焉，莫之为而为莫之致而致也。宋盟后五年（昭元年），十一国之大夫复盟于虢以寻宋盟，弭兵之论益炽，自是鲁、卫、宋、郑之君相，岁仆仆朝聘于楚廷。更三年（昭四年），而楚灵王合十二国诸侯盟于申，既而十年之中，楚三伐吴（昭四年、五年、十二年），执徐子（昭四年），伐徐（昭十三年），灭赖（昭四年），迁许（昭九年），灭陈（昭八年），灭蔡，虐用蔡世子如刲羊豕（昭十一年）。晋惟卑辞以请蔡于楚，曾不敢以一矢相加遗，惧以背宋盟滋口实也，晋霸于是扫地矣。同时齐景亦侈欲争霸，伐徐（昭十六年），伐莒（昭十九年），不戢其武。鲁叔孙昭子伤之曰："诸侯之无伯，害哉！齐君之无道也，兴师而伐远方，会之有成而还，莫之亢也，无伯也夫。《诗》曰：'宗周既灭，靡所止戾。正大夫离居，莫知我肄'，其是之谓乎？"梁启超曰：无伯之害，岂惟一端？吾读昭、定、哀间《春秋传》，触目皆是矣。

请言鲁与邾、莒。初，鲁桓公之子庄公之弟三人，曰庆父，曰叔牙，曰季友。庆父、叔牙为乱，季友忠而才，克靖公室，受封邑为季孙氏。而庆父、叔牙虽伏罪不绝其后，号孟孙、叔孙氏是为三桓。与臧氏、邱氏、展氏等同为鲁卿族。而三桓代有贤良，递秉国政，国权亦渐以下移。至昭五年，舍中军，四分公室，季氏取二，孟氏、叔氏各取一，鲁君殆同寄食，实宋盟后之九年也。其后昭公不堪三家之逼，自起伐季氏，而孟叔助季，公徒败绩，公出奔齐（昭二十五年），齐欲纳之，而齐臣梁丘据之徒尼之。诉于晋,晋范鞅执政,受季孙赂,弗之恤也。越七年而昭公卒,客死于乾侯。又其后,哀公欲以越兵伐鲁逐三桓,不胜,出奔,客死于越。于是鲁逐两君而莫之讨也,无伯也夫。初邾莒在鲁肘腋,夙虐于鲁,昭襄之际(即宋盟前后二十余年),鲁四纳邾叛臣,而取其邑[(一)襄二十一年,邾庶其以漆闾丘来奔;(二)襄二十三年,邾畀我来奔;(三)昭二十七年,邾快来奔;(四)昭三十一年,邾黑肱以滥来奔],五伐邾,而卒灭之(哀七年),又屡伐莒,取郓(昭元年),取鄫(昭四年),受其叛邑(昭五年,莒牟夷以牟娄及防兹来奔),莒濒于亡。于是鲁辅两国而莫之救也,无伯也夫。

请言卫。卫当鲁襄之世,而孙林父逐其君献公,入于戚(孙氏封邑)以叛。卫献虽不君,而林父固乱臣也。晋为盟主,匪为不讨,乃反为澶渊之会以疆戚田,取卫邑六十以予孙氏而执卫侯,实盟宋之前一年也。(襄二十六年)卫侯旋因宁喜以归,复杀宁喜,卫卒不靖。其后卫灵以女宠故,逐太子蒯聩而立其孙辄,蒯聩以父而与子争国,辄以子而拒父,为天下笑。而晋赵鞅纳卫叛人以奖其乱,其失霸者之谊益远。卫俶扰数十年而莫能正之,无伯也夫。

请言宋与曹。宋华元、向戌,先后以合晋楚自喜。然皆无后于宋,若有天道,为好事乱政者戒焉。自宋盟后以迄春秋之终,宋凡四叛乱:一曰华向之乱(自昭二十年至二十二年),二曰乐大心及公弟辰、公子地之乱(自定九年至十一年),三曰桓魋之乱(自定十一年至十四年),四曰大尹之乱(襄二十六年)。宋自弭兵之后,谓无复外患,而内争乃迭起,国以削弱,无伯也夫。宋景之世,曹灭于宋而晋不救(哀七年、八年),曹固自取,然文王之胤，经春秋二百余年并吞之烈岿然幸存者，今斩焉而莫之能救，无伯也夫。

请言郑与许。诸国中最受宋盟之赐者厥惟郑。盖郑本以首鼠于晋楚之间而获自存，晋楚息争，郑可以昌言服事二伯而无复罪责，郑实利焉。而适有命世之英子产其人者，为之执政，且先之以子皮，而继之以子太叔。故郑在春秋以昭定之世为最康荣。虽然，有一事焉，郑与宋当隐、桓、庄之际，日相侵伐无宁岁，自霸政既兴，惟当从霸主之后相讨而已，自阅则未之闻，及定哀之季，乃一返隐桓之旧，二十年间，宋郑攻伐见于经传者九焉。各修小怨逐小利以糜烂其民，而两败以为人驱除，无伯也夫。郑之谋许，始自庄公，二百年中，惮霸威而不敢取，盟宋后四十二年而许灭矣。太岳之胤，不祀忽诸，无伯也夫。

请言陈蔡。陈蔡役属于楚者百余年，楚不之灭也。曷为不之灭？知灭之而晋必夺而复之，楚亦不能守也，故不如留为与国以当晋之冲。及弭兵局成，楚知晋之倦于兵而不我竞也，故十年之中，陈蔡相继为县，蔡世子乃至宰割以为牺，诸夏之辱，人道之惨，至是而极。虽后皆复封，亦等于鄙邑耳。而当前之荼毒，已不可复忍，谁谓为之？无伯也夫。

请言齐。齐当晋霸全盛之时，本已稍倔强，不甚用命。齐庄值晋悼即世之后，睨晋之将衰，思逞其欲，而晋之内竞，亦有以导之。初晋栾范不睦，范匄执政，逐栾氏，栾盈奔楚，旋奔齐。襄二十三年，齐纳栾盈于曲沃，遂以师随之，伐晋取朝歌，入孟门登太行封少水而还。入春秋以来，未有诸侯伐盟主至于此极者。齐虽不道，而晋之衰抑可知已。实盟宋前之三年也。然齐旋有庆封之难，庄公弑焉。景公嗣世，忽萌争霸之志，结郑，结卫，结鲁，结宋，相与为特盟（特盟者，无主盟之国，而二国或三国各自特相盟也。春秋初年盛行，齐桓霸后即无之。其复见则自定七年秋，齐侯、郑伯盟于咸始也，同时齐侯、卫侯盟于沙。定八年冬，卫侯、郑伯盟于曲濮。定十年冬，齐侯、卫侯、郑游速会于安甫。定十二年冬，公会齐侯盟于黄。定十四年五月，公会齐侯、郑伯于牵。其年秋，齐侯、宋公会于洮。盖齐景争霸之际，特盟凡七见焉。吾谓定哀之际多返于隐桓之旧，此亦一征也），而皆以叛晋为职志，晋固不复振，而齐亦安能有成？徒贾怨于民以为陈氏资耳。初，齐之诸卿，曰国氏，齐同姓也，不知所自出；曰高氏，出于文公之子子高；曰崔氏，出于丁公；曰庆氏，出于桓公；曰鲍氏，非公族，桓公勋臣鲍叔牙之后也；曰栾氏、高氏，出于惠公之子公子栾、公子高，是称二惠（栾高之高与国高之高异族）；而陈氏，则陈公子敬仲当桓公世奔齐受封邑传世焉。高国世为命卿，自灵公时杀国佐（成十八年），庄公时杀高厚（襄十九年），景公时逐高止（襄二十九年），二族遂替，而崔庆特强，至有庄公之弑（襄二十五年）。其时陈氏最能持正，民望归焉，既而庆氏灭崔氏（襄二十七年），栾高灭庆氏，而陈氏与有功焉。陈乞始得政，齐惟余栾、高、陈、鲍四族，而鲍氏党于陈。昭十年，陈、鲍逐栾、高，于是齐公族尽矣。景公蕴利而侈汰，齐民苦之。（晏子谏景公曰：“君外内颇邪，上下怨疾，动作辟违，从欲厌私，高台深池，撞钟舞女，斩刈民力，输掠其聚。"又曰："山林之木，衡鹿守之；泽之萑蒲，舟鲛守之；薮之薪蒸，虞候守之；海之盐蜃，祈望守之；县鄙之人，入从其政；逼介之关，暴征其私。征敛无度，宫室日更。"景公当时贪淫可见）而陈氏则厚施以市恩于民（晏子曰：“陈氏虽无大德而有施于民，豆、区、釜、钟之数，其取之公也薄，其施之民也厚。公厚敛焉，陈氏厚施焉，民归之矣。"），齐政遂归陈氏。景公卒，群公子争立，而孺子荼（哀六年弑）、悼公（哀十年弑）、简公（哀十四年弑）皆见弑于陈氏。齐于是九年而弑三君矣。陈恒之弑简公也，孔子斋戒沐浴朝鲁哀公而请讨之，然而非惟鲁不能讨，举天下竟莫能讨也，无伯也夫。

曷为无霸？晋失霸也。晋曷为失霸？晋自失之。欲知晋失霸之由，则于其卿族废兴之迹不可不深察。盖春秋中叶以还，晋之政治，卿族政治也。晋卿著者十一族：曰狐氏，唐叔之裔也；曰韩氏，曰栾氏，曰郤氏，皆公族也；曰赵氏，曰魏氏，曰胥氏，曰先氏（亦称原氏），曰范氏（亦称士氏），曰知氏，曰中行氏（二家皆出荀氏），皆异姓也（其他尚有祁氏、羊舌、续氏、庆氏、伯氏，皆公族而未尝为执政）。晋制三军，军各有将有佐。中军之将，战时则为主帅，平时则为执政，其余五卿（即中军之佐及上下军将佐），参赞之以决国事。诸族皆昌于文襄以后，而常以齿德资望递相代为执政，当其盛时，彬彬交让，同寅协恭，实贵族政制之楷式也。[文公初，作三军，谋元帅。赵衰荐郤縠，乃使縠将中军，郤溱佐之，使狐偃将上军，让于狐毛而佐之，命赵衰为卿，让于栾枝、先轸，使枝将下军，先轸佐之。赵衰、狐偃、胥臣皆从亡最有勋劳者也。赵胥皆不在六卿之列，狐偃仅班在四，让德至美矣。未几郤縠卒，使原轸（即先轸）将中军，胥臣佐下军，《左传》美之曰上德也。晋诸卿之初兴其形势如是。悼公时，中军将知罃，卒使士匄将中军，辞曰：伯游（即荀偃）长，昔臣习于知伯（即知罃）。是以佐之非能贤也，请将伯游，于是荀偃将中军士匄佐之。使韩起将上军，辞以赵武；又使栾黡，辞曰：臣不如韩起。韩起愿上赵武，君其听之。使赵武将上军，韩起佐之，栾黡将下军，魏绛佐之。《左传》美之曰：范宣子让，其下皆让，晋国以平，数世赖之。此中世诸卿迭相嬗代之形势也]及其敝也,递相剪灭,余三数强宗,晋以分焉。先氏当文公城濮之战,先轸以中军将为功首,旋自致死于狄难,襄公以其子先且居代之。(且居以晚辈,而狐、赵、胥、栾诸勋臣乐为之下,愈见当时晋卿之贤)其后先縠愎不用命,偾师于邲,复召狄病国,景公杀之,先氏以亡;狐氏自狐突为太子申生傅,二子毛、偃俱事文公。至襄公将使偃子射姑将中军,阳处父易之以赵盾,射姑杀处父奔狄,狐氏以亡;胥氏自胥臣从文公,与其子甲世佐下军,其后胥甲以疾废,胥童导厉公为虐,见杀,胥氏以亡。郤氏自惠公时,郤芮实见信任,文公入,以罪废,旋录其子缺。成公时,郤缺执政。景公时,郤克执政。厉公时,郤锜、郤犨、郤至,并居卿位,栾书谮而杀之,郤氏以亡。栾氏自栾枝从文公有大功。至景公时,栾书执政。厉公时,鄢陵胜楚,反而弑君,再传至盈,范匄逐之,盈入为乱,栾氏以亡。范氏实献公时大夫士蒍之后。景公时,士会执政。平公时,士匄执政。定公时,士鞅执政。其子吉射,与中行氏作乱,范氏以亡。荀氏自林父将中行(其时晋尝改军称行),因以为氏。至悼公时,荀偃执政,传荀吴、荀寅,与范氏同作乱,中行氏以亡。荀首食采于知(亦作智),因别氏焉,其子䓨,辅悼公执政,晋以复霸,再传至跞,与韩、魏、赵共逐范、中行氏,跞子瑶,贪而愎,三卿灭之,知氏以亡。至春秋末,晋卿惟余韩、魏、赵三族,称三晋,寖为战国之世矣。三族皆起于献公时,而赵氏自赵衰从文公功最高,贤而能让,其子盾,历襄、灵、成三世为执政。至景公时,栾郤构灭赵氏,赖韩厥为请,复立赵武续衰盾之祀。至平公时,赵武执政。定公时,赵鞅执政。魏氏自魏犨从文公,其后世有为军佐者。

至悼公时，魏绛最贤，顾未为执政。顷公时，而魏舒执政也。韩氏自韩厥战鞌有功，至悼公时，厥执政。平公时，厥子起执政。此三家传世之大凡也。按：其兴替之迹，诸族实递为驱除，逼狐者赵，而赵几灭于栾郤；灭胥者郤，而郤复杀于栾；谗郤者栾，而栾复逐于范；锢栾者范，而范卒倾于赵；助赵以分范、中行者知，而知卒入于三家。如是展转以成三晋之局。当悼公时，七族并盛，郑子展谓晋八卿和睦，八卿知䓖、范匄、荀偃、韩起、栾黡、范鲂、魏绛、赵武也。知䓖以外，魏绛最贤，绛以位卑寿促而不及执政，晋之不幸也。平公之初，范匄当国，凡百不务，而专与栾氏为仇，商任一会合八国（襄二十一年），沙随一会合十二国（襄二十二年），假盟主之力，动天下之众，其究也不过锢栾氏以报私怨。晋失诸侯，实自此始。明年（襄二十三年），遂召齐兵（齐纳栾盈于曲沃，遂伐晋）。又明年（襄二十四年），会于夷仪，将以伐齐而不成行也，诸侯有以量晋之无能。晋之所以失诸侯者二矣。又明年（襄二十五年），再会于夷仪，将讨齐，齐庄方见弑，受赂而许齐成，与弑君之齐同盟于重丘，霸政大义坠焉。晋之所以失诸侯者三矣。又明年（襄二十六年），会于澶渊，夺卫邑以畀其叛臣孙林父。晋之所以失诸侯者四矣。又明年（襄二十七年），而遂盟宋以弭兵，史家共知盟宋为晋之失计，谓受向戌诬蔽也。殊不知当时之晋，已成日中将昃之象，其君臣实乃欲假此以自全，赵武有贤名，实下材也，其偷已甚。（襄三十一年《左传》云：穆叔至自会，语孟孝伯曰："赵孟将死矣，其语偷，不似民主，且年未盈五十，而谆谆焉如八九十者，弗能久矣。"昭元年《左传》云：天王使刘定公劳赵孟。刘子曰：子盍亦远绩禹功而大庇民？"对曰："老夫罪戾是惧，焉能恤远？吾侪偷食，朝不谋夕，何其长也？"刘子归以语王曰："赵孟所谓老将知而耄及之也，为晋正卿以主诸侯而侪于隶人，朝不谋夕，弃神人矣，何以能久？"）向戌谋议，适与其暮气相应，故欣然即之以为安。宋盟既成，晋君臣谓自今以往天下无复事，益侈汰而不恤诸侯。赵武既卒，韩起继，执国政二十余年（起昭元年讫昭二十六年），徒雍容养望，而不知大体，且轻信谗慝。诸卿荀吴、范鞅、知跞辈，黩货无厌，倾轧报复，弗能正也，故晋政日荒。襄二十九年（宋盟后二年），平公以杞为外家故，合十国之大夫以城杞，强鲁使归杞田，姬宗怨咨，弗之恤也（郑游吉曰："甚乎！其城杞也。"晋不恤周宗之阙而夏肆是屏，其弃诸姬亦可知矣。晋使女叔侯来鲁治杞田，叔侯曰："杞，夏余也，而即东夷。鲁，周公之后也，而睦于晋。以杞封鲁犹可，何必瘠鲁以肥杞？"）。晋之所以失诸侯者五矣。宠姬之丧，而劳诸侯以吊（昭三年《左传》：郑游吉如晋，送少姜之葬，梁丙曰："甚矣哉，子之为此来也！"吉曰："将得已乎？昔文襄之霸也，其务不烦诸侯，今嬖宠之丧不敢择位，惟惧获戾，岂敢惮烦？少姜有宠而死，齐必继室，今兹吾又将来贺，不惟此行也。"）；宫室之成，而劳诸侯以贺（昭八年《左传》：叔弓如晋贺虒祁之宫，游吉相郑伯，以如晋，亦贺虒祁也。晋史赵见子太叔（即游吉）曰："甚哉，其相蒙也！可吊也，而又贺之。"）。晋之所以失诸侯者六矣。于时楚虔（灵王名）张甚，四年之间，灭陈（昭八年），灭蔡（昭十一年），弭兵之效可睹矣。于是乎有厥慭之会，时则平公卒，昭公新立，诸侯将以观晋德焉，乃谋救蔡而竟不果也。（昭十一年《左传》：楚师在蔡，晋荀吴谓韩起曰："不能救陈，又不能救蔡，已为盟主而不恤亡国，将焉用之？"秋，会于厥慭，谋救蔡也。郑子皮将行，子产曰："行不远，不能救蔡也。"晋人使狐父请蔡于楚，弗许）晋之所以失诸侯者七矣。晋亦知诸侯之将贰也,乃不务树德招携而示威示众以临之,于是乎有昭十三年平邱之会(晋成虒祁,诸侯朝而归者皆有贰心,叔向曰:"诸侯不可以不示威。"乃并征会,遂合诸侯于平丘),然吴首辞会(告于吴,吴以水道不可,辞),齐继辞盟(晋人将寻盟,齐人不可,曰:"诸侯讨贰则有寻盟,若皆用命,何盟之寻?"叔向以危词威之,齐人惧,乃许盟),以黩货而见轻于卫(次于卫地,晋叔鲋求货于卫,卫人曰:诸侯事晋,未敢携贰,况卫在君宇下乎?),听邾莒之诉而贾怨于鲁(邾人、莒人诉于晋曰:"鲁朝夕伐我,几亡。"晋侯不见鲁侯,使叔向来辞曰:"诸侯将以甲戌盟,寡君知不得事君矣,请君无勤。"子服惠伯曰:"君信蛮夷之诉以绝兄弟之国,弃周公之后,亦惟君,寡君闻命矣。"叔向曰:"寡君有甲车四千乘在,虽以无道行之,必可畏也,况其率道,其何敌之有?牛虽瘠,偾于豚上,其畏不死?"鲁人惧,听命),争贡献而卒屈于郑(及盟,子产争承曰:天子班贡,轻重以列。郑伯,男也,而从公侯之贡,惧弗给也。诸侯修盟,存小国也。贡献无极,亡可待也。"自日中以争至于昏,晋人许之。既盟,子太叔咎之曰:"诸侯若讨,其可渎乎?"子产曰:"晋政多门,贰偷之不暇,何暇讨?"),虽强成盟,只取辱焉。晋之所以失诸侯者八矣。平丘以后,晋遂不复能宗诸侯,未几鄣陵之参盟起(昭二十六年,齐、莒、邾、杞盟于鄣陵,为《春秋》复书参盟之始),晋虽亦有会盟,而盟主之资格坠矣。当晋政之始衰也,齐晏婴尝与晋叔向语,叔向曰:"齐其何如?"晏子曰:"此季世也,吾弗知。齐其为陈氏矣,公弃其民而归于陈氏。"叔向曰:"然。虽吾公室,今亦季世也!戎马不驾,卿无军行,公乘无人,卒列无长。庶民罢敝,而宫室滋侈。道殣相望,而女富溢尤。民闻公命,如逃寇仇。政在家门,民无所依,君日不悛,以乐慆忧。公室之卑,其何日之有?"(昭三年《左传》）呜呼！晋之衰征具见矣。昭、定、哀之世，晋业稍有可纪者，其惟伐鲜虞（自昭元年迄哀六年），灭肥（昭十二年）灭鼓（昭十五年）灭陆浑（昭十七年）诸役，盖至是而戎狄殆绝迹于中原，晋之力也。若其诸卿之迭相轧阋剪灭，则晋之事，非天下之故也。

　　梁启超曰：孔子作《春秋》，于讥世卿之义，三致意焉。世卿云者，质言之则贵族政制云尔。春秋诸夏之国，盖纯为贵族政制，楚则参半，秦、吴、越皆无之。其得失之数，可得而论也。凡一群之进化也，必其少数优秀者实先进，遂以造成一群之中坚，以巩树其群焉，指导其群焉。言夫国政，则近于以智治愚，以贤治不肖，于理势甚顺。立乎其上者有君后，常能以名分轨率其下，而庶政又非一人所得而专制，非咨决于群贵，事不克举也。群贵既累世练习政事，才智必间出不乏，又与国同休戚，而威信夙行于其民。故虽有昏僻之主，常得节制匡救无使慝恶以覆国命。其有一人或一族之跋扈不轨，则自余诸族能协而戡之，故不敢妄发，发亦祸不烈也。春秋中叶晋鲁诸国之所以屡倾而不颠，皆坐是也。言夫群治，则诸贵族常受特别之教育，其学问品格，皆自成风气，其性类畸于保守，能持续固有之文明勿使坠；其侪族既日相摩习，而又常得与他邦之贤士大夫游，取精用宏，故能树一国文化之体系，为民庶所矜式以寖成国俗。夫春秋之文物，岂不彬彬乎懿铄古今也哉？孰庄严之？孰浚发之？皆中原诸国世族大夫之赐也，此其所长也。及其敝也，则骄侈淫泆，专横恣肆，上之傀儡其主，而下之刍狗其民，中之则自相残夷，若鸡之斗而蟹之搏也。大抵当国基新造与夫敌国外患殷忧相乘之际，则戒惧而辑和，勤勉而精进；四郊无虞，安富尊荣，则惰气中焉，而百病丛茁。无论何种政制之国皆有然，而贵族其尤甚也。贵族政制之敝，至春秋之季极矣。晋在昔本以最善用此制而致盛强，逮其末流，而受祸亦最烈。晋为盟主，而犹尔尔自无以表正诸夏，岂惟不能表正而已，益以转相比周而重其敝，故强宗移国之事，成为当时各国之所同病。各国虽各有其积渐之势，抑亦相互助长之矣。《春秋》记溴梁之盟曰："三月，公会晋侯、宋公、卫侯、郑伯、曹伯、莒子、邾子、薛伯、杞伯、小邾子于溴梁，戊寅，大夫盟。"明自兹以往，诸国皆政在大夫也。梁启超曰：贵族政制，为群治进化必历之级，功过各不相掩，通数千年史迹而观其成果，则功尚较多也。观西方希腊罗马以及近世英法诸国兴替之迹而益信也。

以上述宋盟后晋及中原诸国形势既竟，其当次论者，则楚与吴越也。楚当宋盟后二年，而王子围为令尹，虢之盟，围实与晋争长焉。越五年（昭元年），围弑其君郏敖自立，是为灵王。灵王立三年，遂合十二国诸侯会于申以伐吴，既而伐徐，灭赖，灭陈，灭蔡（并见前），威日张而心日侈，筑章华之台，召诸侯以落其成，立十二年而使五帅大举伐徐以惧吴，自次于乾溪以为之援。初灵王既灭陈蔡，城之，使其弟公子弃疾居焉。至是弃疾以蔡作乱，召公子比弑王于乾溪，既而又弑公子比自立，是为平王，复讨陈蔡以徼名焉。平王在位十二年，颇矫灵王侈汰之习，楚以小康。然以谗杀太子建，展转召吴祸，又用囊瓦为令尹，瓦贪而不仁，楚自是益衰。传至昭王而有吴入郢之变。夫吴自始本役属于楚也（宣八年，楚伐舒蓼，灭之，盟吴越而还，盖楚壮图霸之始，先抚吴越以固其东南围也），及申公巫臣为晋通吴以病楚，吴伐郯入州来（俱成七年），围巢伐驾（俱成十七年），吴楚疆场之争起矣。至襄三年,而吴楚之兵始交(楚伐吴,克鸠兹;吴伐楚,取驾),实晋悼会鸡泽之年也。自是以还,楚康之世,与吴诸樊六交兵[(一)襄十三年,吴乘楚丧侵楚,楚逆战于庸浦,大败之;(二)襄十四年,楚伐吴,报庸浦之役,吴人自皋舟之隘要而击之,大败楚师;(三)襄二十四年,楚为舟师以伐吴,无功而还;(四)襄二十五年秋,吴为舟师之役,召舒鸠人叛楚,楚伐舒鸠,吴救之,败绩,楚遂灭舒鸠;(五)其年冬十月,吴子伐楚,报舟师之役,门于巢,楚人射杀吴子;(六)襄二十六年,楚子秦人侵吴,及雩娄,闻吴有备而还],盖吴胜楚仅一,楚无功者二,而楚胜吴者三,吴主死焉。楚灵之世,与吴余眛五交兵[(一)昭四年七月,楚子以诸侯伐吴,围朱方,克之;(二)其年冬,吴伐楚,取棘、栎,以报朱方之役;(三)其年冬,楚子以诸侯伐吴,吴人败诸鹊岸;(四)昭六年,楚令尹子荡帅师伐吴,吴人败之于房钟;(五)昭十二年冬,楚子大举伐徐以惧吴,次于乾溪,明年四月,楚子被弒,楚师还自徐,吴人败诸豫章,获其五帅],楚一胜而四败,楚灵威虐肆于诸夏,而吴患亦日深矣。楚平之世,与吴僚三交兵[(一)昭十七年,吴伐楚,楚人败之于长岸;(二)昭二十三年,吴伐州来,楚合顿、胡、沈、蔡、陈、许之师救州来,吴公子光帅师败之于鸡父;(三)昭二十四年,楚为舟师以略吴疆,吴御之,楚师遁,吴灭巢,灭钟离,灭沈],楚一胜而再败,楚益不竞于吴。楚昭之世,与吴阖庐七交兵,其在入郢前者三[(一)昭二十七年,吴伐楚围潜,吴公子光弒其君,楚师救潜,闻吴乱而还;(二)昭三十一年,吴侵楚,伐夷,侵潜、六,楚师救潜,吴师还,吴又围弦,楚师救弦,及豫章,吴师还;(三)定二年秋,楚人伐吴师于豫章,吴人见师于豫章而潜师于巢,大败楚师],在入郢后者亦三(详下文),而入郢之役,楚不亡盖如缕焉。初平王杀太子建及其傅伍奢,奢子员奔吴,誓报公仇。员知吴公子光有异志，进刺客鱄诸，为光弑王僚。光自立，是为王阖庐。伍员见亲任用事，教吴以病楚之策，亟肆以罢之（上文注，昭三十一年，侵潜围弦诸役是也），多方以误之（上文注，定二年，豫章之役是也），而后以三军继之。阖庐用其谋，既屡挫楚，至定四年而有柏举之役，实鄢陵以后春秋一大战也。时楚令尹囊瓦欲蔡昭侯之佩裘，弗与，三年止之，卒献佩，乃释归，归及汉，执玉而沈曰："余所有济汉而南者，有若大川！"以其子为质于晋，请伐楚。晋人为之合十八国之诸侯于召陵，既而晋荀吴求货不得，乃辞蔡侯，蔡侯更质子于吴，而导之以伐楚。《春秋》书之曰：蔡侯以吴子及楚人战于柏举，楚师败绩，以主兵予蔡者，蔡虐于楚既百年，大其能雪耻且哀晋之不复勤诸侯也。吴之伐楚也，舍舟于淮汭，自豫章与楚夹汉，楚师济汉而阵，自小别至于大别。盖吴与楚共长江之险，而楚在上游，水战吴必不能以得志。是役也，吴师盖在今安徽之寿州登陆（淮汭即州来，今寿州地），历光黄经义阳三关之险，至汉江北岸（在今汉阳），与楚夹水而阵，盖悬军深入楚境千一百余里。十一月庚午，二师陈于柏举（今湖北麻城县境），吴王弟夫概先击楚令尹囊瓦之卒，囊瓦溃，楚师大败。吴追击之，五战及楚都郢。庚辰，吴入郢。自始战迄终战凡十日，战线之长，战役之久，春秋以来，未尝有也。（韩、城濮、殽、鞌、邲、鄢陵诸役，皆战于一地，终日而毕）楚昭王奔随。伍员发平王墓，鞭其尸三百焉。初伍员与申包胥友，其亡也，谓包胥曰："我必覆楚国。"包胥曰："子能覆之，我必能兴之。"及昭王在随，包胥如秦乞师，立秦庭七日哭，秦师乃出。明年（定五年），包胥以秦师两败吴师，吴师乃还，楚子复归于郢。又明年（定六年），吴复败楚于繁阳，楚自郢迁于鄀。自是吴楚无兵争者二十年。至哀六年，吴伐陈，楚救之，昭王死焉，此柏举后吴楚之三战也。楚自宋盟以来，有轻晋之心，故灵王侈而平王惰，致吴坐大江东，不可复制，楚几覆焉，故曰盟宋后而晋楚俱敝也。然楚自迁鄀后，君臣儆惧，故渐以复兴，终春秋以至战国，盖盛强焉。

晋患楚，故通吴以制楚，楚患吴，亦通越以制吴。然吴虽得志于楚而终不能为晋病，越虽得志于吴而终不能为楚病，则晋楚之设谋臧而植基厚，与后此赵宋之用金制辽、用元制金者异矣。昭五年冬，楚子以诸侯及东夷伐吴，越大夫常寿过帅师会楚子于琐，是为吴越交兵之始，越从楚之后而已。昭二十四年，楚舟师之役，越又从焉。昭三十二年夏，吴伐越，吴渐感越之足为患矣。定四年冬，吴方入郢。五年夏，越遂入吴，秦掎吴于前，而越议其后，吴人狼狈归焉。更十年（定十四年），吴王阖庐伐越，越王句践御之于檇李，大败之。阖庐伤将指，死焉。子夫差立，使人立于庭，苟出入，必谓己曰："夫差，而忘越王之杀而父乎？"则对曰："不敢忘。"三年乃报越，败之于夫椒，遂入越，实哀元年也。越王以甲楯五千保会稽，请成于吴，吴王许之，伍员谏不听，退而告人曰："越十年生聚，十年教训，二十年之外，吴其为沼乎？"越王句践既反国，乃苦身焦思，卧薪而尝胆，身自耕作，夫人自织，食不加肉，衣不重采，折节下贤，振贫吊死，与百姓同其劳欲，用范蠡、文种，委以国政，未尝一日忘报吴也。而吴狃屡胜之威，方侈然思争雄于上国，两会鲁（哀六年、七年），两伐齐，大败齐师（哀十年、十一年），遂与晋争盟于黄池（哀十三年）。吴之伐齐也，越王率其众以朝焉，王及列士皆有馈赂。伍员惧曰："是豢吴也夫。"入谏曰："越在，我心腹之疾也。壤地同而有欲于我，夫其柔服，求济其欲也。得志于齐，犹获石田也，无所用之，越不为沼，吴其泯矣。"王弗听，赐之死。越二年，越乘吴王之在黄池，伐而大败之，请行成，许焉。又四年（哀十七年），越复伐吴，吴御之笠泽，败绩。又三年（哀二十年），越围吴。又二年（哀二十三年），遂灭吴。实伍员死后十年，越败于夫椒后之二十二年，而吴入郢后之三十三年也。句践既平吴，乃以兵北渡淮，与齐晋诸侯会于徐州，致贡于周，周元王使赐句践，命为伯；句践以淮上地与楚，归吴所侵宋地与宋，与鲁泗东方百里。当是时，越兵横行江淮，东诸侯毕贺，号称霸王。梁启超曰：越句践几可以语于霸矣！夫霸者兴灭继绝，宽暴字小，自晋霸之坠，中原不闻此也久矣。句践率天下宗周，返诸国侵地，以视楚灵、齐景、吴夫差，何其远也？其有后于中国迄汉不斩，宜哉！

鲁哀公十四年春，西狩获麟，孔子作《春秋》于是绝笔焉。实周敬王之三十九年也。其年，齐田常（即陈恒）弑简公，政由田氏。越九十二年（周安王二十三年），齐康公迁死于海上，姜齐亡。获麟后二十八年（周贞定王十六年），韩、魏、赵三分晋地。七十八年（威烈王二十三年），三家始立为诸侯。九十五年，晋靖公夷为庶人，晋亡。获麟后二年，而楚再灭陈，后八年而越灭吴，后三十四年而楚再灭蔡，后三十六年而楚灭杞，后九十六年而韩灭郑。春秋诸国皆略尽，惟秦楚益强，北燕亦浸大，与三晋及田齐称战国七雄，而鲁、卫、宋亦至战国尚存。获麟后八九十年间，史阙有间，故靡得而纪焉。

附　春秋年表

孔子因鲁史作《春秋》，年自兹始可得而纪，故年表托始焉。春秋变迁，略分三期：隐、桓、庄、闵，王迹喘延，霸政初起，郑、齐为中枢，鲁、卫、宋萦拂之，晋、楚始大。盖自鲁隐即位迄齐桓之卒，可划为第一期。僖、文、宣、成、襄，霸政全盛，晋、楚中分天下，而晋势常优，齐、秦听命，楚亦精进不已，诸国各有所宗，而郑常为争的。盖自晋文返国以迄晋悼之卒，可划为第二期。昭、定、哀之世，盟宋弭兵，晋霸日衰，中原诸国皆政在大夫，吴越骤兴骤衰，秦浸大。盖自溴梁之会讫于获麟，可划为第三期。今以编次详略之便，区为三表，枢要之国加详，次则简载，又次则括以列国焉。

第一表

	周	鲁	齐	郑	晋	楚	宋	卫	列国
第一年	平王四十九年	隐公元年，鲁自伯禽始封，十一传至隐公，入春秋	齐自太公始封，十三传至僖公，入春秋	郑自桓公始封，三传至庄公，入春秋。时兼为平王卿士。郑伯克其弟段于鄢。以王师虢师伐卫	晋自唐叔虞始封，至鄂侯入春秋，其时国名曰翼，而春秋前二十余年，晋始封成师于曲沃，后此之晋，实曲沃之胤	楚自熊绎始封，至若敖熊仪入春秋	宋自微子始封，至穆公和入春秋	卫自康叔始封，至桓公入春秋伐郑	吴子寿梦、蔡宣侯、曹桓公、陈桓公、燕平王东迁后，始命秦列为诸侯，取岐丰之地，在春秋前四十余年。越为夏故封，其时未通上国
第二年		二年，会戎于潜，及戎盟于唐。灭极；极，附庸小国也		伐卫					戎始见，极始见，极亡

续表

	周	鲁	齐	郑	晋	楚	宋	卫	列国
第三年	平王崩，与郑国质	三年	与郑盟于石门	与周交质，又帅师取周麦、禾。与齐盟			穆公和卒，遗命立兄子与夷		
第四年	桓王元年	四年，公子翚会宋公、陈侯、蔡人、卫人伐郑		鲁、宋、陈、蔡、卫来伐			伐郑	三月，州吁弑其君完。弑君始见。诱鲁、宋、陈、蔡同伐郑。九月，卫人杀州吁。十二月，立公子晋	莒伐杞，陈蔡与吁伐郑之役。莒杞始见，陈蔡始见
第五年	春，助曲沃伐翼；秋，伐曲沃，立翼哀侯	五年		助曲沃伐翼侵卫，卫人以燕师来伐，以王师伐宋	春，曲沃庄伯以郑人、邢人伐翼，王使尹氏助之。翼侯奔随。秋，曲沃叛王，王命虢公伐曲沃，立哀侯于翼		取邾田，邾诉于郑，郑以王师来伐	宣公元年，郑来侵，以燕师伐郑，郑人来侵，入郕	燕始见，邾始见，郕始见
第六年	郑来朝王，王不礼	六年，郑来修盟，始与齐平	始与鲁平	与鲁修盟，侵陈大获，如周朝王，王不礼	翼人纳故侯于鄂，谓之鄂侯		取郑长葛		
第七年	使凡伯聘鲁，戎伐凡伯以归	七年							
第八年	以虢公忌父为卿士，郑伯来朝	八年	齐侯平宋卫于郑，齐霸先声	与宋卫平			与郑平	与郑平	虢始见
第九年		九年		北戎来侵，大败之					北戎始见

续表

	周	鲁	齐	郑	晋	楚	宋	卫	列国
第一〇年		十年，会齐郑伐宋，取郜，取防		以齐鲁伐宋，取郜，取防，归于鲁。秋，取戴，入蔡，入宋。冬，入郕			鲁、齐、郑来伐。七月，入郑。九月，郑来入	入郑	戴始见，戴亡，郕亡
第一一年	与郑易田	十一年秋，公及齐侯、郑伯伐许，公子翚弑公	从郑伐许	以齐鲁伐许，入之，封许叔居东偏。息来伐，败之。以虢师伐宋，败之			郑以虢师来伐		滕薛朝鲁，息伐郑，败滕。薛始见，息始见，许始见
第一二年		桓公元年		与蔡会于邓					蔡侯、郑伯会于邓，始惧楚也。邓始见
第一三年		二年，受宋赂，以成宋乱，与戎盟于唐	受宋赂，以成宋乱	受宋赂，以成宋乱			华父督弑其君，与夷及其大夫孔父，召庄公子冯于郑立之，以亲郑		
第一四年		三年			曲沃武公伐翼，获翼侯				
第一五年		四年							
第一六年	王夺郑伯政，郑伯不朝。王以蔡、卫、陈伐郑，王师败绩	五年	齐侯、郑伯朝杞，欲袭之	王以蔡、卫、陈来伐，御王师，射王中肩				从王伐郑	陈蔡从王伐郑
第一七年		六年	北戎来侵，乞师于郑	救齐		楚始见，侵随			随始见

续表

	周	鲁	齐	郑	晋	楚	宋	卫	列国
第一八年		七年							
第一九年		八年			曲沃灭翼，王命虢仲立哀侯之弟于晋	伐随，败之			
第二〇年		九年			虢仲、芮伯、梁伯、荀侯、贾伯以王命伐曲沃	伐鄾伐邓，败之			芮、梁、荀、贾、鄾始见
第二一年		十年							
第二二年		十一年		庄公寤生卒，诸子争立，郑始衰，太子忽出奔卫，公子突立，是为厉公		郧人将以蒲、绞、州、蓼伐楚，楚人败之			陈厉公卒。郧、蒲、绞、州、蓼始见
第二三年		十二年，与郑伐宋		厉公元年，伐宋		伐绞，大败之	鲁、郑来伐	宣公晋卒	
第二四年		十三年，从郑伐宋、卫、燕		以鲁、齐、纪与宋、卫、燕战，败之		伐罗，为罗与卢戎所败		惠公元年	燕、纪始见，罗、卢戎始见
第二五年		十四年	从宋伐郑，齐僖公卒	宋以诸侯来伐			以齐人、蔡人、卫人、陈人伐郑		郕人、牟人、葛人朝鲁。郕、牟、葛始见
第二六年	桓王崩	十五年		襄公元年			厉公出奔蔡，太子忽入，是为昭公，鲁、宋、卫、陈来伐，谋纳厉公，弗克		
第二七年	庄王元年	十六年		鲁、宋、卫、陈、蔡来伐				惠公出奔齐	

续表

	周	鲁	齐	郑	晋	楚	宋	卫	列国
第二八年		十七年		高渠弥弑昭公，立公子亹					
第二九年	周公黑肩欲弑王而立王子克，王与辛伯杀周公，王子克奔燕	十八年，公与夫人姜氏如齐，公薨于齐，夫人通齐侯故也	陈师首止，讨郑杀子亹而轘高渠弥	子亹为齐人讨杀祭仲，迎子仪于陈，立之					
第三〇年		庄公元年	欲灭纪，徙纪之郱、鄑、郚三邑民						陈庄公卒
第三一年		二年							
第三二年		三年	纪季以酅入齐，纪始分				庄公冯卒		
第三三年		四年	灭纪			伐随，武王卒于军			纪亡
第三四年		五年				文王元年			
第三五年	王人子突救卫	六年，伐卫，纳惠公				伐申，灭之，始规中原，遂伐邓		鲁、齐、宋、陈、蔡、申来伐，纳惠公	申始见，申亡
第三六年		七年							
第三七年		八年，及齐师围郕，郕降于齐	连称、管至父弑襄公，立公子无知						
第三八年		九年，伐齐，纳公子纠，战于乾时败绩，管仲自鲁归齐	雍廪杀无知，公子小白入于齐，是为桓公，管仲相焉						

续表

	周	鲁	齐	郑	晋	楚	宋	卫	列国
第三九年		十年，败齐师于长勺，侵宋，齐宋来侵，宋师败	两与鲁战，无功灭谭，谭子奔莒			败蔡师于莘，以蔡侯献舞归	与齐侵鲁，败绩		谭始见，谭亡
第四〇年		十一年，败宋师于鄑				侵鲁，败绩			
第四一年		十二年					南宫万弑其君捷及其大夫仇牧		
第四二年	僖王元年	十三年，始与齐平，盟于柯，齐反我侵地	会宋人、陈人、蔡人、邾人于北杏，以平宋乱，齐始霸，与鲁盟于柯，灭遂				从齐会于北杏		陈、蔡、邾与齐会于北杏。遂始见，遂亡
第四三年	单伯会伐宋	十四年	宋背北杏之会。春，以陈人、曹人伐宋，王师会焉，取成于宋而还。冬，单伯会齐侯、宋公、卫侯、郑伯于鄄	厉公复入		灭息，遂伐蔡，入之	春，齐以诸侯来伐。冬，从齐会于鄄	从齐会于鄄	息亡
第四四年		十五年	春，复会诸侯于鄄。秋，为宋伐郳。郳，宋附庸也	从齐会于鄄，旋间齐侵宋			齐率诸侯为我伐鄄，郑间之而来侵	从齐会于鄄	

续表

	周	鲁	齐	郑	晋	楚	宋	卫	列国
第四五年	王使虢公立曲沃伯为晋侯	十六年，始从齐同盟于幽	春，会宋、卫伐郑。冬，会鲁人及宋公、陈侯、卫侯、郑伯、许男、滑伯、滕子同盟于幽，郑服也	春，宋、齐、卫来伐。秋，楚来伐，郑患楚自此始。冬，从齐盟于幽	曲沃武公始并晋国，王命以一军为晋侯	伐郑	以齐卫伐郑，从齐盟于幽	从宋齐伐郑，从齐盟于幽	滑始见
第四六年		十七年							
第四七年	惠王元年，虢晋来朝	十八年，追戎于济西			晋侯朝王				
第四八年	秋，王子颓伐王，不克，奔卫，卫师燕师来伐，立子颓	十九年				巴人来伐，楚子御之，为所败，遂伐黄，败之		伐周	燕会卫师伐周，巴、黄始见
第四九年	王出居于郑	二十年		郑伯和王室，不克，以王归，处王于栎					
第五〇年	郑虢纳王，杀王子颓，王以虎牢以东与郑，以酒泉与虢	二十一年		纳王，得虎牢以东之地，王畿益削。五月，厉公突卒					
第五一年		二十二年	陈公子完奔齐，陈氏入齐自此						
第五二年		二十三年							
第五三年		二十四年							

续表

	周	鲁	齐	郑	晋	楚	宋	卫	列国
第五四年		二十五年			尽杀群公子				
第五五年		二十六年，会宋齐伐徐			虢人两次来侵				徐始见
第五六年	王赐齐侯命	二十七年，从齐盟于幽	会鲁、宋、陈、郑同盟于幽，陈郑服也	从齐盟于幽			从齐盟于幽		
第五七年		二十八年	伐卫	楚来伐	出太子申生，居曲沃	伐郑，无功而还		败于齐	
第五八年		二十九年		侵许					
第五九年		三十年	伐山戎，以其病燕也			斗谷於菟为令尹			
第六〇年		三十一年							
第六一年		三十二年，公薨，子般立，圉人荦弑之，立闵公	会诸侯，谋为楚伐郑						狄伐邢。狄、邢始见
第六二年		闵公元年，季友去年奔陈，今来归	救邢		作二军，灭耿、霍、灭魏				耿、霍始见。耿、霍亡，魏亡
第六三年		二年，共仲弑公，季友立僖公	迁阳		使太子申生伐东山皋落氏		狄来伐，杀懿公，宋人立戴公以保遗民		阳始见。阳亡，虢公败犬戎于渭汭。犬戎始见
第六四年		僖公元年	会宋曹，救邢，邢迁于夷仪，会郑、宋、曹、邾于柽，谋救郑	楚来伐		伐郑，以其即齐也			

201

续表

	周	鲁	齐	郑	晋	楚	宋	卫	列国
第六五年		二年	城楚丘，以封卫，会宋公、江人、黄人盟于贯	楚来伐	与虞师灭下阳	伐郑			江、黄始见
第六六年		三年，季友如齐莅盟	复会阳谷，以谋伐楚	楚来伐		伐郑			徐人取舒，舒始见，舒亡
第六七年		四年，从齐侵蔡，伐楚伐陈	会鲁、宋、陈、卫、曹、许侵蔡，遂伐楚，楚来盟于召陵，会诸侯伐陈						
第六八年		五年	会诸侯盟于首止，郑伯逃归	逃首止之盟	杀其世子申生，灭虢，灭虞	灭弦			弦始见。弦亡，虢亡，虞亡
第六九年		六年	会诸侯伐郑，遂救许	齐来伐		围许救郑			
第七〇年	惠王崩	七年	复伐郑，郑服，盟于宁母	请盟于齐					
第七一年	襄王元年	八年	会于洮，以谋王室		狄来伐				
第七二年		九年	会宰周公及诸侯盟于葵丘，以师会秦师，纳惠公夷吾于晋		献公诡诸卒，里克杀其君之子奚齐，荀息立卓子		宋桓公卒，公子目夷让国于襄公		秦始见

续表

	周	鲁	齐	郑	晋	楚	宋	卫	列国
第七三年		十年			里克弑其君卓子及其大夫荀息,惠公立,杀里克				
第七四年	王子带召戎伐京师,秦晋救周	十一年			与秦伐戎救周				
第七五年	王讨子带,子带奔齐	十二年	使管仲平戎于王,隰朋平戎于晋			灭黄		诸侯城楚丘	黄亡
第七六年	诸侯戍周	十三年	会诸侯于咸,以淮夷病杞也						
第七七年		十四年,鄫来朝	城缘陵以迁杞						鄫始见
第七八年		十五年	会诸侯救徐伐厉		与秦战于韩,秦获晋侯	伐徐			厉始见
第七九年		十六年,季友卒	会诸侯于淮谋鄫						
第八〇年		十七年,灭项	与徐人伐英。十有二月,桓公小白卒,齐内乱						项始见。项亡。英始见
第八一年		十八年	宋以诸侯来伐,纳孝公	始朝于楚		郑来朝	襄公以诸侯伐齐,图霸	邢人、狄人来伐	秦取梁新里。梁始见

203

续表

	周	鲁	齐	郑	晋	楚	宋	卫	列国
第八二年		十九年					执滕子,与曹邾盟,图曹		梁亡
第八三年		二十年,郜来朝				伐随		入滑	
第八四年		二十一年				执宋公以伐宋	会诸侯于鹿上,又会于盂,楚执公来伐		邾灭须句
第八五年		二十二年,伐邾,取须句		宋来伐	秦晋迁陆浑之戎于伊川	伐宋,败之	与楚战于泓,败绩		
第八六年		二十三年	伐宋		惠公夷吾卒		襄公兹父卒		

第二表

	周	鲁	晋	楚	齐	秦	郑	列国
第八七年	子带作乱，王出居于郑	僖公二十四年	晋人杀怀公，秦纳公子重耳于晋，是为文公	与宋平		纳晋公	王来，处于氾	宋与楚平
第八八年	晋侯纳王，朝王	二十五年	围温，纳王，王赐以阳樊、温、原、欑茅之田，晋始启南阳	围陈，纳顿子		将纳王，晋辞之，与晋伐鄀		卫灭邢，邢亡
第八九年		二十六年，齐来伐		鲁来乞师灭夔伐宋，以其即晋也	伐鲁			夔始见，夔亡
第九〇年		二十七年，杞用夷礼来朝		率陈、蔡、郑、许围宋				
第九一年	天王狩于河阳，诸侯朝王于王所。王策命晋侯为侯伯	二十八年，始去楚即晋	春，侵曹，伐卫。四月，遂率齐师、宋师、秦师与楚人战于城濮，楚败。五月，会齐、宋、陈、蔡、郑、卫、莒盟于践土，陈、蔡、郑始服。冬，会鲁、齐、宋、蔡、郑、陈、莒、邾、秦于温，鲁始服天王，狩于河阳，晋召。执卫侯归之于京师。率诸侯围许，曹会焉，曹始服。王策命文公为伯，始作三行以御狄	率陈蔡与晋战于城濮，败绩，杀其大夫得臣。卫侯来奔，旋为晋所执	从晋战楚	从晋战楚	五月，从晋盟于衡雍，去楚即晋也	曹、卫、陈、蔡皆去楚即晋
第九二年		二十九年，东夷介葛卢来朝	会诸侯盟于翟泉，谋伐郑，郑未服也					介始见
第九三年		三十年，襄仲聘晋，初聘也	与秦师围郑，秦私与郑盟，郑旋许之，晋秦始交恶		狄来侵	与晋伐郑，秦先退	晋秦来伐，秦先退，立公子兰，求成于晋	卫杀元咺及公子瑕，卫侯归于卫

续表

	周	鲁	晋	楚	齐	秦	郑	列国
第九四年		三十一年，分曹、济西地	作五军以御狄					狄围卫，卫迁于帝丘
第九五年		三十二年	春，始与楚平。冬，文公重耳卒，子襄公立	请平于晋，晋报之。晋楚始通			卫来侵	卫人侵狄，侵郑
第九六年		三十三年，伐邾，朝齐。十二月，公薨	四月，率姜戎败秦师于殽。八月，败狄于箕，先轸卒，冬，率陈郑伐许	侵陈蔡，陈蔡请成，遂伐郑	狄来侵，鲁来朝，吊狄难	入滑，晋败我于殽	从晋伐许，楚旋来伐	滑亡。是岁，陈蔡复去晋即楚
第九七年		文公元年	伐卫，取戚，以其侵郑也	商臣弑其父成王，自立	鲁来聘			卫侵郑，晋伐之
第九八年		二年，晋来伐，公遂朝晋	二月，秦来伐，败之于彭衙，使阳处父盟鲁以耻之。会诸侯于垂陇，讨卫，卫请成。五月，秦复来伐			五月，伐晋，晋不出		
第九九年		三年	春，率诸侯伐沈，以其服楚也，沈溃。秋，伐楚救江，秦来伐，取二邑	伐江，晋来伐，以救江		伐晋，晋不出，遂霸西戎		
第一〇〇年		四年	卫侯来朝	灭江				江亡
第一〇一年		五年	伐秦	灭六，灭蓼		入鄀		六、蓼始见。六蓼亡
第一〇二年		六年	赵盾始执政。八月，襄公欢卒			穆公任好卒		
第一〇三年		七年，伐邾	赵盾立灵公，败秦师于令狐，先蔑、士会奔秦，返卫侵地			送晋公子子雍于晋，为晋所败		宋成公王臣卒，昭公将去群公子，宋乱，徐伐莒
第一〇四年	襄王崩	八年	秦来伐			伐晋		

续表

	周	鲁	晋	楚	齐	秦	郑	列国
第一〇五年	顷王元年	九年，楚来聘	楚代郑，救之不及	伐郑，遂伐陈，郑陈皆去晋即楚			楚来伐晋，救不及，遂与楚平	
第一〇六年		十年	春，伐秦。夏，秦伐我	会陈、蔡、郑于厥貉，谋伐宋，宋服		春，晋伐我。夏，伐晋		是岁，宋、郑、陈、蔡皆即楚
第一〇七年		十一年，郐瞒来侵		伐麇，败之				麇始见
第一〇八年		十二年	与秦战河曲	围巢		与晋战河曲		巢始见
第一〇九年		十三年						
第一一〇年	顷王崩	十四年	会鲁、宋、陈、卫、郑、许、曹盟于新城，陈、郑、宋再即晋		公子商人弑其君舍		与晋盟新城	
第一一一年	匡王元年	十五年，齐侵我	六月，伐蔡。十一月，会诸侯盟于扈，蔡服也		侵鲁，晋谋讨之，不果			是岁，宋、郑、陈、蔡皆即晋
第一一二年		十六年		大饥，戎蛮庸、麇、濮叛楚，楚遂以秦人、巴人伐庸，灭之	从楚灭庸，秦楚睦始此			庸亡，宋人弑其君杵臼
第一一三年		十七年，齐伐我	会诸侯于扈，平宋		伐鲁		晋行成	
第一一四年		十八年，公薨，襄仲弑公子，立宣公			弑其君商人			
第一一五年	匡王崩	宣公元年	伐宋讨弑君，宋受盟，又会于扈，将为鲁伐齐，皆取赂而还。晋始不竞。郑即楚，伐之，无功	侵陈，宋晋伐郑以救之		晋求成，不报	受盟于楚	

续表

	周	鲁	晋	楚	齐	秦	郑	列国
第一一六年	定王元年	二年	率宋、卫、陈侵郑，以其伐宋也。秦伐我，赵盾弑其君			伐晋	受命于楚，伐宋	
第一一七年		三年	秦伐郑，郑来平	伐陆浑之戎，观兵于周疆。秋，伐郑			春，晋伐我，去楚即晋。秋，楚伐我	
第一一八年		四年		灭若敖氏。冬，伐郑			公子归生弑其君。冬，楚伐我	
第一一九年		五年	楚伐郑，陈及楚平，晋救郑伐陈	伐郑。陈来平			楚伐我	陈及楚平
第一二〇年		六年	侵陈					
第一二一年		七年						
第一二二年		八年	率白狄伐秦	灭舒，灭蓼				舒、蓼亡
第一二三年		九年	救郑	伐郑				
第一二四年		十年	以诸侯之师戍郑	伐郑				陈弑其君
第一二五年		十一年	会狄于欑函	伐郑，郑受盟，遂侵宋，讨陈弑君			又即楚，仍贰于晋	
第一二六年		十二年	与楚战于邲，败绩	围郑，克之，遂及晋战于邲，晋师败绩，灭萧			服于楚	自是陈、郑、许皆服于楚，萧亡
第一二七年		十三年	赤狄伐我	伐宋	伐莒			
第一二八年		十四年	伐郑，无功，楚来聘	围宋				
第一二九年		十五年，始即楚	秦伐我，败赤狄，灭潞	宋人来平		伐晋		自是鲁宋皆服于楚
第一三〇年		十六年	灭赤狄甲氏及留吁、铎辰					

续表

	周	鲁	晋	楚	齐	秦	郑	列国
第一三一年		十七年						
第一三二年		十八年，公薨	郤克执政	庄王旅卒				
第一三三年		成公元年，复与晋盟	鲁来盟					
第一三四年		二年，齐伐我。六月，会晋卫伐齐	郤克会鲁、卫、曹与齐战于鞍，齐师败绩	侵卫，会鲁、宋、秦、陈、蔡、卫、齐、许、曹、邾、薛、鄫盟于蜀	与晋战于鞍，败绩，归鲁汶阳之田			
第一三五年		三年	以诸侯伐郑，伐廧咎如，作六军		朝晋		伐许，诸侯来伐	
第一三六年		四年	栾书执政					
第一三七年	定王崩	五年	会鲁、宋、卫、郑、曹、邾、杞盟于虫牢，郑服也				求成于晋	
第一三八年	简王元年	六年，以晋命伐宋	迁都于新田，救郑，遂侵蔡	伐郑，以申息之师救蔡				
第一三九年		七年	率鲁、齐、宋、卫、曹、莒、邾、杞救郑	伐郑				吴伐郑，吴始见，吴入州来
第一四〇年		八年	侵蔡，遂侵楚，使申公巫臣如吴。晋吴始通以病楚	晋侵我	晋使鲁归汶阳之田			
第一四一年		九年	会鲁、齐、宋、卫、郑、曹、莒、杞盟于蒲，将会吴，吴不至。秦白狄伐我。郑伯来朝以其贰于楚，执之	伐莒入郓			围许，会楚于邓	
第一四二年		十年	景公獳卒					

续表

	周	鲁	晋	楚	齐	秦	郑	列国
第一四三年		十一年	欲与秦成，秦不肯涉河，各遣臣就盟，秦归而背之			与晋盟，旋背之		宋华元谋合晋楚之成
第一四四年		十二年	宋华元合晋楚之成。五月，晋楚会于宋，晋楚交聘，败狄于交刚	与晋会于宋				
第一四五年		十三年						
第一四六年		十四年	使吕相绝，秦遂率鲁、齐、宋、卫、郑、曹、邾、滕伐秦，败之			晋伐我	伐许	
第一四七年		十五年	以诸侯之大夫会吴于钟离	侵郑，遂侵卫，许迁于楚			楚侵，我亦侵楚	吴会于钟离，始通上国
第一四八年		十六年	郑叛，伐之，与楚郑战于鄢陵，楚郑败绩，率周、鲁、齐、邾再伐郑，遂侵陈蔡	救郑，败于鄢陵			叛晋，晋人来伐	
第一四九年		十七年	夏秋两伐郑厉公，杀三郤	灭舒、庸			晋伐我	舒、庸亡
第一五〇年		十八年，公薨	栾书、中行偃弑厉公，立悼公，救宋				伐宋	
第一五一年	简王崩	襄公元年	率鲁、齐、曹、邾、杞伐宋，韩厥执政	侵宋			晋伐我	
第一五二年	灵王元年	二年	城虎牢以逼郑	使郑侵宋	伐莱		侵宋	
第一五三年		三年	会周、鲁、齐、宋、卫、郑、莒盟于鸡泽，郑服也，伐许	伐吴，吴伐我				
第一五四年		四年	使魏绛和诸戎					
第一五五年		五年，季文子卒	吴来聘	伐陈，陈服				

续表

	周	鲁	晋	楚	齐	秦	郑	列国
第一五六年		六年	会鲁、宋、齐、陈、卫、郑、曹、莒、邾、滕、薛、吴、鄫于戚始列盟会	伐陈，晋救之	灭莱			莒灭鄫，莱亡，鄫亡
第一五七年		七年	知䓨执政					
第一五八年		八年		伐郑，郑人请成			侵蔡。冬，楚伐我	
第一五九年		九年	会鲁、齐、宋、卫、曹、莒、邾、滕、薛、杞、小邾伐郑，郑受盟	伐郑，郑人请成		侵晋	晋伐我，请成，楚伐我	
第一六〇年		十年	会诸侯伐郑，戍虎牢，灭偪阳以予宋	救郑，伐宋，侵鲁，围萧			侵卫、宋、鲁、晋伐我	
第一六一年		十一年，作三军，分公室	会诸侯伐郑，郑请成，同盟于亳，郑旋伐宋，诸侯复伐郑，郑请成，秦伐我	郑请成于晋，会秦伐之		会楚伐郑，伐晋	四月，晋伐我，请成，楚伐我，亦请成。七月，晋伐我，又请成	
第一六二年		十二年	伐宋					
第一六三年		十三年	荀偃执政	共王审卒，吴侵我，败之				吴始病楚
第一六四年		十四年	会诸侯会吴于向，谋楚，会诸侯伐秦，会诸侯盟于戚	伐吴				吴季札辞国，卫人出其君
第一六五年		十五年	悼公周卒					

第三表

	周	鲁	晋	楚	齐	秦	宋郑	吴越	列国
第一六六年		襄公十六年,齐伐我	会诸侯于湨梁,大夫盟。执莒子、邾子会诸侯伐许,遂伐楚	晋伐我	伐鲁				
第一六七年		十七年			伐鲁		宋伐陈		卫伐曹
第一六八年		十八年	会诸侯伐齐	伐郑	伐鲁,晋会诸侯伐我				
第一六九年		十九年	士匄执政						
第一七○年		二十年	会诸侯盟于澶渊,齐成也						
第一七一年		二十一年	逐栾氏						
第一七二年		二十二年							
第一七三年		二十三年,季孙、孟孙皆废长立少	栾盈以曲沃叛,范氏讨灭之,齐伐我,鲁救我		伐卫,遂伐晋,还,伐莒				
第一七四年		二十四年,侵齐	伐齐,救郑	伐吴,伐郑	鲁侵我,晋会诸侯伐我		楚伐郑	楚伐吴	
第一七五年		二十五年	伐齐,赂而还,与秦盟,赵武执政	吴伐我,大败之,遂灭舒鸠	崔杼弑其君,晋伐我,受赂而还	与晋盟	郑伐陈	吴伐楚	
第一七六年		二十六年		伐郑			楚伐郑		卫宁喜弑其君
第一七七年		二十七年,同盟于宋	与楚及诸侯盟于宋	与晋及诸侯盟于宋	不与于宋盟,庆封灭崔氏	不与于宋盟	宋向戌倡弭兵,合晋楚及诸侯之大夫盟于宋	吴不与于宋之盟	列国同盟者:卫、陈、蔡、曹、许、滕、邾

续表

	周	鲁	晋	楚	齐	秦	宋郑	吴越	列国
第一七八年	灵王崩	二十八年	诸侯以宋之盟来朝	诸侯以宋之盟来朝，康王卒	逐庆封，陈氏始大				
第一七九年	景王元年	二十九年		王子围为令尹				吴季札历聘上国	
第一八〇年		三十年					郑子产始执政		
第一八一年		三十一年，公薨	吴来聘						
第一八二年		昭公元年	与楚及诸侯之大夫盟于虢，修宋之盟。赵武卒，韩起执政，历聘各国	公子围弑其君自立					
第一八三年		二年							
第一八四年		三年							
第一八五年		四年，取鄫		会陈、蔡、郑、许、宋、徐、滕、顿、胡、沈、小邾、淮夷于申。执徐子，以诸侯伐吴，遂灭赖				秋，楚伐吴。冬，吴伐楚	
第一八六年		五年，舍中军，四分公室		以诸侯及东夷伐吴，越率师来会，越始见				越会楚伐吴	
第一八七年		六年		伐徐，吴救之，遂伐吴	伐北燕				
第一八八年		七年		鲁来朝	与燕平				

续表

	周	鲁	晋	楚	齐	秦	宋郑	吴越	列国
第一八九年		八年		灭陈					
第一九〇年		九年	率阴戎伐周邑						
第一九一年		十年	平公彪卒		陈氏、鲍氏灭栾氏、高氏				
第一九二年		十一年	会诸侯于厥慭，谋救蔡，不果	灭蔡					
第一九三年		十二年	伐鲜虞	围徐以惧吴，王次于乾溪		纳北燕伯			
第一九四年		十三年	会诸侯盟于平丘，执鲁季孙，晋霸遂寖	公子比弑其君，公子弃疾杀比自立					
第一九五年		十四年							
第一九六年		十五年	伐鲜虞						
第一九七年		十六年		取蛮氏	伐徐				
第一九八年		十七年	灭陆浑之戎	与吴战于长岸					
第一九九年		十八年							
第二〇〇年		十九年							
第二〇一年		二十年					郑子产卒		
第二〇二年		二十一年							
第二〇三年	景王崩	二十二年		灭鼓，讨王子朝，纳悼王					
第二〇四年	敬王元年，王子朝之乱	二十三年		吴伐州来，救之，师败，令尹死焉，囊瓦为令尹，城郢				吴伐州来，楚救之。吴败楚、顿、胡、沈、蔡、陈、许之师于鸡泽	

续表

	周	鲁	晋	楚	齐	秦	宋郑	吴越	列国
第二〇五年		二十四年		为舟师以伐吴,吴败之				吴败楚师,灭巢及钟离,越从楚伐吴	
第二〇六年		二十五年,公伐季氏,败,孙于齐							
第二〇七年		二十六年	纳敬王	平王卒	取郓,处鲁侯				
第二〇八年		二十七年		吴伐我				吴伐楚,不克,公子光弑王僚	
第二〇九年		二十八年	魏舒执政,灭祁氏、羊舌氏						
第二一〇年		二十九年							
第二一一年		三十年		受吴亡公子,吴灭徐,徐子来奔				吴灭徐,作三师以病楚	
第二一二年		三十一年		吴侵我				吴侵楚	
第二一三年		三十二年,公薨	会诸侯城成周						
第二一四年		定公元年							
第二一五年		二年		伐吴败于豫章				楚伐吴	
第二一六年		三年	范鞅执政						
第二一七年		四年	盟召陵,侵楚	吴伐我,入郢,昭王出亡				吴伐楚,入郢	
第二一八年		五年,阳虎执季桓子		秦来救,昭王复国		救楚		吴师去楚,越入吴	

中国上古史

续表

	周	鲁	晋	楚	齐	秦	宋郑	吴越	列国
第二一九年		六年	子朝余党作乱，王来奔	徙都鄀			郑灭许		燕简公元年
第二二〇年		七年	纳王		侵卫				
第二二一年		八年，齐伐我，阳虎叛	侵郑卫		伐晋				
第二二二年		九年，阳虎奔齐	齐卫伐我						
第二二三年		十年，会齐于夹谷，孔子相	围卫		会夹谷，返鲁侵地				
第二二四年		十一年	鲁始叛						
第二二五年		十二年，堕二都			鲁来会				
第二二六年		十三年，孔子去鲁	赵鞅以晋阳叛，遂执政，齐卫伐我		伐晋			越王句践立	
第二二七年		十四年	赵鞅伐范氏、中行氏	灭顿				赵败吴于檇李，吴子光卒	卫太子蒯聩奔宋
第二二八年		十五年		灭胡				吴王夫差立	
第二二九年		哀公元年	赵氏围范氏、中行氏于朝歌	围蔡	伐晋			吴入越，越行成	
第二三〇年		二年	与齐郑战于铁，败郑						卫灵公卒，孙辄立
第二三一年		三年							
第二三二年		四年							
第二三三年		五年	逐范氏、中行氏						
第二三四年		六年		救陈				吴伐陈	

续表

	周	鲁	晋	楚	齐	秦	宋郑	吴越	列国
第二三五年		七年，会吴						鲁会吴于鄫	
第二三六年		八年					宋灭曹	吴伐鲁	曹亡
第二三七年		九年		伐陈			宋伐郑		
第二三八年		十年	伐齐	伐陈				吴伐齐	
第二三九年		十一年，孔子自卫反鲁						吴伐齐	
第二四〇年		十二年							
第二四一年		十三年	与吴会于黄池	伐陈				吴晋会黄池，越入吴	
第二四二年		十四年，西狩获麟，《春秋》绝笔			田常弑简公				

战国载记

纪列国疆域形势章第一

春秋史域,惟在山西、河南、山东、湖北四省及江苏北部、陕西东部之一小分,逮其晚年,则安徽、江西、浙江,渐见史迹。战国之世,除两广、福建、云贵外,今各行省,悉编版籍矣。其陕西省则曾分隶秦、魏、楚、赵四国,山西则曾分隶魏、赵、韩三国,直隶则曾分隶燕、赵、齐、卫、中山五国,山东则曾分隶齐、宋、卫三国,其间尤有泗上诸小侯国,河南则曾分隶周、韩、魏、楚、宋、卫六国,甘肃曾分隶秦、赵二国,四川曾分隶秦、楚二国,江苏曾分隶宋、楚、越三国,安徽曾分隶楚、魏、宋三国,两湖、江西曾全隶楚国,浙江曾全隶越国,后乃次第展转入于秦,此其大较也。其先后离合既不常,故难以确指。就周及七雄,示其初期领域之梗概,其诸要地之攻取,则分见于次章。

周 周疆域在各国中为最狭,而三百年间,变迁较少。盖其地既不足贪，亦惮于犯共主也。汉志（《汉书·地理志》省称，下同）称河南、洛阳、谷城、平阴、偃师、巩、缑氏，皆周故地。盖在今河南河洛道之东北偏，有洛阳、偃师、巩、孟津四县，沿陇海铁路东尽巩县，西尽洛阳，北距河南带伊阙（即龙门）、辕辕（今偃师县治南七十里）至宜阳、登封两县界而止。然且分为二周，西周治洛，东周治巩，时复侵阅，愈用局促，至季年盖少分先入韩（一六六年，即秦庄襄元年，韩献成皋、巩，见《秦本纪》，是巩先已入韩也），既乃尽入于秦云。

魏 战国之初，魏最强，盖分地得晋中权，形势雄要。故亦袭晋名，魏惠王语孟子所谓晋国天下莫强也。（《史记》、《战国策》凡称晋者，皆指魏）其都凡四迁：春秋晋献公时，封毕万于魏，即晋所灭之故魏国也（今山西河东道芮城县）；悼子徙霍，故霍国也（今河东道霍县）；昭子徙安邑，故夏都也（今河东道夏县）；惠王徙大梁，即汴梁，后此五代宋金之建都也（今河南省城）。其地分四部，曰河东、河西、河内、河外。河西地在今陕西境，西距河，东距洛，今陕西关中道内，旧同、华、商等州所属诸县，榆林道旧延安府、绥德州所属诸县，及鄜州所属北东境诸县是也。其在今榆林道内者亦称上郡，河西上郡之西边，与秦为界，有长城，南自今华县、郑县西北过渭水滨洛水南岸向北，经鄜县极北达榆林，蜿蜒千余里，而上郡东鄙则界赵焉。河东地在今山西境，西距河，东距汾，今河东道境内旧蒲、绛、解、吉、隰等州所属诸县，旧平阳府所属之汾城县，及冀宁道内旧泽州所属之晋城、阳城等县是也，其故都安邑在焉。自汾城以北，与赵为界，河东、河内皆在大河之北，地势本相属，而有韩之上党纵断其间，故析为二部：上党西称河东，上党东称河内。河内跨今河南、直隶两省：其在河南者，即故殷墟，有今河北道境内旧卫辉、怀庆二府所属诸县，及旧彰德府所属南境诸县；其在直隶者，有今大名道境内旧大名府所属诸县。北与赵为界，东与齐为界，而卫实虱于其间，卫虽褊小，然终战国之世不亡，其地惟东界齐，北、西、南皆界魏，卫实在魏之封域中也。（卫地跨今直隶、山东、河南三省）河外在今河南境西，错入安徽、山东之边，亦分为两部，不相联属。西部有今河洛道境内陕县、灵宝、阌乡、卢氏诸县，汝阳境内之舞阳，西界秦，南界楚；东部有今开封道境内旧开封府及许州所属诸县（中与宋、卫、韩错壤）。今汝阳道境内旧汝南府所属诸县（中与楚错境），其极东乃至今山东济宁道之菏泽、曹县，其极南乃至今安徽淮泗道之阜阳县（苏秦说魏惠王云：王之地南有新郪。新郪故城在今阜阳县西北），盖东界齐宋，南界楚，新都大梁在焉。东西两部之间，有韩周横梗，以陇海铁路所经明之。商邱驿为宋地，自是而西，历宁陵、睢县、杞县、陈留、开封、中牟、郑县以东皆魏地，由郑县历荥阳至巩县皆韩地，自巩县历偃师至洛阳皆周地，西则新安、黾池又为韩地，更西则陕县、灵宝、阌乡又为魏地，此魏形势之大凡也。范雎曰：韩魏中国之处，而天下之枢也。顿子曰：魏天下之胸腹。司马迁亦曰：昔唐人都河东，殷人都河内，周人都河南，夫三河在天下之中，若鼎足，王者所更居也。三河之枢，魏实绾之。魏之为重于天下宜矣，然亦以处天下之中，环周皆强国，末由斥境以自广，终战国之世，魏地有蹙而无辟，文侯尝一克中山（前七三年，谓战国前纪之第七十三年也，后仿此参观年表），不能有也，而卒归于赵。不宁惟是，其国川原平旷，乏险可守，故张仪说惠王曰：魏地四平，诸侯四通辐凑，无名山大川之限。梁之地势，固战场也。齐攻其东，赵攻其北，韩攻其西，楚攻其南，四分五裂之道也。言虽恫喝，于势实审。当其盛时，守在河西，足以自强。及与秦遇而不克支，失少梁，五十年（谓战国本纪之第五十年也，后仿此）失雕阴（七十一年），尽纳河西地（七十四年），并及上郡（七十六年），大河之势全失。盖自去安邑徙大梁以后（六十四年），魏之命运定矣（地名今释详下文）。

韩 韩都五迁：晋封韩武子于韩原（今陕西关中道韩城县）；宣子徙居州（今河南河北道泗阳县）；贞子徙平阳，故尧都也（今山西河东道临汾县）；景侯徙阳翟（今河南开封道禹县）；哀侯徙郑，故郑都也（今开封道郑县）。其地分二部，本部在今河南境，别部曰上党，在今山西境。其本部当初分晋时，西境极今河洛道之西徼，逼近潼关，与秦魏为界，黾池、殽函皆在境内。（黾池即今渑池县，二崤在县境史称秦攻商君杀之于郑黾池，郑即韩也。其时黾池犹为韩地，贾谊称秦孝公据殽函之固，盖指潼关一隅耳，说详下）东亦极今河洛道之东徼登封、临汝县境，与郑为界。北则与周魏为界。南有旧河南府之南部（旧河南府除前条周四县外，皆韩地），沿汝水与楚为界，西南至今汝阳道之内乡县北境商城县东境，各与楚秦为界。其别部上党则在大河以北，有今山西河东道境内旧平阳府之一部及冀宁道境内旧潞安府泽州之全部，斗入魏境数百里而纵断之。此战国初之韩疆也。初三家分智伯地，段规谓韩康子曰：必取成皋。康子曰：石溜之地，安所用之。规曰：不然，一里之厚而动千里之权者，地利也，用臣言则郑为韩有矣。及入战国，而韩卒灭郑（二十九年），兼有春秋郑许二国地，跨今开封道之半，而东与魏为界。自是韩亦称郑焉。（《史记》、《战国策》凡称郑者皆指韩）西扼桃林之塞，东据虎牢之险，虢略十邑，其八在韩。故顿子曰：韩，天下之咽喉也。然其周遭见胁列强，不克展拓，乃甚于魏。加以地处四冲，自春秋来，久为争的，故其人儇巧善趋避而不武。战国之世，七雄无岁不战，各有武功可纪，惟韩独无，而常首鼠于纵横两派之间。韩袭郑名，信哉，其肖郑也。自宜阳武遂入秦（九十七年、一百○一年），所谓天险者已资敌为制我之资。苏秦说赵王曰：秦攻韩魏，无名山大川之限，稍蚕食之，傅国都而止；又说楚王曰：韩魏所以重畏秦者，为与秦接境，兵不出十日，而战胜存亡之机决矣。张仪说韩王曰：大王不事秦，秦下甲据宜阳，断韩之上地（指上党），塞成皋，则王之国分矣。其后秦之灭韩，果先取南阳（此春秋之南阳，非今之南阳，说详下），绝太行道（一百五十一年），上党遂不能守，转以予赵（一百五十三年），卒乃献荥阳、成皋（一百六十五年），秦亦拔上党（一百六十七年），而韩遂为秦藩矣。

赵 终战国之世，能倔强与秦亢者莫如赵。虽曰国有人焉，亦形势然矣。赵始封于耿（今山西河东道河津县），成子居原，故原国也（今河南河北道济源县）。简子居晋阳（今山西省治），献侯治、中牟（今河南河北道汤阴县），后复居晋阳，肃侯徙都邯郸（今直隶大名道邯郸县）。其地跨今山西、直隶两省，错入河南、山东，后拓境越陕西之西北。其在山西者自今冀宁道之辽县、泗县、赵城、石楼以北，北抵长城，而南与魏为界，西阻河，界魏之上郡；其在直隶者，有今保定道之全境（保定道内定、曲阳、深泽三县本中山地，武灵王灭中山，地尽入赵）、大名道之大半（大名道除旧大名府属与山东、河南错壤之数县属魏外，其余皆属赵）、津海道西偏旧河间府属之诸县，而东与燕齐为界；其在河南者，有今河北道北偏诸县（临漳、内黄、武安、涉等县），南与魏为界。以京汉铁路所经明之，则涿县、定兴间，燕赵界也。汤阴、淇县间，赵魏界也。此战国初赵疆域之大凡也。及武灵王廓境（九十八年至一百○四年），置雁门代郡，则北尽山西之北境（今雁门道全境），入察哈尔、绥远边界，东北有直隶口北道西偏诸县（怀安、阳原、蔚县等），西北至云中九原，则有陕西榆林道以北，包河套抵甘肃境矣。苏秦说赵肃侯曰：当今山东之国，莫如赵强，地方三千余里。其时之赵，固已若是（事在七十一年，距武灵王廓境前三十年），武灵所廓又不下千余里，其强大可想。苏秦又曰：秦所害于天下者，莫如赵。然而不敢举兵伐赵者，畏韩魏之议其后也。故韩之南蔽也，虽韩魏翦灭后，秦犹无如赵何？先后间廉颇、李牧去之，然后始能以得志，赵亦一世之雄哉。

燕 燕自周初建国，历数百年未尝为重于天下，入战国乃为七雄之一。始都易（今直隶津海道易县），后并蓟地迁焉，即今京师也。全境在今直隶，并跨奉天、热河。战国初，有今京兆及津海道境内旧天津府及遵化州所属各县。昭王时（百十四十五年间），其将秦开破东胡楼烦，拓地千余里，置上谷、渔阳、右北平、辽东、辽西诸郡，于是东北有津海道旧永平府所属诸县，更奄包辽东半岛，逼距朝鲜，环今京奉铁路、安东铁路以内，率皆燕地也。西北更有今口北道之泰半（今口北道全境皆燕之上谷郡，初全属燕，其后赵伐燕取三十六城，故有数县属赵，如前条所述），热河属之旧承德府各县亦在焉，此燕境最恢之时矣。苏秦说赵王曰：燕固弱国，不足畏也。其说燕王曰：秦之攻燕也，逾云中、九原，过代、上谷，弥地踵道数千里，虽得燕城，不能守。秦之不能害燕亦明矣。故终战国之世，燕常与齐赵相攻取。齐尝墟燕（九十年），燕亦尝墟齐（百三十年），与赵从亲则安，否则恒有赵患，而齐赵亦恒视燕向背为安危。故苏代曰：天下战国七，而燕处弱焉，独战不能有所附则无不重也。然二百余年间，秦兵未始一加于燕，及赵亡，则秦师不再举而燕下矣。苏秦又曰：秦之攻燕，战于千里之外；赵之攻燕，战于百里之内。夫始皇灭燕时，则固战于百里之内也。

齐　齐表东海，在春秋即称雄国。自献公（周历王时）居临淄（胶东道临淄县），历春秋战国六百余年不徙。诸国宅都之久，未若齐临淄者也。战国齐全盛时，奄有今山东省十之九，济南、东临、胶东三道皆隶焉。东三面襟海，北则跨直隶津海道内旧天津府沧州、景州所属各县，北界燕，西界赵，今津浦铁路北段所经，则沧县以北为燕，其南为齐也。今山东济宁道境，其旧沂州府全属及旧兖州府属之宁阳、汶上、邹、滕四县皆齐境，余则宋及泗上十二小诸侯地，十二小侯不能悉举其名，鲁、邹、滕、薛、郳等其可考者也，皆在旧兖州府属。宋于七雄外最为强大。其地有山东济宁道之菏泽、曹、定陶、单、武城、巨野、金乡、鱼台等县，有河南开封道之商邱、虞城、夏邑、永城等县，有江苏徐海道旧徐州府属之全境，安徽淮泗道之宿、亳二县。及齐、楚、魏分宋（一二八年），山东境内宋地尽入齐，齐于是奄有全省。其未入版图者，旧兖州府、泰安府属一小分而已（泗上小侯，次第为宋所灭，分宋后地入齐），齐前此南与宋为界，至是则与楚为界。今津浦铁路所经滕县与徐州之间，则齐楚界也。田肯曰：齐有琅琊、即墨之饶，南有泰山之固，西有浊河之限，北有渤海之利，地方二千余里，持戟百万，县隔千里之外，此东秦也。秦之无如齐何，犹齐之无如秦何。故终战国之世，秦加兵于齐者仅二度（一二九年、一四四年），而皆不能为齐病。齐之亡，则大势既去，望风降服而已。

楚 楚当春秋之季，尝一度大创于吴，然吴未能略楚寸地也。及赵灭吴而不能正江淮以北，楚取之地益广，其后灭越分宋，又益广矣。自七十一年至九十一年之时，楚版图称全盛。（七十一年灭越，九十二年秦取我汉中地）北有今河南汝阳道十之八九，与韩魏为界，京汉铁路所经郾城、西平间，则魏楚界也（汝阳道舞阳县以北属魏，内乡县以北属韩）；其中权则全有湖北、安徽、江苏三省（时安徽、江苏尚有一部分属宋，见前条），南则有江西之浔阳、庐陵、豫章三道（赣南未开），湖南全省；东则有浙江之钱塘、金华、会稽三道（瓯海为百越所散居）；西则有陕西汉中道及四川东川道之半（其时汉中道南郑以西属秦，其东属楚）。当是时楚地盖半天下。自怀王丧师，西境陕西、四川之地去矣。（九十二至一〇六年）然旋复灭宋分其地。（一二八年）从燕伐齐，取淮北（一三〇年），于是尽有江苏、安徽余境，且及山东旧济宁道之旧泰安、兖州二府地。此楚疆沿革之大凡也。《淮南子》曰：楚地南卷沅湘，北绕颍泗，西包巴蜀，东裹郯淮；颍汝以为洫，江汉以为池，垣之以邓林（今邓县），绵之以方城（今裕县）。全楚盛时之形势略具是矣。及汉中巴蜀既失，秦控上游以临楚，楚始不竞。韩魏臣服于秦，楚遂不可复守。苏秦说楚曰：秦之所害于天下莫如楚。王不从亲以孤秦，秦必起两军，一军出武关，一军下黔中，则鄢、郢动矣。张仪说楚曰：秦下甲据宜阳，韩之上地不通，下河东，取成皋，韩必入臣于秦，韩入臣，魏则从风而动，秦攻楚之西，韩魏攻其北，社稷岂得无危哉。苏代约燕王秦正告楚曰：蜀地之中，轻舟出于汶（汶山即岷山），乘夏水而下江，五日而至郢。汉中之甲，轻舟出于巴，乘夏水下汉，四日而至五渚（在宛邓间），寡人积甲宛（宛城今河南汝阳道南阳县），东下随（今湖北江汉道随县），智者不及谋，勇者不及怒。凡此虽当时策士恫愒之言乎，而后此秦之并楚，实遵斯道，地势形便所系之重如是夫。

秦 六国皆并于秦，然秦当战国初，境壤实视诸国最狭，其国界约自西经七度至十度，北纬三十三度半至三十五度耳。其地皆在今陕西，惟故都跨甘肃之东偏，而陕西亦与楚魏共之，秦所得仅三之一也。盖东距洛水，自今关中道东境白水、郃阳间，蒲城、朝邑间，高陵、华县间，蓝田、商县间，与魏之河西地为界。北自榆林道鄜县、甘泉间，与魏之上郡为界，南则有汉中道内旧兴安府属北境诸县。而西南与楚为界，西则尽甘肃渭川道而止。其时秦地之广，乃仅与韩、宋、燕比肩，献、孝、惠、武、昭五世（自二十年至百六十四年），锐意攻克，东侵韩、魏、赵、楚，北灭义渠，南并巴蜀。始皇初立，则既有今山西（河东道）全境及冀宁道之泰半（旧太原汾、泽、潞所属诸县），河南旧怀庆、卫辉（河北道）、开封（开封道）、南阳（汝南道）四府所属诸县，湖北荆南道全境及襄阳道内旧郧、襄两府所属诸县，西南奄举全蜀，北及榆林，尽陕西北鄙，西北有甘肃之泾原道。天下形势，尽在秦矣。越二十余年，遂并天下。荀卿曰：秦国塞险，形势便，山林川谷美，天府之利多，此形胜也。田肯曰：秦带河阻山，隔绝千里，地势便利，其以下兵于诸侯，譬犹居高屋之上建瓴水也。呜呼！先乎秦者有周，后乎秦者有汉，三代之兴，皆以关中，关中诚重于天下哉。

纪六国兴衰梗概章第二

战国各国，各有其全盛时代，亦有中衰而复兴者。前纪七十余年中，各国率划疆自理，无大事可纪（或史阙文），而魏最先强。自前纪五十六七年至本纪三十二三年约五十余年间，魏之全盛时代也，实文侯、武侯两代。盖魏分晋得故都，西据长河两岸，以全河为带，东有南阳（此南阳为故晋之南阳，在今河北道温县、济源、修武诸县境，非今南阳府属地）、虢略（故虢略西部桃林塞，其时属魏，东部则属韩也），形胜为天下最。文侯一时令辟，享国久长（前纪五十六年即位，本纪二十七年卒，在位三十八年），敬礼儒贤，器使才俊，师事子夏、田子方，过段干木之庐必式，任李悝守上地（即上郡，今陕西榆林道内旧延安府绥、鄜两直隶州所属诸县皆是），吴起守西河（即河西地，今陕西关中道，旧同、华两州境），西门豹守邺（今河南河北道临漳县及其附近一带，即汉之魏郡也）。李悝为尽地力之教，盛奖农稼，其言曰：地方百里，提封九万顷，除山泽邑居三分去一，为田六百万亩，治田勤谨，则亩益三斗，不勤则损亦如之。地方百里之增减，辄为粟百八十万石。为平籴法，观数年之通，调节谷价，使农末交利，而御荒有备。近世生计学者所称社会政策，斯其嚆矢也。（悝言籴甚贵伤民，甚贱伤农，善平籴者，必谨观岁有上、中、下熟：上熟收四百石，籴三而余一；中熟三百石，籴二余一；下熟二百石，籴一余一。使民食适足，而谷价适平。小饥则发小熟之所敛，中饥、大饥发中熟、上熟之所敛而籴之）而西门豹在邺，亦凿十二渠，引河漳之水以灌田，后世言水利者祖焉。悝又撰次诸国法，著《法经》六篇，秦汉采之，历二千余年，至明清条例，虽代有增删，然大纲则悝之旧也。悝之治迹，存于史策者弗多，即此数端，其规模弘远可见。卫鞅本魏人，习见悝法治之效，采之以相秦（《晋书·刑法志》云，商鞅受李悝之法以相秦），秦用是强。吴起为我国第一流名将，所著书与司马穰苴、孙武书同为兵家祖。（《汉书·艺文志》有《吴起》四十八篇）初为鲁将，为鲁破齐，既而适魏，文侯以为将，伐秦，屡败之，因使守西河以拒秦。起之为将，卧不设席，行不骑乘，亲裹赢粮，与士卒最下者同衣食，分劳苦，卒有病疽者，起为吮之，故士战不旋踵，咸为死敌。起前后拔秦列城五：曰少梁（前六二、六四年），曰繁，曰庞（前七十一年），曰洛阴，曰郃阳（前七十三年），皆大河以西要地也（凡与秦争之地，其今释皆详秦并六国章）。东则伐中山，克之（前七十三年，乐羊为将），南则败楚于榆关（十三年）。当是时，魏威震天下。武侯承余业（十八年至三十三年），值秦丧乱（十八至二十年，秦有出公之乱），尽取河西地，于是与秦距洛为境，扩地殆过晋全盛时矣。然魏之衰实自兹始。吴起既久在西河，武侯中王错之谮召之还，起至岸门，回望西河，泣数行下，曰：君诚使我毕能，秦可必亡，君今信谗，而不知我，西河之为秦不久矣，魏其削乎！起惧诛，卒奔楚。(起奔楚之年，史失载，《纲目》列之魏武侯元年，当本纪十八年，大约当在此后二三年间)时幸值秦献初立，内难甫夷，未遑外略，故魏犹得席余威以自雄。然前此与秦遇辄胜，后此与秦遇辄败。盖吴起去后，不二十年，而秦尽复其河西故地；不三十年，而魏西河且入秦矣。此魏之失计一也。文侯政策，常欲结三晋同盟以相保而自固(见次章)，盖魏地本横亘韩赵之中，魏睦二国，二国自不能越魏以相残。武侯初立，即改其道，纳赵公子朔之叛，而与之袭赵(十八年，武侯元年)，自是三晋睽涣，迭寻干戈，以为秦资。此魏之失计二也。魏相公叔痤疾革，劝惠王举国以听卫鞅，否则杀之，惠王以为老悖，既不能用鞅，而纵之入秦(四十三年，惠王八年)，习于魏故，既相秦则首以全力图魏。此魏之失计三也。夫魏四战之国，虽袭晋名，其形势与全晋之时则大异。全晋雄据西北，如虎负嵎，尽有天下形胜，南向以临诸国，兵法所谓能为不可胜以待敌之可胜也。故春秋城濮之役，其谋议曰：战而捷必得诸侯，若其不捷，表里山河，必无害也。以晋形胜如彼，而其君臣之持重于战事也特甚。终春秋之世，大战三四而已。魏西有秦，东有齐，北有赵，南有韩楚，其地华离绣错于列强之间，四面及腹心皆受敌(腹心谓韩之上党)。故战国诸国皆可战，惟魏最不可战。韩自知之，故始终未尝以战挑其邻。魏则不然，惠王藉祖父之业，狃于盛强，不戢其武，致四邻汹汹自危，环起与之为难。此魏之失计四也。惠王者，文侯孙，武侯子，在位五十二年(三十五年立，八十五年卒)，战事见于史策者二十七 [(一) 三十四年(惠王元年，下类推)，与韩赵战浊泽。(二) 三十五年，败赵于怀。(三) 同年败韩于马陵。

（四）三十六年，齐伐我，取观。（五）三十八年，与韩伐秦，败绩。（六）三十九年，伐宋，取仪台。（七）四十年，秦伐，败我于石门。（八）四十一年，秦攻我少梁。（九）四十二年，秦复败我少师。（十）同年，败韩赵师于浍。（十一）四十四年，与赵伐齐。（十二）四十五年，楚伐我，决白马之口。（十三）四十七年，伐韩，取朱。（十四）四十四年，侵宋黄池。（十五）五十年，秦败我元里，取少梁。（十六）同年，伐赵，围邯郸，齐楚伐我以救赵；明年，齐败我桂陵。（十七）五十三年，秦围降我固阳。（十八）六十一年，赵攻我首垣。（十九）六十三年，伐韩，齐救韩，败我于马陵。（二十）六十四年，秦卫鞅伐我，虏公子卬。（廿一）同年，齐赵伐我。（廿二）六十五年，与秦战岸门。（廿三）七十一年，秦伐我，取雕阴。（廿四）七十四年，秦围我焦、曲沃。（廿五）七十九年，韩赵伐我，败之。（廿六）八十年，秦伐我，取陕。（廿七）八十一年，楚败我襄陵］，其衅自魏启者十焉。初立二十年间，无战事者四年而已。魏之不竞，始于五十年桂陵之败，其祸自魏之伐赵拔邯郸也。时秦方取魏少梁，惠王失于西而欲取偿于东，乃大举伐赵。韩则朝魏以骄之（魏围邯郸，申不害谓韩昭釐侯曰：我执圭于魏，魏得志于韩，必外靡于天下矣），宋则虚与为援（魏征师于宋伐赵，宋使请于赵曰：请受边城，徐其攻而留其日，以待下吏之有城而已。赵王曰：善。宋因举兵入赵境，围一城。魏王大悦，谓宋助我攻矣）。惠王遂围邯郸经年。赵乞救于齐楚，皆缓救以待魏赵之两敝。明年（五十一年，惠王十八年），邯郸拔，而齐田忌用孙膑之谋，引兵疾袭魏都，魏还自救，遇于桂陵（今山东济宁道曹县境），师覆焉。自是今山东境内无魏地。楚亦乘虚取睢濊之间（睢即睢水，汴河支流濊即浍水，睢濊之间，今河南开封道睢县宁陵、商丘一带），魏东南孔道遂塞（今徐州至开封铁路，前此自商丘以西皆属魏，后此自陈留以西皆属楚）。邯郸终不能有，而东陲骚譻，而魏乃大创。自是与秦赵和会（五十三年与秦盟漳水上，五十六年与赵会阴晋），无兵事者垂十年。越十二年（六十三年，惠王三十年），而复有马陵之败，其祸自魏之伐韩也（《史记·魏世家》作伐赵，《六国表》、《战国策》皆作伐韩，今从《表》、《策》）。魏使庞涓伐韩，五战而五胜，韩东委国以请救于齐，齐使田忌、田婴、田蚡将，孙膑为师，声言将袭魏都以救韩。庞涓去韩奔命，魏更起境内众，使太子申将以御齐，齐师入魏境，故示怯弱，以诱魏逐利，庞涓果弃其步军，率轻骑倍日并行逐之，齐伏兵马陵（今山东东临道濮县境，本卫邑也。时卫服属于魏）。魏师暮夜至，万弩骤发，魏师大乱相失，庞涓死焉，齐乘胜大破魏，虏太子申。盖桂陵之役战河南，今战河北，而皆大败于齐，魏元气雕悴尽矣。孟子所谓梁惠王以土地之故，糜烂其民而战之大败（指围邯郸及桂陵之败），将复之恐不能胜，故驱其所爱子弟以殉之也（指伐韩及马陵之败）。夫魏之敝则秦之利也。明年（六十四年），秦遂伐魏，虏公子卬，大败魏师，献河西地七百里于秦以讲，故都安邑不可复居，东徙大梁。实惠王即位后之三十一年也。盖战国初元六十年间，史迹中枢，皆集于魏。自兹以往，魏惟日忧秦患，自救不瞻，不复为重于天下矣。其末年有公子无忌最贤，力殆足以复振魏国，然卒以谮废，魏遂首为秦灭。语在秦并六国章也。

与魏代兴者，惟楚与齐。楚当春秋之季，既创于吴，旋有内难，百年间不闻有事于中原，盖魏方强于北，而越在其东。（《趣绝书》称句践霸后，即治琅琊，至楚威王灭越，杀王无疆，而无疆子孙居琅琊者犹二世。琅琊，今山东胶东道诸城县境也。然则春秋末战国初越地,盖跨浙江、江苏、山东三省沿海各州县,楚尚未能独有江苏也)巴蜀在其西,常为楚患。[二十七年(楚肃王四年),蜀伐楚,取兹方,于是楚作扞关以拒之(见《史记》),扞关在今四川东川道奉节县;又《华阳国志》称战国初,巴楚数相攻伐,故置江关、阳关;《水经注》于此三关外尚有弱关,皆巴楚防守地。攻争之烈可想]而楚贵族颇横恣,政出多门,是以不能北向。吴起之去魏奔楚也,悼王以为相。起明法审令,捐不急之官,废公族以养战士,徙贵人往实广虚之地,黜游说之言纵横者,于是南平百越,北却三晋,西伐秦,诸侯皆患楚之强。(以上据《史记·吴起传》及《吕氏春秋》,其事当在十八年至廿二年之五年间,然《六国表》、《楚世家》及《战国策》皆不著此五年间有却晋伐秦事,当是阙文)既而悼王卒,贵戚大臣共攻杀起,肃王嗣位,尽诛为乱者,夷七十余家。(二十三年)起虽死而楚政则自兹一新矣。越四十余年,威王灭越,实为楚全盛时代。威王以六十五年即位,盖魏徙大梁之次年,其灭越在七十年,则苏秦约从之前一年也。先是越三世弑君,国大乱,至是越王无疆立,先伐齐,既而伐楚,适齐魏为会以相王。威王怒,伐齐,败之于徐州,遂移师伐越,大败之,杀王无疆,尽取吴故地,东至于浙江。越以此败,诸公族争立,或称王,或称君,滨于海上,朝服于楚。威王又使将军庄蹻将兵,循江上,略巴、蜀、黔中以西。蹻至滇池,地方三百里,旁平地肥饶数千里,以兵威定属楚,欲归报,会秦击夺楚巴、黔中郡,道塞不通,因还以其众王滇,变服从其俗以长之。云南之通上国,自兹始也。苏秦说秦王曰:楚西有黔中(今湖南武陵、辰沅两道全境及湖北荆南道之长阳、公安、五峰等县,皆楚黔中地)、巫郡(今四川东川道旧夔州府所属各县及湖北荆南道之巴东、恩施、建始三县，皆楚巫郡地），东有夏州（今汉口）、海阳（旧说谓指扬州海陵，即今江苏淮扬道之泰县也。此盖泛指徐扬一带），南有洞庭、苍梧（苍梧，旧说但称零陵南，其包及今广西境与否不敢断），北有陉塞（今河南开封道许昌县）、郇阳（今陕西汉中道洵阳县），地方数百里，带甲数百万，车千乘，骑万匹，粟支十年，此霸王之资也。盖在当时诸国中，幅员之广莫如楚，故入战国九十年间，秦不敢有所加于楚，诚惮之也。及九十一年，怀王见欺于张仪，召秦兵以自取败，十二年间，三丧其师，上流形胜，尽入于秦，楚几不国矣。百三十六年，秦遂入郢都。楚东徙于陈，距怀王初战秦时四十五年耳。语并在秦并六国章。楚以五百年积累之业，怀王一朝瞀惑而颠坠之。此屈原所为发愤自沉，而司马迁所谓"王之不明，岂足福也"。怀王既客死于秦，子顷襄王嗣，尝彷徨于纵横两策之间，楚日以削。

　　齐在战国，始终不衰，而威宣之间尤强。自二十六七年至百二十七八年，约一百年间，齐之全盛时代也。（二十六年威王立，九十年宣王卒，百二十八年湣王灭宋）齐自春秋以来，即为大国，席山海之利，厉工商之业，冠带衣履天下数百年。入战国后，以远在海东，不罹兵革之苦，故齐之繁荣，莫与京焉。苏秦之说宣王曰：临淄七万户，其民无不吹竽鼓瑟，击筑弹琴，斗鸡走犬，六博蹹踘者；临淄之途，车毂击，人肩摩，连衽成帷，举袂成幕，挥汗成雨，家敦而富，志高而扬。此虽专言齐都之盛美，而全齐可概矣。自桂陵、马陵两度挫魏。（桂陵之役当威王二十六年，马陵之役当宣王二年）东方诸国，无复能与齐抗颜行者。秦既不能越三晋以病齐，楚亦不复勤远略，越虽尝雄据齐东，今盖衰落，不足数矣。故此百余年间，中原蜩唐沸羹，而山以东，乃极欢虞闲暇。儒墨方术游谈之士，咸集于稷下，孟轲、邹衍、邹奭、淳于髡等其最著也。于是齐为学艺之渊焉。齐北与燕为邻，宣王末年，燕王哙嬖信其臣子之，既任为相，旋让与国而自为之臣，燕入弗服也。宣王伐燕，五旬而举之。杀王哙，醢子之，孟子劝王谋于燕众，为置新君，王弗能用也，欲遂有燕国。既而燕人畔，楚赵胥谋救燕，齐终不克有燕，而宣王亦寻卒，齐自此衰。（八十九年至九十年）宣王卒之前五年（八十六年），六国合纵伐秦，齐亦与焉，无功而还。是为秦齐交兵之始，然终以东西隔绝，更数十年未被秦祸。（百二十九年秦伐齐，取河东九县为秦，加兵于齐之始）湣王继世，席累叶之业，犹雄于诸侯。先是宣王以田婴为相，封于薛，至是婴子文袭封，继为相，号孟尝君，能以礼下士，士多归之，与魏之信陵君、赵之平原君并名，齐深藉以为重。湣王末年，秦来致帝号，称东西帝（百二十六年）；旋灭宋，与楚魏分其地（百二十八年），于是齐威张甚。然过此则骤替矣。宋故春秋名国，入战国则介楚魏间，其地四战，本处不竞之势，乃其末主偃忽图称霸，灭滕伐薛，东败齐，取五城，南败楚，取地三百里，东败魏军，乃与齐魏为敌国，八十六年，遂自立为王，实六国合纵伐秦之岁也；称王后益狂暴，乃至射天笞地，曰威服天下鬼神，有谏者辄杀之，诸侯号曰桀宋，如是者逾四十年，至是齐伐之，其民散亡，莫或城守，王偃奔魏死焉。齐南割楚之淮北，西侵三晋，邹鲁之君皆称臣，诸侯恐惧。然燕人已窃窃议其后，越二年（百三十年），燕乐毅遂以五国之师来伐，齐国为墟，而湣王亦与宋偃同命矣。然旋以田单之力，齐复振者犹数十年。

与齐楚代兴者，惟燕赵。燕自王哙既死，太子平立，是为昭王，实齐破燕后之三年也。（九十三年）昭王有报齐之志，顾燕弱小，且新见残，艰厄实甚，昭王乃卑身厚币，以招贤俊，筑黄金台尊事郭隗，以树风声，于是乐毅自魏往，邹衍自齐往，剧辛自赵往。昭王吊死问孤，与百姓同甘苦，休养十年，民忘其劳矣。东胡者，春秋之山戎，自齐桓时已病燕，霸政之兴，其焰少戢，入战国后，复大为边患，至是燕将秦开大破之（自百〇一年至百〇四年），拓地千里，置上谷（汉上谷郡，今直隶口北道之宣化、龙关、怀来、蔚县、延庆、涿鹿六县及京兆之昌平县皆其地，汉郡因秦，秦郡殆因燕也。下同）、渔阳（汉渔阳郡，今京兆之武清、宝坻、顺义、密云、平谷五县及热河所属旧承德府全境皆其地）、右北平（汉右北平郡，今京兆之蓟县，直隶津海道之滦县、丰润一带皆其地）、辽西（汉辽西郡，今直隶津海道之卢龙、迁安、抚宁、昌黎、滦县、奉天，辽沈道之锦县及热河之土默特二旗界皆其地）、辽东（汉辽东郡，今奉天辽沈道辽阳、辽中、北镇、义县、海城、盖平一带皆其地）等郡，朝鲜亦役属焉。东北拓境之广，实自燕始。昭王即位二十八年（百三十年），日夜抚循其民，益以富实。而齐湣王矜灭宋之功，骄淫愎谏，贤士去之，民不堪命。昭王乃与乐毅谋伐齐，毅以齐霸国之余业，独攻未易决胜，毅乃自使于赵，且因赵结秦，别使使者约楚魏。咸得当，昭王悉起兵，以乐毅为上将军，秦与三晋会之，毅并将秦、魏、韩、赵之兵伐齐，战于济西（今东临道临清、堂邑、聊城一带），齐师大败。乐毅遣还秦韩之师，分魏师以略宋地，部赵师以收河间，身率燕师，长驱逐北，遂入临淄。湣王奔莒，为淖齿所弑。昭王封毅为昌国君，留徇齐地。六月之间，下七十余城，置郡县焉。是时燕威动天下。梁启超曰：秦之西侵也，皆稍蚕食，阅数十百年，然后举其国。东方诸国之相攻伐反是，恒一举而夷之。越之灭吴也有然，楚之灭越也有然，齐之灭宋也有然，而燕齐之迭相灭而旋恢复者各两度，皆一战之效也。齐地既尽入燕，独湣王子法章保莒，宋人田单保即墨，不下。乐毅留镇齐五年而昭王卒，子惠王立。（百三十六年）初人有谮乐毅于昭王，谓其欲顿兵自王者。昭王曰：吾求能报齐者，尚欲与之共燕国，今乐君亲为寡人破齐塞先仇，齐国固乐君所有，非燕所得也，汝何敢言？乃斩之而遣立毅为齐王。毅皇恐不受，以死自誓。毅既感昭王恩，齐人亦服毅之义，而诸侯畏其信，故克有功。至是惠王新立，齐田单广为蜚语间构之，惠王召乐毅而使骑劫代之将，毅奔赵，燕将士由是愤惋不和。单之守即墨也，身操版锸，与士卒分劳，妻妾编行伍，饮食尽以飨士，其人既感激于国耻而服单之教，单乃出奇兵夜袭燕军，杀骑劫，遂北至河上，旬日之间，七十余城皆复为齐，迎太子于莒返临淄，立为襄王，于是齐复兴而燕日替。

当燕昭王东北拓境之日，正赵武灵王西北启宇之年。三家分晋，赵得地最寒瘠，半春秋时之狄疆也，故其兴较晚，而其运亦较长。当魏盛时，曾拔赵邯郸，微齐赵几亡矣。魏浸衰，赵亦浸强，苏秦约从时，而赵肃侯为约长（七十一年），赵渐见重于天下，然仅与秦魏齐为疆场之争，未独有所表异也。至武灵王而赵浡兴。武灵王以七十九年即位，修内治者十余年，九十七年，乃大集朝臣肥义、楼缓等议变法胡服曰：今中山在我腹心，北有燕，东有胡，西有楼烦、林胡、秦韩之边，而无强兵之救，是亡社稷也。夫有高世之名，必有遗俗之累，吾欲胡服骑射以教百姓，虽驱世以笑我，胡地中山，吾必有之！时贵族诸臣虽有疑沮，以王之英断恳谕，卒悦服奉行。赵兵骤强。既灭中山，遂攘群胡。中山者，春秋鲜虞白狄遗种也。春秋之季，晋用兵数十年，未能克，入战国益大。前纪六十七年，武公自立，齿于群侯，其地全在今直隶保定道境内（有唐完、获鹿、井陉、平山、灵寿、无极、定新、乐行、唐曲、阳诸县地），东北界燕，西南界赵，魏文侯曾攻拔其都，不能有也。赵敬侯时，战败之于房子，献四邑请和（廿八、廿九年），赵成侯时，筑长城防赵（三十五年），其后恃齐援侵赵，引水围鄗（鄗故城在今直隶大名道柏乡县），几于不守，此肃侯时事也（史失载，今据武灵王告公子成语）。至是武灵年年攻略中山，乘胜致群胡而挫之。九十七年（武灵十九年），北略中山地至房子，遂之代北（代本北狄国，前纪六年灭于赵，至是百六十年矣，其地跨今山西代县至直隶易县界。所谓代北者则出雁门关以北也），至无穷（即无终。春秋时为北狄国，今直隶保定道涞源县）。九十八年（二十年），略中山地至宁葭，西略胡地至榆中（今陕西榆林道榆林县外边城），其后三年（自九十九年至百〇一年）连攻中山，中山献邑请和，暂休兵。百〇四年（二十六年）复攻中山，攘地北至燕代，西至云中九原。（见下）明年，武灵王传位少子何，是为惠文王，使大臣傅之，自称主父。主父使子治国，身胡服将士大夫西北略胡地，而欲从云中九原直南袭秦，乃诈自为使者入秦，察地形，且观秦王为人。秦昭王不知，已而怪其状甚伟，非人臣度，使人逐之，则已脱关出矣。秦人大惊。百〇七年（惠文王二年），主父行新地，遂出代西，遇楼烦王于西河，而致其兵。明年，遂灭中山，迁其君于肤施（今县属陕西榆林道）；悉破林胡、楼烦，置雁门（今山西雁门道，自雁门关之西北大同、山阴、朔县、溧原、应县、右玉、左云、平鲁等县及察哈尔旧镶蓝旗界，皆汉雁门郡地，汉因秦，秦因赵也）、代郡（今直隶口北道之阳原、怀安、蔚县，保定道之涞源县，山西雁门道之大同、阳高、天镇、广灵、邱縣、睥等县及察哈尔之旧正黄旗、镶蓝旗界，皆汉代郡故地）、云中（今绥远归化城西托克及鄂尔多斯旗界一带，皆汉云中故地）、九原（汉改称五原，今绥远沿河以北自包头镇至五原一带，皆汉五原郡故地）诸郡，还归行赏，大酺五日。梁启超曰：吾观古今中外诸大小国之君主，其飒爽瑰特，未有过赵武灵王者也。然以废长立少，故其长子作乱，攻惠文王，败往依主父，主父庇之，遂为王臣李兑所弑。实百〇九年，楚怀王客死于秦之次年也。时韩魏日削弱，秦祸渐中于赵。然赵人习武灵之教，矜气节，右武善战，有平原君、廉颇、蔺相如、赵奢、李牧先后为之将相，皆一时之杰也。故历数十年与秦为勍敌，秦以间去此数贤，仅乃得志。语在秦并六国章。而李牧却匈奴之功，终赵世不衰。

之五国者各有其盛时。大抵第五十年以前，魏之盛时也。第六十五年至第九十年，楚之盛时也。第三十年至第百三十年，齐之盛时也。第九十三年至第百三十五年，燕之盛时也。第八十年至第百五十三年，赵之盛时也。惟韩无特盛之时可称述者，必强举之，则自第五十一年至第七十年，约廿年间，昭侯为君，申不害为相，不害本郑之贱臣，其学黄老刑名，相韩十五年，国内以治，诸侯不来侵伐云。然其治迹之见于策者，不过教韩朝魏以骄魏弱魏而已。韩故郑也，其外交袭郑辙迹，良非得已，抑申不害亦诚郑人哉。

纪秦创业次第章第三

　　树久大之规划，悬鹄校程，以图进取，百折不挠而卒贯其初志者，其惟秦乎！秦之创业也，盖自穆公至始皇四百余年间，未尝一日息，虽缘外力抵抗之强弱，而屡有屈伸，顾未尝或一退转，其步骤亦未或一凌乱。嘻，谋国若是，信难能而可贵者哉！秦之图中原也，始于穆公之索晋赂以纳惠公。晋惠公之入，赂秦以河外列城五，南至华山，东尽虢略（事在春秋第七十三年），其地盖西自今陕西关中道之华县华阴逾潼关，包有今河南河洛道之阌乡、灵宝、陕县，东尽渑池、洛宁，盖自新安以西至潼关四百八十里，皆古殽函地，亦称桃林之塞，河流翼岸，巍岸插天，绝谷深委，险甲天下，秦图中原必争之地也。晋惠急于得国，乃投秦所最欲者以为饵，秦诚得此，则翱翔东向，蚤莫之能制也。然晋之君臣，固见及此，故旋即背约，所谓许君焦、瑕（二邑皆今河南河洛道。陕县焦故城在县治南二里，即古焦国，后并于晋；瑕，在县治西南三十二里，有曲沃城，文十三年《左传》称晋使詹嘉处瑕以守桃林之塞，即其地也），朝济而夕设版也（郑烛之武说秦穆公语，见僖三十年《左传》），秦既见欺不得逞，越二十年，会晋围郑（春秋第九十三年，僖三十年）。冀有所获，犹前志也。郑烛之武说之曰：越国鄙远，君知其难。又曰：若舍郑以为东道主，行李之往来，共其乏困。盖知秦久蓄憾于晋，又窥其东侵之念未息，故耸以利害而言遽入也。越三年（春秋九十六年），潜师袭郑，而晋败之于殽，灭滑而不能有也（滑在今河南河洛道偃师县南二十里，有缑氏故城即其地）。盖秦锐意经略此地者二十余年，至是乃知其未可图矣。故晋先轸谓一日纵敌，数世之患也。既不得志于东，乃折而图南。晋人亦思泄于彼以缓吾冲，故春秋八十八年（僖二十五年），晋人秦人伐鄀（今河南汝阳道内乡县境），越十三年（春秋百○一年），秦遂入鄀，然亦不能有也，卒以资楚（何年入楚，史失载，然楚以定六年徙都于鄀，当秦入鄀后百十八年，想楚早灭之以为邑矣）。夫秦通中原，厄塞有二，东则函关，南则武关也；秦得之可以控制天下，他国得之，卒以厄秦（豪杰亡秦时，沛公从武关入，项王从函关入），武关在春秋为少习，而始终属楚（武关在今陕西关中道商县南百八十里，哀四年《左传》楚人告阴晋大夫将通于少习以听命，即其地），秦得虢略、郑、滑，则函关举矣。得鄀则武关举矣。然既厄于晋，复厄于楚，此秦所为疾首而痛心也。自是秦转北趋，以求东出之道，其与晋疆场之争，多在河汾交流直西之境，若少梁（在今韩城县境，本秦地，春秋百○六年晋取之），若北征（在今澄城县境，本晋地，同年秦取之），若彭衙（在今白水县境，本秦地，春秋九十八年晋取之），若刓首（在今邰阳县境，春秋百○三年晋伐秦，至其地），若令狐（今山西河东道猗氏县境，与刓首阳河相望，春秋百○三年秦伐晋，至其地，晋败之），若辅氏（今朝邑县境，春秋百廿九年、百六十年秦两次伐晋，至其地），皆两国迭相攻取之区也。概括言之，则穆公以前，秦晋争河南（所争为今陕西与河南接壤诸地），穆公以后，秦晋争河西（所争为今陕西与山西接壤诸地），然终不能以大得志。春秋之季，晋威稍替，秦始能划河而守。晋秦为成时（春秋百四十三年），晋大夫盟秦伯于河西，秦大夫盟晋侯于河东，是为长河之险，两国共之。终春秋之世，秦所得止此矣。入战国之初，而秦中衰，尽失其河西地，孝公初立，下令曰：会往者厉、躁、简公、出子之不宁，国家内忧，未遑外事，三晋攻夺我先君河西地，诸侯卑秦，丑莫大焉。三晋夺地之事，史阙有间，今参错钩稽之。百〇八年，赵武灵王迁中山君于肤施（今县），则知是年以前，延安以北，尚为赵地。七十一年，秦取魏雕阴，地在今甘泉县，西滨洛水，则知是年以前，洛东尚有魏地，至春秋时，秦晋历争诸地，今属韩城郃阳、澄城、白水、朝邑一带者，则正吴起所守之西河，魏之重镇也。（前纪六十二年、六十四年，魏两次城少梁，今韩城境。六十九年，魏围秦繁庞，出其民，今澄城白水境。七十二年，魏伐秦，筑临晋元里，今朝邑境。七十三年，魏伐秦筑洛阴、合阳，今郃阳境。孝公所谓夺河西地者，殆即指此诸役）其在河渭以南者，则华县华阴一带，为魏阴晋地。七十二年，魏始纳阴晋，则知是年以前，仍魏地也。商县为魏上雒地，秦策记楚魏战于陉山，魏许秦以上雒（战陉山之年失考，当在魏惠王时），则前此之商县，仍魏地也。然则战国之初，函关属魏，而阴晋更在函关西百里。武关属楚，而上雒更在武关西北百二十里，北境则自子午岭以北皆赵，而自洛以东皆魏也。秦之蹙狭，可想见矣。盖秦自前纪第四年悼公之卒，迄本纪第二十年献公之立，约一百年间，中经厉、躁、怀、灵、简、惠、出七公，内乱频仍。秦自建国以来，惟此时最为衰弱。而魏文侯以一世之贤豪，适亢起于其间，秦之不竞于魏以此。然其间秦灭大荔，亦春秋战国之交一大事也。大荔，戎也，地在今县。并包有蒲城、朝邑两县境，本晋地而没于戎，及秦灭之，自秦得此，而魏之河西及阴晋地乃中梗而为二。（秦灭大荔年代不可确考，大抵为时甚长。前纪第二十年，秦伐大荔，取其王城，大荔之大受创自此。然至本纪第六十六年，大荔犹围秦郃阳，距取王城时百一十年矣。

秦殆先后历百余年始尽灭之也）献公以后，秦渐张矣。献公以第二十年立，明年，即城栎阳徙都之，前此秦都雍，为今凤翔县治，今徙栎阳，则临潼县东北五十里也。盖东下已四百二十余里。孝公下令，所谓献公镇抚边境，徙治栎阳，且欲东伐复故地也。前此秦与三晋遇屡败（参观年表），至第四十年（秦献二十一年），伐魏，韩赵救魏，秦败之于石门，斩首六万，天子致贺，秦威始振。越三年，孝公嗣位，秦帝业草创矣。

秦之创业，略分五期：一曰商鞅时代，当孝公之世。二曰张仪、司马错时代，当惠王世。三曰樗里疾、甘茂时代，当惠王、武王世。四曰魏冉时代，五曰范雎时代，皆当昭王世。五者各应其时而效其策，秦用是兴。今于是章叙述前三期，其后二期则语在第五章也。

孝公以四十三年即位，六十六年卒，凡在位二十五年，与魏惠王、齐威王同时。初立即下令求宾客群臣能出奇计强秦者，卫公孙鞅自魏往，一见而授以政。鞅少好刑名，事魏相公叔痤，明习魏故，悦服李悝治法，痤且死，荐诸惠王，弗能用，至是挟其术以强秦。鞅之言曰：民不可与虑始，而可与乐成；论至德者不和于俗，成大功者不谋于众；苟可以强国，不法其故；苟可以利民，不循于礼。故主变法。又曰：农者寡而游食者众，则其国贫危，凡治国者患民散而不可抟也；民避农则轻其居，轻其居则不为上守，圣人必令民归心于农，则民朴而可正也。故主贵农。又曰：战者民之所恶也，能使民乐战者王，强国之民，父遣其子，兄遣其弟，妻遣其夫，皆曰不得无返（言无所获，则勿返，以此相遣勉也）。又曰：失法离令，若死我死（言将连坐也），民固欲战，又不得不战，是为重强。故主厉战。又曰：以杀去杀，虽杀可也；以刑去刑，虽重刑可也；国之乱也，非其法乱也，非法不用也；国皆有潜法，而无使法，必行之法也；刑用于将过，则大邪不生，赏施于告奸，则细过不失；刑重者，民不敢犯，则无刑矣。故主峻刑。鞅之言论，见于今所传《商君书》者，其要旨皆类此。孝公既纳鞅议，于是徙都咸阳（今县），集小都乡邑聚为县，凡四十一县，皆置令、丞；为田，开阡陌，封疆而赋税平，平斗桶、权衡、丈尺。戮力本业，耕织致粟帛多者，复其身；事末利及怠而贫者，举收以为孥；民有二男以上，皆别居，违者倍其赋。有军功者，各以率受上爵（秦本有计首席赏功之制，鞅更严密定其法）；为私斗者，各以轻重被刑。令民为十伍而相收，司连坐，不告奸者腰斩，告奸者与斩敌同赏，匿奸者与降敌同罚。宗室非有军功论，不得为属籍。明尊卑爵秩等级，各以差次名田宅、臣妾、衣服。有功者显荣，无功者虽富无所芬华。行之十年，秦民大说，道不拾遗，山无盗贼，家给人足，民勇于公战，怯于私斗，秦以骤强。鞅又以秦土广民稀，不能尽地力，三晋土狭民稠，今以草茅之地，徕三晋之民，使之事本（本谓农业对末业言），此其损敌，与战胜同实。于是下令凡诸侯之民来归者，给以田宅，复其三世。（复谓免赋税）三晋民归之若水赴壑，秦资其力以事农，而秦民悉数属于战，故兵莫强焉。梁启超曰：战国之世，人不称土，殆为公患。梁惠王诉于孟子谓邻国之民不加少，寡人之民不加多，然则欲徕民者非独秦也。而商鞅得其道矣。孝公立之八年（五十年），伐魏取少梁，少梁本秦地而入于晋，晋分属魏，至是二百六十一年矣，秦始复之。越三年（五十三年），鞅亲伐魏，围固阳，降之，固阳在今陕西榆林米脂县，盖魏筑长城距秦，此其极北之塞也。至是秦与魏始复距河而守，长河千里之险，彼我共之矣。同年城商塞（今商县），扩境及河渭以南。梁启超曰：函关、武关何时入秦，史策无考。吾参稽之，宜在孝公之世。崤函数百里，当时固非能全有（详下文），然盖已自大荔出朝邑至今潼关，故贾谊亦谓孝公据崤函之固也（秦函关即今潼关，汉函关乃东徙今新安县界，去秦故关三百里），其南境则史文于城商塞一事外他无纪，商塞所在，虽未明言，然商於十五邑为鞅封地，则今之商县商南一带，必在其内，而商塞即为武关，盖可断言。既有二塞，秦制天下，天下莫复能制秦。六十四年（秦孝二十二，魏惠三十一），齐新败魏于马陵，鞅说孝公曰：秦之与魏，譬人之有腹心疾，非秦并魏，魏即并秦；今魏新破，诸侯畔之，因此伐魏，魏不支，必东徙。东徙，秦据山河之固，东向以制诸侯，此帝王业也。孝公乃使鞅将以伐魏。鞅乃以诈虏魏将公子卬，大败魏师于岸门，是即四十年前魏吴起回望西河泣数行下之地也。（岸门即今永济县之风陵渡，与潼门隔岸相对）魏于是去安邑，徙都大梁，献河西地以和。楚封鞅以商於十五邑，号曰商君。鞅之初变法也，秦民嚣然议其不便，于是太子犯法，鞅曰：法之不行，自上犯之，太子君嗣，不可施刑，刑其傅公子虔，黥其师公孙贾。太子怨之。及其诈杀公子卬，太子益疑其行。六十六年，孝公卒，太子立，是为惠王。鞅惧诛，亡走魏，魏不纳，惠王卒车裂之以徇。司马迁曰：商君其天资刻薄人也，余读其书与其人行事相类，卒受恶名，有以也夫。贾谊曰："秦孝公据崤函之固，拥雍州之地，君臣固守，以窥周室。商君佐之，内立法度，务耕织，修守战之备。外连衡而斗诸侯，于是秦人拱手而取西河之外。"又曰："商君遗礼义，弃仁恩，并心于进取，行之二岁，秦俗日败，然并心而赴时，犹曰蹶六国，兼天下。功成求得矣，终不知反廉愧之节，仁义之厚，信并兼之法，遂进取之业，天下大败，众掩寡，智欺愚，勇威怯，壮陵衰，其乱至矣。"刘向曰：商君极身无二虑，尽公不顾私，故令行而禁止，法出而奸息。《书》曰"无偏无党"，《诗》云"周道如砥，其直如矢"。秦所以强六世而并诸侯，皆商君之谋也。然亦诈取三军之众，故诸侯畏而不信。梁启超曰：商君功罪不相掩，于秦有殊功，而于世风有深罪。当国与国竞之正剧，谋国迫切者，恒以国为主公，以人民为械器，主公以其时所最利便于己者制置其械器，不适今用，虽善必芟，其适，虽恶必奖。故能抟捖其民若范型，驱而用之，无不如志。以与任运之民相遇，蔑弗胜矣。然而拂民之性，夭阏其一部分之良能。况其所奖者，必功之急而利之近者也。故每导民于恶，发扬其近于禽兽之初性，末流乃不胜其敝。岂惟商君，吾于今世之名国且见之矣，虽然，商君之于秦则诚忠也，感激主知，厉行所信，不惜贾怨以种后祸，其视公孙衍、张仪辈险侧取容者何远哉！鞅奚负秦，乃为魏报怨。秦之不中蹶幸耳。

　　上第一期先定内治基础，训练国民，完成外竞之实力；其对外也，则集全力以与魏争河西，夺据函关、武关二要塞，为不可胜以待敌之可胜，此秦业之始基也。第二期自第六十七年至第九十二年约二十余年间，秦主为惠王，其臣最有力者曰张仪，曰司马错，与秦交涉最繁之国，曰楚魏，魏则惠王、襄王，楚则怀王也。其间大事有四：曰继蹶魏，曰始谋楚，曰灭巴蜀，曰弱义渠。魏既大创于岸门，安邑不可复居，狼狈东徙。安邑即今山西河东道附郭首县，地处河汾之间，当时魏河西、河东、河南三部，皆以此为中枢。魏之安邑，则非淮河西，即河东、河南亦失其控驭之方，势所必然也。秦之战略，则先挠其河南、河东，以竟河西之功，既全有河西，而复致全力于河南。岸门之败，魏纳河西数邑（史未指何邑，然河西地其广非一次所尽，故七十四年史复有纳河西语），越六年（七十一年），取魏雕阴地（在今甘泉县），与十八年前所取之固阳相策应。于是魏河西之上郡，南北两端要塞皆入于秦。七十四年，围魏焦、曲沃。（即春秋时晋惠公赂秦之焦、瑕二邑，曲沃即瑕，非山西境之曲沃也，今陕县西南有曲沃城）魏尽纳河西地以请成。明年，降焦、曲沃，渡河取汾阴（今荣河县）、皮氏（今河津县）。又明年，取蒲阳（今隰县。以上三地皆属今山西河东道），魏纳上郡十五县请成，乃归魏蒲阳。又明年（七十七年），归魏焦、曲沃，此四年间，秦之蹶魏也；取其河南数邑，而胁之以求西河；取其河东数邑，而胁之以求上郡（魏故河西地，合西河、上郡两部之通名也）。取之以示威，而归之以市恩。魏情见势绌，但求能与秦划河而守，乃并阴晋（今华县华阴）而纳之。盖自七十六年以后，今陕西境内无魏寸土矣。自尔秦魏息兵者四年，八十年，张仪复伐魏取陕（今县），九十年，再拔焦（前以归魏易取上郡，越十三年再取之），至是而魏河南西部之地尽，今陕县灵宝、阌乡、卢氏等县皆入秦矣（魏河南地分东西两部，周韩梗其间，自陕以东则韩地矣）。梁启超曰：自晋惠赂秦穆以焦、瑕，秦不能有，至是阅三百有七年，始乃得之。秦之树业，吁其艰哉！然西得阴晋，东得焦陕，殽函形胜，十九在秦矣。魏既日蹙，东诸侯始汹惧，纵横论乃大昌，而张仪最善为秦谋。语在纪纵横章。纵横论之方兴也，秦之国论亦分二派，张仪之徒主东窥中原，司马错之徒主西辟陇蜀。八十八年（秦惠王后八年），巴蜀相攻，俱告急于秦。秦欲伐蜀，虑道险狭难至，而韩又来侵，犹豫未决。司马错请伐蜀，张仪请伐韩。仪之言曰：亲魏善楚，下兵三川，攻新城、宜阳，临二周之郊，据九鼎，按图籍，挟天子以令天下，此王业也。不争此而争于戎翟，去王远矣！错之言曰：今秦地小民贫，愿先从事于易，蜀僻而乱，以秦攻之，譬狼逐羊，得其地足以广国，得其财足以富民，缮兵不伤众，而彼已服焉。拔一国而天下不以为暴，利尽西海而天下不以为贪，是一举而名实附也。今攻韩劫天子，恶名也，而未必利也，不如伐蜀完。惠王卒从错言。蜀与巴皆殷周古国，春秋时，巴尝服属于楚，而蜀僻远不通于诸侯。战国初，蜀称王，而别封其弟葭萌于汉中，号苴侯。蜀、巴、苴三国分峙川中、川东、川北，而苴密迩秦封域及陕西境，故夙与秦构难。第十七年（秦惠公十三年），秦伐蜀，取南郑，蜀实苴也。至是苴侯与巴王为好，巴与蜀仇，故蜀王怒伐苴侯，苴侯奔巴求救于秦，秦遂伐蜀灭之，还军灭苴、巴，自是今四川始内属，而秦亦益强，富厚轻诸侯。秦既得蜀，更图逾陇。义渠者，本西戎国，数为秦边患。先是七十三年，义渠内乱，秦定之。七十七年，义渠称臣，灭蜀后二年（九十年），因伐义渠，取其二十五城，虽未能灭之，然秦自是无西北忧（百四十三年，秦灭义渠）。秦地在甘肃境者，前此惟有今渭川道之半，至是则泾原道隶版图矣。（旧庆阳府全境皆故义渠国境）张仪本计伐韩，既得巴蜀，形势转便，乃先谋弱楚。仪察楚怀王之贪愎而昏，欲致其师以挫之，而合纵论方盛，虑齐为之援，乃佯去秦，厚币委贽事楚，谓怀王曰：秦甚憎齐，齐与楚从亲，楚诚能绝齐，秦愿献商於之地六百里。（《史记》、《战国策》皆作秦欲伐齐，故先绐楚。启超按：当时韩魏未服越，两国境以攻齐秦，不如此之愚，盖得巴蜀后即发心弱楚，故设此辞愚楚，以致其师耳）怀王信之，遂绝齐，使使如秦受地。仪曰：仪与王约六里，不闻六百里。楚使怒去，归告怀王。怀王怒，大兴师伐秦。秦发兵击之，大败楚师于丹、析（丹，今淅川县，析，今内乡县，皆在河南汝阳道西南境），斩首八万，虏楚将屈匄，遂取楚汉中地（汉中当时本分属秦楚，今道治之南郑县，前此早已属秦，至是并取楚□秦乃全有汉中矣）。怀王益悉发国中兵以深入击秦，战于蓝田（今陕西关中道属，西距秦都咸阳仅百余里）。魏闻之，袭楚至邓（今县河南汝阳道属）。楚兵惧，自秦归，而齐竟怒不救楚，楚大困。楚自威王以来，扩地及中国之半，雄镇南服，至是几一蹶不复振矣。

既挫魏楚，乃全力压韩，而时出扰赵，是为秦创业之第三期。韩之弱固不足畏也，然其地则足贪。韩之重镇曰宜阳，二殽、渑池在焉。（宜阳今县属河南河洛道，然当时宜阳实不止此，《战国策》云宜阳城方八里，材士十万，粟支数年，名为县，其实郡也。《汉书·地理志》宏农郡有宜阳县，故在渑池。《括地志》云宜阳城在洛州福昌县东，此韩之大郡。伐取之，三川路乃通。参稽诸说，今宜阳、渑池、新安三县地当时统名宜阳也）秦非得之，则无以尽殽函之险，而通三川之道，故十三年曾一攻宜阳，六十九年拔宜阳而不能守，盖有魏之阴晋、焦、瑕为之屏蔽，秦未由越境而据也。当魏盛时，申不害以韩事魏。秦欲弱魏，策宜毋急韩使合于魏。故终商君之世，未尝伐韩。自张仪取陕，而韩患日亟矣。未几，六国合纵摈秦，韩魏继伐秦，秦樗里疾败韩于修鱼，追北至浊泽（修鱼地失考，浊泽或作观泽，在今河南开封道长葛县，殆秦追北至此），秦大创韩自此。张仪遂欲伐韩，会有蜀之役，继以再战楚韩亦新败之后谨事秦，以太子入质，故得免秦兵者垂十年。九十三年，秦惠王卒，张仪免。九十五年，秦武王以樗里疾、甘茂为左右丞相。明年，樗里疾出相韩。其年，甘茂围韩宜阳，逾年，而遂拔之。秦之将围宜阳也，先结魏，既久围，赵楚屡护救，而犹豫不能决，故卒拔。宜阳拔，而殽函天险全入秦，秦且兴师临周以求九鼎矣。时恰当战国史之半，亦史迹上一大结束也。（战国凡百九十五年，是年为九十七年）此期间秦亦始略赵地。八十八年，伐赵取西都中阳。九十一年，伐赵取蔺阳，然非其主力所萃也。

纪纵横策章第四

自秦商鞅见僇以后，范雎得政以前，约七八十年间，有所谓纵横家者出，骋辞说以鼓扇世局，万乘之主，立谈而为之回虑，瓮牖之夫，徒步而径取卿相，此实战国时代独有之异象。非直中国前后古今之所无，即泰西千余年列国并立，外交迭相钩距，然以此诪张，迄未尝睹也。其人大抵佻薄倾侧，嗜富贵，挟意气，勇于趋私利，苟达所向，不择其术，谈说无定旨，惟所遭值，投栖无定主，惟所豢畜，天下之可厌贱，莫此辈若也。然既已衍为一时风气，而其力足以震撼左右天下，故论世者不得而废之。所谓纵横论者，合六国摈秦谓之合纵，连六国事秦谓之连衡，主其说者相呼以纵人、横人焉。夫纵横说皆所以说六国也，由后世观之，事秦惟为秦利，而不为六国利，则持横说以入六国，宜不能容立，然事实适得其反，纵人败而横人胜也。合纵之健在三晋，当时有说赵王者曰：三晋合而秦弱，三晋离而秦强。此天下之所明也。虎将即禽，禽不知虎之即己也，而相斗，两罢而归其死于虎。今山东之主，不知秦之即己也，而尚相斗，两敝而归其国于秦，何秦之智，而山东之愚也！（见《战国策·赵策》不著为谁氏说，亦不纪其年代）其言可谓博深切明，然而六国终以此共命而不能自拔也。其故可思也。春秋以来，秦所以垂三百年不得逞者，徒以有晋也，晋分则既无以御秦。夫既分矣，三晋各自有其利害，强联合之势，固不可久明矣。昔魏文侯最知三晋利害之当相共也，韩赵相难，韩乞师于魏伐赵，文侯曰：寡人与赵兄弟，不敢从。赵来乞师，谢之亦然。二国始怒而后皆感之。魏地亘两国之间，两国不能越魏而相伐，故以魏和韩赵而三晋合，终文侯之世，三晋未尝交讧，当一致以待秦楚。文侯卒，武侯立，五年而三伐赵（十八年、廿一年、廿二年），致赵积愤而以楚伐魏（廿三年）。三晋之离，魏实启之。及武侯之卒，韩赵伐丧而谋分魏（三十四年），则韩赵之过也。自是三晋互为仇雠矣。魏惠王恃其强，数侵陵韩赵，韩赵不得不结齐秦以自救。时各国所公患者，非秦而魏也。及魏屡败衄，秦拱手享其成利，东诸侯乃窃窃惧秦，纵横论嚣然作矣。纵人之健者曰苏秦。苏秦始欲为横，说秦惠王不报，乃一反而为纵。苏秦之为纵也，初说燕，衔燕命以说赵，衔赵命以说韩，说魏，说齐，最后而说楚，其说燕文侯也。耸之以不亲赵之害，而因以合燕于赵，其言曰：夫安乐无事，不见覆军杀将，无过燕者，以赵蔽其南也。秦攻燕，战于千里之外，赵攻燕，战于百里之内，愿王与赵从亲，天下为一，则燕无患矣。时燕在诸国中最小弱，西逼赵而南畏齐，故文侯深纳其言，资之于赵。赵者苏秦所欲倚以为纵长也？故说赵肃侯用全力而多危词，全局之规划寓焉。其言曰：当今山东之建国，莫强于赵，秦之所害，亦莫如赵，而秦不敢伐赵者，畏韩魏之议其后也。秦攻韩魏，无名山大川之限，稍蚕食之，传国都而止。韩魏不支，必入臣于秦。秦无韩魏之隔，祸必中于赵。夫秦下轵道则南阳危，劫韩包周，则赵氏自操兵，据卫取淇，则齐必入朝秦。秦欲已得乎山东，必举兵向赵，秦甲渡河逾漳据番吾，兵必战于邯郸之下矣。臣按天下诸侯之地，五倍于秦，诸侯之卒，十倍于秦，为大王计，莫如一韩、魏、齐、楚、燕、赵以摈秦，令天下将相，会盟洹水上，约曰：秦攻一国，五国各出锐师，或挠秦，或救之，有不如约者，五国共伐之！则秦甲必不敢出函谷以害山东矣。肃侯大悦，厚赐赍之，以约于诸侯。先至韩。韩，屠国也，久畏秦欲事秦，苏秦乃怵以害而激其耻，说韩宣惠王曰：大王事秦，秦必求宜阳、成皋，今兹效之，明年复求割地，与则无地以给之，不与则弃前功受后祸，王地有尽，而秦求无已，以有尽之地，遂无已之求，此所谓市怨结祸者也，且不战而地已削矣。谚曰：宁为鸡口，无为牛后。夫以大王之贤，扶强韩之兵，而有牛后之名，窃为大王羞之。于是韩王勃然作色，攘臂瞋目，按剑仰天太息曰：寡人虽不肖，必不能事秦。次乃至魏，魏新丧败恭怯，横人日恫愒其侧，苏秦乃为壮语以厉之，说魏惠王曰：越王句践以敝卒三千禽夫差，武王以车三百乘制纣。今大王之国，武士二十万，苍头二十万，奋击二十万，厮徒十万，车六百乘，骑五千匹，其过句践、武王远矣！乃听群臣之说，而欲事秦，夫事秦必割地以效，兵未用而国已亏矣。夫为人臣而外挟强秦之势，内劫其主，以求割地，破公家以成私门，愿大王熟察之！惠王许之，因东说齐。苏秦之说赵也，极言秦之可畏以耸之，其说齐也，极言秦之不足畏以侈之，谓齐宣王曰：齐四塞之国，地方二千余里，带甲数十万，粟如丘山，即有军役，未尝倍泰山绝清河涉渤海者也。韩魏所以重畏秦者，为与秦接壤也。战而胜秦，则兵半折，四境不守，不胜，危亡随其后。秦攻齐则不然，倍韩魏，过卫阳晋，经亢父之险，百人守险，千人不敢过也。秦虽欲深入则狼顾，恐韩魏之议其后也。故恫疑虚喝而不敢进，秦之不能害齐亦明矣。夫不深料秦之无奈齐何，而欲西面事之，是群臣之计过也。齐王听之，最后乃南说楚。时楚方盛强，秦曲意与之交欢，苏秦乃歆之以与秦争霸之利，说楚成王曰：秦之所害莫如楚，楚强则秦弱，秦强则楚弱，其势不两立，为大王计，莫如从亲以孤秦，大王诚能听臣，臣请令山东之国，奉四时之献，以承大王之明诏，委社稷，厉兵士，在大王所用之。故从亲则诸侯割地以事楚，横合则楚割地以事秦，两策相去远矣。故赵王使臣效愚计，奉明约。楚王亦许之，于是苏秦为从约长，并相六国，北报赵，车骑辎重，拟于王者。赵遂会五国盟洹上，投从约书于秦。秦深惮之。(《史记》及《六国表》皆不记洹上之会，然苏秦游说本以此为明约，后张仪说魏亦述诸侯约为昆弟，刑白马盟洹水上，则此事果已实行也，故补记之。又《战国策》言苏秦约从后，秦兵不敢出函谷者十五年。《史记》

苏秦、张仪传皆有此语，考诸《秦本纪》、《六国世家》、《六国表》殊不然，今不采）时维第七十一年，魏徙大梁后之七年，商鞅死后之五年，楚怀王即位之前五年也。既而秦使公孙衍欺齐魏与共伐赵，以败从约，赵肃侯让苏秦。秦恐，请使燕必报齐。苏秦去赵，而从约皆解，然盟洹后十五年（八十六年），六国尝联军一伐秦，至函谷，无功而还，而苏秦卒以阴构齐燕见杀。秦虽死，而合纵论尚盛于六国中者数十年。

横人之健者曰张仪。仪始与苏秦同学，秦用事于赵，仪上谒，秦辱谢之，仪遂入秦为横，已而相秦。六国伐秦函谷之明年（八十七年），秦败魏于浊泽，诸侯振恐，而魏已失西河上郡，境土日蹙。仪乃说魏襄王曰：梁地方不至千里，卒不过三十万，地四平，无名山大川之限，卒戍楚、韩、齐、赵之境，守亭障者不过十万。梁之地势，固战场也。夫诸侯之约从盟于洹水之上，结为兄弟以相坚也。今亲兄弟同父母，尚有争钱财相杀伤，而欲恃反复苏秦之余谋，其不可成亦明矣。大王不事秦，秦下兵攻河外（按：此河外指河南东部），据卷、衍、酸枣，劫卫取阳晋，则赵不南，赵不南则梁不北，梁不北则从道绝，从道绝则大王之国欲毋危不可得也。魏王乃倍从约，因仪以请成于秦，事在八十八年，即司马错灭蜀之年也。越四年，而仪绐楚怀王以致楚师，楚是以有丹、析、蓝田之败。语在前章。战蓝田之明年，秦告楚请以武关以外易黔中地，楚王曰：不愿易地，愿得张仪而献黔中地。仪遂入楚，因其嬖臣靳尚、宠姬郑袖以说，王复赦张仪，厚礼之。仪因说楚王曰：夫为纵者无异驱群羊攻猛虎，不格明矣。王不事秦，秦劫韩驱梁而攻楚，则楚危矣。秦西有巴蜀，治船积粟，浮岷江而下，一日行五百余里，不十日而拒扞关，扞关惊则境以东尽城守矣，黔中、巫郡，非王之有。秦举甲出武关则北地绝。秦兵攻楚，危难在三月内，楚待诸侯之救，在半岁外。王诚听臣，臣请令秦楚长为兄弟之国，无相攻伐。楚王已得张仪而重出黔中地，乃许之。仪遂之韩，说韩王曰：韩地险恶山居，国无二岁之食，见卒不过二十万，秦被甲百余万，以攻不服之弱国，无异垂千钧之重于鸟卵之上，必无幸矣。大王不事秦，秦下甲据宜阳，塞成皋，则王之国分矣。为大王计，莫如事秦以攻楚，以转祸而悦秦。韩王许之。张仪归报秦，秦封以六邑，号武信君，复使东说齐湣王曰：齐蔽于三晋，地广民众，兵强士勇，虽有百秦将，无奈齐何。大王贤其说而不计其实，今秦楚嫁女娶妇，为昆弟之国，韩献宜阳，梁效河外，赵王入朝，割河间以事秦。大王不事秦，秦驱韩梁攻齐南地，悉赵兵度清河，指博关，临菑、即墨，非王之有也。国一日见攻，虽欲事秦，不可得也。齐王许之。张仪西说赵武灵王曰：大王收率天下以摈秦，秦兵不敢出函谷关十五年，大王威行山东，敝邑恐惧，缮甲厉兵，力田积粟，愁居慑处，不敢动摇，唯大王有意督过之也。今以大王之力，举巴蜀，并汉中，包两周，守白马之津，秦虽僻远，然心忿念怒之日久矣。今秦有敝甲凋兵，军于渑池，欲度河逾漳，据番吾，会邯郸之下，愿以甲子合战，正殷纣之事，谨使使臣先闻左右。今楚与秦为昆弟之国，而韩梁称东藩，齐献鱼盐之地，此断赵右肩也。夫断右肩而与人斗，失其党而孤居，求欲毋危得乎？今秦发三将军：其一军塞午道，告齐使度清河，军邯郸东；其一军军成皋，驱韩梁军于河外；一军军渑池，约四国为一以攻赵，赵报四分其地。臣窃为大王计，莫如与秦王面相约而口相结，常为兄弟之国。赵王许之。乃北之燕，说燕昭王曰：今赵王已入朝，效河间以事秦。大王不事秦，秦下甲云中、九原，驱赵而攻燕，则易水、长城非王有也。且今时齐赵之于秦，犹郡县也，不敢妄举师以攻伐。王事秦，长无齐赵之患矣。燕王请献常山之尾五城以和。苏秦之合纵也，先燕，次赵，次韩，次魏，次齐，次楚；张仪之连衡也，先魏，次楚，次韩，次赵，次燕。皆审地势时势以为先后。苏秦用赵为从约主，燕则入赵之阶耳，其最难致者，莫如韩魏，次则楚，韩魏皆密迩秦，韩积弱而魏累创，与言摈秦，谈何容易。苏秦引方兴之赵以壮其声援，而激其羞恶，是以动听，然苏秦与韩魏极言事秦之害，而于其不事秦之害，则匿而不言，其说非能完也。齐本与秦无患无争，燕与三晋既合，齐自易动，楚则一向一背，利害立见。当苏秦时，为楚谋者，固宜以超然无所倚为长计。故秦之至楚，楚王经月不见之（见《战国策》），诚不愿与为缘也。秦亦仅能利用其侈心，以与秦争霸歆之。故苏秦之合纵也，其论锋在燕赵最强，齐次之，在楚较弱，韩魏尤甚。张仪之时，魏楚皆经巨创，不复能鼓勇以与秦为难，魏襄、楚怀又皆昏暗，仪首从事于此，横基植矣，楚魏下则取屠韩如拾也，其最难者，莫如赵，武灵王一世之雄，而赵有韩魏为之蔽，其视秦蔑如也。故苏张游说之辞，皆在赵为最费，各出全力以搏之。仪欲服赵而先挠齐，其说齐也，曰：韩献宜阳，梁效河外，赵入朝，割河间。当时宁有是事，皆谀词虚喝而已。齐于纵横两策，利害本皆非迫切，故漫然许之。仪乃复假之以虚喝赵，其说赵曰：齐献鱼盐之地，断赵右肩。此又宁有是事，夫武灵王固非易受恫喝者，然方将有事于中山，却胡辟地，雅不愿显与秦示敌，故仪说得行焉。齐赵无异辞，燕更何有，此张所以能有功也。然仪说魏、楚、韩之言，尚多实录，其说齐、赵、燕，则皆虚声也。苏秦从约成，逾年而解，张仪横约成，归报秦，未至咸阳，秦惠王卒，武王立，武王自为太子时不说张仪，诸侯闻仪与秦王有隙，皆畔横复合纵。

并时及其后言纵横者猥多，大抵袭仪秦说，而陈轸、公孙衍、苏代最著。轸出入于秦楚，而衍出入于秦魏。衍当苏秦时，首为秦间齐赵以败从约，张仪死后，又尝佩五国相印为纵长。苏代在燕，酿子之之乱，召齐伐燕，其后复为燕昭王划策破齐，燕复使约诸侯从亲，如苏秦时。此皆纵横家之觥觥者也。仪、秦、衍、轸辈皆与大国之主周旋，得声名，致富贵，汲其流者更为一时之权要封君作鹰犬效奔走，风益下矣。然当时若齐孟尝君田文、赵平原君赵胜、魏信陵君公子无忌、楚春申君黄歇之徒，皆以好客相竞，借国力以养游士，故展转相扇，其焰益张，以终战国之世。惟信陵君颇能延揽志节之士，自余则无讥焉尔。或问孟子曰：公孙衍、张仪岂不诚大丈夫哉，一怒而诸侯惧，安居而天下息。孟子曰：是焉得为大丈夫乎，以顺为正，妾妇之道耳。司马迁曰：言纵横者大抵皆三晋人，苏秦长于权变，顾被反间以死，天下共笑之。张仪行事，甚于苏秦，秦先死而仪振暴其短。要之此两人真倾危之士哉。梁启超曰：吾刺述史文，备列两人之言论行事，则论世者自得之矣。苏秦之诋横人曰：夫横人者皆欲割诸侯之地以事秦，秦成则高台榭，美宫室，听竽瑟之音，前有楼阙轩辕，后有长姣美人，国被秦患而不与其忧，是故横人日夜务以秦权恐愒诸侯，以内劫其主，罪无过此者。张仪之诋纵人曰：夫纵人多奋辞而少可信，言其利不言其害，说一诸侯而成封侯，故天下之游谈士，日夜搤腕言纵之便，猝有秦变，不与其忧，彼其所互相评者皆是也。同一肺肠，故交揭之无遁形也。范雎为秦散纵曰：秦于天下之士非有怨也，相聚谋秦者，欲富贵耳，投骨于地，群犬相牙。乃遣载金以适东方，散不能三千金，而天下之士，大相与斗。呜呼！以政论为资生之具，其流毒如此其极也！虽然，若仪秦之言则诚辩矣，于大局之见状及趋势，若烛照而数计，后此六国以纵散而致亡，一一如苏秦言，而秦之攻取方略次第，又一一如张仪言也。时主之徊徨眩惑，进退无据，有以也夫。

终战国之世，列国联军战秦者十：其一，三十八年，韩魏伐秦，败于洛阴。其二，四十年，秦伐魏，韩赵救之，败于石门。其三，八十六年，楚为纵长，合赵、韩、魏、燕、齐伐秦，军于函谷，无功而还。其四，八十七年，三晋伐秦，败于浊泽。其五，百有六年，齐、魏、韩伐秦至函谷，秦割河东三城以讲。其六，百二十二年，韩魏伐秦，败于伊阙。其七，百二十八年，赵李兑约五国伐秦，兵未合而罢。其八，百五十七年，秦围赵，魏楚救之，魏信陵君全赵师败秦邯郸下。其九，百六十七年，秦伐韩，魏信陵君率五国之师败之于河外。其十，百七十三年，楚、魏、韩、赵、燕伐秦，败于函谷。通二百年形势观之，六国诚合，秦必不能得志，此事理之易明者。虽然，此则安能？秦人固料之矣，曰彼六国者，犹连鸡不能并栖。夫本已处难合之势，而秦复日夜构扇之，宜其益涣阋以为秦资也。时有说齐王者曰：天下为秦相割，秦曾不出刀；天下为秦相烹，秦曾不出薪。有说魏王者曰：以地事秦，犹抱薪救火，薪不尽，火不灭。由此观之，利害昭然，五尺之童，所共能解。然在当时大声疾呼，日聒于耳，而时主不寤，则利害有所蔽，而意气有所中也。虽然，天下之趋统一，势也，不统于秦，亦统于他国。而统一之愈于分争，则明甚也。天将假手于秦，以开汉以后之局，夫谁能御之！而秦与他国，又何择焉！

续纪秦创业章第五

自是赓续述秦创业之第四期，其主则昭王，其执政则穰侯魏冉也，起九十八年讫百三十八年，都凡四十年。张仪连横方成之年，而惠王卒，武王立。武王立四年，而拔韩宜阳，其年卒，无子，异母弟稷立，是为昭王。昭王母曰宣太后，后有异父弟曰魏冉，自惠武时任职用事，至是唯冉力能立昭王。昭王即位，以冉为将军，卫咸阳，诛大臣及诸公子之谋乱者。王少，宣太后任事，魏冉为政，威震秦国。梁启超曰：母后垂帘，外戚柄国，前无闻焉。有之自秦宣后、穰侯始，此无他故，贵族政制之国，人主不能以政权私其所亲爱，春秋以前诸国，多此类也。秦建国以来，即为君主独裁政制，国土愈廓，独裁力亦愈张，则凡与此政制相缘之弊，不期而自生，母后其一也，外戚其一也，宦官亦其一也，而皆作始于秦。其后赵惠文后、韩太后、齐君王后皆临朝用事，而秦实最初行之，遂历二千年与独裁制相终始，悲夫！

穰侯相秦之功绩,曰收魏河东,驯伏魏韩,曰蹂躏半楚,迫之东徙,曰挑扰强赵,始务北侵。先是魏西河、上郡已尽入秦,秦复渡河而南略地至陕,自是魏地在今陕西境内者及在今河南西北隅滨河与陕西接壤者,皆为秦有,再进则及河东矣。(魏河东地即今山西河东道,沿汾水两岸之地,北兼有冀宁道之汾水流域,参观第一章魏疆域)秦之经略河东也,始于七十五年之取汾阴(今荣河)、皮氏(今河津),其地分峙汾水入河处之南北两岸,与隔河之少梁(今韩城)相对,由河西入河东第一门户也。明年,复取蒲阳(地为今隰县),稍北进矣,已而归之以易上郡。八十二年,取曲沃、平周(此曲沃与前文所云焦、曲沃者为两地,彼在河南陕县境,此在河东今闻喜县与曲沃县之交。平周则今冀宁道介休县境),则渡汾而东,管汾城南北两要冲矣。此皆秦惠王时事也。时魏犹全力欲保河东,乘秦昭初立,内乱未靖,夺还皮氏。(九十九年,魏城皮氏)百有一年(秦昭四年),秦伐魏,取蒲坂(今垣曲县)、晋阳(此非太原之晋阳也,亦作阳晋,今虞乡县)、封陵(今永济县,即岸门所在地),则沿河之北岸东下,安邑在包抄中矣。然秦究以主少国疑,未敢殚力于外。明年,归魏蒲坂。百有六年,魏与齐韩伐秦至函谷,秦复归魏封陵。(窃意晋阳亦当同时归魏,史略之耳,既归永济自不能越永济而有虞乡也)盖自秦昭三十年间,不能大有所获于魏。其在韩亦然,拔宜阳之年(九十七年),并渡河城武遂(武遂今地不可确指,旧说谓在平阳附近,必不然,其地当时非韩属也,更屡以宜阳、武遂连举,地必相近,但宜阳在河南,武遂在河北耳,以意度之,当在今渑池、新安两县隔河北岸,韩上党最南境也)。明年,归之。百有一年,复取之。(与取封陵三邑同时)百有六年,复归之。(与归封陵同时)盖此十年间，为秦稍韬敛之时，且亦方有事于楚，不得不暂弛韩魏也。百有八年，魏襄王、韩襄王同时卒。明年，秦伐魏至襄城（见下），伐韩取武始（今地待考，大约当在今河洛道东南偏，《汉书·地理志》魏郡有武始县，其地乃在今直隶大名道邯郸县西南，当时绝非韩地），兵锋骤深入今河南之东境，盖乘丧侵之，且欲以致两国之师也。明年，复伐魏，败之于解（今县与安邑东境接壤，此又用兵于河东也）。又明年（百一十一年），韩魏果伐秦。穰侯荐白起为将，击败之于伊阙（今洛阳县南），斩首二十四万，取韩五城（时秦已得陕县宜阳，故战线移于洛阳以南，今河南省之中央矣）。白起率师自此始，实战国后半期发端之一大事也。明年，起复伐魏，取垣（即蒲坂，前以归魏，今复取之）。又明年，伐韩取宛（今河南汝南道南阳县）。百十四年，魏遂纳河东地四百里，韩纳武遂二百里。明年，起与司马错伐魏至轵（今河南河北道济源县，当时河东地最东境），取城大小六十一。百十八年，司马错攻魏河内，魏遂纳故都安邑于秦，至是魏河东地尽矣。此十年中，秦志在全有魏河东，而频扰其河南、河内，魏力穷于抗围，乃更为断腕全躯之计，犹前之弃河西以保河东也。于是秦魏息兵十年。（中间惟百二十一年，秦由武关出师伐魏安城，地在今河南汝南府汝南县，盖魏南鄙也，与秦魏战争大局所关甚微）百二十九年，伐魏，围大梁，魏割温以和。（温今县属河南河北道）百三十一年，复伐魏，走芒卯，魏割南阳以和。（史于割南阳下，有实修武一语，汉修武县属河内郡，兼有今河北道修武、获嘉两县境。此南阳郡即春秋时周襄王赐晋文公以温原十二县之田，晋于是始启南阳也。与今之南阳府不相蒙。三国分晋，南阳分属魏韩，韩之南阳当即武遂一带，至是并得魏南阳，秦遂置南阳郡）河内之半，又入秦矣。韩则自纳武遂后，二十年不被秦兵。（其间惟百十八年，秦败韩夏山，小战无关轻重也）盖当时秦之于魏韩，略其要地，使之屈伏，而不肯蹙之于极窘，毋使铤而走险，因得留吾力以向他方，此穰侯当国四十年待魏韩之方略也。

与韩魏息兵之时，正经略楚赵之日。初，楚怀王败蓝田后（九十二年，怀王十七年，见第三章），纳张仪连横说，与秦约和，会秦惠卒，犹豫未决，齐湣复遣与约从，遂合于齐。时秦兵方与韩距于宜阳，未遑事楚，而武王暴卒，昭王新立，厚赂楚，归楚上庸（今湖北襄阳道竹山县，地与败丹、析时为秦所取，至是归之），与结婚姻。齐、韩、魏以楚负从约伐之，楚质太子于秦，秦救楚，三国兵解（百有一年）。既而楚太子与秦重臣私斗，杀之亡归。百有三年，秦遂与齐、韩、魏共伐楚，败之于重丘（今河南汝阳道泌源县），杀其将唐眛。是为秦楚再交兵之始，上距蓝田之役十年也。明年，复伐楚，取襄城（今县属河南开封道），杀其将景缺。又明年，诱怀王入武关，要以割地，怀王不许，卒割八城。又明年，伐楚，取析等十六城。（汉析县属弘农郡，在今河南汝阳道内乡县西北，时秦所取诸侯，史不具载其名，大约旧南阳府所属诸县，皆在其内也。又《楚世家》仅载本年取十六城事，《秦本纪》仅载前年取八城事，《六国表》两载之，今从表）此即齐、韩、魏伐秦至函谷，秦割三城以讲之年也。当是时，彼三国从约颇坚，秦实严惮之，苟非楚背从，秦或不敢逞，而楚进退失据，四年之间，坐丧名城数十，可叹也。怀王遂客死于秦。顷襄立，与秦绝。百十二年，秦伐楚取宛（今河南汝阳道南阳县，其年史又记秦伐韩取宛，盖宛分属楚韩也），取叶（今县属汝阳道），取穰（今汝阳道邓县，《史表》载秦于十年前伐韩取穰国，《策》载是年伐楚取穰，当亦分属两国），明年取邓（今县），楚南阳地尽矣。顷襄王不支，复与秦和亲，自是不被秦兵者亦十年。百二十四年，楚顷襄复遣使诸侯约从，谋伐秦。秦闻之，骤攻楚黔中，楚割上庸（今竹山县）及汉北地（今自郧西至光化凡汉水以北诸县）以讲。明年，秦遂大举伐楚，一军陆行出武关取襄阳，一军舟行自巴渝浮江而下取江陵。其出关之师拔鄢（今湖北襄阳道襄阳、宜城两县），其下江之师拔西陵（今湖北荆南道宜昌县，溯江二十里入峡口处）。又明年，遂会师拔楚郢都（今江陵县），烧夷陵（即宜昌），毁其先王陵庙，楚遂东徙陈（今河南开封道淮阳县治），实魏献安邑后之八年，于是六国故都入秦者二矣。又明年，益尽拔楚巫、黔中地（楚巫郡有今荆南道之巴东、建始、恩施诸县，黔中道则湖北长阳、公安，湖南则自洞庭以西之华容，西南括武陵、辰沅两道全境，皆其地也），大抵蓝田战役以后，楚尽失其陕西境内之地，重丘战役以后，楚失其河南境内旧南阳府属之地；此役以后，楚尽失其湖北境内今襄阳、荆南两道，湖南境内辰沅道全道及武陵道之泰半（洞庭以西）。至是楚所余者，尚有今安徽、江西、江苏、浙江四省之全境，湖北之江汉道，湖南之湘江道及武陵道之小半，而河南之汝阳道与秦共之，开封道与魏共之，此楚疆变迁之一大结束也。自春秋八十八年，秦伐郢以围荆襄，至是历三百五十七年，卒乃得之，其坚忍不拔，可敬也哉！

秦之弱赵，始于七十六年攻取离石（今县在山西冀宁道，原名永宁县，民国三年改），实魏纳上郡十五县之年，地与上郡密迩秦，因取之。八十八年，取西都中阳（中阳今县，原名宁乡，民国三年改），九十一年，取蔺阳（今临县）。诸地皆在河东，而与魏接壤，秦正有事于河东，故取之以临魏也。然正值武灵即位十有余年，赵奋迅蹈厉，势方全盛，秦不敢撄其锋，赵亦正勤远略，不与秦校，故秦赵无兵战者二十五年。武灵王躬微行诇秦，欲从云中、九原拊其背，时赵之谋秦，盖猛于秦之谋赵也。会武灵王卒（百有八年），赵威日替，而秦方大捷于伊阙（百十一年）。韩魏纳土，秦全有魏河东地（百十四至百十八年），自是祸中于赵矣。百十六年，秦拔赵梗阳（今山西冀宁道榆次县，与太原东南接壤）。明年，拔新垣、曲阳（今山西河东道垣曲县）。百二十二年，拔两城（史阙其名）。明年，拔石城（今河南东临汾县）。又明年，拔代光狼城（今冀宁道高平县）。秦谋赵日益亟。虽然，赵固非易与者，赵俗本矜愎勇健，而武灵益厉之，地尽直北数千里，居高临下，形势殊不弱于秦。武灵虽没，而平原君公子胜为相，以贤闻于诸侯，廉颇、蔺相如、赵奢皆一时俊杰，内赞枢机，外司专阃。取光狼之明年（百二十五年），秦王告赵王愿为好，会于渑池（今渑池县，本韩地，时已入秦），廉颇、蔺相如计曰：王不行，示赵弱且怯也。赵王遂行，相如从，颇送至境，与王诀曰：王行，度道里会遇之礼毕，不过三十日，过此不还，请立太子以绝秦望。王许之，及会饮酒，秦王请赵王鼓瑟，赵王鼓之，相如请秦王击缶，秦王不肯，相如曰：五步之内，臣得以颈血溅大王矣。左右欲刃相如，相如瞋目叱之，左右皆靡，秦王不怿，为一击缶。罢酒，秦终不能有加于赵，赵人亦盛为备，秦不敢动。赵王归，以相如为上卿，位在颇右，颇自以多战功，相如素贱，不平，扬言将众辱之。相如避匿，其舍人以为耻。相如曰：相如敢廷叱秦王，独畏廉将军哉。顾吾念之，秦所以不敢加兵于赵，徒以吾两人在。今两虎共斗，势不俱生。吾为此者，先国家之急而后私仇也。颇闻之，肉袒谢罪，遂为刎颈交。赵奢初为田部吏，收租税，平原君家不肯出，奢以法杀其用事者九人。平原君怒，奢曰：君于赵为贵公子，今纵君家而不奉公则法削，法削则国弱，国弱则诸侯加兵，是无赵也。平原君以为贤，言于王，使治国赋，国赋大平，民富而府库实。百三十四年，秦伐韩，围阏与（阏与地有二，皆今山西冀宁道境内，一在和顺县，当时为赵地，一在武乡县，当时为韩地。此战在武乡之韩阏与也）。赵王召群臣问之，皆曰道远险狭难救，奢曰：道远险狭，如两鼠斗穴中，将勇者胜。王乃令奢将兵救之，出邯郸（赵都）三十里而止，坚壁不行者二十八日，秦将以为怯，不为备。奢乃卷甲趋，一日一夜而至阏与，大破秦师，围解，秦归师反攻几（几今地失考，《史记正义》云在相潞之间）。廉颇复大败之。实渑池会后之九年，秦破楚郢都后之八年也。秦自孝公商鞅以来，九十年中，战无不克，始见挫者，此役而已。故终穰侯之世，不得志于赵。

穰侯执政四十年，秦所获实至丰，其恃兵力攻取者半，其恃智术操纵者亦半也。自张仪连横，日以秦权恐喝诸侯，仪虽死，秦袭用其术不衰，其兵谋常昌言之不讳，往往先声而后实，诸侯受其劫持者，则割地以事之，得数年或十数年不被兵，不受劫耶。近者则如其所昌言之兵谋实施而膺惩之，以明吾虚喝之言，非无验也；远者为己兵力所未能遽及，则唊他国以利助力而嗾使斗之，以待其两蔽也。故其于各国忽攻伐，忽盟会，术售于甲，则力加于乙，力既足，威术复行焉，如环无端，以骇眩其敌，各国时或以自救，故冀移秦祸于他国，或欲附秦弱他国，而分有所获，或失于秦，而欲向他国取偿也。故惟秦之所操纵，无不如志。会渑池之前两年,秦召燕王,燕王欲往,苏代极陈秦二三十年欺胁诸侯之往迹,以尼其行。其言虽未必尽实录,然穰侯时代秦之所得于战功外者,略可睹矣。[苏代说燕王曰:秦之行暴,正告天下。告楚曰,蜀地之甲乘船浮于汶,乘夏水而下江,五日而至郢;汉中之甲乘船出于巴,乘夏水而下汉,四日而至五渚(按:此言后两年即已实行),寡人积甲宛东下随,智者不及谋,勇士不及怒,寡人如射隼矣。楚王为是故,十七年事秦。秦正告韩曰:我起乎少曲,一日而断太行。(按:此言后十八年实行)我起乎宜阳而触平阳,二日而莫不尽繇,我离两周而触郑,五日而国举。韩氏以为然,故事秦。正告魏曰:我举安邑,塞女戟,韩太行绝,我下轵道、南阳、封、冀,包两周,决荥口,魏无大梁,决白马之口,魏无外黄、济阳,决宿胥之口,魏无虚、顿丘。陆攻则击河内,水攻则灭大梁(按:后此秦灭魏,兵略次第皆如此),魏氏以为然,故事秦。秦欲攻安邑,恐齐救之,则以宋委于齐,已得安邑,因以破宋为齐罪;欲攻韩,恐天下救之,则以齐委于天下,已得宜阳,因以破齐为天下罪;欲攻魏,重楚,则以南阳委于楚,及魏弃与国而合于秦,因以塞鄳厄为楚罪。必令言如循环,用兵如刺蜚。秦所杀三晋之民数百万,今其生者皆死秦之孤也。秦祸如此其大,而燕赵之为秦者,犹以争事秦说其主,此臣所大患也。燕王乃止不行]故此数十年中,凡韩、魏、楚等国,不被秦兵之年,大抵皆受秦欺胁,供秦利用之年也。穰侯更番用此策,以弱六国而强秦,然亦坐是为范雎所龁而夺其位。

穰侯之时,秦力足以亡楚,魏韩更无论矣,而穰侯之计,欲存之以斗东侯。百二十六年之破郢而楚东徙也,秦军将遂穷追灭楚,楚人黄歇说秦,谓毁楚实以强韩魏而益齐[其言曰,今王妒楚之不毁,而忘毁楚之强韩魏也。秦无德于韩魏,而有累世之怨焉,韩魏父兄子弟接踵死秦者十年矣。今秦资之以攻楚,不亦过乎！且秦攻楚将安出兵？将借路于仇敌之韩魏乎？兵出之日忧其不返也！不借路必攻随水右壤，此皆广川大水、山林溪谷不食之地也，是有毁楚名无得地之实也。（按：此时楚已迁陈，故形势如此）且秦楚之兵构而不离，魏氏将出而攻留、方与、铚、湖陵、砀、萧、相，故宋必尽，齐必南攻楚，泗上必举。此皆平原四达、膏腴之地，是王破楚以肥韩魏而劲齐也］，秦乃释楚。百三十一年之破魏师走芒卯也，秦遂围大梁，魏人须贾说穰侯以大梁之不易拔，而可以少割收也。秦乃割魏南阳而解梁围。时穰侯方增封于陶（今山东济宁道定陶县），乃合魏楚之师伐齐取刚（今济宁道宁阳县）、寿（今东临道寿张县），以广陶邑，时正秦丧师于阏与之年也。穰侯柄政四十年，威名翕赩，昭王固已畏恶其逼，及是释楚魏于累胜之后，人有议宣太后本楚产而私徇楚（见《秦策》），穰侯本魏产而私徇魏者（《韩非子·初见秦》篇云：穰侯用一国之兵，而欲以成两国之功），加以伐赵失利，故愬者益得而中之。范雎者，魏人也，为魏相，魏齐所虐奔秦，窥昭王旨，多为危词以构穰侯。百三十八年（秦昭四十一年），秦遂相范雎，而逐穰侯。宣太后旋卒，自是入第五期。司马迁曰：穰侯，昭王亲舅也，而秦所以东益地约诸侯，天下皆西乡稽首者，穰侯之功也。一夫开说，身折势夺，而以忧死，况于羁旅之臣乎。司马光曰：穰侯援立昭王，除其灾害，荐白起为将，南取鄢、郢，东属地于齐，秦益强大，虽其专恣骄贪，足以贾祸，亦未至尽如范雎言。若雎者亦非能为秦忠谋，直欲得穰侯之处，故扼其吭而夺之耳，遂使秦王绝母子之义，失舅甥之恩。要之，雎真倾危之士哉！

范雎所标帜之政策，当时成功而后人且乐道不衰者，所谓远交近攻是已。实则此策殊非雎所自创，自商君、张仪以来，既累世行之，虽穰侯亦然，特最近以韩、魏、楚既宾服，欲资之以图齐赵，故雎初说昭王，即乘此为间，其言曰：穰侯越韩、魏而攻齐，非计也。齐湣王攻楚，再辟地千里，而尺寸无得焉者，形势不能有也。诸侯见其罢敝而伐之，齐几于亡，以其伐楚而肥韩魏也。今王不如远交而近攻，得寸则王之寸也，得尺亦王之尺也。秦王大说，雎渐用事，而韩魏之祸，益煎迫矣。

范雎以韩魏为天下之枢，必收韩魏，乃能制楚赵。既为客卿用事后二年（百三十六年），并力以谋魏河内，首伐魏拔怀（今河南河北道武陟县），明年拔邢丘（今温县，《魏世家》作郪丘，《六国表》作廪邱，皆误，此据《秦本纪》及《秦策》），邢丘拔而魏附秦。遂以雎为相。雎说昭王曰：秦韩地形，相错如绣，秦之有韩，若木之有蠹，人之病心腹，天下有变，为秦害者，莫大于韩。今举兵而攻荥阳，则成皋之路不通，北斩太行之道，则上党之兵不下，其国断而为三，则韩服而霸成矣。雎为相后一年（百三十九年），伐韩取少曲（今河北道济源县西）。明年，取陉及汾旁五城（凡连山中断者皆称陉，河北八陉、轵关陉、太行陉、白陉、滏口陉皆在韩境，此未知所指要之，自汾以东、河以北沿太行山脉要道也），因城河上广武（今开封道中牟县）。又明年，拔野王（今河北道沁阳县，旧称河内县）及其旁九城。于是韩南阳地尽（晋南阳地分属韩、魏，百三十四年，魏割南阳与秦，和此次所拔魏之怀及邢丘亦魏南阳地，前未割尽者，野王等十城则韩南阳地也），上党路绝。是役也，秦用兵于韩三年，其主力军屯河北，以图上党（取少曲、汾陉、野王皆此军也），而以出河南厄成皋者，为牵制之师（城广武者，即此军，盖厄中牟、郑县之间，则新郑之韩都及东南长葛、鄢陵、扶沟等县之韩地，皆隔绝矣）。上党守冯亭与其民谋曰：郑道已绝（韩都新郑，自上党趣郑，由野王渡河，今秦拔野王且驻兵广武，故郑道绝），秦兵日进，韩不能应，不如以上党归赵，赵受我，秦必攻之。赵被秦军，必亲韩，韩赵为一，可以当秦。遂以上党降赵。明年，秦在河南之师，拔韩缑氏（今县属河南河洛道，此地盖分属周、韩）、蔺（今河洛道登封县西南，汉之纶氏县即其地，与赵之北蔺异），而王龁之河北军亦拔上党，上党民走赵，赵廉颇军于长平（今山西冀宁道高平县），以按据上党民。先是秦取韩少曲之年，同时伐赵取三城，赵得齐救，兵乃解。至是王龁因伐赵，赵军数战不胜，遣使与秦媾，秦厚礼其使，以间赵与国使毋救赵，而阴持赵益急。而廉颇长平军坚壁不出，赵王以为怯，数谯让之。范雎又使人行千金于赵为反间，曰：秦独马服君之子为将耳，廉颇易与，且降矣。马服君赵奢也，已前卒。初，奢子括少学兵法，自以天下莫能当，尝与其父言兵事，奢不能难，然不谓善。括母问其故，奢曰：兵，死地也，而括易言之。赵若将括，军其破矣。至是赵王中秦间，欲将括。蔺相如谏曰：括徒能读父书，不知合变，不可用。王不听，卒以括代颇。秦闻括已为赵将，乃阴使白起为上将军，而王龁裨属之。括至军，悉更约束，易置军吏，出兵击秦，白起伴败走，张二奇兵劫之。括乘胜追造秦壁，壁坚拒不得入，奇兵二万五千人绝赵军后，又五千骑绝赵壁间，赵军分为二，粮道绝，括因筑壁，坚守待救。秦王自如河内，发民年十五以上悉诣长平，益遮绝赵救兵及食道。赵军饥守四十六日，人相食，欲突围不得，括自出锐卒搏战，秦人射杀之，赵师大败，卒四十万人皆降。白起曰：秦已拔上党，上党民不乐为秦而归赵，赵卒反覆，恐为乱，乃挟诈尽坑杀之。遗其小者二百四十人归赵。赵人大震，时百四十四年九月。上距阏与之战恰十年。（秦昭四十七，赵孝成四）是役也，合两军兵数盖逾百万（秦力能抗赵卒数十万，其兵必更多于赵，观前文秦王发民年十五以上悉诣长平可知），相持将一年，战事之剧，开辟讫兹，未尝有也（初齐田单尝问赵奢曰：单闻帝王用兵，不过三万，而天下服；今将军必负十万二十万之众乃用之，此单所不服也。奢曰：君不明时势也。古者西海之内，分为万国，城虽大无过三百丈，人虽众无过三千家，而以集兵三万，距此何难哉！今取古之为万国者，而为战国七千丈之城，万家之邑相望也。不能具数十万之众，旷日持久，数岁何以为战！单乃叹服。启超按：此春秋与战国之用兵所为绝异者也）。秦赵交兵以来，胜负恒略相当，过此以往赵始为秦弱矣。

长平一役，为秦帝业成败最大关键，国史上第一大事也。赵所以败，其近因固由不能坚守平原君廉颇持久之策，临阵易将，为秦所乘（赵初受韩上党之时，虑召秦兵，平原君曰：白起可与持久，难与争锋，廉颇勇鸷而爱士，知难而忍耻，与之野战，则不如持久，则足以当之。是颇之坚壁不出，乃赵之原定计画也。故秦必以间去颇，乃能取胜）；其远因实由魏附秦弱韩，秦无魏忧，故得并力于赵也。当两军相持于长平也，楚赵皆约魏合纵，秦则约割韩垣雍、平都地（今释见下）予魏，劝共伐韩。魏安釐王异母弟信陵君公子无忌极陈利害，谓韩亡则秦地与大梁邻，祸且不测，秦亡韩后，兵必不先加于楚赵，而先加于魏，劝王速纳楚赵之约，相与摈秦。其言于当时前后数十年之事势，若烛照数计焉。（其略曰：秦与戎翟同俗，贪戾好利，无信，不识礼义德行。苟有利焉，不顾亲戚兄弟，若禽兽耳。故太后，母也，以忧死；穰侯，舅也，功莫大焉，竞逐之；两弟无罪，再夺之国。于亲戚若是，而况仇雠之国乎！今王与秦共伐韩而益近秦患，臣甚惑之。夫韩氏以一女子奉一弱主，内有大乱，外受强秦魏之兵，王以为不亡乎？韩亡，秦有郑地，与大梁邻，王以为安乎？王欲得故地，今负强秦之亲，王以为利乎？秦非无事之国也，韩亡之后必将便事，便事必就易与利，就易与利必不伐楚与赵矣！何也？夫越山逾河，绝韩上党而攻强赵，是复阏与之事，秦必不为也。若道河内、倍邺、朝歌绝漳滏水与赵兵决于邯郸之郊，是智伯之祸也，秦又不敢；伐楚，道涉而谷行三千里而攻危隘之塞，所行甚远，所攻甚难，秦又不为也；若道河外背大梁，右上蔡左召陵与楚兵决于陈郊，秦又不敢。故曰秦必不伐楚与赵矣！又不攻卫与齐矣！夫韩亡之后，兵出之日，非魏无攻矣，秦固有怀、茅、邢丘，城垝津以临河内，河内共、汲必危，有郑地，得垣雍，决荥泽水灌大梁，大梁必亡。昔秦在河西去梁千里，有河山以阑之，有周韩以间之，从林军以至于今，秦十攻魏，五入国中，边城尽拔，文台堕，垂都焚，林木伐，麋鹿尽，而国继以围，又长驱梁北，东至陶卫之郊，北至平监，所亡于秦者，山北、河内、河外，大县数十，名都数百。秦乃在河西，晋去梁千里，而祸若是矣！又况于使秦无韩，有郑地，无河山而阑之，无周韩而间之，去大梁百里，祸必由此矣！异日者，纵之不成也，楚魏疑而韩不可得也。今韩受兵三年，秦挠之，以讲识亡不听，投质于赵，请为天下雁行顿刃，楚赵必集兵，皆识秦之欲无穷也，非尽亡天下之国而臣海内，必不休矣。是故臣愿以从事王，王速受楚赵之约而挟韩之质以存韩而求故地，韩必效之。此士民不劳而故地得，其功多于与秦共伐韩，而又无与强秦邻之祸也。夫存韩安魏而利天下，此亦王之大时已）魏王不能用，故赵孤而韩益不支。战长平之明年，秦分兵为三：王龁攻赵武安（今县属河南河北道）、皮牢（今地失考，《史记正义》谓皮牢故城在绛州龙门县，

《通鉴注》谓秦兵已至上党，不应复回攻绛州之皮牢。启超按：史明言分军为三，盖白起、王龁、司马梗各领其一，王龁军攻武安，所以横断邯郸与大梁之联络，使赵魏不能相救，若同时攻武安，又攻相去数百里之绛州，岂非龁军又分为二邪？《史记正义》说必误，皮牢当在武安附近也），拔之；司马梗北徇太原；白起既复定上党地，欲遂围邯郸，求益军粮。韩赵恐，便苏代厚币说范雎，谓白起功高，秦帝业成且为三公。起之进，本由穰侯，雎固慧之。乃言于昭王曰：秦兵劳，请许韩赵割地以和，且休士卒。昭王亦微震于起之勋名（《史记·邹阳传》云，卫先生为秦画长平之事，太白蚀昴而昭王疑之，苏林曰：白起破长平军，欲遂灭赵，遣卫先生说昭王益兵粮，为应侯所害，事竟不成），乃许韩割垣雍，赵割六城以和。垣雍者（今河南河北道原武县），与魏之卷、安城、河阳接壤，即秦先以许魏之地也，至是自取之。其年（百四十五年）正月，秦兵悉罢归，白起由是与范雎有隙。雎前以伐三晋之功，既受封为应侯，凭藉秦权，恣报恩怨，至是威名极盛，谋所以自固其位，故韩赵之间得行焉。

赵既许秦割六城，既而用虞卿之谋，转以赂齐。故其年九月，秦复伐赵，武安君白起谢病不行，使五大夫王陵率师，师出数月屡失利。明年正月，强起白起。起曰：邯郸实未易攻也，且诸侯之救日至，虽秦胜于长平，士卒死者过半；国内空，远绝河山而争人国都，赵应其内，诸侯攻其外，破秦军必矣。王与范雎迭造劝，起终谢疾，乃以王龁代王陵。赵王使平原君求救于楚。初，楚东徙于陈（战长平前十八年），藉黄歇游说之力，移秦祸于韩魏，以其间收东地兵得十余万，复取秦所拔江旁十五邑为郡以拒之，楚复振。战长平之前二年，楚顷襄王卒，其太子方质于秦，黄歇以计归之，立为考烈王，歇遂辅政，封春申君。至是赵平原君胜聘楚，门客毛遂从，胜谒楚王约从，久不决。毛遂按剑历阶进，面折楚王，从遂定，歇率师救赵（平原君至楚，约从，日出言之，日中不决，毛遂按剑上，谓平原君曰：从之利害，两言而决耳！楚王怒叱，曰：胡不下，吾乃与而君言，汝何为者？毛遂按剑而前曰：王之所以叱遂者，以楚国之众也。今十步之内，王不得恃楚国之众也，王之命悬于遂手，吾君在前，叱者何也？曰以楚之强天下弗能当，白起小竖子耳，率数万之众战楚，一战而举鄢、郢，再战而烧夷陵，三战而辱王之先人，此百世之怨，赵之所羞，而王弗之恶焉。合从者为楚非为赵也，吾君在前，叱者何也？楚王曰：唯唯，谨受教。约遂定），兵未至，而秦急围邯郸。平原君尽散其家财飨士卒，令夫人以下分功城守，魏王亦使晋鄙将兵十万救赵，然实畏秦，止晋鄙留兵壁邺，持两端，又使新垣衍说赵，欲共尊秦为帝，以却其兵。齐人鲁仲连方在围城，径造衍责之曰：秦即为帝，连惟有蹈东海死耳，不忍为之民。秦梁俱据万乘之国，各有称王之名，奈何睹其一战之胜，欲从而帝之，卒就脯醢之地乎！衍遽谢，不敢复言帝秦。秦将闻之，为却军五十里，而围终不解。平原君夫人，魏信陵君姊也。至是平原使者冠盖相属于魏请救，颇责让信陵。信陵数请魏王敕晋鄙救赵，及宾客辩士游说万端，王终不听。信陵焦悚，乃属宾客约车骑百余乘，欲赴斗以死于赵。初，信陵君仁而下士，士有隐于夷门监者曰侯嬴，年七十矣，信陵敬事之，执礼甚恭，至是嬴为信陵划谋，使王所幸如姬窃王卧内虎符，复荐力士朱亥从行。信陵君至邺，出符代晋鄙军。晋鄙疑焉，朱亥袖四十斤铁锥锥杀鄙，信陵遂勒兵，下令军中曰："父子俱在军者，父归；兄弟俱在军者，兄归；独子无兄弟者，归养。"

得选兵八万人,将之而进。于是王龁围邯郸既两年矣,久不拔,诸侯之救至,白起曰:王不听吾计,今何如矣?秦王闻之,怒,强起之,起遂称病笃,乃免为士伍,迁之阴密,旋赐死。秦人怜之,乡邑皆祀焉。秦益发卒军汾城旁,为龁声援。百四十七年（秦昭五十年,魏安釐二十年）十二月,魏信陵君公子无忌帅师大破秦军于邯郸下,秦将王龁走,郑安平以二万人降赵,时上距长平之役三年耳。魏自失吴起后,迄兹垂百三十年,与秦交兵,大小数十,遇辄败,秦见创于魏。惟兹一役,天下共欢诵魏公子之贤而杰也,然公子遂不敢归,与宾客留居赵,使将将其军还魏焉。赵王率平原君自迎公子于界,平原君负韣矢先引,不敢自比于人,赵王扫除飨宴,执主人礼,引公子就西阶。公子侧行辞让,从东阶上,自言罪过,已负魏而无功于赵。赵王欲献五城为公子汤沐邑,侍酒至暮,不敢出口,以公子退让也。公子闻赵有处士毛公,隐于博徒,薛公隐于卖浆家,欲见之,两人不肯见,乃间步从之游。平原君闻而非之,公子曰:吾闻平原君之贤,故背魏而救赵,今君所与游,徒豪举耳,非求士也,以无忌从此两人游尚恐其不我欲也,平原君乃以为羞乎!为装欲去,平原君免冠谢,乃止。平原君欲封鲁连,连不受,又以千金为寿,连笑曰:"所贵于天下士,为人排患释难解纷乱而无所取也。即有取,是商贾之行也!"遂辞去,终身不复见。而侯嬴既送魏公子往,计数公子至晋鄙军之日,遂北乡自刎以谢公子也。

秦军既破于邯郸而郑安平降,安平、范雎所举也,秦法任人而所任不善者,各以其罪罪之,于是雎罪当收三族,秦王不忍诛,既而雎所举河东守王稽坐与诸侯通,弃市,雎益不自安,遂谢病免相。而秦将军樛犹伐韩，取阳城、负黍（阳城，今河南河洛道登封县，负黍失考），斩首四万。又伐赵取二十余县，斩首虏九万。周赧王恐，欲与诸侯约从，将天下锐师出伊阙攻秦，令无得通阳城。秦使将军樛攻西周，赧王入秦，顿首受罪，尽献其邑三十六，口三万。秦受其献，归赧王于周。是岁，赧王崩。周自武王克殷传二十七王，八百六十七年而亡，实战国之第一百四十八年，民国纪元前之二千一百六十七年也。

秦昭王在位五十六年，飨国之久，古今罕匹。（前此惟殷太戊在位七十五年，后此惟清圣祖在位六十一年，高宗在位六十年，较此为更久了）秦之帝业，启之者孝公，享之者始皇，而成之者实昭王，第四、第五两时代史绩，皆昭王史绩也。秦兵虽挫于邯郸，然赵已罢敝，非复秦敌。韩则上党既失，成皋中断，国华离割裂，不复能守。故周亡后二年，韩王入朝于秦，魏则环大梁四周皆秦地，举国以听秦命，楚更积弱畏逼，东徙巨阳（今安徽淮泗道阜阳县）。百五十三年，昭王卒，至是三晋与楚半为秦役矣。继之者为孝文王，在位仅一年，庄襄王在位仅三年，承昭王余烈，遂灭东周。（西周赧王已前降，至是使吕不韦并灭东周，置三川郡）其年，伐韩，拔荥阳、成皋（成皋，今荥阳县，荥阳，今荥泽县，俱属河南开封道），韩人献巩（今县），于是韩虎牢之塞入秦。明年，伐赵，取榆次、狼孟等二十七城（榆次，今县；狼孟，今阳曲县东北二十里，并属山西冀宁道），于是赵晋阳故都入秦。又明年，王龁徇韩上党诸城，悉定之。（邯郸败后，上党诸城多畔秦者）蒙骜遂率大兵伐魏，拔高都、汲（高都，今山西冀宁道晋城县；汲，今县属河南河北道）。魏师数败，魏王患之，乃使人请信陵君于赵，信陵君畏得罪，不肯还，诫门下毋为魏使通，宾客莫敢谏。毛公、薛公入见曰：公子所以重于诸侯者，徒以有魏也。今魏急而公子不恤，一旦秦人克大梁，夷先王宗庙，公子当何面目立天下乎？语未卒，信陵君色变，趣驾还魏，魏王持之而泣，以为上将军。信陵君使人求援于诸侯，诸侯闻信陵君复为魏将，皆遣兵救魏。信陵君率五国之师，败蒙骜于河外（此河外指大河以南也，对魏都河内言，非战国初之河外，彼时河外指河西也），蒙骜遁走。信陵君追至函谷关，抑之而还，此魏第二度破秦军也。秦人患信陵君，使人行万金于魏以间之，求得晋鄙客，令说魏王曰：公子亡在外十年矣，今复为将，诸侯皆属，天下徒闻信陵君，不闻魏王。秦王又数使人贺信陵君得为魏王未也。魏王日闻其毁，不能不信。乃使人代信陵君将兵，信陵君自知再以毁废，乃谢病不朝，以酒色自晦，四岁而卒。越十八年，而秦虏魏王，屠大梁。其后汉高祖每过魏，辄遣祠祭信陵君，为置守冢，世世不绝云。梁启超曰：战国之局，魏实为枢，故秦魏交兵最繁数，见于史者，盖四十五役焉（并联军计参观年表）；次则韩，二十一役；次则赵，二十役；次则楚，十三役；燕齐乃一举亡之耳。魏自文侯时战秦皆胜，过此则皆败，信陵君力能振之，然以母弟之亲贤，能使后王起敬，而当世不免忧废，甚矣，魏之勇于自绝也！

纪秦并六国章第六

秦帝业成于始皇，亦终于始皇，然旧史以为始皇固非秦人也。孝文王之为太子也，所爱妃曰华阳夫人，无子，庶孽子二十余人，有名异人者，出质于赵。秦数伐赵，赵人不礼之。异人以庶孙无内援，车乘进用不饶。阳翟大贾吕不韦适邯郸见之曰："此奇货可居！"乃资异人以金，使结宾客，复为西入秦，厚奉华阳夫人，因得立为嗣，而不韦为之傅。不韦娶邯郸诸姬绝美者与居，知其有身，异人从不韦饮，见而请之，不韦佯怒，既而献之。孕期年而生子政，异人遂以为夫人。未几，昭王卒。孝文王立，异人归自赵为太子，一年而继立为庄襄王，政为太子，三年而继立，即始皇也。始皇以百五十八年即位，年十三矣，实周亡后之十年。自庄襄王时，吕不韦既为相国，封文信侯，至是更号仲父，国政一以委之，其所进之邯郸姬，则秦太后也。其后太后以淫乱废，不韦免相，迁于蜀。始皇立十年而始亲政。

楚之上蔡人李斯者，从荀卿学帝王之术，学成而入秦，因吕不韦进说始皇以遂灭六国，谓若怠而不图，脱诸侯复强，相聚约从，虽有黄帝之贤，不能并也。先是始皇亲政前之四年，楚、赵、韩、魏、燕尝合兵伐秦，至函谷，秦击走之，是为合纵联军之最末次。秦威役诸侯，虽已六世，犹有所惮，不敢墟人国而覆其宗，斯窥始皇雄略，故以为言。始皇乃拜斯为客卿，听其计，阴遣谋士赍持金玉以游说诸侯，诸侯名士可以下以财者，厚遗结之，不肯者利剑刺之，乃使良将随其后，其将王翦、王贲、蒙骜、蒙武、蒙恬，皆一时之杰也。行此策十余年，六国尽灭。

首灭韩。韩之削也，初失宜阳，次失南阳、上党，次失荥阳、成皋、巩。当秦昭王之末年，韩已比关内侯，故昭王卒，韩王衰服入吊，执臣礼焉。入始皇时，韩所有者，仅今郑、新郑、禹、密、洧川、尉氏等数县，河北阳武、原武之间，亦稍有余壤而已。百六十年（始皇三年），秦复伐韩，取十三城。百七十一年（始皇十四年），韩王安使韩非使于秦。韩非者，韩之诸公子也。善刑名法术之学，数以书干韩王，王不能用，非乃观往者得失之变，著书五十六篇，十余万言。至是衔命入秦，说以存韩，且为秦陈取天下之术。非本与李斯同学于荀卿，斯自谓不及。至是始皇颇悦非，斯妒，急谮杀之。百七十四年（始皇十八年），遂灭韩，虏王安，若摧朽焉。

次灭赵。赵自长平大败，邯郸久围，国力雕耗略尽，然民善战而多良将，在诸国中，犹最为倔强。晋阳先已入秦，始皇初立之年，晋阳畔秦，秦复定之，根本之地去矣。然廉颇尚存，李牧新用，皆名将也。故于其间犹能伐魏取繁阳（百五十九年），伐燕，取武遂、方城（此武遂非韩武遂，此方城非楚方城），又却燕师，取其军二万（百六十一、六十二年），破杀匈奴十余万骑（约自百五十七年至百五十九年）。然自悼襄王以乐乘代廉颇，颇奔魏（百六十年），后虽欲复之，而卒以谗止，颇遂卒于楚，赵失一长城矣。百六十四年，秦攻魏急，魏以邺（今河南河北道临漳县）予赵。越四年，赵方伐燕，秦遂拔邺、安阳（今县属河南河北道）等九城，别军下阏与（此赵阏与，在今山西冀宁道和顺县，非前此赵奢破秦军处）。百七十年，桓齮攻赵平阳（亦在今临漳县，非河东之平阳），杀赵将扈辄，斩首十万。赵更以李牧为大将军，复战于宜安肥下（今直隶保定道藁城县），大败之。桓齮奔还后二年，秦大举伐赵，一军抵邺，一军自太原狼孟趋番吾（番吾，今直隶保定道平山县，此军拊邯郸之北，抵邺军扼其南也）。李牧再败之。当是时秦军所向披靡，顿其锋者，惟一李牧。百七十五年，王翦将上郡兵下井陉（今县属直隶保定道），杨端和将河内兵下邺，共伐赵，赵李牧、司马尚御之。秦人多与赵王迁嬖臣郭开金，使毁牧及尚。王迁母，倡也，嬖于悼襄王，王废适子嘉立之。迁素无行，信谗，竟诛牧废尚。李牧之初为将也，常居代雁门备匈奴，惟教所部习骑射，谨烽火，多间谍，匈奴入寇，辄收保不与战，如是数岁，匈奴以为怯。士曰：得赏赐而不用，皆愿一战。牧乃选精骑部勒，以计致匈奴，大破之。后世言制匈奴之策，莫良于牧云。牧既以间死，明年（始皇十九年），秦遂灭赵，虏王迁，而公子嘉犹帅其宗数百人奔代，自立为代王。赵之亡，大夫稍稍归之，与燕合兵军上谷（秦上谷郡跨今直隶口北道及京兆境上谷，故城在今怀来县东北百里）。距秦十年。

次灭魏。魏自信陵君既没，则待亡而已。然秦用兵犹六度：百六十年，拔畼、有诡（二地今失考）；百六十二年，拔酸枣（今延津县）、虚（同上）、顿丘（今浚县）、燕（今滑县。以上四地皆属今河南河北道）、长平（今淮阳县，此非赵长平）、雍邱（今杞县。以上二地属今河南开封道）等二十城；明年，拔朝歌（今河南河北道淇县）；又明年，拔汲（见前）；百六十六年，拔垣（今河北道封邱县）、衍（今开封道郑县）、蒲阳（今直隶大名道长垣县），于是魏地殆尽；百七十九年（始皇二十二年），秦王贲遂引河沟灌大梁城，城坏，虏魏王假，如信陵君言。

次灭楚。楚自徙陈以后，不被秦兵者垂四十年。非有所爱于楚，盖秦攻楚新都，必逾龟厄之塞（亦称冥厄），即今武胜关也。度险以求，不可幸胜，秦固不为；假道两周，背韩魏以攻楚，秦又不敢。楚于其间得以苟安。

而春申君柄国侈恣，方大治宫室于吴故地，楚力益殚矣。秦既拔魏，垣、衍、魏鄢（今鄢陵县）、许（今许昌县）等地相次入秦，楚于是复东徙寿春（今安徽淮泗道寿县），盖至是而黾厄之险已无所用也。百六十九年，秦驱魏伐楚，败之。百七十九年，既灭魏，遂大举伐楚，始皇问李信：吾欲取楚，于将军度用几何人？信曰：二十万。问王翦，翦曰：六十万。始皇以为怯，遂用李信及蒙恬，王翦谢病。信攻平舆（今汝阳道汝南县），蒙恬攻寝（今开封道沈邱县），屡破楚军。信遂引兵而西，与恬会城父（今河洛道郏县）。楚将项燕尾之，三日三夜不顿舍，入李信军壁，大破之。秦楚交兵以来，楚之胜秦，此其最始，亦其最终矣。始皇强起王翦，予兵六十万。明年，翦率之以击楚。楚人悉国中兵御翦，翦坚壁不与战，日休士，洗沐而善饮食，抚循之，亲与士卒同食。久之，翦使人问军中戏乎，对曰：方投石超距。翦曰：可用矣！楚既不得战，乃引而东，翦追破之，令壮士击，大破楚师，杀项燕。翦乘胜略定城邑。又明年（百八十一年，始皇廿四年），翦与蒙武遂灭楚，虏其王负刍。初，秦既以计诱楚怀王至幽死，楚与秦交数十年特恭顺，而入郢之役，秦夷烧楚陵庙，至是秦伐楚，师尤无名，楚人怨愤积焉。楚有道之士曰南公者，常为预言曰：楚虽三户，亡秦必楚也！

次灭燕，并灭代。燕夙与秦不相犯也，有强赵以为之蔽也，及赵亡而燕既无以自存。燕太子丹质秦逃归，欲图秦，问其傅鞠武，鞠武请西约三晋，南连齐楚，北媾匈奴，共图之。太子病其旷日弥久，卫人荆轲沈深而任侠，太子闻其贤，卑辞厚礼，请见之，谓轲曰：今秦已虏韩王，又举兵南伐楚，北临赵，赵不能支秦，则祸必及燕。燕小弱，数困于兵，何足以当秦，诸侯服秦，莫敢合从。丹之私计，诚得天下勇士使秦，劫秦王，悉反诸侯侵地，不可则因而刺杀之，彼大将擅兵于外，而内有乱，则君臣相疑，以其间诸侯得合从，破秦必矣。唯荆卿留意！荆轲许焉。太子乃舍轲于上舍，日造门下，所以奉养无不至。及王翦灭赵，太子惧，欲轲速行。先是秦有将军樊於期，得罪亡至燕，秦人购其首千金，而太子丹庇之。至是荆轲曰：诚得樊将军首与燕督亢之地图，奉献秦王，则秦乃得见，臣乃有以报太子。太子曰：樊将军穷来归丹，丹不忍也。轲乃私见樊於期，语以己意，於期曰：此臣之日夜切齿腐心也！遂自刎。太子闻之，奔往伏哭，然已无及，遂以函盛其首。太子豫求天下之利匕首，使工以药淬之，以试人，血濡缕无不立死，乃装为遣荆轲。以燕勇士秦舞阳为之副，入秦。百七十七年（始皇二十年），荆轲至咸阳，因宠臣蒙嘉卑辞求见，始皇大喜，朝服设九宾见之。轲奉图进，图穷而匕首见，因把王袖而揕之，未至身，王惊起，袖绝，轲逐王，王环柱走，群臣皆愕，卒起不意，尽失其度，而秦法，群臣侍殿上者，不得操尺寸兵，左右以手共搏之。且曰：王负剑！负剑，始皇遂拔以击轲，断其左股。轲废，乃引匕首摘王，中铜柱。遂体解荆轲以徇。始皇大怒，益发兵诣赵，诏王翦以伐燕，与燕师代师战易水西，大破之。明年，冬十月，王翦拔蓟（今京师），燕王及太子率其精兵东保辽东（今奉天南境），李信急追之，燕王斩太子以谢，秦不许。百八十二年（始皇二十五年），大兴兵，使王贲攻辽东，虏燕王喜，遂攻代，虏代王嘉。司马迁曰：荆轲刺秦，虽不成，然较然不欺其志，名垂后世，岂妄也哉。

最后灭齐。初，齐太后柄国，遇秦谨，与诸侯信，齐亦东边海上，秦日夜攻三晋、燕、楚，五国各自救，以故齐王建立四十余年不受兵。及太后且死，戒王建曰：群臣之可用者某。王曰：请书之。太后曰：善。王取笔牍受言，后曰：老妇已忘矣。太后卒，后胜相齐，多受秦间金，宾客入秦，秦又多与金，客皆为反间，劝王朝秦，不修战备，不急五国之难，故秦得灭五国。王建将朝秦，雍门司马前曰：立王者为社稷耶，为王耶？王曰：为社稷。司马曰：王何以去社稷而入秦。齐王还军，即墨大夫闻之，见王曰：齐地方数千里，带甲数百万，三晋大夫不欲事秦而在阿甄之间者百数，王收而与之百万之师，使收楚故地，即武关可以入矣。如此则齐威可立，秦国可亡，岂特自保哉。齐王不听，百八十三年（始皇二十六年），王贲自燕南攻齐，猝入临菑，民莫敢格者。秦使人诱齐王，约封以五百里之地，齐王遂降。秦迁之共（今河南河北道辉县），处之松柏之间，饿而死。六国之亡，除韩本已无力抵抗外，其最苦斗者则赵矣，濒亡犹致秦两巨创焉，亡后犹保边境十年；次则楚，濒亡一败秦；次则燕，刺秦不成，其志可哀也；魏固惫矣，然其亡也，必俟决水灌大梁，则力殚始屈可知也；齐始终未尝一被秦患，数千里之地，数百万之众，一旦拱手而献之，王建其非血气之伦哉！抑由陈氏之取齐，本不以其道也？

始皇既并六国，自以为德兼三皇，功过五帝，乃更号曰皇帝，命为制，令为诏，自称曰朕，废谥法，自为始皇帝，欲自一至万，传之无穷。实战国第百八十三年，始皇即位后之二十六年，周武王克殷后之九百零一年，周平王东迁后之五百四十九年，民国纪元前之二千一百三十二年，西历纪元前之二百二十一年也。司马迁曰：秦起襄公，章于文穆，献孝之后，稍以蚕食六国，百有余载，至始皇乃能并冠带之伦，盖一统若斯之难也。梁启超曰：后之读史者，虽五尺之童，咸知哀六国而憎秦，夫疾强暴，愍微弱，人性宜然矣。虽然，假长此不获统一，岁岁交縻烂其民而战之，其惨状将伊于胡底？而在六七专制君主之下，重以各地大小之封君，徭役供亿，民又何以堪命？其他若曲防遏籴，关讥市征，各自为政，民之患苦，亦何可量！故孔子尊大一统，孟子称定于一，秦并六国，实古代千余年大势所趋，至是而始成熟。非始皇一人所能为，并非秦一国所能为，其功罪尤非一人一国所宜任受也。

始皇自建号为皇帝以迄崩殂，凡十二年，盖无日不有所兴作，其自刻金石，则盛称功德，汉史则多述其淫侈事，意存诋贬。平心论之，功罪不相掩也。今举其荦荦大者：一曰销兵器。六国既灭，始皇示不复用兵，收天下兵器，聚咸阳，销以为钟镰（同虡），铸金人十二，各重二十四万斤，其钟镰高三丈，钟小者犹容千石云。二曰堕名城。各国都会坚城及国境间之城障皆毁坏之。[贾谊《过秦论》有堕名城一语，碣石门刻石有堕坏城郭，夷去险阻二语，所堕之城名失载。今考当时国境多筑城为防，魏有两长城：一曰固阳长城，在今陕西境，由今华县达榆林，南北千余里；二曰荥阳长城，在今河南境，由阳武达密县，南北数百里。齐亦有长城在今山东境，由平阴达诸县之琅邪，尽海滨，东西千余里。燕亦有两长城：一曰外长城，由今直隶之怀来达奉天之辽阳，东西二千里；一曰内长城，在今直隶易县西南，延袤数里。赵则有扞关，在今陕西肤施西北，北扞胡，西扞秦，长千五百里。楚则有方城，自春秋初已有之，入战国益增，筑在河南境，以今方城县为中枢（春秋时所筑在此），南经南阳达淅阳，北达叶县、鲁山县，亦有遗迹，屈曲数百里。除燕之外长城及赵扞关之一部用以防匈奴外，其余皆各国境上之障堡也。楚汉战争时已无复此等痕迹，其为始皇所堕无疑，各国名都堕者当亦不少，惜不能遍考] 三曰徙豪富。六国之豪杰及富室，强徙之于咸阳者十二万户。此三事者，其本意虽不过欲以弱故宗，杜反侧，然固有不可厚非者。盖偃武息兵，实当时天下共想望，各国境上城障，遮绝不通，毁之殊便民，各国豪富，徙聚京师，使得交相熏习，去畛域，通情感，其于铸冶国民性，效至宏也。四曰确立郡县制。郡县制起于春秋，盛于战国，而整齐划一，通全国著为定制，则自始皇。始皇初并天下，丞相王绾以燕、齐、楚地远，请立诸子为王以镇之。李斯议为不可，始皇从斯议。乃分天下为三十六郡（三川、河东、南阳、南郡、九江、鄣郡、会稽、颍川、砀郡、泗水、薛郡、东郡、琅琊、齐郡、上谷、渔阳、右北平、辽西、辽东、代郡、巨鹿、邯郸、上党、太原、云中、九原、雁门、上郡、陇西、北地、汉中、巴郡、蜀郡、黔中、长沙凡三十五郡，并京畿之内史为三十六郡），郡置守尉监，守掌治，尉佐守典武职甲卒，监以御史时出巡视，监郡守焉，郡下为县，置令丞。此实我国家组织之一大变革，所为能统一以迄今兹也，虽封建余烬，历汉晋尚存，然亦仅与郡县参错，且不旋踵而废，今二千年间所率由，实秦制也。五曰同文字。六国时各国言语异声，文字异形，至是李斯乃奏同之，罢其不与秦文合者，取周史籀大篆，颇省改之，作为小篆。又初有隶书，以趣简约。（此据许慎《说文解字》序，所谓言语异声、文字异形者，非全异不相通，特有不与秦文合者耳，说详志略卷）其所创篆隶亦三千年书体所沿袭也。六曰壹度量衡，官为程式，铭以诏书，至今其遗物尚多存于世，往往间出也。七曰颁法典。用李悝、商鞅《法经》之旧，有所损益，颁诸天下，遂为汉律所本。因袭亦逾千岁也。(《始皇本纪》载之峄刻石云：建定法度，显著纲纪。又云：普施明法永为仪则。会稽刻石云：始定刑名，显陈旧章，初平法式。又载李斯奏云：欲学法令者以吏为师，又载赵高教胡亥狱律令法事。知当时秦律，必泐为成书，颁布全国君民共学之。《晋书·刑法志》云，汉承秦制、萧何定律，除参夷连坐之罪，增部主见知之条，合为九篇，知汉律实秦之旧也) 八曰决堤防，兴水利。前此各国各谋自利，互为曲防，以邻为壑，始皇尽决去之，民食其赐焉。(碣石门刻石有决通川防，恩肥土域二语，以是为功德之一。考《汉书·沟洫志》云，堤防之作，近起战国，壅防百川，各自为利，齐与赵魏以河为竟，赵魏濒山，齐地卑下作堤，去河二十五里，河水东抵齐堤，则西泛赵魏，赵魏亦为堤，去河二十五里，虽非其正，水尚有所游荡，时至而去，则填淤肥美，民耕田之，大水时至，湮没则更起堤防以自救云云，观此可见当时互相抵制、防碍水利之情状。又白圭自称善治水，孟子责其以邻国为壑，盖各国分立务垄利于己，而嫁害于邻，无怪其然也。秦皇以决防为功德，诚一大功德哉) 先是始皇初即位，韩人欲疲秦，使无东伐，乃使水工郑国为间于秦，凿泾水为渠，并北山东注洛，中作而觉，秦人欲杀之，郑国曰：臣为韩延数年之命，然渠成亦秦万世利也。乃使卒为之，引水溉舃卤地，关中益饶。至是决堤，则为全国谋也。九曰更田制，令黔首自实田。盖前此土地，皆国家所有。君主用赐其臣为食采，以爱憎为予夺，力穑之氓，仅为佃作。故《礼记》有田里不鬻之文。至是始皇乃开放之，许民私有也。十曰奖产业。有乌氏倮以畜牧致富，始皇使奉朝请，比封君，有寡妇清能殖财自卫，始皇为之筑女怀清台。其于奖励殖业，若三致意焉。此七事者，皆当时一种规划，革变古来之制度思想。虽流弊在所不免，然规模抑宏远矣。

始皇最伟之业有二：曰却匈奴，筑长城；曰定百越，开五岭道。匈奴种族，自黄帝时之獯鬻，周宣王之猃狁，久为边患。入春秋则为群狄，为山戎，绎骚河北，所至荼毒。晋齐创霸，始予惩艾，屏诸塞外，而种落亦渐孳繁。及战国之末，天下冠带之国七，而秦、燕、赵三国，边于匈奴，赵武灵王李牧、燕秦开咸膺惩匈奴，垂名国史，而秦始皇与蒙恬功最高。百八十九年，即秦并六国后六年（三十二年），遣蒙恬发兵三十万人北伐，恬斥逐匈奴。自榆中（今甘肃兰山道皋兰县）并河以东，属之阴山，收河南地为四十四县。（颜师古曰：河南地当北地之北，黄河之南。启超按：今绥远特别区域伊克昭盟全境也）筑长城，因地形用制险塞，起临洮（今甘肃兰山道岷县），至辽东（今山海关），延袤万余里，于是渡河据阳山（今绥远特别区域狼山、乌拉山一带），逶迤而北，设重防，筑亭障。而蒙恬常居上郡统治之（秦上郡故城在今陕西榆林道绥德县），威振匈奴，大抵今河套一带之地，自赵武灵拓境，曾一度及此。赵中衰，复为匈奴游牧往来，至是恬悉规复尊定之，虽有长城，并非守在关内。故贾谊称之曰："却匈奴七百余里，胡人不敢南下而牧马。"此始皇在西北之功绩也。南越之地（今广东），昔为蛋种所居。春秋时，越灭吴，吴子孙有避越岭外者，始筑南武城于广州。战国时，楚灭越，越人公师禺复入粤，增修其城，是为江南人士入广东之始。始皇北伐匈奴之年，同时发诸尝逋亡人、赘婿、贾人为兵，略取南越陆梁地（《史记索隐》曰，谓南方之人其性陆梁。《汉书·高帝功臣表》有陆量侯须无诏使，置吏令长，受令长沙王，注家谓陆量即陆梁。是实有其地也。但今难确指），置南海（汉南海郡因秦旧，今广东粤海道之南海、番禺、清远、四会等县，潮循道之博罗、龙川、揭阳等县皆其地）、桂林（秦桂林郡，汉为郁林、苍梧两郡，今广东粤海道之高要、新兴、德庆、封川等县，广西之苍梧、柳江、南甯三道及桂林道之平乐、富川、荔浦等县，湖南衡阳道之永明、江华等县皆其地）、象郡（汉日南郡，今越南国地），以谪徙民五十万人戍五岭（五岭者，大庾、始安、临贺、桂阳、揭阳也），与越杂处，其郡惟置尉不置守，以任嚣为南海尉，兼辖他二郡焉（秦郡制，守掌民治，尉典戎。而职居守下，惟此三郡无守，以一南海尉统之，史称东南一尉是也。《汉志》于郁林郡下，明言秦桂林郡属尉佗，日南郡下但言秦象郡，不言所属，考汉高帝十一年立尉佗为南越王，王此三郡，故知秦时必以一尉统三郡也。此采极广漠之军民合治制，与内地各郡异，盖新辟边境宜然也）。两粤入版图，有中原人种来与杂居自兹始。此始皇在东南功绩也。

始皇最为后世诟病之事，曰焚书坑儒。百九十一年（始皇三十四年），始皇置酒咸阳宫，博士七十人奉觞上寿，有淳于越者，请复封建。始皇下其议，李斯曰：五代不相复，三代不相袭，各以治，非其相反，时变异也。异时诸侯并争，厚招游学。今天下已定，法令出一，百姓当家则力农工，士则学习法令避禁。今诸生不师今而学古，以非当世，惑乱黔首。相与非法教，人闻令下，则各以其学议之；入则心非，出则巷议，夸主以为名，异主以为尚，率群下以造谤。如此弗禁，则主势降乎上，党与成乎下，禁之便，臣请史官非秦记皆烧之。非博士官所职，天下敢有藏《诗》、《书》百家语者，悉诣守尉杂烧之。有敢偶语《诗》、《书》，弃市，以古非今者族。吏见知不举者，与同罪，令下三十日不烧，黥为城旦。所不去者医药、卜筮、种树之书。若有欲学，以吏为师。制曰：可。此焚书之原委也。坑儒之事，在其次年，时始皇方求神仙，所尊显有卢生、徐市等，皆无验，然畏罪遁去。始皇大怒曰："卢生等吾尊赐之甚厚，今乃诽谤我，诸生在咸阳者，吾使人廉问，或为妖言以乱黔首。"于是使御史悉案问诸生，诸生转相告引，乃坑四百六十余人于咸阳。此坑儒之原委也。梁启超曰：二事同为虐政，而结果非可以一概论。坑儒之事，所坑者咸阳四百余人耳。且祸实肇自方士，则所坑者十九，皆当如汉时文成、五利之徒（汉武帝时方士），左道欺罔，邪谄以易富贵，在法宜诛也。即不然，袭当时纵横家余唾，揣摩倾侧，遇事风生；即不然，如叔孙通之徒，迎合意旨，苟以取荣。（观当时事觞上寿七十人可知也）凡若此辈，皆何足惜。要之当时处士横议之风，实举世所厌弃。虽其间志节卓荦、道术通洽之士，亦较他时代为特多，然率皆深遁岩穴，邈与世绝矣。其仆仆奔走秦廷者，不问而知其为华士也。始皇一坑，正可以扫涤恶氛，惩创民蠹，功逾于罪也。若夫焚书则不然。其本意全在愚民，而其法令施行，遍及全国。（至汉惠帝时始，除挟书律，则始皇此令，历三十年有效可知也）当战国之末，正学术思想磅礴勃兴之时，乃忽以政府专制威力，夺民众研学之自由，夭阏文化，莫此为甚。而其祸最烈者，尤在灭绝诸国史记。盖令中虽并禁《诗》、《书》百家语，然限于非博士官所职，则博士所职，不烧甚明，其后入汉首传《尚书》之伏生，即秦博士可证也。（叔孙通亦秦博士，张苍则秦御史，主柱下方书，此皆秦廷儒生考见于后者，可知秦皇李斯并非绝学，特欲私其学于官府耳）且

《诗》、《书》六艺，受习者皆口说相承，百家之言，亦传诸其徒，递相诵习，故虽遭秦焚，末由灭绝。观《汉书·艺文志·六艺略》、《诸子略》、《兵书略》所载先秦百家遗书尚富，又可证也。惟周室及诸侯史记，则一烬无复余。（《史记·六国表序》云，秦烧天下书，诸侯史记尤甚。《诗》、《书》所以复见者，多藏人家，而史记独藏周室，以故灭。惜哉，惜哉！独有秦记又不载日月，其文略不具）自三代春秋以来，学术渊海，实在史官，故春秋士夫言学者，必取正于史，虽以孔子之圣，犹适周读柱下书，始敢言述作也。（《庄子》有孔子繙百二十国宝书语）秦燔《史记》，而千余年先民进化之总记录，一举而尽，汉后学者，乃不得不抱残守缺，悴心力于撷拾考据，否则为空衍冥漠之论而已。学术正始敷荣而摧室之，是始皇之罪也夫。

始皇尤有一大事当纪者，则治驰道也。汉贾山述之曰：为驰道于天下，东穷燕齐，南极吴楚江湖之上，濒海之观毕至，道广五十步三丈而树厚筑其外，隐以金椎，树以青松。驰道制度之壮丽，略可想见，其道线则旧史不详载（《史记·始皇本纪》于二十七年纪云，治驰道于三十五年纪云，除道，道九原，抵云阳，堑山堙谷，直通之），征诸巡狩所经，而可知也。始皇第一次出巡（百八十四年，始皇廿七年），巡陇西北地，出鸡头山，过回中（今甘肃泾原道固阳县），则此路线当由长安循泾水旁西北，趋达甘肃固原以西也。第二次出巡（二十八年），东行郡县上邹峄山（今山东济宁道邹县），遂上泰山（今济南道泰安县），南登琅琊（今胶东道诸城县），还过彭城（今江苏徐海道铜山县），乃西南渡淮之南郡（南郡今湖北荆襄一带），浮江至湘山，自南郡由武关归，则此路线当由长安经华县，出潼关，历洛阳、开封，以达济宁,由济宁至泰安,由泰安至诸城,直穷海滨,由海州经徐州,至临淮南渡,复由凤阳西趋,经信阳至襄阳,折而东南,浮江至汉阳、岳州,以达湘阴、长沙,其归途则经沙市、江陵、襄阳入紫荆道商县返长安也。第三次出巡（二十九年）,东游经阳武（今县属河南河北道）,登之罘（今山东胶东道福山县）,遂之琅琊,道上党入,则此线路当由长安经同州,渡河而东,沿河之北岸,经蒲州、怀庆、东昌,抵济南道青州,至烟台,复循海南下至诸城,其归途则取道彰德经潞安,循太行山脉,历临汾、韩城返长安也。第四次出巡（三十二年）,东北至碣石（今直隶津海道昌黎县）,巡北边,从上郡入（秦上郡,今陕西绥延一带）,此路线出时所经,史无可考,或当巡燕、魏、赵故都,则经安阳、邯郸至今京师,东北趋海滨,抵山海关、秦皇岛,其归途则沿长城道榆林、肤施归长安也（三十五年,除道,道九原,通甘泉。九原为今绥远特别区域地,此道成,始皇似未经行）。第五次出巡（三十七年）,至云梦（云梦泽在湖北境,今监利、石首、枝江、荆门、沔阳、鄞县、黄冈、麻城、安陆等县皆有云梦故迹）,浮江下观藉柯（今释失考）,渡海渚（疑指镇江）,过丹阳（今县属江苏金陵道）,至钱塘（今浙江钱塘县）,临浙江,水波恶,乃西百二十里从狭中渡（盖今余杭）,上会稽（今浙江会稽道绍兴县）,还过吴,从江乘渡（今江苏金陵道句容县）,并海上北至琅琊之罘,遂渡河而西至平原津（今山东东临道平原县）,及沙邱（今直隶大名道平乡县）而遂不归,此路线舟行最多,盖由巴东循江而行,既游云梦,复循江直下,经金陵至镇江,折而南,掠太湖至杭州,由余杭至绍兴,旋经苏州,从句曲、仪征间渡江津,北历淮、徐,更邅东海,绕胶东半岛一周，自齐东渡河，历临邑、平原、武城、巨鹿，将取道邯郸以归，而遂崩于沙邱也。都凡十二年中，五度巡游，历十二省数万里之地（陕西、甘肃、河南、山东、直隶、山西、江苏、安徽、浙江、湖北、湖南、四川），自古迄今帝王之车辙马迹，未或能过也。而所经皆治驰道，则道线延袤之境，可考推矣。在当时为厉民府怨之一大虐政，此无待言，然后世驿站官道，半因袭之，斯固交通之一大业矣。始皇发祥之地，崎岖山谷，而雄心常寄于海，故三揽琅琊，两巡之罘，一临碣石，若有余慕焉，尝立石东海上朐界中（今山东胶东道临朐县），命为秦东门，示表海建国也。始皇东巡所至，刻石自颂功德，其文字传于史志者凡七：曰峄山，曰泰山，曰琅琊台，曰之罘，曰东观，曰碣石门，曰会稽，今皆亡佚。所存者泰山残石十字而已。（图第□□□之罘，之罘、东观、碣石、会稽四刻久亡，峄山唐时亡于野火，泰山存二十九字，清乾隆五年毁于火，后再觅得残石仅余十字。惟琅琊台一刻岿然久存，在诸城海神祠中，清宣统失去，或云毁于电或云堕海。今惟存泰山十字，尚疑为后人摹本也）始皇博采六国图像，大营宫室于咸阳，其阿房宫尤绝壮丽。又自营陵墓于骊山，备极人巧，今迹虽不存，然据史传所记，犹可想见当时建筑术之盛美焉。语在志略中。然纵欲无度，用民不惜其力，自灭六国时，民肝脑涂地，既数十岁。统一之后，谓得苏息，乃大役岁兴，久而弥属，计堕城决堤诸役，兴作已匪细，筑长城治驰道之劳费，又数倍之，巡狩供张称是，却匈奴开百越之劳费，又数倍之。此犹得曰关系国家之大业也。若乃骋生前之游观，侈死后之霾藏，使天下之民，父母、妻子、兄弟不相保，以从事力役，则无道至是而极。据旧史所载，役于阿房骊山者，盖各七十余万人，初以犯罪处徒刑者充之，不足则发贾人、赘壻，不足则入闾而发其左，盖锋镝子遗之丁壮，更为一人土芥视，惴惴然不知命在何时。始皇益为严刑峻法以督责之，事无大小，皆自裁决，至以衡石量书，纲益密而罪益繁，天下嚣然，丧其乐生之心久矣。而始皇方日日耽慕神仙，求长生不死之药，方士卢生、韩终、侯公、石生、徐市辈屡以欺谩亡匿，而始皇不寤也。益营宫观，恣远游，当第三次出巡时，经阳武博浪沙中，为侠者狙击，误中副车，大索十日，不能得主名，盖故韩诸公子张良之所为也。初，始皇既并天下，三年而三巡，自是稍节，八年间两巡而已。百九十四年（始皇三十七年），始皇第五次东巡，左丞相李斯从，右丞相冯去疾居守。始皇二十余子，未有所立，长子扶苏贤，因谏诤忤旨，使出监蒙恬军于上郡，少子胡亥最爱，请从，许之。始皇既历云梦，渡浙江，刻石会稽，复造琅琊、之罘，归途至平原津而病，始皇恶言死，群臣莫敢言死事，病益甚，乃令中车府令符玺事赵高为书赐扶苏曰：与丧会咸阳而葬。书已封，在赵高所，未付使者，秋七月，甲寅，始皇崩于沙邱平台，即八十五年前赵武灵王饿死之地，而其台址实八百余年前殷纣之所建。丞相斯以帝崩在外，恐诸公子及天下有变，乃秘不发丧，棺载辒辌车中，所至上食百官奏事如常，独胡亥、赵高及亲幸官者五六人知之。初，蒙氏自骜、武、恬三世为秦将，始皇特宠任之，蒙恬任外将，蒙毅常居中参谋议，咸著忠信，诸将相莫敢与争。赵高者，生而隐宫（俗称天阉），始皇闻其强力，通狱法，举为中车府令，使教胡亥决狱，胡亥幸之。赵高有罪，始皇使蒙毅治之，毅当高法应死。始皇以高敏于事，赦之，高既雅得幸于胡亥，又怨蒙氏，乃说胡亥请诈以始皇命诛扶苏，而立胡亥为太子。胡亥然其计，高乃谋诸李斯，斯初不从。高耸以危言，乃从，乃更为书赐扶苏，数以不能辟地立功，士卒多耗，数上书诽谤怨望，将军恬不矫正知其谋，皆赐死。以兵属裨将王离，扶苏即自杀。恬虑有诈，不肯死，使者以属吏，系诸阳周。丧车遂径井陉抵九原，从直道（直道即三十五年蒙恬所治之驰道，始皇死乃行之）至咸阳发丧。太子胡亥袭位，是为二世，遂杀蒙毅、蒙恬。恬曰：自吾先人积功信于秦三世矣，今臣将兵三十余万，身虽囚系，其势足以倍畔。然自知必死而守义者，不敢辱先人之教以负先帝也。二世、李斯、赵高益尽戕杀群公子及公主。二世立七月，而陈涉发难，三年而秦亡。其间赵高复潜杀李斯，旋弑二世，秦末帝子婴乃诛赵高也。语并在汉载记。贾谊曰：秦以区区之地，千乘之权，招八州而朝同列，百有余年，然后以六合为家，殽函为宫，一夫作难而七庙堕，身死人手为天下笑者何也？仁义不施而攻守之势异也。梁启超曰：秦始皇宁为中国之雄，求诸世界，见亦罕矣。其武功焜耀众所共知不必论，其政治所设施，多有皋牢百代之概。秦之政书，无传于后，而可藉汉以窥见之。汉高起草泽，百事草创，未遑制作，文景谦让，不改其度，故汉制十九皆秦制，绅绎《汉书》表志可见也。夫汉制虽非尽善美乎，而治二千年来之中国，良未易出其范围，后世所改，率每况愈下。然则始皇可厚非乎哉！其所短者，主我意力，强过乎度，狃于成功，谓君权万能，天下万事万物，可以随吾意所欲变置之，含生之俦，悉吾械器，骄盈之极，流为侈汰，专恣之余，重以忌刻。此其所以败也。

附　战国年表

《史记》六国起周元王元年，实获麟后五年也。(《表》以敬王四十四年为元王元年，近儒多纠正其误，今改正)《资治通鉴》起周威烈王二十三年，实获麟后七十七年也。《通鉴》于战国势成托始焉，《史记》于春秋运绝托始焉，今两采之，为前纪、本纪二表；前纪史阙有间，故不著国别，如春秋表例，本纪至秦始皇称帝终焉。

表一　前纪

第一年	周敬王四十年	鲁哀公十五　齐平公元，齐政由田氏　晋定公三十二　秦悼公十一　卫出公十三　陈湣公二十二　蔡成侯十一　郑声公二十一　燕献公十三　吴王夫差十六
第二年	四十一年	孔子卒　卫庄公蒯聩元　楚白公胜作乱，死
第三年	四十二年	楚灭陈　越败吴于笠泽
第四年	四十三年	齐田常灭鲍氏、晏氏及公族之强者　秦悼公卒
第五年	四十四年	越侵楚　楚伐东夷　王崩　秦厉共公元年　卫出公后元年　吴伐楚
第六年	元王元年	越围吴　晋定公卒　晋赵简子卒　晋赵襄子灭代　蜀人聘秦　晋智瑶伐郑，取九邑
第七年	二年	越聘鲁，始通使于上国　晋出公元年
第八年	三年	越灭吴，吴王夫差自杀　越会诸侯于徐州　越以江北地至泗上与楚，以泗东地与鲁，归吴所侵宋地
第九年	四年	
第一〇年	五年	鲁哀公朝越　义渠聘秦
第一一年	六年	
第一二年	七年	王崩
第一三年	贞定王元年	鲁哀公将以越伐鲁去三桓，不克，出奔越
第一四年	二年	鲁悼公元年
第一五年	三年	
第一六年	四年	

续表

第一七年	五年	晋智伯、赵襄子围郑，智赵始相恶
第一八年	六年	
第一九年	七年	
第二〇年	八年	秦伐大荔，取其王城
第二一年	九年	
第二二年	一〇年	
第二三年	一一年	晋智伯与赵、韩、魏分范、中行氏之地为己邑；出公告齐鲁，欲伐四卿，四卿反攻公，公奔齐，道死，政由智氏
第二四年	一二年	
第二五年	一三年	
第二六年	一四年	
第二七年	一五年	
第二八年	一六年	晋智伯与韩、魏围赵氏晋阳，赵约韩、魏反攻智氏，灭之，分其地，自是称三晋
第二九年	一七年	
第三〇年	一八年	秦城南郑
第三一年	一九年	
第三二年	二〇年	
第三三年	二一年	
第三四年	二二年	楚灭蔡
第三五年	二三年	
第三六年	二四年	楚灭杞
第三七年	二五年	秦伐义渠，执其君
第三八年	二六年	秦厉共公卒　躁公元年
第三九年	二七年	
第四〇年	二八年	王崩，子去疾立，是为哀王；立二月，弟叔袭之自立，是为思王；立五月，弟嵬弑之自立，是为考王　秦南郑反
第四一年	考王元年	
第四二年	二年	
第四三年	三年	晋幽公元年
第四四年	四年	晋幽公反朝于韩、赵、魏，公室独有绛、曲沃二邑，余皆入三晋
第四五年	五年	
第四六年	六年	
第四七年	七年	
第四八年	八年	

续表

第四九年	九年	
第五〇年	一〇年	楚灭莒
第五一年	一一年	义渠伐秦，至渭阳
第五二年	一二年	秦躁公卒
第五三年	一三年	秦怀公元年
第五四年	一四年	
第五五年	一五年	王崩　西周惠公封少子班于巩，是为东周
第五六年	威烈王元年	晋赵襄子卒，立兄之孙献子为后，徙治中牟；襄子弟桓子逐献子，自立于代　韩康子卒，子武王立　魏桓子卒，子文子立　秦人弑怀公
第五七年	二年	秦灵公元年　晋赵桓子卒，赵人迎献子复位
第五八年	三年	晋韩武子伐郑，杀幽公，郑人立其弟缙公
第五九年	四年	
第六〇年	五年	
第六一年	六年	盗弑晋幽公，魏文子诛乱者，立烈公
第六二年	七年	魏城少梁
第六三年	八年	秦魏战于少梁，实秦魏交兵之始
第六四年	九年	魏复城少梁
第六五年	一〇年	赵城平邑
第六六年	一一年	秦城籍姑　秦灵公卒
第六七年	一二年	中山武公初立　秦简公元年
第六八年	一三年	齐伐晋，毁黄城　围阳狐　魏败秦于郑下
第六九年	一四年	魏围秦繁庞，出其民
第七〇年	一五年	
第七一年	一六年	韩赵以王命伐齐，入长城　齐败赵，取平邑
第七二年	一七年	魏伐秦，筑临晋、元里　韩武子卒，子虔立　赵献子卒，子籍立
第七三年	一八年	魏伐中山，克之　魏伐秦，筑洛阴、郃阳
第七四年	一九年	
第七五年	二〇年	魏以吴起守西河，李悝守上地，西门豹为邺令，又师事子夏，敬礼段干木、田子方，李悝作尽地力之教，魏称最强
第七六年	二一年	魏以公孙成为相
第七七年	二二年	

表二　本纪（国次依《史记·六国表》）

	周	秦	魏	韩	赵	楚	燕	齐
第一年	威烈王二三年	简公十二年	文侯二二年始列为诸侯	景侯六年始列为诸侯	烈侯六年始列为诸侯	声王五年	闵公三一年	康公二年
第二年	二四年王崩					盗杀声王	僖公元年	
第三年	安王元年		伐魏，至阳狐	秦伐我，至阳狐		悼王元年		
第四年	二年			郑围我阳翟，景侯卒	烈侯卒	三晋伐我至桑丘		
第五年	三年	简公卒，惠公元年		烈侯元年	武侯元年	归榆关于郑		
第六年	四年					伐郑		
第七年	五年			盗杀相侠累				
第八年	六年							
第九年	七年	伐繇诸						
第一〇年	八年			救鲁				伐鲁
第一一年	九年	惠七，魏败我于注	文三二，伐郑，城酸枣	烈七	武七	悼九，伐韩，取负黍	僖十	康一二
第一二年	一〇年							
第一三年	一一年	伐韩宜阳，取六邑	与韩赵共伐楚，败之	秦伐我宜阳，取六邑		三晋伐我，败我于榆关，赂秦与之平		田和徙康公于海上，食一邑
第一四年	一二年	与魏战武城，县陕	战秦武城，齐伐我，取襄陵					
第一五年	一三年	侵魏，及阴晋	秦侵我阴晋					田和会魏、楚、卫于浊泽，求为诸侯
第一六年	一四年							

续表

	周	秦	魏	韩	赵	楚	燕	齐
第一七年	一五年	伐蜀取南郑,惠公卒	文侯卒	烈侯卒	武侯卒			
第一八年	一六年	出公元年	武侯元年,吴起奔楚,赵公子朔作乱来奔,与之袭赵	文侯元年	敬侯元年,始都邯郸,魏袭我邯郸,不克	魏吴起来奔,以为相		田齐,太公和元年,始列为诸侯
第一九年	一七年	庶长改弑出公,迎立灵公子,是为献子	乘秦乱夺其河西地,城安邑	伐郑,取阳城,伐宋,执宋公				太公卒
第二〇年	一八年	献公元年	齐伐我,赵救我		救魏于廪邱			桓公元年,伐魏,败绩
第二一年	一九年	献二,城栎阳,徙都之	武四,伐赵	文四	敬四,魏败我于兔台,筑刚平以侵卫	悼一九	僖二〇	桓二
第二二年	二〇年	伐赵	围卫,齐魏伐我以救卫					伐赵
第二三年	二一年		赵楚伐我,取棘蒲		以楚伐魏	悼王卒,宗室大臣杀吴起		
第二四年	二二年		伐齐	伐齐,郑伐我	伐齐	肃王元年		三晋伐我,至乘丘
第二五年	二三年		赵伐我,取黄城		袭卫,不克,伐魏,取黄城			齐康公卒于海上,姜齐亡,桓公卒
第二六年	二四年		狄败我于浍,伐齐	伐齐	伐齐救燕		齐伐我	威王元年,伐燕,赵救之,三晋伐我,至灵丘
第二七年	二五年			文侯卒	与中山战于房子	蜀伐我,取兹方,作扞关以拒蜀		

续表

	周	秦	魏	韩	赵	楚	燕	齐
第二八年	二六年王崩		与韩赵共徙晋靖公，分其地	哀侯元年	伐中山，中山献四邑以和			
第二九年	烈王元年	初为户籍相伍		灭郑，徙都之	敬侯卒			
第三〇年	二年				成侯元年			
第三一年	三年	献一二	武一四	哀四	成二	肃八	僖三十，败齐于林狐，僖公卒	威六，燕败我林狐，魏伐我，至博陵
第三二年	四年				伐卫，取乡邑七十二	桓公元年		
第三三年	五年	与赵战高安，败绩	伐楚，取鲁阳，武侯卒	严遂杀哀侯	败秦师于高安	魏伐我		
第三四年	六年齐来朝		惠王元年，韩赵乘乱伐我，战浊泽，韩赵不和，兵解	庄侯元年，分郑地长子与赵，伐魏	伐齐，取甄，伐魏	肃王卒		朝周，赵伐我，卫伐我
第三五年	七年王崩		败赵于怀，败韩于马陵	魏败我马陵	魏败我怀，中山筑长城防我			
第三六年	显王元年		齐伐我，取观	城邢丘	侵齐至长城	宣王元年		伐魏，取观，赵侵我长城
第三七年	二年							
第三八年	三年	韩魏伐我，败之于洛阴	与韩伐秦，败绩，城武都	与魏会宅阳，遂同伐秦	与齐会阿下			
第三九年	四年		伐宋，取仪台					

续表

	周	秦	魏	韩	赵	楚	燕	齐
第四〇年	五年	章峤伐魏，赵韩救魏，败之于石门，斩首六万，周来贺	秦伐，败我	救魏，败绩	救魏，败绩			
第四一年	六年	献二二，攻魏少梁，赵救之	惠八，秦伐我	庄八	成一二，救魏	宣七	桓十	威一六
第四二年	七年	伐魏，败之于少梁，虏其将，献公卒	败韩魏师于浍，秦败我少梁	魏败我于浍	魏败我于浍，取皮牢		桓公卒	
第四三年	八年	孝公元年，韩赵伐我，下令求贤，卫鞅自魏至，伐魏围陕					文公元年	
第四四年	九年		伐齐		伐齐			魏赵伐我
第四五年	一〇年	用卫鞅议变法，修耕战	筑长城以拒秦，楚伐我	懿侯卒		伐魏，决白马之口		
第四六年	一一年	败韩师于西山		昭侯元年，秦败我西山				相邹忌
第四七年	一二年		与赵会于鄗	魏取我朱，宋取我黄池	与魏会于鄗	迎女于秦		
第四八年	一三年	以卫鞅为左庶长	韩、宋、鲁、卫来朝		与燕会阿，与齐、宋会平陆		与赵会于阿	与赵会平陆
第四九年	一四年	与魏会杜平	与秦会侵宋黄池，宋复取之		伐魏取漆	相昭奚恤		
第五〇年	一五年	败魏于元里，取少梁	秦取我少梁，伐赵，齐、楚伐我，以救赵		魏围我邯郸，齐、楚救我	救赵		救赵国襄陵

续表

	周	秦	魏	韩	赵	楚	燕	齐
第五一年	一六年	孝九	惠一八,齐败我桂陵	昭六,伐东周,取陵观、邢丘	成二二	宣一七	文九	威二六,败魏于桂陵
第五二年	一七年	以卫鞅为大良造	筑长城,塞固阳					
第五三年	一八年	城商塞,取魏固阳	秦卫鞅围我固阳,降之	相申不害	与魏盟漳水上			
第五四年	一九年	徙都咸阳,开阡陌,聚小都乡邑为三十一县,置令丞	与秦会于彤		成侯卒			
第五五年	二〇年				肃侯元年			
第五六年	二一年	初为赋,正度量衡	与赵会阴晋	昭侯朝秦	与魏会阴晋			
第五七年	二二年							
第五八年	二三年							
第五九年	二四年							
第六〇年	二五年				伐齐,拔高唐			越拔我高唐
第六一年	二六年致伯于秦	孝十九	惠二八,赵攻我首垣	昭一六	肃七,攻魏首垣	宣二七	文一九	威三六,威王卒
第六二年	二七年	诸侯毕贺,会诸侯朝王						宣王元年
第六三年	二八年		伐韩,齐救之,虏我太子申,杀将军庞涓	魏伐我,齐救我				田忌、孙膑伐魏以救韩,败魏于马陵
第六四年	二九年	卫鞅会齐赵伐魏,大败之,虏其将公子卬。以商於十五邑封鞅,为列侯,号商君	秦伐我,献河西地以和,去安邑,徙都大梁		伐魏	宣王卒		伐魏

续表

	周	秦	魏	韩	赵	楚	燕	齐
第六五年	三〇年	与魏战岸门				威王元年		
第六六年	三一年	大荔围我合阳，孝公卒，国人杀商鞅	商鞅来奔，不纳，复归秦，秦人杀之					
第六七年	三二年	惠王元年，楚、韩、赵、蜀来朝		申不害卒				
第六八年	三三年	天子使贺初行钺	孟子来					与韩魏会平阿南
第六九年	三四年	拔韩宜阳		秦拔我宜阳，不能守				
第七〇年	三五年		始称王改元，是为后元年		燕使苏秦说我合从	越伐我，大败之，杀其王，尽取故吴地	苏秦以合从说，从之，纳之于赵	始称王
第七一年	三六年	惠五，以公孙衍为大良造，张仪为客卿	惠后二，秦取我雕阴	昭二六，昭侯卒	肃一七，苏秦历说魏、韩、齐、楚以合从，并相六国，为从约长	威七	文二九，文公卒	宣一〇，楚围我徐州
第七二年	三七年	魏纳阴晋	伐赵	宣惠王元年	秦公孙衍间齐魏，使伐我，我拒之，从约解		易王元年，齐伐我，取十邑，已而归之	伐赵，伐燕
第七三年	三八年	义渠内乱，定之						
第七四年	三九年	魏尽入河西地于我	秦围我焦、曲沃，纳河西地请成					
第七五年	四〇年	伐魏，渡河取汾阴，皮氏，降焦，曲沃	与秦会于应			魏败我陉山		

续表

	周	秦	魏	韩	赵	楚	燕	齐
第七六年	四一年	相张仪，取魏蒲阳，复归之，魏纳上郡	纳上郡十五县于秦		秦败我河西，取离石	怀王元年		
第七七年	四二年	县义渠，臣其君	秦归我焦、曲沃					
第七八年	四三年				肃侯卒			
第七九年	四四年	初称王，改元	韩赵伐我，败之		武灵王元年			
第八〇年	四五年	后元年，张仪伐魏取陕	秦伐我，取陕		城鄗			
第八一年	四六年	惠后二，与齐楚魏会啮桑	惠后一二，楚败我襄陵	宣惠一〇，初称王	武灵三	怀六，败魏襄陵	易一〇，初称王	宣二〇
第八二年	四七年	张仪免相，相魏	秦伐我，取曲沃、平周		与韩会区鼠			
第八三年	四八年王崩						易王卒	封田婴于薛，号靖郭君
第八四年	慎靓王元年					王哙元年		
第八五年	二年	伐韩，取鄢	惠王卒	秦伐我		城广陵		
第八六年	三年	楚、齐、赵、韩、魏、燕共伐我，击退之，义渠袭，败我于李帛	襄王元年，伐秦无功	伐秦无功	伐秦无功	伐秦无功	伐秦无功	伐秦无功，宋自立为王
第八七年	四年	韩、魏、赵伐我，樗里疾击败之，斩首八万，张仪复相	伐秦败，齐败我观泽	秦败我修鱼	秦败我修鱼，齐败我观泽			杀苏秦，败赵观泽
第八八年	五年	司马错伐蜀，灭之，取赵西都中阳			秦伐我，取二邑	以国让其相子之		以孟子为客卿

续表

	周	秦	魏	韩	赵	楚	燕	齐
第八九年	六年王崩				秦伐败我			
第九〇年	赧王元年	伐义渠,取二十五城,伐魏,破韩师	秦伐我,拔焦	秦败我岸门,太子入质于秦	立燕公子职,不克		国人攻子之,不克,齐伐我,杀王哙子之	伐燕取之,燕人叛,宣王卒
第九一年	二年	惠后一二,樗里疾击赵拔蔺阳	襄六,与秦会临晋	宣惠二〇	武灵一三,秦拔我蔺阳	怀一六,张仪来相诱我绝齐		湣王元年,田文嗣为薛公
第九二年	三年	大破楚师于丹阳,虏其将屈匄,取楚汉中地。伐齐,遂伐燕	与秦伐齐遂伐燕。楚围我雍氏	宣惠王卒		伐秦败于丹阳,再伐败于蓝田,魏袭我至邓		
第九三年	四年	伐楚,惠王卒	伐卫,拔二城	襄王元年		秦伐我,取召陵	昭王元年	
第九四年	五年	武王元年,出张仪,魏章于魏						
第九五年	六年	以樗里疾、甘茂为左右丞相,张仪死						
第九六年	七年	樗里疾免相,相韩	与秦会应	与秦会临晋				
第九七年	八年	甘茂伐韩,拔宜阳,逐公孙衍。武王卒,无子,异母弟稷立	太子朝秦	秦伐我,拔宜阳,逐取武遂	初胡服,略中山地至房子	救韩无功		

中国上古史

续表

	周	秦	魏	韩	赵	楚	燕	齐
第九八年	九年	昭王元年，母后听政，后弟魏冉为将，樗里疾复相			秦归我武遂	略中山至宁葭，西略胡地至榆中		
第九九年	一○年	大臣群公子作乱，魏冉诛之	城皮氏	攻中山，取丹丘，中山献四邑，请成				
第一○○年	一一年					秦归我上庸		
第一○一年	一二年	昭四	襄十六，秦取我蒲坂、阳晋、封陵	襄九，秦复取我武遂	武灵二三，攻中山	怀二六，齐，韩，魏伐我，秦救我	昭九	湣一一
第一○二年	一三年	魏王韩太子来朝	秦归我蒲坂					
第一○三年	一四年	蜀郡守辉反，司马错诛定之，伐韩，伐楚	从秦伐楚	秦伐我，取穰，从秦伐楚	尽得中山地	秦与齐、韩、魏败我于重丘，杀我将唐眛		秦泾阳君来质，从秦伐楚
第一○四年	一五年	樗里疾卒，楼缓相，缓旋免，魏冉相，伐楚，取襄城		楚围我雍氏	攻林胡、楼烦，攘地北至燕代，西至云中、九原，置云中、雁门、代郡	秦伐我，杀我将景缺，取我襄城，伐韩	将军秦开破东胡，拓地千里，置上谷、渔阳、右北平、辽东、辽西郡	楚太子来质
第一○五年	一六年	诱执楚王，取楚八城，相齐田文			王传位少子何，自号主父	王入秦不归，国人共立太子	归秦泾阳君，田文入相秦	
第一○六年	一七年	田文免，楼缓相，齐、韩、魏伐我，败我于函谷，割河东三城以讲	与齐韩伐秦，秦归我封陵	与齐魏伐秦，秦归我武遂	惠文王元年，以公子胜为相，封平原君	顷襄王元年，秦取我十六城		与魏韩伐秦，秦割河东一城与我，田文归为相

续表

	周	秦	魏	韩	赵	楚	燕	齐
第一〇七年	一八年	楚怀王亡，走赵，赵不纳						
第一〇八年	一九年	楚怀王客死，归其丧	襄王卒	襄王卒	主父灭中山，迁其君于肤施	怀王卒于秦		
第一〇九年	二〇年	楼缓免，魏冉再相	昭王元年，秦击我襄城	釐王元年	公子章作乱，李兑诛之，遂围杀主父于沙邱		以乐毅为亚卿	
第一一〇年	二一年	伐韩，败魏	与秦战于解，不利	秦伐我，取武始				
第一一一年	二二年	昭一四，白起始为将，败韩魏师于伊阙，斩首二十四万	昭三，佐韩伐秦，丧师于伊阙	釐三，与魏伐秦，秦取我五城	惠文六	顷襄六	昭一九	湣二一
第一一二年	二三年	白起伐魏，取垣，伐楚取宛叶，魏冉免，烛寿相	秦取我垣			秦取我宛叶，迎归于秦		
第一一三年	二四年	烛寿免，魏冉复相，封于穰，号穰侯		秦伐我，取宛		秦伐我，取邓		
第一一四年，东周君朝秦	二五年	魏纳河东地四百里，韩纳武遂二百里	纳地事秦	纳地事秦				
第一一五年	二六年	白起、司马错伐魏，至轵	秦伐我，取城大小六十一					
第一一六年	二七年	称西帝，立齐为东帝，寻复王号			秦拔我梗阳			秦来致帝号

中国上古史

续表

	周	秦	魏	韩	赵	楚	燕	齐
第一一七年	二八年	伐魏	秦拔我新垣、梗阳		伐齐，秦拔我新垣、曲阳			赵伐我
第一一八年	二九年	伐魏，伐韩	纳安邑于秦，分宋地	秦败我夏山	李兑纳五国，伐秦无功	分宋地		与楚魏灭宋，三分其地
第一一九年	三〇年	与楚赵为会						秦伐我，取河东九县
第一二〇年	三一年	从燕伐齐	从燕伐齐	从燕伐齐	从燕伐齐，取淮北地	从燕伐齐，取淮北地	乐毅合秦、楚、韩、赵、魏之师伐齐，入临菑，降七十余城		燕以诸侯之师伐我，我败绩，王奔莒，见杀
第一二一年	三二年	昭二四，魏冉免，伐魏，至大梁	昭一三，秦拔我安城至大梁，燕赵救我，秦师还	釐一三	惠文一六，廉颇、蔺相如见用	顷襄一六	昭二九，封乐毅昌国君，留徇齐地	襄王元年，田单保即墨
第一二二年	三三年				秦伐我，拔两城			
第一二三年	三四年	魏冉复相			秦拔我石城			
第一二四年	三五年	赦罪人还之南阳。伐赵，斩首二万。发陇西兵，攻楚黔中			秦伐我，取代及光狼	秦攻我黔中，割汉北及上庸地以讲		
第一二五年	三六年	会赵于渑池				与秦会渑池，蔺相如从	秦拔我鄢、西陵		
第一二六年	三七年	白起伐楚，拔鄢，东至竟陵，置南郡				秦拔我鄢，烧夷陵，王亡走，徙都于陈	惠王元年，以骑劫代乐毅将，毅奔赵	田单以间去燕，乐毅攻杀燕将骑劫，迎王于莒

续表

	周	秦	魏	韩	赵	楚	燕	齐
第一二七年	三八年	封白起为武安君，置黔中郡	昭王卒			秦拔我巫、黔中		田单尽复燕所侵地
第一二八年	三九年		安釐王元年，秦拔我两城，封弟公子无忌为信陵君		廉颇攻魏，取几	收东地兵十余万，复取秦所拔我江旁十五邑为郡，以拒之		
第一二九年	四〇年	伐魏，韩救魏，击败之	秦伐我，围大梁，割温以和，赵伐我，取房子、安阳	暴鸢救魏，败于秦，鸢走开封	廉颇伐魏，取二城			
第一三〇年	四一年	魏冉伐魏，拔四城，斩首四万	背秦与齐从亲，秦伐我					
第一三一年	四二年	昭三四，救韩击败赵魏军，斩首十五万	安釐四，伐韩，秦救之，击走我将芒卯，予秦南阳以和	釐二三，赵、魏伐我，秦救我	惠文二六，伐韩，秦救之，败我于华阳，取东胡欧代地	顷襄二六	惠六	襄一一
第一三二年	四三年	置南阳郡，楚太子来质	伐燕	桓惠王元年，伐燕		伐燕	秦、楚、韩、魏伐我	
第一三三年	四四年	灭义渠，以范雎为客卿			蔺相如伐齐至平邑		武成王元年	
第一三四年	四五年	伐韩，赵救韩，败我		秦围我阏与，不拔	秦伐韩，赵奢救之，败秦师阏与			秦楚伐我刚寿
第一三五年	四六年							
第一三六年	四七年	伐魏	秦拔我怀					
第一三七年	四八年	伐魏	秦拔我邢丘					
第一三八年	四九年	相范雎，封为应侯，逐穰侯魏冉						

中国上古史

续表

	周	秦	魏	韩	赵	楚	燕	齐
第一三九年	五〇年			齐田单以赵师拔我注人	孝成王元年,相平原君,秦伐我,拔三城,齐救我		齐田单以赵师拔我中阳	救赵,遂以赵师伐韩、燕
第一四〇年	五一年	城广武,伐韩取五城,斩首五万		秦攻我陉,拔汾旁五城	相齐田单			王建元年
第一四一年	五二年	昭四四,白起攻韩,取南阳	安釐一四	桓惠一〇,秦伐我,取南阳,绝太行道	孝成三	顷襄三六	武成一〇	王建二
第一四二年	五三年	白起攻韩,拔野王等十城		秦伐我,以上党予赵	韩予我上党,取之	考烈王元年,相春申君黄歇,秦取我夏州		
第一四三年	五四年			秦拔我缑氏、蔺	廉颇拒秦军于长平,以争上党			
第一四四年	五五年	白起大破赵军于长平,杀降卒四十五万			使赵括代廉颇将,秦破我军,杀括	救赵不及		救赵不及
第一四五年	五六年	范雎惎白起,罢其兵,使王陵攻赵,围邯郸			秦围我邯郸,不克			
第一四六年	五七年	王陵攻邯郸,不利,王龁代之	晋鄙救赵,留军壁邺		秦复围我邯郸,乞救于楚魏			
第一四七年	五八年	杀白起,魏赵破我军于邯郸,龁奔还,拔新中	信陵君矫杀晋鄙,夺其军救邯郸,大破秦军		魏楚求我,秦军解邯郸围	黄歇救赵		

续表

	周	秦	魏	韩	赵	楚	燕	齐
第一四八年	五九年王献邑于秦,是岁卒,周亡	韩、魏、楚救赵新中,我兵罢归		秦将军樛伐我,取阳城、负黍	秦将军樛伐我,取二十余县			
第一四九年		昭五二,范雎免,王稽弃市						
第一五〇年		五三,韩王来朝,魏举国听命					王喜元年	
第一五一年		五四	安釐二四	桓惠二〇	孝成一三	秀烈一〇,徙巨阳	王喜二	王建一二
第一五二年		五五						
第一五三年		五六			平原君卒,廉颇相		伐赵,赵破我军	
第一五四年		孝文王元年			廉颇围燕		赵围我	燕据我聊城,鲁仲连说下之
第一五五年		庄襄王元年,相吕不韦,迁东周君于阳人,初置三川郡		秦蒙骜伐我成皋、荥阳,献巩			灭鲁	
第一五六年		二,伐赵取二十七城			秦蒙骜伐我取榆次、新城、狼孟等城			
第一五七年		三,王龁攻上党诸城,悉拔之,初置太原郡	秦蒙骜伐韩,拔高都、汲,公子无忌率五国军败之于河外	秦拔我上党	与燕易土		与赵易土	
第一五八年		始皇元年	公子无忌以谮废		秦拔我晋阳			
第一五九年		二	赵伐我,拔繁阳		李牧大破匈奴十余万骑			

续表

	周	秦	魏	韩	赵	楚	燕	齐
第一六〇年		三，蒙骜伐韩，取十三城，又伐魏	秦伐我，取畼、有诡	秦拔我十三城	悼襄王元年，以乐乘代廉颇将，颇奔魏			
第一六一年		四	安釐三四，信陵君无忌卒	桓惠三〇	悼襄二，李牧伐燕，拔武遂、方城	孝烈二〇	王喜一二，赵伐我	王建二二
第一六二年		五，蒙骜伐魏，取酸枣二十城，初置东郡	景湣王元年，与赵盟于鲁柯，谋伐秦		燕伐我，败之，取其军二万，与魏盟		剧辛伐赵，败，死	
第一六三年		六，楚、魏、韩、赵、燕伐我，取寿陵，败之于函谷	秦拔我朝歌，卫从濮阳徙野王			东徙寿春，命曰郢		
第一六四年		七，蒙骜卒	秦拔我汲，以邺予赵		魏予我邺			
第一六五年		八，嫪毐专政						
第一六六年		九，嫪毐作乱，诛	秦拔我垣、衍、蒲阳	王安元年		李园杀黄歇		
第一六七年		一〇，吕不韦免			王入秦置酒	幽王元年		王入秦置酒
第一六八年		一一，王翦伐赵，取九城			秦拔我阏与、邺，取九城		赵伐我，取狸阳	
第一六九年		一二，发四部兵助魏击楚	从秦伐楚		王迁元年	秦魏伐我		
第一七〇年		一三，桓齮攻赵平阳，斩首十万			秦拔平阳，杀我将扈辄，更以李牧，拒战破之			

续表

	周	秦	魏	韩	赵	楚	燕	齐
第一七一年		一四,韩使韩非来,李斯潜杀之	景湣一〇	王安六,请臣于秦	王迁三,秦拔我宜安	幽五	王喜二二	王建三二
第一七二年		一五,大举伐赵,一军抵邺,一军自太原,拔狼孟、番吾			秦伐我,李牧击退之		太子丹质秦,亡归	
第一七三年		一六,韩献南阳地		尽献南阳地于秦				
第一七四年		一七,灭韩置颖川郡		秦灭我,虏王安				
第一七五年		一八			秦间杀李牧			
第一七六年		一九,灭赵			秦灭我,虏王迁公子嘉,自立为代王			
第一七七年		二〇,燕太子使荆轲刺王,不中,诛轲。伐燕,大败之	王假元年			王负刍元年		
第一七八年		二一,王翦破燕,燕斩太子丹以献。李信、蒙恬将二十万伐楚				秦大败我军,取十城	秦伐我,拔蓟,王东保辽东,斩太子以说	
第一七九年		二二,灭魏,伐楚	秦灭我,虏王假					
第一八〇年		二三				秦破我,军杀我将项燕		
第一八一年		二四,灭楚				秦灭我,虏王负刍		

中国上古史

续表

	周	秦	魏	韩	赵	楚	燕	齐
第一八二年		二五，灭燕，灭代					秦灭我，虏王喜	
第一八三年		二六，灭齐，初并天下，立号为皇帝						秦灭我，虏王建
第一八四年		二七						
第一八五年		二八						
第一八六年		二九						
第一八七年		三〇						
第一八八年		三一						
第一八九年		三二						
第一九〇年		三三						
第一九一年		三四						
第一九二年		三五						
第一九三年		三六						
第一九四年		三七						

地理及年代

（按：此系民国十一年在清华学校讲演《五千年史势鸟瞰》之一部分）

历史者，因空际、时际之关系而发生意义者也。吾尝言之矣，曰："史迹之为物必与'当时'、'此地'之两观念相结合，然后有评价之可言。"故于地理及年代托始焉。

第一节　地理

中国领土以地势言之，可略分为六部。第一部，十八行省。第二部，东三省及三特别区域。第三部，新疆。第四部，外蒙古。第五部，青海及川边。第六部，西藏。

此六部者，其文化之开发有先后，其历史之关系有深浅，即在今日，其统治权行使之所及亦有松密，大概言之，则第一部为中华民族（狭义的）历古之根据地，而其西南一隅，至今犹有苗蛮族未尽同化。第二部历古为东胡、北胡与我族交事之区，今则在广义的中华民族完全支配之下。第三部则历古为西羌、北胡乃至东亚欧诸族错处代兴，今亦完全在我主权之下，而人种同化犹未尽。第四部历古为北胡根据地，至今犹为东北胡杂种之一族（蒙古）居之，所谓主权者，羁縻而已。然我族势力之向此地发展者，今方兴未艾。第五部西羌及北胡居之，统治权之行使，较优于第四、第六两部。而住民中我族势力之微弱亦仅与第四部相埒耳。第六部名义上虽为领土，事实上则住民与统治权皆属西羌族，其各部蜕变状况之分析，别于第二章详之。

地理形势非本书所宜喋述，今惟抽出其与史迹关系最巨之数特点，略为推论。当推论之前，有一义应先商榷者，则历史现象受地理之影响支配，果至若何程度耶？历史为人类心力所构成，人类惟常能运其心力以征服自然界，是以有历史。若谓地理能支配历史，则五百年前之美洲，地形气候皆非有以大异于今日，而声明文物，判若天渊。此何以称焉？虽然，人类征服自然之力，本自有限界，且当文化愈低度时，则其力愈薄弱，故愈古代则地理规定历史之程度愈强，且其所规定者，不徒在物的方面而兼及心的方面，往往因地理影响形成民族特别性格，而此种性格递代遗传，旋为历史上主要之原动力。近代以科学昌明之结果，其能嬗变地理而灭杀其权威者，虽不少，然衡以总量，究属微末，且前此影响之镌入民族性中者，益非可以骤变，故治史者于地理之背景，终不能蔑视也。今请刺举中国地理特点数端，而说明其与史迹之关系。

（1）中国黄河流域，原大而饶，宜畜牧耕稼，有交通之便，于产育初民文化为最适。故能于遂古时即组成一独立之文化系。

（2）该流域为世界最大平原之一，千里平衍，无冈峦崎岖起伏，无湾碕岻离旋折，气候四时寒燠俱备，然规则甚正，无急剧之变化，故能形成一种平原的文化，其人以尊中庸爱平和为天性。

（3）以地形平衍且规则正，故其人觉得自然界可亲可爱，而不觉其可惊可怖，故其文化绝不含神秘性，与希伯来、埃及异。居其地者，非有相当之劳作，不能生活，不容纯耽悦微眇之理想，故其文化为现世的，与印度异。

（4）天惠比较的丰厚，不必费极大之劳力以求克服天然，但能顺应之即已得安适，故科学思想发达甚缓，又以第 2 项所言地形、气候皆平正少变化故，故乏颖异深刻的美术思想，又以爱乐天然、顺应天然之故，故伦理的人生哲学最发达。

（5）此一区域中别无第二个文化系，而本部（即第一部）地势毗连不可分割，故随民族势力之发展，文化亦愈益扩大，结成单一性的基础。

（6）以第 2 项理由，故中庸性质特别发展，惟其好中庸，万事不肯为主我极端的偏执，有弘纳众流之量，故可以容无数复杂之民族，使之迅速同化，亦惟因周遭之野蛮或未开的民族太多，我族深感有迅令同化之必要，而中庸性格，实为同化利器，故演化愈深，而此性格亦愈显著。

（7）国境西界葱岭以与中亚及欧洲之文化隔绝，南界喜马拉耶以与印度文化隔绝，缺乏机缘以与他系文化相摩厉、相资长，故其文化为孤立的、单调的、保守的。

（8）以下文第 10 项之理由，其文化屡受北方蛮族之蹂躏，我族常须耗其精力以从事于抵抗及恢复，故愈益养成保守性。

（9）东南虽濒海，然其地之岛民，无文化足以裨我。又以地大物博之故，凡百闭关皆足自给，故民族从不作海外发展之想，益无以改其单调的保守的之特性。

（10）西北徼之中亚细亚西伯利亚诸区，夙为群蛮所产育出没，其人生苦寒之域，习于勇悍，而常思觊觎内地之温沃富殖，狡焉思逞。北境即无重洋峻岭以为之限，而我土著之民爱护其耕稼室庐，以平和为职志，其势易为所蹂躏，故三千年来北狄之患，几无宁岁，其影响于文化及政治者至大。

（11）文化发源，起自黄河流域，次及长江流域，此两流域平原毗连，殆无复天然境界可以析划。与欧陆形势绝异，我民族既以此地为枢核，则所谓"大一统"主义，自然发生，故幅员虽大于欧陆，而欧陆以分立为原则，以统一为例外，吾土正反是。

（12）以第 10 项之理由，吾族有集权御侮之必要，此种必要与第 11 项之理由相结合，遂产生中枢专制的政治，而此中枢时复为外族所劫夺，则其助长专制也益甚。

（13）因下列各理由，致地方自治不能发达。（甲）因地势地味关系，始终以农立国，乡村农民惟安习于家族的统制。（乙）都市常为政治或军事之中心地，专制干涉力极强。（丙）如第 11 项所说，无画疆自保之凭借。

（丁）如第10项所说，悍蛮恣暴，地方事业易被摧坏。

（14）地势既不适于诸国分立，又艰于发育自治，其势自然趋于中枢专制，而又以幅员太广之故，统治力不能贯彻，故内乱屡起，或为外族所乘，此种野蛮革命，既成为历史上常态，故文化恒屡进而屡蹶。

（15）地势虽不可分裂，然因山脉与河流皆自西而东。（专就第一部言）且气候有寒温热带之异，故南北常不免自为风气，而当政象有异动时，亦恒以南北对峙为暂局。

（16）西南与东北两边徼，以位置弯僻及地形有特别构造故，虽加入我族文化系，而迄未成熟。"远心力"常常发动，故朝鲜、安南屡次编为郡县，屡次自立，至今竟排出中国历史圈外，而辽东、滇南往往蒙其影响，其不自绝于中国，乃间不容发。

（17）第三、四、五、六之四部，地理上各有特色而形势上各有其与中国不可离之关系，故吾族常努力吸收之以自卫，所以促其住民之同化者亦多术。而此愿望至今犹未能全达，则吾侪及吾子孙所当有事也。

（18）以全势论之，则此一片大地，最不宜于国家主义之发育，故吾族向不认国家为人类最高团体，而常以"修身"为出发点，以"平天下"为究竟义。全部文化，皆含此精神，故其历史或不在过去，而在将来也。

上所举地理影响于历史者，崖略可睹矣——然此类地理之权威，迄近代既日以锐减，例如海运及国境上之铁路既通，则连山大漠不足为对外交通之障。国内船路、邮电诸机关渐备，则幅员虽广，不艰于统治，周遭诸民族，同化略尽，则野蛮的侵掠蹂躏，不复成问题。工商业渐发展，则重心趋于都市，而自治之可能性愈大，诸如此类。今皆有以异于古所云，特前此影响之留迹于心理者，则其蜕变非旦夕间事也。

第二节　年代

　　史何自起，就广义之史言之，可谓有人类即有史。据地质学家所推定，人类发生已在五十万年或二十万年前，即新石器时代迄今已五万年。吾侪既确知新石器时代中国已有人，则亦可谓五万年前中国已有史，虽然，吾今所治，为狭义之史，以先民活动之迹，有正确日记录可征者为限，则中国有史时代，盖起于夏禹，若再以严格的年代学绳之，则完全信史起于周之共和元年，即西纪前八百四十一年。

　　有史以前，谓之神话时代（其实神话时代亦有史迹，历史时代亦有神话，此不过举概划分）。神话时代，其悠远乃数十百倍于有史时代，若著一部"人类活动通考"，则有史时代所占之篇幅，不过其最末数页而已。神话时代状态之研究，其大部分当以让诸地质学家，非治史者所宜过问。史家有时或以神话为副料，不过借以推见初民心理，或因其象征所表示而窥其生活之片影，例如因盘古剖卵而生的神话，推想吾先民最古之宇宙观，因三皇五帝等神话，推想三才五行说之起原，因燧人、神农等名称，推想火及耕稼之发明影响于当时人心者若何深切。神话之辅助历史，其程度当至是而止。

司马迁曰："学者多称五帝，尚矣。然《尚书》独载尧以来；而百家言黄帝，其文不雅驯，荐绅先生难言之。"此语足表其态度之谨严，虽然迁之为书，仍托始于《五帝本纪》，未能践其断制也。夫岂必黄帝以前，即《尚书》所载尧舜事，吾侪亦只能以半神话视之，韩非曰："孔墨皆言尧舜，而取舍不同，皆自谓真尧舜，尧舜不可复生，谁与定儒墨之诚乎？"由是观之，恐尚书之"曰若稽古"亦半为后人所追记，未必能悉视为信史也，而迁乃于《尚书》所不载之黄帝、颛顼、帝喾偏有尔许事实为之铺张扬厉。降及皇甫谧、罗泌之徒，生迁后又数百年千年，乃自诧为知迁之所不知，举凡迁所吐弃为"不雅驯"之言者，而悉实之。于是古代史益芜秽不可治，近世治史者，动辄艳称炎黄尧舜时代之声明文物，此说若真，则夏商千余年间，不能不认为文化之中绝或停顿，其原因何在？在实无由说明，而或者更撦拾传说，穿凿考证，例如五帝三王是否同出一宗，彼此相距年代几何等聚讼之言殆将充栋，皆所谓"可怜无补费精神"。盖考证惟当于事实范围内行之，事实存在与否，尚成问题，则对于事实内容之讨论，太早计矣。吾侪不敢谓黄帝尧舜绝无其人，但至多认为有史以前半开化部落之一酋长，其盛德大业，不过后人理想中一幻影。古本《竹书纪年》托始夏禹，当是史官旧文，吾辈遵之，可以寡过矣。

夏以后因之，有近真之史迹。然年代殊难确算，如俗说皆称夏四百年，殷六百年，而《竹书》则云"夏年多殷"。《书·甫刑》称"王享国百年"，旧说谓指周穆王在位之岁。《竹书》则云周武王至穆王凡百年，诸如此类，异说滋多。故司马迁于三代但作《世表》而不凿考其年（注一），纪年则起于《十二诸侯年表》，其第一年为西周之共和元年，下距今民国十一年为二千七百六十三年，此表殆极可信。盖共和后六十六年，周幽王六年十月辛卯朔有日食，见于《诗经》（注二），共和后百二十年，即鲁隐公元年，春秋于是托始焉。故我国史可谓有二千七百六十三年极正确之年代，继续不断，以迄今日也。

（注一）《史记·三代世表序》云："孔子因史文，次春秋。纪元年，正时日月，盖其详哉。至于序《尚书》，则略，无年月；或颇有，然多阙，不可录。故疑则传疑，盖其慎也。"此最足见良史谨严态度。

（注二）参见《历史研究法》第五章《史料之搜集与鉴别》第二节《鉴别史料方法》：例如《诗经》："十月之交，朔日辛卯，日有食之，亦孔之丑。"经六朝、唐、元、清诸儒推算，知周幽王六年十月辛卯朔确有日食。中外历对照，应为西纪前776年，欧洲学者亦考定其年阳历八月二十九日中国北部确见日食。

旧史皆以帝王纪年，盖舍此亦实无良法。然而破碎断续，虽强记这犹不能遍，致使史迹之时间的尺度，恒在朦胧意识之中，不便莫甚焉，故定出一画一的纪年标准，实为史者急切之要求，近年来讨论此问题者，或议用孔子卒后，或议用帝尧甲寅，然皆不能言之成理。共和元年，现为历史上最初正确之年，则以之托始，在理论上固无可疵议，然即为国人耳目所不习，且与世界史迹比照，亦须多费一重换算，吾以为史之为物，以记述全人类活动为职志，国别史不过人类通史之一部分，故所用记号，总以人类最大多数已经通行者为最便，基督纪元，在今日殆可称为世界公历，吾侪不妨径采用之以作史之时间的公尺，无庸有彼我分别之见存也。

历史时代当若何分画耶？史迹所以记人类之赓续活动相，强分时代，乃如抽刀断水，欲得绝对的精确标准，为事殆不可能。近今史家卒将欧史区为古、中、近之三世，此如治天体学者画分若干星躔以资研究方便而已。中国史欲仿斯例，颇极困难。依严格的理论，则秦以前为一时代，自秦统一迄民国成立为一时代，两者分野最极严明，然似此区分，则每时代所包含时间太长，几与不区分相等，若欲稍得平均，则易陷削趾适屦之敝，故吾以为论次国史，或以不分时代为较适宜。必不获已，则姑命秦以前为远古，自秦迄清为近古，民国以后为今代，而远古、近古中复为小区画，庶几不至大戾，今列表如下：

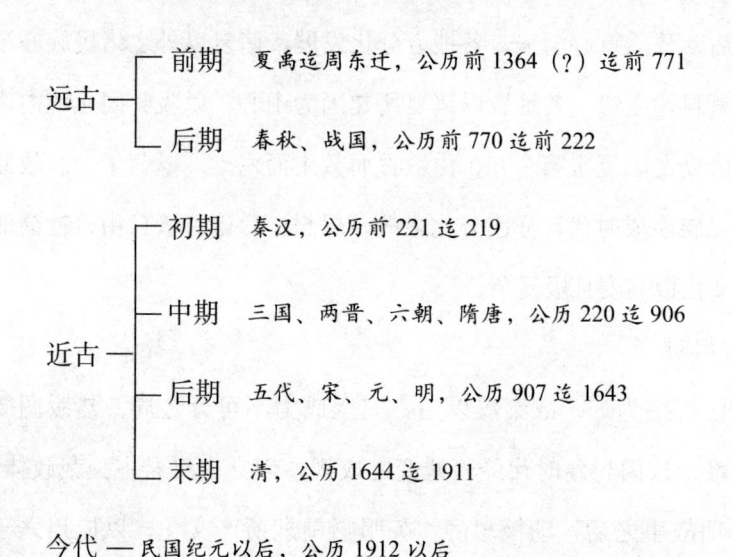

远古 ─┬─ 前期　夏禹迄周东迁，公历前 1364（?）迄前 771
　　　└─ 后期　春秋、战国，公历前 770 迄前 222

近古 ─┬─ 初期　秦汉，公历前 221 迄 219
　　　├─ 中期　三国、两晋、六朝、隋唐，公历 220 迄 906
　　　├─ 后期　五代、宋、元、明，公历 907 迄 1643
　　　└─ 末期　清，公历 1644 迄 1911

今代 ── 民国纪元以后，公历 1912 以后远古、近古、今代之区别，最为分明，其在政治上，则远古为分治的、贵族的，近古为集治的、独裁的，今代行将为联治的、平民的。其在文化上，则远古为发育的，近古为保守的，今代行将为蜕新的。凡百现象，皆俨若有一鲜明之帜志以示别，更将远近古各期细分之，则其特色可指者如下：

1．远古前期

自大禹以来，"诸夏"的观念（即中国人的观念）已完全成立，故为国史之始。然夏商虽称王天下，其实仍是部落分立，政治中枢，势力甚微，文化亦朴僿不甚可考见。自周创制封建，诸夏结合密度益增，政治渐有重心，文化亦或或可观。

2．远古后期

周东迁后，政治重心渐失，各地方分化发展，诸夏以外之诸民族亦渐形活动，然藉封建之势，各地皆以诸夏所建国为中心，以吸收同化境内诸异族，而此诸夏之国复次第合并，由数百而数十而六七，以归于一。故此期实为中华民族混成时代，亦因分化之故，思想、言论皆极自由，社会活态呈露，故文化极高度且极复杂。

3．近古初期

民族既已拚挍为一，故秦汉以后，完全成为不可分之局，然版图既廓，统治益难，故因封建时代经验蜕变之成规，创立中央君主独裁政体，人民亦经长期战事之后，动极思静，务咀嚼前期所产文化，以应用之于恬适的生活，故保守性习，从此发生。文化渐入停顿时代，中间境外诸蛮族，屡图倾入，卒距之不得逞，故此期最足为代表吾族真面目之期。

4．近古中期

两汉之政治组织及其末年，已发见流弊。且呈露惰性，于是有三国之分裂。在前期中境外及边徼诸异族，本已蓄有潜势，但被抑不得发，至是乘虚纷起，遂至有五胡及南北朝之难，历数百年迄唐之兴，乃始告一结局。此期内之政治现象，因外族杂治之结果，法律屡失效力，人民保障益危，中央之组织能力亦渐趋薄弱，故汉唐虽同称盛世，然唐政实不逮汉远甚。文化方面固有者极形衰落，惟因与印度开始交通，加入外来文化之新成分，在史中开一异彩，即民族方面亦因外族侵入之结果，次第同化，使吾族内容益加扩大，其得失正参半焉。

5．近古后期

唐代号称统一，然中叶以后，蕃将跋扈，吾族统治能力既日减杀。经五代迄宋，人民以厌兵之故，益趋孱弱，而北徼新兴之族，翻极鸱张。辽金元相继蹂躏，大河以北，久逸出吾族支配之外，蒙古入主，与前此五胡，情势悬殊，以绝对不受同化之族，而据有中国全境，吾族殆无所托命。明代虽云光复，然为膻腥所染，政治组织紊其轨，文化方面则印度学术输入既久，完全消化，别构成中印合流之新哲学，亦因政治上活动余地较狭。士夫之聪明才智，专用之于学艺，故文学美术等皆别辟新方向，然而消极颓废的思想，实随处表现。

6．近古末期

前清以异族统一中国，逾二百年，在史上盖无前例。然东胡民族与北狄殊，其被同化也甚速，非久已渐失其种族的色彩。此期之政治虽不能谓为美善，然就组织力言之，则除汉代外，殆无其匹。西北徼诸地，在此期内悉隶中国版图，历年悍族侵暴之祸殆绝，人民颇得苏息。明中叶以降，欧人航海觅地热骤兴，开华欧交通之端绪，逮清而转变愈剧，于是中国人始渐知有"世界"，不能不营国际的生活。此期文化，承前明空疏之反动，刻意复古，由明而宋，而六朝唐，而两汉，而先秦，次第逆溯，精神日趋朴实，及其晚期，则受欧学输入之影响，驯至思想根本动摇。故此期，可谓为历史上一大转捩之过渡时代，遂酝酿以成今后之局。

附 最初可纪之年代

（此似《五千年史势鸟瞰》之又一稿，兹附第二节后）

我国史果自何时始有正确之年代耶？据一般俗史所称述，多托始于帝尧之甲辰，其远者或溯诸黄帝，杜撰四五千年以上之史迹，而一一比附其时日，纯属妖诬，殆不必辩。（注一）其比较的可认为有史料之价值者，则为汲冢之《竹书纪年》，据称夏年四百七十一，商年四百九十六，西周年二百五十七，由是而下，接东周焉。（注二）以西纪换算之则如下：

夏禹元年＝前 1994 年……距今 3915 年。

商成汤元年＝前 1523 年……距今 3444 年。

周武王元年＝前 1027 年……距今 2948 年。

东周平王元年＝前 770 年……距今 2291 年。

上述年代盖已与俗说相差二百一十一年。（俗史夏禹元年当纪前 2205）然此以周末人述夏殷事能否完全征信，已属疑问。况其书久佚，作伪杂出，今所举者，乃辗转引自他籍，尤未敢遽信为原本。（注三）然则此说亦只能认为传疑中之较有价值者而已。

（注一）俗史详记古帝王年代，大抵皆据宋邵雍之《皇极经世》，如云黄帝元年距今四千六百二十五年，帝尧即位之岁为甲辰，距今四千二百七十八年之类。皆是也。雍书间采自皇甫谧之《帝王世纪》（谧书今佚）。然又多参差，殊不知其所据，彼盖用术数家伎俩，闭目布算耳。自汉以来，因争论历法，而古代之伪造窜乱不少。刘歆著《三统历》详纪三代受命年数，张衡辟之谓其"横断年数，损夏益周，考之表纪，差谬数百"。（《后汉书》本传）后世之侈谈古年代者，大抵皆汲刘歆之流而煽其毒者也。

（注二）汲冢《竹书》来历具详于晋杜预《左传集解后序》及《晋书·束晳传》、《王接传》中，盖晋太康二年（西 280）从河南汲县一古冢中掘得此书，故以汲冢名。同时所得书尚十余种，尤有铜剑等物。其《纪年》一书绝笔于魏哀王二十年，即周报王十六年（西纪前 299），故学者考定此冢为魏安釐王冢。玩其体例，知是当时魏史官所记，以之殉葬，经五百八十一年后乃发现者也。此书在史料上之价值，殆与孔子之《春秋》埒，而远在司马迁《史记》上。其中事实与旧史殊异者甚多，惜原书至宋已佚，今所传者，伪本也。清朱右曾从各书中辑出为《汲冢纪年存真》二卷，上所纪夏年，见《太平御览》八十二，所纪商年，见《史记·殷本纪》集解及《文选·六代论》注，所纪西周年，则见《通鉴外纪》三也。

（注三）朱氏辑本，自是晋唐宋人所见之本，非今四库中伪本所可比。然是否各条皆汲冢之旧，尚属疑问。盖杜预《后序》明云："《纪年》起自夏殷周。"《晋书·束晳传》明云："纪夏以来……至魏安王二十年。"而今所引者乃有黄帝事，《束晳传》又明言"纪年夏年多殷"，而今所引者，殷年乃多于夏，则其非尽原书本，已可概见。考当时书初出土，多残缺，经许多大学者如荀勖、和峤、卫恒、束晳、黄庭坚、王绩、续咸辈为之，迻写编定，其间当不免有臆改也。要之此书终不失为我国史学界第一瑰宝，凡古史有异同者，皆宜以彼为正，但须辨别，勿误引伪本耳。

若采最谨严的态度，当宗《史记》，以西周之共和元年为断。其年当西纪前八百四十一年，下距孔子作《春秋》，所托始之鲁隐公元年，恰百二十年。史公当时所见古代谱牒之书盖不少，然皆不敢置信。（注一）故于三代仅作世表，其年表则起自十二诸侯，而共和庚申实为第一年。其年数之下与《春秋》衔接者，以汲冢《竹书》校之，正吻合也。且尤有一事，最足注意。盖此年后六十六年——周幽王六年十月辛卯朔日食，见诸《诗经》，此为科学上极强之证据，更无可容其疑议。（注二）故吾侪认《史记·十二诸侯年表》所载纪年为中国有正确年代之始，自是即衔续不断，以迄今日。质而言之，则我国史迹在时间上不生疑问者，最少已阅二千六百七十一年之久也。

（注一）《史记·三代世表序》云："孔子……序《尚书》，则略，无年月；或颇有，然多阙，不可录，故疑则传疑，盖其慎也。余读牒记，黄帝以来，皆有年数……咸不同，乖异。夫子之弗论次其年月，岂虚哉？"考《汉书·艺文志》春秋家有太古以来年纪二篇，历谱家有《古来帝王年谱》五卷，可见当时并非无此类书。史公亦并非未见，其共和以上，仅表世而不表年者，正示后史以谨慎之态度耳。

（注二）《诗·小雅》："十月之交，朔日辛卯，日有食之，亦孔之丑。"此事经中外天文学家推算一致之结果。周幽王六年周正之十月朔日辛卯，即西纪前七百七十六年八月二十九日，确是日食。此诗之流传，无意中为我年代学得一铁证焉。自春秋以下，日食必书，虽于史迹无关，亦有裨于年代也。

虽然，以上考证，专就年代言之耳。年代学之与史学，今已分科，中国有严格的正确年代，虽仅二千六百余年，其有史则固当远溯诸四千年以上矣。

志语言文字

（按：此"志语言文字"及"志宗教礼学"两篇为中国通史稿之一部分）

《礼记·王制》曰：广谷大川异制，民生其间者异俗。又曰：五方之民，言语不通，嗜欲不同。许慎《说文解字》序谓周末诸侯力政，不统于王，言语异声，文字异形。夫以今之中国，统一已二千年，而闽粤之与中原，犹须重译，则当战国列国并立时宜何如者？当唐虞三代部落迁徙时宜何如者？汉扬雄作《方言》标列二义，曰古今语，曰别国不相往来之言，盖并时既有国境之殊，一地中复有古今之异，此语言自然之情状也。凡人类语言，初必简单，愈进化则愈繁复。所为由简趋繁者，盖言语凡以表示意识，意识之范围日扩，则所以表示之者，自能与之相应，此其一也。与他群之人相接触，恒互相采用其语言以自广，此其二也。然新语日增，陈语亦随而刊落，盖缘群众意识变迁，旧意识时或蛰退，则表示之之语，不复为用；或同一意识，新语表示之法较巧捷明确，则旧语亦废焉。故无论何国皆有僵语。(吾辈试细察一生数十年间所用语，其为昔所习闻而今渐废者，实已不少，今所通用而前辈不解者尤多，即此可察言语新陈代谢消息) 惟颛门考古之士究之，然亦仅能发其凡，未由竟其绪也。而所谓国语者，则恒随其国民性淳化扩展之运以俱进，日趋变而不离其根焉。我国国语之统一，植基于春秋战国间，而恃文字结构运用之方法，以管其键。(说详下) 然古代言文一致，自此则日阋远矣。《尚书》典谟之文较易读，誓诰之文最难读，典谟多文言，誓诰多俗语也。若《盘庚》、《多士》、《多方》诸篇，皆当时谆告大众，取易了解，而后世转以诘屈聱牙为病，篇中僵语多也。此古今语变迁之发凡也。若夫国别语，则春秋以前，其差异殆不可纪极，介葛卢朝鲁，恃译乃通，介在今胶州，与曲阜相距能几，既若是矣。若楚，若吴越，其差别更可推见。楚令尹子文，斗姓，其名曰谷於菟，译言乳虎，楚子若敖、蚡冒，吴王阖间夫差，越王句践，其名皆译音也。据《方言》所标举，以推论古代语言，可略分十系：一曰中原语系(《方言》所谓周郑之间、宋卫之间、宋卫兖豫之间、宋郑周洛韩魏之间者皆是)，二曰淮汝语系(《方言》所称汝颍梁宋之间、徐淮泗之间、陈楚之间、陈楚江淮之间者皆是)，三曰关西语系(《方言》所谓自关而西、秦晋之间者是)，四曰河北语系(《方言》所谓赵魏之间、赵魏之郊者是)，五曰海岱语系(《方言》所谓齐鲁之间、齐鲁海岱之间、海岱大野之间、东齐之间、东齐青徐之间者皆是)，六曰燕代语系(《方言》所谓燕代之间者是)，七曰辽东语系(《方言》所谓燕北之郊、燕北朝鲜之间、朝鲜洌水之间者皆是)，八曰江湘语系(《方言》所谓南楚江湘之间、南楚江沔之间、南楚之外沅湘之间者皆是)，九曰扬越语系(《方言》所谓荆吴之间、荆扬之间、荆吴江湖之间、吴越之间、扬越之间、扬瓯之郊者皆是），十曰梁益语系（《方言》所谓梁益之间、雍梁之西、西南蜀汉之郊者皆是）。扬雄生秦皇统一后二百年，而所亲睹闻各系言语之殊，辑之犹彪然成帙，则古昔之庞杂，云胡可量。其所以渐趋统一者，则以春秋时列国会盟聘享，密如织梭，战国游士谈宗，历都传食，其间自有一种之公用语流行士大夫间，其范围愈扩而愈大，而尤有一极要之枢钥焉，则以我国文字不衍声而衍形，语文既相辅而始能行，则无论属何语系之民，既宗习此文，自成不容剖判之连结。我国古代虽种族猥多，国部丛峙，情状一如欧洲。然欧洲遂有十数国之国语，演成十数国之国史，历千余年终不能合同而化，我国经春秋战国以后，国语国史，皆成为颠扑不破之浑一体者，则文字之赐也。（因此语文分歧，文化艰于逮下，其得失又当别论）

　　文字之原，起于八卦，许氏《说文解字》为现存最古之字书，其叙即首述庖牺作八卦，以垂宪象，盖探其本也。今按坎离二卦，坎 ☵ 为水，离 ☲ 为火，确为籀篆水火二字所本，但一横一纵耳，此象形字之所从出也。乾 ☰ 坤 ☷ 二卦，以奇偶表阴阳之概念，以阴阳表天地之概念，此会意字所从出也。（汉碑坤字地字多作巛，即从坤卦来，变横为纵，其乾字天字不作三者，以易与三字混耳，摹印本则有作三者）此与巴比伦之楔形书异地同符，实中国最古之文字也。黄帝之史仓颉，见鸟兽蹄迒之迹，知文理之可相别异也，乃则之以作书，其初依类象形，故谓之文，其后形声相益，即谓之字。（独体为文，合体为字）周制八岁入小学，教以六书：一曰指事，视而可识，察而见意，二一是也（今上下二字）；二曰象形，画成其物，随体诘诎，日月是也；三曰形声，以事为名，取譬相成，江河是也；四曰会意，比类合谊，以见指㧑，武信是也（止戈为武，人言为信）；五曰转注，建类一首，同意相受，考老是也（《说文》考，老也；老，考也。以考注老，以老注考。谓之转注）；六曰假借，本无其字，依声托事，令长是也（秦汉大县之长官名为令，小县名为长，前此无县故无从有令长之字，乃假使令之令，长久之长以名之也。〇此据许氏《说文》序，原文《汉书·艺文志》引之则先象形次指事当也）。形声、指事，所谓文也，谐声、会意，所谓字也。四者造字之本也。转注、假借，用字之法也。最初所造为象形字，其所表之心理为直觉，其所表之对象为具体，日月、山水、鱼鸟、草木、牛马，凡自然界之物象，有形可指者，则写表之，实与绘画同源，特画取形而书取象耳。埃及古文，纯为象形，人类灵明浚发之次第，大略同也。（罗马字母出于腓尼西，腓尼西字母亦由象形字递变递省而成，欧人所著字书，犹多能探其蜕变之形者）形不可象，则属诸事。指事者，其所表之心理，兼直觉与比较（视而可识直觉也，察而见意，比较也），其所表之对象为具象，如上下二字之一画，以象地平，指点地平之上，谓之⼀，指点地平之下，谓之⼀（此二字由⼀⼀变为二二，再变为⊥T，三变为上下），本末二字之木，Ⅰ以象干，U以象枝，∩以象根，指点根处谓之朮，指点枝处谓之朮，一画二画三画四画为一二三四，二画斜交为乂，正交为十，皆经极简单之审量作用，而印得其象者也。形声者，象形之扩也，其所表之心理为剖析综合，其所表之对象兼具体具象与抽象。同是水也，南人呼其清者以工音，则命为江，北人呼其浊者以可音，则命为河，此剖析也，工音之清者，可音之浊者，皆系以水旁，而列于水类，此综合也。其表有形之物体，如江河、桃李、鸾凤等，此具体也，其表有形之动作，如谈说、观视、遵回、采择等，此具象也。其表无形之心理，如慈悲、忿怒等，此抽象也。古今文字，形声逾半，有形声而字大备矣。会意者，指事之扩也，其所表之心理，为连络，为推见，其所表之对象为抽象，其最浅近者，如一大为天（一画示在上，以大表其德），人言为信（谓以人传言也，即信使之信，此信字本义也。魏晋时犹名使者为信，信实信札，皆假借义），十口相传为古；其精深者如一贯三为王（董仲舒曰：古之造文者，三画而连其中，谓之王。三者，天、地、人也，而参通之者，王也），相人偶为仁（见《仪礼》郑注，此言人以爱相群之义），止戈为武，直心为惪（古德字）；其尤繁密者，如人在地上，以戈守之为或（即国字，《说文》或文下云：邦，从口从戈以守一，会意，一，地也。按：古人文字多以口代人，如合字同字之从口皆是。近世学者言国家三要素，曰土地，曰人民，曰主权。或字之一指土地，其口指人民，其以戈守示主权不可侵也。此造字最精之义，加口为国，古谊专部内与野鄙对，后世假借或字为疑辞，转以国字夺或字之义耳），象水之平，以廌取直为灋（《说文》灋字下云：刑也，平之如水，从水；廌，所以触不直去之，从去，会意；又廌字下云，解廌兽也，似牛一角，古者听讼，令触不直者。按：立法行法皆以平直为主，此造字精义也），此皆根于甚深微妙之抽象观念，凡宗教、哲学、政治、法律之理想多寓焉，此其最后起几经进化而后能致者矣（《说文》九千字中，会意字及形声兼会意字盖数百，精心研释之，可察见古代群治状态及思想渊源也）。大抵象形、指事，黄帝苍颉，实造端发凡；形声、会意，则历唐虞三代，世有增益。汉许慎作《说文》，泐定九千三百五十三字，近世字书所收，将四万字，其十七八，皆先秦之旧，而所以构成者，不外此四法。若夫转注、假借，则非所以造字而所以广字之用也。转注者，一义多字，而用转注法以会其通也。一义多字，而必须以转注法会其通，何也？例如始有多义，"初"为裁衣之始，"哉"为草木之始，"首"为人体之始，"基"为建筑之始，别言则各示所始，通言则等含始义，必通其训，乃无拘碍，此转注之为用一也。（参观《尔雅释诂》注疏）例如好有多义，秦谓之"娥"，宋卫之间谓之"孅"，自关而东河济之间谓之"媌"，或谓之"姣"，赵、魏、燕、代之间谓之"姝"，自关而西秦故都谓之"妍"（参观《方言》），前此各群阂隔，各自有其所创造习用之字，及既沟通混合以成大群，而前此小群所用，又不容偏废，故广收之而为之会释，欲用何字，仍听自由，其于同时各地之殊文既然矣，异代之殊文则亦有然。夫必如是，然后可以收国文统一之效，此转注之为用二也。假借者，一字多义，而用假借法以济其穷也。夫曷为不每字各限于一义，每义各赋以一字而必以假借法济其穷？天下事物之象无穷，人类之识想，抑愈浚发而愈繁复，且又常嬗变而不居也。而字体所以错变构造者，终有限量，新得一义，而必赋以一新字以表之，其势不得不穷也。且新造一字，必须为众人所辩识所承仞，乃能有效，然众人目之所习，限于先民传授有绪之字，新创不为众所许也。（唐武后所创百数十字，终不能久行）然则新物象、新事理、新识想不将末由表示乎？夫语言恒先于文字者也。既有此新物象、新事理、新识想，则必有表示之之新语言，有其语而无其文，则取旧文之同音者，假以为用，此假借所由起，而在我国文字系统之下，势不得不尔也。假借者，一种翻译作用也，以衍形之文系而参之以衍音也，故惟其音不惟其义，每一字于此，多被假借一次，则随增其一义，久之而以新义夺旧义者且比比也。例如英、法、德、美，假其音以名新通之西方四国，于英雄、法律、道德、美恶之义无涉也（"英"本义为花瓣，才过万人为英，已属假借，余类推），而两义并行，其力相埒，例如"为"本母猴，假其音为作为之为；"不"本花萼，假其音为否定辞之不；"也"本女阴，假其音为语助辞之也；今则全为假借新义所夺，其本义非稍博洽者，殆莫能识。而据本义以读今文，则无一语而可通也。是故假借一法，能使吾国文有新陈代谢之机能，有涵纳异域方言之作用，六书以之终焉。象形、指事、形声、会意，所以定文字之体，三代而后，莫能损益，转注、假借，所以神文字之用。虽吾侪犹日日能有事也，字书列字虽数万，常用者不过数千，然则吾国人何由而能借此区区之字，以曲尽宇宙万类之情状乎？盖自有假借，则字形数量虽不增，而字义数量已增，此其一矣。虽然，犹未足也。通而济之，更有二法：一曰缀旧字为新字。例如"天"一字也，"子"一字也，"天子"又一字也，"天子"之字虽以天之子会意而得名，其名既成，则对于"天"字、"子"字独立而成为第三字；"百"一字也，"姓"一字也，"百姓"又一字也，"百姓"之字虽以百种姓会意而得名，其名既成，则对于"百"字、"姓"字独立而成为第三字；若此者吾命之曰复式会意字。"大"一字也，"学"一字也，"大学"又一字也，大学校之"大学"已为第三字，复假之为大学教义之书名，于是得第四字；"共"一字也，"和"一字也，"共和"一字也，《史记》纪年之"共和"已为第三字，复假之为民众政制之国名，于是得第四字；若是者，吾命之曰复式假借字。此两种者，皆可以衍至无量。二曰蜕旧义为新义。例如一"性"字也，孔子所谓性，孟子所谓性，荀子所谓性，告子所谓性，各殊其内容；一"国"字也，周礼邦国、都鄙之国，春秋侯国、战国王国之国，两汉郡国之国，今世国家主义之国，其本质相去绝远，此非假借也。举一字而赋加灭于其属性，或扩之使大，或析之使精，则旧字忽成新字矣。何也？文字所以表观念，观念新则其字自新也。如是者亦可以衍至无量，是故谓吾国字少，实未尝少，以字不足为忧者，过也。（近人睹西方字书罗列百数十万字，颇病吾国之不若彼，谓彼中人人能随时造字，而我不能，故学不逮彼焉。此误见也，我辈何尝不日日造新字者）虽然，以衍形不衍音之故，故义虽变而形不变，音既丽形以存，则音虽变亦甚微且缓，而我国民所以能完成其统一性而长保持之者，实赖乎此。古代诸部落诸国并立，势甚难以融化为一也，而有此国文系统为之中枢，生息于此统系之下者，势不能脱离而别成他种国语，盖离文则语无所丽也。即方言稍有参差，殊不至危及统一基础，盖国家中坚在士大夫，文既通于士大夫，则燕、齐、闽、粤，自永为一家，俚语未齐，不足为阂也。而后世匈奴、鲜卑、突厥、蒙古、满洲诸族，所以偶尔侵入辄被同化者，则亦以此，我国文化所以能远被朝鲜、越南、日本者，则亦以此，此真中国之一大命脉也。吾故不逊词费，稍详述其特性如上。（吾亦主张造新字符以图教育之广被，此于国文之统一决无妨，而于国语之统一必有速效也）

我国文字构造法，含有不可变性，如上所陈，此言夫文字之全系统也。至每字形体，则时有迁改，儒先所说，略分为古文籀文（亦称大篆）、小篆、隶书、八分、楷书、行书、草书等，分楷行草，兴于汉后，自余皆先秦书也。旧说或谓古文为仓颉所作，籀文为周宣王时太史籀所作，小篆则秦李斯作，隶书则秦程邈作，实则字数之递增与字体之递变，皆人事时会之不得不然，而其嬗蜕必以渐，未有奋一作之智巧，能于一时骤创新体以易天下者也。夏以前书，今不可见（宋人集帖有仓颉书、夏禹、岣嵝碑等，皆不足信），近儒恃以考订者，最古至商周铜器款识而止（宋欧阳、薛尚功等始提倡之。薛氏有《钟鼎款识》，为近世研金文之祖。至清乾嘉以降，斯学特盛，其集摹成书者，内廷则有《西清古鉴》、《西清续鉴》，私家著述则阮元之《积古斋钟鼎彝器款识》、吴荣光之《筠清馆金文》、吴式芬之《攈古录金文》、吴大澂之《愙斋集古录》、端方之《匋斋吉金录》，其最著也）。最近乃于羑里故墟得商代贞卜文锲于骨甲，史籀前之文字，益多见矣。（骨甲文于清光绪末出土，流传人间者可二万片，片率四五字，亦有多至百余字者，皆殷代占卜所用也。龟甲约十之二三，马牛羊骨约十之七八，集为成书者，有刘鹗之《铁云藏龟》、罗振玉之《殷虚书契》及《殷虚书契菁华》。而罗氏别为考释，可读者得五百余字云）以今所臆推，大抵夏商以前，字甚不多，凡抽象字及语助字皆无之，其字皆朴僿繁重，往往骈叠二三物象，间示其动作以为联络，或则并此无之，而其字乃多含画意，盖观鸟兽蹄迒之迹，书画本同源也。（所摹商代金文六器，其第一器右方为"子"、"作"、"父"、"戊"、"彝"五字，其左方一虎一山一刀殆其父曾持刀入山刺虎，作器纪其勇；第二器上为"元"字，下为重屋形；第三器上为庙形，中藏"甲"、"见"二字，下平列"子"、"辛"二字，最下为月哉生明之形，盖纪庙见之事及月日也；第四器上为重屋形，下列"父"、"乙"二字；第五器上为爵集木形，下列"父"、"癸"二字；第六器为子执戈形）自周以降，生事日繁，识想日扩，文字孳乳浸多，而旧文亦不得不侵寻省改。盖合体之字既多，非省无以就偏旁，一也。笔画太繁，椠写需时，不便趋事，二也。抽象观念日发展，摹状物形，无取繁复，自能达意，三也。故字数愈古愈少，愈近愈多，字形愈古愈繁，愈近愈简，此其公例之大较也。(所摹商周铜器及骨甲文中"车"字凡十一文，观此可察文字次第省改之迹)

最初惟范之于金，椠之于竹木，其后乃削竹为简，以漆书之。大者谓之方，小者谓之策，通谓之简，盖起于殷周之际也。其有记载著述移写，则累简而以革绳贯之，故孔子读《易》而韦编三绝也。许慎称"著于竹帛谓之书"，此自当时言，实则秦前惟竹，帛盖见用于汉以后也。(说详两汉志略)籀文之名独传于后者，意者周宣王时，曾命史籀正定文字，且多所省改增造，故世宗之，今世所传周代金文，其字体势，与石鼓无甚出入，此同文之效也。春秋战国，数百年间，各国文化异地同时，各自启发，其间增字，宜极夥赜，而伪体俗书，尤所难免。(今汉碑异体字极多，六朝碑俗字亦多，北齐尤诡僻，则战国文字异形之故可知)李斯本湛深学术，故始皇统一之业既就，即从事审订文字，编集史籀以来通行之字体裁近正者，或颇省改，渺为秦文，其有不合者奏罢之，所谓小篆也。(《说文·序》云六国文字异形，始皇兼天下，李斯乃奏同之，罢其不与秦文合者。此如汉末集诸儒于鸿都考正文字，又如唐之刻五经文字，九经字样，皆所以别裁伪体，准诸雅正，非于古文、籀文、六国文之外，别有所谓秦文也)李斯自作《仓颉篇》，中车府令赵高作《爰历篇》，太史令胡毋敬作《博学篇》，是为中国字书之祖。其后汉儒司马相如、史游、李长、扬雄、班固、贾鲂辈，续有增纂；至东汉末许慎作

《说文解字》，遂传至今。《说文》中小篆与古籀异体者，则注于下，其不注者，率皆古籀之旧也。（后人或以为小篆与古籀截然殊科，强欲于《说文》外求古籀，误也）隶书盖亦战国以来逐渐萌变，秦之官私文牍采用之，以趋简易，其书体更省于小篆。（今所存汉碑如五凤二年刻石，赵王上寿刻石，是吾残碑祀三公山碑等，殆即秦隶之旧）尔后更递变为分楷行草，而与篆隶并行迄今。此仓颉以来书体变迁之大凡也。

附　运用文字之技术

前章已略述文字体态之变迁矣，至运用此文字以广邮通彼我之效，则其次第发达之迹，亦略可考焉。

《易·系辞》称："上古结绳而治，后世圣人易之以书契。"契者，刻也。文字先经刻画之一阶级，然后进于书写，殆可断言。（注一）所刻则施诸金石、甲骨、竹木，三者之用，莫能审其先后。殷代金文，今存者尚数百种，甲骨之文，近年得自殷墟者盖数万片，而竹木无征焉。虽然，不能据此武断谓殷书不用竹木。盖金文甲文中"册"字屡见，而"册"即竹书之专名也。其作字之器谓之"削"（注二），亦谓之"聿"（注三），其制盖以金属。此夏殷以来情状之略可推定者也。

（注一）《荀子·劝学篇》："锲而不舍"，锲即契之后起字。《诗经》："爰契我龟"，锲文于龟甲上也，观殷墟遗文原物自明。

（注二）《考工记》："筑人为削"，郑注云："今之书刀"，贾疏云："古者未有纸笔，则以削刻字"。

（注三）《说文》："聿所以书也……秦谓之笔"，盖笔之本字为"聿"，其加竹者乃后起耳，聿字为人手持一直管，管锐其端，即笔之形也，商器中作此形者甚多，亦有手持聿者、肘悬聿者，然无从断其为书写之具，抑镂刻之具也。

及周则甲骨殆废，而纯用竹木。用竹者曰册，曰策，曰简，用木者曰方，曰版（注一），孔子所谓"文武之政布在方策"是也。由镂刻进为书写，其起原虽不能确指，但吾侪知初期书写，殆研一种红色石粉而蘸之，所谓丹书是也。又知春秋中叶，此术最少亦当已盛行于晋国（注二），既已解写，则必有如今之所谓笔者以应用。（注三）然笔之发明，或更前乎此，以古铜器之字体校之，或西周之初，已有毛笔，亦未可知。俗说谓秦蒙恬始制笔，不足信也。（注四）墨之起原，亦难确指，然最少当秦始皇统一天下前之五十三年（西纪前二九九），已用墨书，则信而有征也（注五）。

（注一）《书·金縢》："史乃册祝曰"，《洛诰》："王命作册，逸祝册"，《顾命》："命作册度"，此"册"字见于经最古者。策为册之假借，《聘礼》："百名以上书于策"，《既夕礼》："书遗于策"，《左传》："名藏在诸侯之策"是也。策亦谓之简，《诗·小雅》："畏此简书"，《左传》："执简以往"是也。木简谓之方，《聘礼》："不及百名书于方"，《既夕礼》："书赗于方"，《周礼·内史》："以方出之"是也。方亦谓之版，《周礼·小宰》：

"听间里以版图",《司民》:"掌民之数,自生齿以上,皆书于版",《论语》:"式负版者"是也。

(注二)《大戴礼记·践阼篇》述师尚父言,谓:"黄帝颛顼之道,载在丹书",果尔则周以前当已有书丹之技,但《戴记》为汉人所述,未敢遽信。《左传·昭二十三年》云:"斐豹隶也,著于丹书。"杜注云:"以丹书其罪案",据此敢断言,西纪前五一九年,写字之法久行矣。

(注三)《鲁语》云:"吾以死奋笔",《晋语》云:"臣以秉笔事君",此笔字之见于春秋时代者。其笔用何原料制造,虽难确考,然当是已为书写之用,非刻镂之用,《诗经》云:"贻我彤管",殆即书丹所用笔也。

(注四)现在铜器,如毛公鼎、盂鼎,为周成王时物,如颂鼎、无专鼎,为周宣王时物,其字体已阔整,不类刀笔。

(注五)《韩诗外传》卷七周舍见赵简子曰:"臣愿墨笔操牍,从君之后。"足见春秋战国间已有墨书。其尤足为铁证者,晋时汲冢所得《穆天子传》。荀勖序言"以墨书",此书写定之时,最迟亦当在魏安釐王二十年以前,即西纪前五一九年前物也,则知墨之用,周末确已盛行矣。

《说文》云:"著之竹帛谓之书",帛之用固宜在竹后,然亦非甚晚。以吾所考证者,似管仲时已有帛书。(注一)藉曰未信,则墨子时决当已有之。(注二)即孔门弟子,亦固尝有书帛事也(注三),周末汉初人用帛通信之故事,尚有数端足资吾资料(注四),文艺中亦见之(注五)。虽然,直至汉末,而帛之用犹不广,汉人写书大半用竹简,上书用奏牍,通问用尺牍，则皆木简也。最近从新疆境内掘得汉简书甚多，而用帛者仅二通，且年代极晚焉。（注六）盖既解用丹墨，能书诸竹者，自亦能书诸帛，帛便于竹，其代兴宜在情理中，然而不能者，以帛造之不易而所值不赀。故非制纸术发明且普遍之后，而简策之用不废也。

（注一）《晏子春秋》卷七云："昔吾先君桓公钦定，予管仲狐与谷，其县十七，著之于帛"，此为书帛最古之掌故，然此书半属伪托，不敢遽信也。

（注二）《墨子·明鬼篇》云："古者圣王必以鬼神为其务，故书之竹帛遗后世……一尺之帛，一篇之书，语数鬼神之有也。"据此则墨子时必有以帛写古书之事矣。

（注三）《论语》："子张书诸绅。"

（注四）（一）《史记·田单列传》："约矢遗城中书"，能约于矢者，必非竹木之类矣。（二）《汉书·高帝纪》："书帛射城上。"（三）《汉书·苏武传》："天子射上林中，得雁，足有系帛书。"此皆帛书最确之故实，然皆非常用也。

（注五）《古诗》："呼儿烹鲤鱼，中有尺素书。"

（注六）距今约十五年前，英人有斯坦因者，访古于我新疆，得汉晋间断简三百余事，罗振玉汇而影印之，题曰《流沙坠简》附以考释，其书于缣帛者，仅二通而已。据罗氏所审定，此二通实西汉末物也。

造纸始自汉蔡伦，其年为元兴元年（西一〇五），其所用原料为树肤、麻头、敝布、鱼网，此事明见于正史（注一）。此实我国人最名誉之发明。其术直至十三世纪乃经阿剌伯人之手传入欧洲，距蔡伦之后，逾千年矣。虽然，当发明后一二百年间，亦似未能大供社会之利用，试检后汉三国遗籍，其关于纸之掌故甚稀也。其盛行盖在两晋，流沙遗物中，纸片四十七，其近似汉物者仅二，余皆出晋以后也。（注二）

（注一）看《后汉书·蔡伦传》。

（注二）看罗振玉、王国维合著《流沙坠简考释》卷三。

今且勿论他事，吾侪试悬想周末秦汉间之读书社会，其状况为何如。《汉书·艺文志》著录诸书，以篇记者约十之八，以卷记者约十之二，记卷者殆纯为汉人所著（注一），篇缀简而成，卷折缣而成，当时之卷，是否能如唐以后之卷子本，今不可考。但其用既不普及，即亦可置勿考。至于篇，则削竹或木为狭而长之简，简长者二尺四寸，其最短者犹八寸（注二），积若干简为一篇，贯以皮带或丝绳（注三），学者欲有所受，则削简杀青，载笔以写其所闻（注四）。其藏书也，累篇而约以箧，数十箧而篇无几也。（注五）其旅行也，挟书稍多，动五车矣。（注六）吾侪可以推想当时思想之传达交换保存，其艰困为何若！吾侪颇疑因文字书写艰拙之故，乃影响于语言，使日益趋于单音的（？），吾侪又觉因此之故，古代之著作者，其文不得不求过度之简洁，务用字少而含意丰，往往劳后人以猜谜式的解释，吾侪更确信因传钞检阅不便之故，多数人惟务记诵偏奖记忆力之发达，而发明转稀，又因文简之故，正文以外，多恃口说相授受，坐此学问成为秘传的墨守的而窒其发展。凡此皆汉后学术退化原因之一部，他日当更有所论述也。

（注一）《艺文志》记卷者，数术方技二略之全部，自余六艺、诸子、诗赋、兵书四略皆记篇，惟六艺略中之汉儒传注，有记卷者，其是否有一定标准不可知。要之卷为晚出，且不如篇之尊重，在汉时尚不甚通行，秦以后殆无有也。

（注二）六经之策皆长二尺四寸，《孝经》半之，《论语》八寸，其他诸子，亦率皆八寸，此古代诸策长短之大凡也。其详见《仪礼疏》引郑注《论语·序》，《论衡·谢短篇》所记略同，晋汲冢所得《穆天子传》亦长二尺四寸，见《荀勖序》。

（注三）《史记·孔子世家》："孔子晚而喜《易》，读之韦编三绝。"此篇籍之贯以皮带者。《穆天子传》："竹简素丝纶"，见《荀勖序》；《考工记》："竹简书，青丝编"，见《南齐书·文惠太子传》。此篇籍之贯以丝绳者。

（注四）《后汉书·吴祐传》："（祐父）恢欲杀青简以写经书"，《汉书·扬雄传》*。

（注五）《学记》："入学鼓箧"，《战国策》："乃夜发书，陈箧数十"。

（注六）《墨子·贵义篇》："墨子南游使卫，关中载书甚多"，《庄子·天下篇》："惠施多方，其书五车。"

---

* 编者按："《汉书·扬雄传》"疑衍文。

志三代宗教礼学

　　三代以前，以教为学，春秋战国以后，以学为教，此我国精神思想界一大变迁也。我国宗教盖最高一神教，而辅以祖先教，《记》曰："万物本乎天，人本乎祖。"孔子曰："明乎郊社之礼，禘尝之义，治国其如示诸掌乎！"惟万物本乎天，故有郊社之礼。郊，祭天也。惟人本乎祖，故有禘尝之义。禘者，祭其祖之所自出，以其祖配之也。《诗》、《书》所记，言必称天，或冠以形容之语：曰"皇天"，以表其博大。(《书经》"其自时配皇天"，"格于皇天"；《诗经》"肆皇天弗尚"，"燕及皇天"等）曰"上天"，以表其崇高。(《诗经》"明明上天，照临下土，又"上天之载"等）曰"昊天"，以表其洁白。(《书经》"钦若昊天"；《诗经》"昊天有成命"，"昊天其子之"，"昊天疾威"，"昊天曰明"，"昊天不忒"等）曰"旻天"，以表其森严。(《书经》"旻天大降丧于殷"，《诗经》"旻天疾威"等）亦曰"帝"。(《书经》"帝乃震怒"，"惟帝降格"，"告救于帝"，"帝钦罚之"等；《诗经》"在帝左右"，"帝谓文王"，"顺帝之则"，"帝度其心"，"履帝武敏歆"，"帝命率育"，"帝命不违"等）曰"上帝"(《书经》"肆类于上帝"，

"以昭受上帝"，"予畏上帝"，"上帝监民"，"用端命于上帝"等；《诗经》"上帝既命"，"克配上帝"，"皇矣上帝，临下有赫"，"上帝居歆"，"上帝不宁"，"上帝板板"，"荡荡上帝"等）曰"皇上帝"。（《书经》"惟皇上帝，降衷于下民"，《诗经》"有皇上帝"）曰"皇天上帝"。（《书经》"皇天上帝，改厥元子"）曰"昊天上帝"。（《诗经》"昊天上帝，则不我遗"）曰"皇帝"（《书经》："皇帝哀矜庶戮之不辜"，"皇帝清问下民"）曰"皇"。（《书经》"皇建其有极"）曰"后帝"。（《诗经》"皇皇后帝"）天帝一也，而有二名者，以天示抽象观念，以帝示具象观念。帝者，以人拟神之称，欧语所谓人格神也。（《孝经》"郊祀后稷以配天，宗祀文王于明堂以配上帝"，是天帝之名，可通可别也）后世哲学思想之言天也以理，古代宗教思想之言天也以象，言理故虽精深而去人远，言象故虽简质而去人近。今得刺举《诗》、《书》之言天道者而观其会通焉：其一，人之生命，为天所赋，寿夭长短，天实司之。（《诗经》"天生蒸民，其命匪谌"，《书经·甘誓》"天用剿绝其命"，又《盘庚》"罔知天之断命"，又"予迓续乃命于天"，又《召诰》"天其命哲命吉凶命历年"等）其二，天为人类立一道德之轨则，其名曰彝（《诗经》"天生蒸民……民之秉彝"；《书经·康诰》"天惟与我民彝大泯乱"，又《洪范》"惟天阴骘下民，相协厥居，我不知其彝伦攸叙"，又"是彝是训，于帝其训"），言其恒常也，曰极（《书经·洪范》"皇建其有极，用敷锡厥庶民，惟时厥庶民于汝极，锡汝保极"），言其中正也，曰则（《诗经》"天生蒸民，有物有则"，又"不识不知，顺帝之则"），曰叙、曰秩（《书经》"天叙有典，天秩有礼"）皆言其条理也。其三，此道德轨则，天有命令，使人率循，其名曰命（《诗》、《书》言天命者太多，不及枚举），曰敕（《书经·多士》"告敕于帝"）。其四，天常监察人类，视其曾否实行此轨则。

(《诗经》"皇矣上帝,临下有赫,监观四方,求民之莫",又"明明在下,赫赫在上",又"穆穆在下,明明在上,灼于四方",又"昊天曰明,及尔出往,昊天曰旦,及尔游衍";《书经·吕刑》"上帝监民",又《高宗肜日》"惟天监下民,典厥义")所谓监察者,非空漠想像之辞:天能闻(《书经·康诰》"其尚显闻于天",又"闻于上帝,帝休",又《君奭》"迪见冒闻于上帝",《逸书》"天听自我民听"),能见(《诗经》"监观四方",《逸书》"天视自我民视"),能嗅(《诗经》"上帝居歆,胡臭亶时"),能问(《书经·吕刑》"皇帝清问,下民"),能语(《诗经》"帝谓文王,无然畔援","帝谓文王,予怀明德"),能思量(《诗经》"帝省其山","帝度其心")。其五,人从天所命,则无灾害。(《诗经》"上帝是依,无灾无害")更进则天锡之福(《诗经》"天保定尔,俾尔戬谷,罄无不宜,受天百禄"),违天所命,则天乃怒(《书经·洪范》"鲧堙洪水,帝乃震怒,不畀洪范九畴";《诗经》"逢天僤怒",又"敬天之怒,无敢戏豫"),乃威(《书经·大诰》"天降威,知我国有疵",又《吕刑》"皇帝哀矜不辜,报虐以威";《诗经》"畏天之威,于时保之",又"昊天疾威"),乃罚(《书经·康诰》"惟天其罚殛我",《牧誓》"今予惟恭行天之罚"),乃讨(《书经·皋陶谟》"天讨有罪")。威罚加于一人之身者,为忧患、贫弱、死亡等(《书经·洪范》"威用六极,曰凶短折,曰疾,曰忧,曰贫,曰恶,曰弱",又《甘誓》"天用剿绝其命",又《高宗肜日》"降年有永有不永,非天夭民,民中绝命"),加于群众者为饥馑、疾疠、兵乱等(《书经·微子》"天毒降灾荒殷邦";《诗经》"浩浩昊天,不骏其德,降丧饥馑,斩伐四国",又"天方荐瘥,丧乱弘多",又"昊天不佣,降此鞠凶。昊天不惠,降此大戾",又"昊天疾威,敷于下土"),甚则灭绝其种姓(《书经·吕刑》"昊天报虐以威,遏绝苗民,无世在下"),惟受罚者有所哀吁,天亦鉴其诚而许之

(《书经·召诰》"夫知保抱携持厥妇子，以哀吁天，天亦哀于四方民"）。必情真罪当，罚乃行焉。(《书经·西伯戡黎》"乃罪多参在上，乃能责命于天"，又《吕刑》"苗民无辞于罚，乃绝厥世"，又《康诰》"惟天其罚殛我，我其不怨"，又《多士》"惟天不畀罔非，有辞于罚"）其六，天命令赏罚之权使王代行。(《书经·尧典》"惟时亮天功"，又《皋陶谟》"天工人其代之"，又《大诰》"予造天役"，又《吕刑》"惟作天牧"，又《多士》"丕灵承帝事"）凡人皆天之子也，而王则其元子（《书经·召诰》"皇天上帝，改厥元子"，又"王来绍上帝"），故王亦称天子（接天子之名，始见于《书经·洪范》"天子作父母，以为天下王"，《诗经》亦云"时迈其邦，昊天其子之"）；以其代天主民，故亦称民主（《书经·多方》"天惟时求民主"）。众所归往，故谓之王。（见《说文》）王为天代表，故对天负一切之责。(《书经·皋陶谟》"天叙有典，敕我五典、五惇哉，天秩有礼，自我五礼有庸哉。天命有德，五服、五章哉。天讨有罪，五刑、五用哉。"此言一切职务皆代天而行也。又《多士》"上帝引逸，有夏弗适，逸弗克庸，命厥惟废元命，降致罚"。此言王对天有责任，不践责任，则受天罚也。此等义见《书经》者甚多）常率人民以钦顺天命。(《书经·多方》"今至于尔辟，弗克以尔多方享天之命"，又《召诰》"欲王以小民，受天永命"）其七，天之立王也，先求得其人（《书经·多方》"天惟时求民主，乃大降显休命于成汤，刑殄有夏。乃惟尔商后王不蠲蒸，天惟降时丧，天惟求尔多方，开厥顾天，惟尔多方罔堪顾之，惟我周王，克堪用德，惟典神天，天惟式教我用休，简畀殷命，尹尔多方"。此先言当夏之末，天求堪作民主者，得成汤而命之，及殷纣失德，天始欲在殷人中择其人，继殷求之而不得，后乃得之于周王也），乃锡以灵宝，为受命之符（符命之说，见于经者，《书·洪范》云："鲧堙洪水，帝乃震怒，不畀洪范九畴。禹嗣兴，天乃锡禹洪范九畴"，注家谓禹治水得洛书也。纬书言帝王之兴，天必有所锡，名为受命之符，虽间有出汉儒依托者，要之古代宗教思想所寄也）。而前王亦得荐后王于天，天以为可，则受之。（孟子称尧荐舜于天而天受之，又称舜荐禹于天，禹荐益于天）其八，王者失道，天先谴告警惧之，不改而罚乃加。（《书经·多方》"天惟五年须暇之子孙"，注家谓假以数年待其知改也，《史记·董仲舒传》"国家将有失道之败，而天乃先出灾害以谴告之，不知自省，又出怪异以警惧之，尚不知变而伤败乃至"）其罚则使新王执行之。（《书经·汤誓》"有夏多罪，天命殛之"，又"夏氏有罪，予畏上帝，不敢不正"，又《多士》天"乃命尔先祖成汤革夏"，又"我有周佑命，将天明威，致王罚敕，殷命终于帝"）其九，天意所寄，在于众民（《书经·皋陶谟》"天聪明，自我民聪明，天明畏，自我民明畏"，《逸书·泰誓》"天视自我民视，天听自我民听"），民之所欲，天必从之（二语见伪《古文尚书》，但其义实出于古《尚书·西伯戡黎》"今我民罔不欲丧，曰天曷不降威，大命不挚"，又《召诰》"天亦哀于四方民，其眷命用懋"）。其十，人死则归命于天，其有贤哲，则在帝左右。（《书经·召诰》"兹殷多先哲王在天"，《诗经》"文王陟降，在帝左右"）古代人对于天之观念，大略如是，其与后世哲学思想异者，后世孔子、老子之教，以理言天。所谓天者，乃包举自然现象之总名，大化运行，微漠无朕，其性质在有意识无意识之间。古代宗教，则以为天具有意识，一如吾人，特其威力甚强，超出吾人之上而为吾人主宰。耶稣教言上帝无所不知，无所不能，无所不在，为造化主，而威力不可抗，其与《诗》、《书》垂教之义，乃绝相类也。其极当注意者尤有一义，则《诗》、《书》只言天，不言天地（惟《伪古文尚书·汤诰篇》有惟天地万物父母一语，与古代宗教义不相应，即此可证其为晚出伪作），言天地始于孔子之演易，以天地分表阴阳，此哲学家言，非宗教家言矣。（说详下）古代此种宗教思想，其圆满微妙，诚不逮后之哲学，而直捷鞭辟，普遍深入于人心，则为力过之，能使人人对于具象之上帝，生寅畏虔恭之念，故其《诗》曰："小心翼翼，昭事上帝"，又曰："各敬尔仪，天命不又"。群治所以维系于不敝，实恃此也。其与西方古教异者，佛耶诸教，皆言死后善恶之应报，我国言善报有陟降帝座之说，恶报则未之及。盖我国古教有天堂无地狱也，所谓五福六极，近则报诸其身，远则报诸其子孙，皆言现世不言来世。此中西教义最异之点也。综上所述，则中国古代为一神教，昭然甚明。然群俗嬗变，近世反堕退而邻于多神教者，则亦有故：其一，自哲学盛行后，对于古代宗教思想，多有怀疑，古教本质朴，不能悉范围后人智慧大辟之人心，故其力浸衰薄。其二，我国数千年本以信仰自由为职志，国内各种族崇祀之神，至统一后，绝未尝以政治之力干涉之，所谓凡祭有其举之，莫敢废也。及与外国交通，外人移来者，亦一仍其俗，西北诸种之教俗，其羼入吾民间者已不少，迨祆、佛、耶、回诸派纷来，皆容纳之而常浸变其相，故教观日以复杂也。其三，古代天教，虽为一神，然尚有群神隶此一神之下，在古代主从系统，本极不明，后世渐失其真，遂成黩乱，考《书经》称类于上帝，禋于六宗，望于山川，遍于群神，此唐虞时之祭典也。此后《诗》、《书》两经所言祭事，皆祭天祭祖，无祭群神者。至《周礼》及《礼记》，而群祀之名杂见焉。其大别为天神、地祇、人鬼、物魅四种。郊之外有社，郊祭天而社祭地，以地配天，此取阴阳之义也。上帝之外有五帝。（《周礼·大宗伯》"以禋祀祀昊天上帝"，《小宗伯》"兆五帝于四郊"。刘向云，天神之大者，曰昊天上帝，其佐曰五帝，东方苍帝灵威仰，南方赤帝赤熛怒，西方白帝白招拒，北方黑帝汁光纪，中央黄帝含枢纽，此所谓五天帝也。《礼记·月令》复有五人帝，即东木帝太昊，南火帝炎帝，西金帝少昊，北水帝颛顼，中央土帝黄帝。汉儒以五人帝配五天帝焉）上帝由本体而有化身，此取五行之义也。其余则有日月、星辰、司中、司命、风师、雨师、五祀（五祀之名见于《礼记·月令》者曰，户、灶、门、行、中霤，《祭法》则言，王立七祀，诸侯五，大夫三，庶人一。七祀加司命及泰厉也），五岳、山林、川泽、四方（见《周礼·大宗伯》）、寒暑、水旱等（见《礼记·祭法》）。此天神地示之属，皆佑天命分掌百司者也。其人鬼除各自祭其先祖外，凡法施于民者，以死勤事者，以劳定国者，能御大菑捍大患者，皆列祀典（见《礼记·祀法》），其著者有句芒、祝融、蓐收、玄冥、后土（见《礼记·月令》）、先啬、司啬（见《礼记·郊特牲》）、先圣、先师（见《礼记·文王世子》）、乐祖（见《礼记·大司乐》）、田祖（见《诗》）等，大抵我国宗教道德之根本观念，莫重报恩，所谓反本报始不忘其初也。祭日月星辰，报其照临，祭名山大川，报其兴云致雨，祭先啬报其始养，祭先师报其始教，自余百神祀典，罔匪由报，而各国、各部落、各乡闾各有所报，则神日滋矣。各时代先民之有功德者，赓续有所报，则神又日滋矣。报又徒施于所敬事者而已，《记》曰："古之君子，使之必报之，迎猫为其食田鼠也，迎虎为其食田豕也，祭坊与水庸事也。"（见《礼记·祭法》坊谓堤防水庸，谓沟洫，祭报其为我执事也）此物魅所由亦与于祭典也。（此与埃及等国之拜物教精神绝异。彼迷信诸物，能为人祸福，我则但酬其劳而已）坐此之故，神之种类及名称，可以人人自由扩增至于无量。以绝对一神教之国，而泛滥为极端之多神，实变象之不可思议者也。但其与印度、埃及、希腊诸国古代之多神教有绝异者，彼等多神，各自独立，常代表部分观念、矛盾观念，我国则崇天帝以定一尊，百神在天之下各率其职，故推敬天之念以敬之（《礼记·礼器》"鬼神以为徒，故事有守也"，注云谓职守不移，又《礼运》云："故礼行于郊，而百神受职焉。"此皆以天统群神之义），常代表全体观念、系统观念，故虽多神而不害为一神也。《周礼》有大祀小祀之分，大祀谓郊禘等，祭天而以祖配者，小祀日月山川之属，余则群祀。此古代宗教之体要也。然其思想制度，亦缘时代而微有异同，而影响恒及于政俗。孔子曰：夏道遵命（按：命指抽象之天也），事鬼敬神而远之，近人而忠焉，先禄而后威，先赏而后罚，亲而不尊，其民之敝，蠢而愚，乔而野，朴而不文；殷人尊神（按：神指具象之上帝，及附属各神祇也），率民以事神，先鬼而后礼，先罚而后赏，尊而不亲，其民之敝，荡而不静，胜而无耻；周人尊礼尚施（按：施与报相待），事鬼敬神而远之，近人而忠焉，其赏罚用爵列，亲而不尊，其民之敝，利而巧，文而不惭，贼而蔽（《礼记·表记》）。此言宗教政俗相为因果之义，可谓博深切明也已。

其为天教之辅而完成我国群治者，厥惟祖先教。两者教义，同导一原。《孝经》曰：孝莫大于严父，严父莫大于配天，昔者周公郊祀后稷以配天，宗祀文王于明堂以配上帝。祀天帝而以其祖配，明教义之一贯也。（《礼记·郊特牲》郊之祭也，大报本反始也。言天为人之大祖）古者谓人死灵魂升天，常爱护监察其子孙，虽不能直降罪福，然其圣哲之王，则在帝左右，能为子孙请命（《书经·金縢》：惟尔元孙某，遘厉虐疾，若尔三王，是有丕子之责于天，以旦代某之身。郑玄注曰："丕，读曰不。爱子孙曰子。元孙遇疾，若汝不救，是将有不爱子孙之过，为天所责。欲使为之请命也。"），其臣民之贤者，亦能从先王以间承恩威之命于天，分掌子孙休咎。(《书经·盘庚》"兹予大享于先王，尔祖其从与享之"，孙星衍疏引《礼器》"大飨其王事与"，大飨即禘祭，以祖配天，诸功臣皆从祀也。又"我先后绥乃祖乃父，乃祖乃父乃断弃汝，不救乃死"，又"乃祖乃父丕乃告我高后曰：作丕刑于朕孙！迪高后丕乃崇降弗祥"。此言祖父能救子孙之死，亦能请降祸于子孙也) 此言死后魂灵，其意识语默动作，一如生人，与其言天帝同一观念也。抑吾之祖先教，尤有与西方古教最异者。西方古教（指埃及、希腊、巴比伦等国），神之与人，纯为异系，不能相即。我国不然，谓凡有功德于民者乃至聪明正直者，没皆为神，神人之间，非有不可逾之阶级，人人皆可以自进于神。此种天人合德之观念，实古代思想渊微圆融高尚之一表征，而亦祖先教之所由能成立也。而其设教之大义，尤在反本报恩。万物本乎天，天帝之恩，含生所通也。人本乎祖，父祖之恩，子姓所独也。通以报通，独以报独，则教义完而群治立矣。祖先教与宗法政制辅行，《记》曰，人道亲亲，亲亲故尊祖，尊祖故敬宗，敬宗故收族。(《礼记·大传》) 此古代率群敷治之根本义也。宗法盖起于上古，至周而益严密。礼，诸侯不敢祖天子，士大夫不敢祖诸侯 (《礼记·檀弓》)，于是别为宗法以统之，别子为祖，继别为宗，继祢者为小宗，有百世不迁之宗，有五世则迁之宗 (《礼记·大传》)。盖开国之君，举国莫敢以为祖，君之世子，即为继体之君，举国莫敢以为宗，故立别子 (世子母弟之最长者)，使为众所共祖，继承别子者 (别子之长嫡子)，曰大宗，为众所共宗，百世不迁焉。其余支庶之子皆曰祢（祢父也），继承此支庶子者（此支庶子之长嫡子），曰小宗，世五则迁焉，五世以后，同于齐民矣。此宗法之大概也。宗法与姓氏族之制相连。《传》曰（以下所引，皆隐八年《左氏传》之文）：天子建德，因生以赐姓，胙之土而命之氏。此言天子所赐姓氏也。姓惟天子得赐之（姓如姚、姒、子、姬等），氏有国氏，有群氏，国氏亦惟天子得赐之（国氏如鲁、卫、齐、宋等，本国名同时亦为氏名），各国大宗所世继也。又曰：诸侯以字为氏（今本氏作谥误，此据《史记集解》引郑玄《驳五经异义》），因以为族。此言侯国群氏之出于公族者也，诸侯之子称公子，公子之子称公孙，公孙之子以王父字为氏。（《左传》本文杜预注）公子，支子之为祢者也；公孙，继祢者也。以王父字为氏，因以为族，即别立之小宗也。又曰：官有世功，则有官族，邑亦如之。此言群氏之出于庶族者也。凡群臣以功世其官者，或以功得封邑者（或异姓或公族之小宗，经五世而迁同于齐民者），皆得以官为氏，以邑为氏，凡氏皆谓之族。故姓有定而氏族无定，姓有限而氏族无限（《世本·氏姓篇》云，言姓则在上，言氏则在下，其体例以姓为纲，各国之国民缀于其所属姓之后，列于上层，其群氏又分缀各国之后，列于下层。后世之所谓姓皆古代之氏耳），而一切氏族，皆以宗统之，小宗复统于大宗，故曰：从宗合族属（《礼记·大传》），又曰：族别任宗（《大戴礼·文王官人篇》），又曰：宗以族得民（《周礼·大宰》）。古代以此种严密繁重有系统之组织，造成宗法群集，运用贵族政治，以与封建制相维于不敝。故曰：克明峻德，以亲九族，九族既睦，平章百姓，百姓昭明，协和万邦。（《书经·尧典》）又曰：天下之本在国，国之本在家（《孟子》），盖古代组织国家之单位，非个人而家族也。家之积为族，家隶于族，族之积为宗，族隶于宗，宗族之积为国，宗族隶于国，国之积为天下，国隶于天下，故天子与诸侯分土而治，诸侯与大夫分土而治，然犹能传之久而不陵替者，有宗法以为之枢干也。而制度之所以能立，其源又出于宗教。率报本反始之教义，以人上属于祖，而人与祖同上属于天，天教与祖教一贯也。故孔子曰：昔者明王事父孝，故事天明。又曰：昔者明王以孝治天下，不敢遗小国之臣，而况于公族伯子男乎，故得万国之欢心以事其先王；治国者不敢侮鳏寡，而况于士民乎，故得百姓之欢心以事其先君。（俱《孝经》）夫敬祖必不敢慢其祖之所爱，斯宗族亲矣；敬天必不敢慢天之所爱，斯民众和矣。宗法制度之下，小宗对于大宗，不敢自有其宗（小宗可绝，大宗不可绝，故大宗无后，小宗当以其宗子为之后），个人对于宗族，不敢自有其身，教民以先公后私之义，此祖先教所以能搏捖群治使勿敝也。氏族虽别，同出于姓，姓虽别，同出于天。故曰：谓为母之子也可，谓为天之子也可，尊者取尊称焉，卑者取卑称焉。（庄三年《穀梁传》）故天子称元后，凡诸侯大夫之有土者皆曰群后，天子称天之元子，则凡人类皆天之群庶子也，故曰：四海之内，皆兄弟也。（《论语》）又曰：以天下为一家，中国为一人。（《礼记·礼运》）此等最闳远、最普遍、最高尚之世界主义、博爱主义，三千年前西方各国各教所未见及者，我国盖视为布帛菽粟焉，此天教祖教之极效也。欧洲近数百年来，以政教分离为一大问题，彼其合之而不能安也，我国古代政教合一而能安者何也？西方之教，本无与于政，我国古代，则政之所有事，皆教之所有事也。

惟以教为政，故以礼为法，法治主义，在我国殊为后起。古代惟礼治而

宗法图表

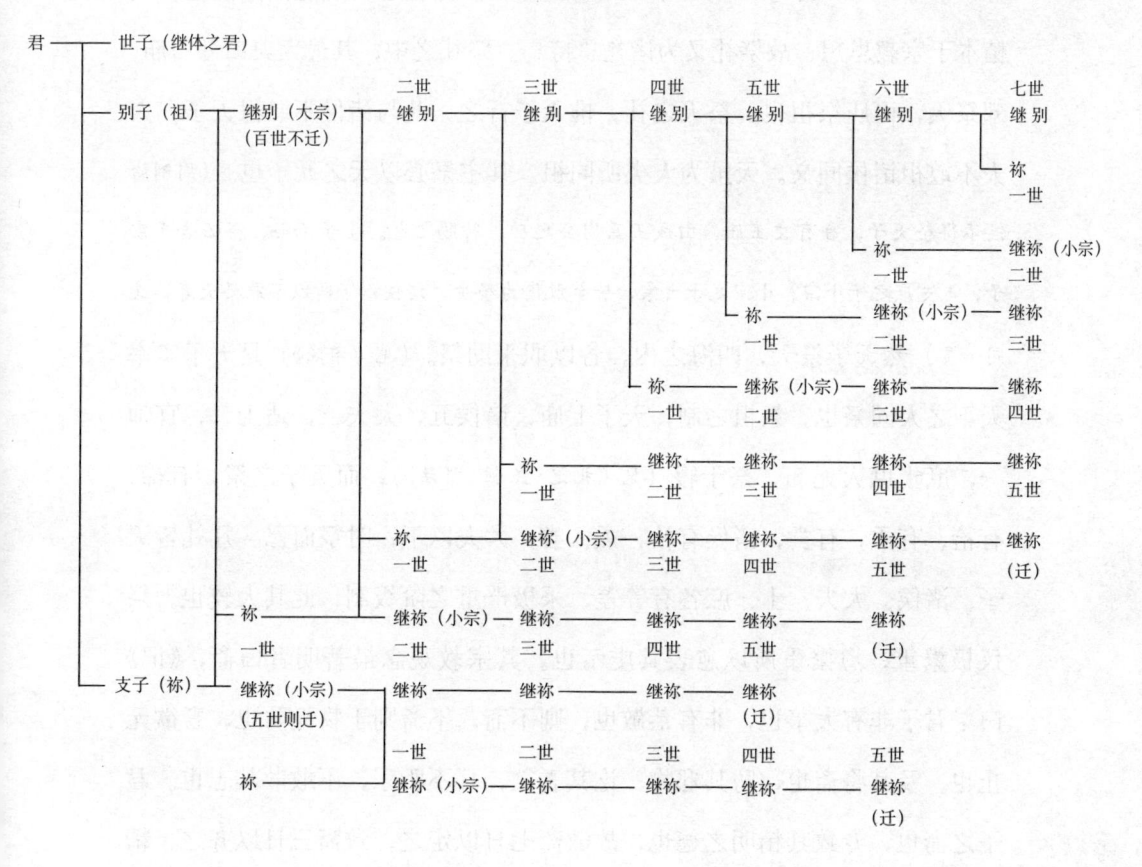

			二世	三世	四世	五世	六世	七世
君 — 世子（继体之君）								
	别子（祖）	继别（大宗）（百世不迁）	继别	继别	继别	继别	继别	继别
								祢 一世
							祢 一世	继祢（小宗）二世
						祢 一世	继祢（小宗）二世	继祢 三世
					祢 一世	继祢（小宗）二世	继祢 三世	继祢 四世
				祢 一世	继祢 二世	继祢 三世	继祢 四世	继祢 五世
			祢 一世	继祢（小宗）二世	继祢 三世	继祢 四世	继祢 五世	继祢（迁）
		祢 一世	继祢（小宗）二世	继祢 三世	继祢 四世	继祢 五世	继祢（迁）	
	支子（祢）	继祢（小宗）（五世则迁）	继祢（小宗）一世	继祢 二世	继祢 三世	继祢 四世（迁）	继祢 五世	
		祢	继祢（小宗）	继祢	继祢	继祢	继祢（迁）	
			一世	二世	三世	四世	五世	

已，所谓天之秉彝、天之皇极、天秩、天叙、天纪、天则者，壹皆于礼焉寓之。礼也者，人类一切行为之轨范也。有人所以成人之礼，若冠礼是；有人与人相接之礼，若士相见礼是；有人对于家族宗族之礼，若昏礼丧礼是；有宗族与宗族间相接之礼，若乡射乡饮酒诸礼是；有国与国相接之礼，若朝聘燕享诸礼是；有人与神与天相接之礼，则祭礼是。故曰，礼所以承天之道，以治人之情也。（《礼记·礼运》）诸礼之中，惟祭尤重。（《礼记·祭

统》凡治人之道，莫急于礼，礼有五经，莫急于祭）盖礼之所以能范围群伦，实植本于宗教思想，故祭礼又为诸礼总持焉。祭礼之中，其最大典曰郊曰庙，郊祭天，而庙祭祖也。祭天之礼，惟天子行之，此与诸侯不敢祖天子，大夫不敢祖诸侯同义。天虽为人类所同祖，其主祭必以天之元子也。（周制诸侯不得祭天子，鲁有文王庙，由成王嘉周公之功，特赐之也。支子不祭，祭必告于宗子，盖支庶之于小宗，小宗之于大宗，皆莫敢僭为祭主，诸侯以下所以不敢祭天者，义同一贯）然天子祭天，四海之内，各以职来助祭。（见《孝经》）是天子实率天下之人同祭也。祭祖之制，天子七庙，诸侯五，大夫三，适士二，官师一，庶士庶人无庙，祭于寝（见《礼记·王制·祭法》），而天子之祭，有禘，有祫，有烝，有尝，诸侯有祫、烝、尝，大夫以下，时祭而已。凡礼皆天子、诸侯、大夫、士、庶各有等差，采极严重之阶级制，此其大较也。祭仪极繁重，愈繁重所以愈表其虔恭也。其宗教观念最著明者曰斋，《记》曰：君子非有大事也，非有恭敬也，则不斋，不斋则于物无防也，耆欲无止也。及其将斋也，防其邪物，讫其耆欲，耳不听乐，不敢散其志也。君子之斋也，专致其精明之德也，故散斋七日以定之，致斋三日以齐之，精明之至，然后可以交于神明也。（《礼记·祭统》）是故斋也者，停蛰其躯壳界之生活，以游存于魂灵界者也。当斋之时，其所守之戒，与夫所以养息其神明者，视佛教之修持，几过之矣；及其祭也，洞洞乎，属属乎，如弗胜，如将失之（《礼记·祭义》），视耶教之诵祷，几过之矣。故曰：谕其志意，以其恍惚与神明交（《礼记·祭义》），此实魂灵界甚深微妙之义，所以导人类使日向上者也。故曰：夫祭者，非物自外至者也，自中出生于心也，唯贤者能尽祭之义。(《礼记·祭统》)又曰：唯圣人为能飨帝，孝子为能飨亲。(《礼记·祭统》)此祭礼所以为诸礼之枢也。各国古代宗教，多拜偶像，惟我国无之，拜偶像者，以人类粗末意识之所及，刻画鬼神之情状，遂以己所制之物品为神灵所托，此初民僿野之观念也。我国则自古以来，皆以为神灵界有一种不可思议之精气（《礼记·祭义》：其气发扬于上，为昭明焄蒿凄怆，此百物之精也，神之著也），惟能冥心以契之，不能体物以求之。(《礼记·中庸》：鬼神之为德，其盛矣乎！视之而弗见，听之而弗闻，体物而不可遗，洋洋乎，如在其上，如在其左右）故遍考经记，无雕范人物形状以肖拟神灵之事，天为至崇贵之祭，并坛不设，扫地燔柴而已，盖以为必空诸迹象，乃能接此最高之神明也。其特奇异者，为方明之祭，王者朝会诸侯时所行，极重大之祭典也。(方明祭典见于《仪礼》，觐礼如下文所述。按：《竹书纪年》云，太甲十年，大飨于太庙，初祀方明。《汉书·律历志》引《伊训篇》云，伊尹祀于先王，诞资有牧方明：则方明祭典，殷已有之矣)《仪礼》觐礼说其形制曰，方明者，木也，方四尺，设六色，东方青，南方赤，西方白，北方黑，上玄下黄，设六玉，上圭下璧，南方璋，西方琥，北方璜，东方圭。郑玄注云：方明者，上下四方神明之象也。又云：六色象其神，设玉者刻其木而著之。此刻物象神之仅见于经者，其制以方四尺之木六出之，著六色而嵌以六玉，设而祭焉，其形状颇肖西教所礼之十字架，斯亦奇也。其所以设此象者，盖以表六位同体之观念，实一种微妙之抽象，或以为唐虞之六宗，周之明堂，即此祭之异名，盖近之矣。(《书经·尧典》：禋于六宗。为舜受禅后举行之大祭，其次在上帝之后，山川群神之前，其重可知，六宗果为何神，注说纷歧，其最古者为西汉初欧阳、大小夏侯三家说，谓六宗者上不及天，下不及地，旁不及四方，居中央恍惚如有神，助阴阳变化，实一而名六。此实一种玄妙之抽象观念，《仪礼》方明源出于此，盖无可疑。明堂说亦人人殊，然据《逸周书·明堂篇》、《礼记·明堂位篇》皆言明堂为天子朝诸侯之地，与觐礼所言制度略同，或以祀方明之堂而得名也）祭祖则有主，先儒说云，祭有主者，孝子以主系心也（许慎《五经异义》），其制用木方一尺，穿中央以达四方（见《白虎通义》。盖于面背左右各开孔达中央也，唐及金元庙主制俱准是式），此与方明之制，取义略同，盖以是为神所凭依，亦使祭者之精诚，有所寄注也。神所凭依而不以肖神之形貌者，以神之形貌不可得肖，肖之必非其真，反使祭者之精神滋渚缪也。夫古不墓祭，不像祭，而祭惟设主，此足证其对于灵界别有所冥会，而于躯灵相接之故，有颇高尚之信仰焉矣。其与此观念稍矛盾者，则立尸之礼也。古者祭祖必有尸（祭天无尸，惟《国语·晋语》有晋祀夏郊，董伯为尸之语），尸以生人代表其所祭之神，坐而受祭，且与祭者，献酬酢酨，人摄神职，制最诡特，为各国所未闻。而与昭明焄蒿之观念，亦不甚能相容，此殆邃古遗制，至商周而未能尽革耶。要之古代宗教，确含有一种博大高明之理想，于以为一切道德之源泉，为一切制度之根核。而其与西方诸国所谓宗教最相异者，则举宗教思想，壹皆敷切于人事，专言现世，不言来生。故西方诸古国，教司僧侣，恒别成一阶级，与齐民殊业，后遂浸成教会，于今为烈，我国古代，则政与教同源，君父与师同职，故虽以神道设教，而所衍群俗，自异于彼也。

古代既以宗教系群治，故特重祭器。《记》曰：凡家造，祭器为先，又曰：君子虽贫，不粥祭器，又曰：祭器不逾竟（俱《礼记·曲礼》）天子、诸侯、大夫、士皆有祭器，器以铜为之，皆有铭。(《礼记·祭统》铭者，论撰其先祖之有德善、功烈、勋劳、庆赏、声名而酌之祭器，以祀其先祖者也）天子诸侯之于其臣，有大功者恒赍以祭器。(《左传》所谓班之宗彝) 列国相攻伐，以夺得人国之祭器为大荣（如齐宣王伐燕，迁其重器，燕乐毅破齐亦然)，亦有以之充馈赂者（鲁取郜大鼎于宋，纳于太庙，齐人赂晋以纪甗等），亡国之臣，犹抱祭器不使失坠（如殷亡时微子抱祭器出奔）。惟其重之若是，故其制极郑重，铭词渊雅，雕刻精良，考三代文明以为瑰宝焉，别于艺术章详论之。

宗教信仰深，故卜筮特见重。箕子告武王，汝则有大疑，谋及乃心，谋及卿士，谋及庶人，谋及卜筮（《书经·洪范》)，实则古代事无大小，多听于卜生筮也。卜以龟，亦以兽骨，卜法，削治骨甲使平，乃凿之钻之，或既钻更凿之，所谓契也（《诗经》"爰契我龟"，契即《荀子》"锲而不舍"之锲)。既契乃灼于契处以致坼，灼于里则坼见于表，先为直坼，而后出歧坼，所谓兆也。占兆以观其吉凶焉。筮者置蓍茎五十，用其四十九，分而为二，揲而为四，挂一为奇，归余于扐。(见《易·系辞》) 其法今不传，其义亦难明也。此外尤有用粟者（《诗经》"握粟出卜"），用茅者（《楚辞》："索藑茅以筳篿兮，命灵氛为余占之。"），要之古代上自王侯，下至民庶，莫不尊信卜筮，此征诸经传而历历可稽者也。因此衍为易义，而哲学之秘扃启焉。《周礼》太卜掌三易之注，曰《连山》，曰《归藏》，曰《周易》。《连山》、《归藏》久佚不可见，《周易》则旧说相传谓伏羲作八卦，文王重之为六十四，系以爻辞，周公作象辞，孔子为《象辞》、《文言》、《系辞》、《说卦》、《序卦》、《杂卦》等，即今本是也。窃意最初卜筮之用，本甚简陋，用之既勤，遂生触悟。（观近日出土之殷商贞卜文字，当时殆无所谓卦爻者，卦爻自文王重《易》创之也）其卜也，以坼兆之长短或横直，命为阴阳，契灼六次，累观其兆，而得卦焉。惟筮亦然，以蓍之奇偶命为阴阳，分揲六次，累观其扐，而得卦焉。六十四卦三百八十四爻，参伍错综，爻各有象，象各有义，遂以尽万物之情，穷天人之变。盖文王作《易》，所以广卜筮之用，及孔子演《易》成，而《易》之用，已非复卜筮所能尽矣。此古代宗教，与周末哲学递嬗之一大枢钥也。

我国虽非如西方古国之分僧俗阶级，然宗教仪典，固有专司，司此者既世守其官，积虔信之心，冥求天道以推合人事，则学问之府，浸归之矣。殷有巫咸、巫贤（此以官为氏也），称为名臣，盖殷最尊神，率民以事神，巫氏宜为右职，故异才出焉，周则凡教职皆统于大宗伯，而太师、大祝、大卜、大史、小史、内史、外史等相为联事，侯国不能备官，多以史摄诸职，则博物君子与善谈名理者，恒出乎其间。其见于经传者，若殷之老彭（殷之守藏史，在周为柱下史，见《论语》及《世本》）、向挚（殷太史，见《吕览·先识篇》），周之史佚（亦作史逸，亦称尹逸，见《逸周书·世俘解》、《礼记·曾子问》、《左传》僖十五年、《国语·周语》、《汉书·艺文志》，墨家有《史佚》十二篇）、周任（周史官，见《论语》及《左传》隐六年）、史扁（见《文选》注）、辛甲（周太史，见《左传》襄四年）、辛有（辛甲之后，见《左传》昭十五年）、左史戎夫（见《逸周书·史记解》）、内史过（见《左传》庄三十二年、《国语·周语》）、史角（见《吕览·当染篇》言其后在鲁，墨子学焉）、内史叔兴（见《左传》僖十六年、二十八年、《国语·周语》）、老聃（见《史记·老子传》）、苌弘（见《左传》昭十八年、《国语·周语》)、内史叔服（见《左传》文元年）、史大骎（见《庄子·则阳篇》)、太史儋（见《史记·周本纪》、《秦本纪》、《老子传》)，鲁之申须（见《左传》昭十七年）、卜楚丘（见《左传》闵二年）、师挚（见《论语》)、左丘明（鲁史官著《左传》、《国语》、《世本》者），晋之太史屠黍（见《吕览·先识篇》)、卜偃（见《左传》闵元年）、辛廖（见《左传》闵二年）、董狐（见《左传》宣二年，又昭十五年云，辛有之二子，董晋典籍，于是有董史；则董氏实辛有之后也）、梁卜招父（见《左传》僖十七年）、籍偃、籍谈（司典籍者，见《左传》成十六年）、史赵（见《左传》襄三十年）、史苏（见《左传》僖十五年）、师旷（见《逸周书·太子晋解》、《左传》襄十四年、《国语·晋语》)、蔡墨（亦称蔡史墨，亦称史墨、史黯、史厌，见《左传》昭二十九年）、卫之史鱼（见《论语》亦作史鳅，见《左传》襄二十九年）、师襄（见《史记·孔子世家》）、史晁（见《左传》昭七年），齐之大史氏、南史氏（见《左传》襄二十五年）、祝佗父（同上），郑之史伯（见《国语·郑语》)、裨灶、里析（俱见《左传》昭十八年）、梓慎（见《左传》昭七年、十七年），虢之史嚚（见《左传》庄三十二年、《国语·晋语》)，楚之史老（见《国语·楚语》)、工尹襄（见《左传》成十六年）、左史倚相（见《左传》昭十二年）、詹尹（见《楚辞》)，秦之卜徒父（见《左传》僖十五年）、内史廖（见《史记·秦本纪》)，类皆专司教宗、学艺、典籍以世其官，能占验天象，先知休咎，熟于掌故，善推论古今国族盛衰兴亡之故，时主及贤士大夫，恒咨访以决事，师资以广学焉。故春秋以前，学问为贵族所专有，而学问之府，尤在司宗教之世官，盖时势然矣。自孔子以后，而学界现象一大变。

附　原拟中国通史目录

一　政治之部

朝代篇

民族篇

地理篇

阶级篇

政制组织篇上（中央）

政制组织篇下（地方）

政权运用篇

法律篇

财政篇

军政篇

藩属篇

国际篇

清议及政党篇

二　文化之部

语言文字篇

宗教篇

学术思想篇（上中下）

文学篇（上中下　文　诗　词　曲本　小说）

美术篇（上中下　绘画　书法　雕刻　鬃治　陶瓷　建筑）

音乐剧曲篇

图籍篇

教育篇

三　社会及生计之部

家族篇

阶级篇

乡村都会篇

礼俗篇

城郭宫室篇

田制篇

农事篇

物产篇

虞衡篇

工业篇

商业篇

货币篇

通运篇